O Triunfo da Persuasão

Brasil, Estados Unidos e o Cinema da Política de Boa Vizinhança durante a II Guerra Mundial

CONSELHO EDITORIAL

Ana Paula Torres Megiani
Eunice Ostrensky
Haroldo Ceravolo Sereza
Joana Monteleone
Maria Luiza Ferreira de Oliveira
Ruy Braga

O Triunfo da Persuasão

Brasil, Estados Unidos e o Cinema da Política de
Boa Vizinhança durante a II Guerra Mundial

Alexandre Busko Valim

Copyright © 2017 Alexandre Busko Valim

Grafia atualizada segundo o Acordo Ortográfico da Língua Portuguesa de 1990, que entrou em vigor no Brasil em 2009.

Edição: Haroldo Ceravolo Sereza / Joana Monteleone
Editora assintente: Danielly de Jesus Teles
Assistente acadêmica: Bruna Marques
Projeto gráfico e diagramação: Jean Ricardo Freitas
Revisão: Alexandra Collontini
Capa: Jean Ricardo Freitas
Imagens da capa: Fotos coletadas pelo autor. Record Group 229, Box 1290. December/January 1943/1944. National Archives at College Park, College Park, MD. USA.

CIP-BRASIL. CATALOGAÇÃO NA PUBLICAÇÃO
SINDICATO NACIONAL DOS EDITORES DE LIVROS, RJ

V266T

Valim, Alexandre Busko
O TRIUNFO DA PERSUASÃO: BRASIL, ESTADOS UNIDOS E O CINEMA DA POLÍTICA DE BOA VIZINHANÇA DURANTE A II GUERRA MUNDIAL
Alexandre Busko Valim. - 1. ed.
São Paulo: Alameda, 2017
23 CM.

Inclui bibliografia
ISBN 978-85-7939-471-3

1. Guerra Mundial, 1939 -1945. 2. Brasil - Política e governo - 1930 - 1945. 3. Brasil - Relações exteriores - 1930 - 1945. I. Título.

17-42924	cdd: 981.06
	cdu: 94(81).082/.083

ALAMEDA CASA EDITORIAL
Rua Treze de Maio, 353 – Bela Vista
CEP 01327-000 – São Paulo – SP
Tel. (11) 3012-2403
www.alamedaeditorial.com.br

A submissão não é sempre aberta. Uma de suas formas mais populares é alterar-se quando o conquistador aparece no horizonte, de maneira que, ao chegar, estaremos tão parecidos com ele que podemos desejar viver sob o seu jugo.

Raymond Williams[1]

---

1 Cf. Williams, Raymond. Cultura e materialismo. São Paulo: Editora Unesp, 2011, p. 266.

9 Lista de abreviaturas

11 Agradecimentos

15 Prefácio

21 Introdução

49 Capítulo 1
The Brazilian Division: a chegada do Office no Brasil

79 Capítulo 2
Aliados precisam ter atitudes amigáveis:
propaganda, oportunidade e lucro

109 Capítulo 3
O Show precisa continuar:
o cinema da boa vizinhança adentra o país

171 Capítulo 4
Acenando as cabeças para filmes extraordinários:
os maiores hits do cinema da boa vizinhança

213 Capítulo 5
Caçando com os melhores cães:
os projetos de cinema do Office no Brasil

269 Capítulo 6
Maisdramáticodoquequalquerficçãoasmúltiplasfronteirasexploradaspelo
cinema da boa vizinhança

311 Considerações finais

317 Filmografia citada

321 Lista de filmes exibidos pela Brazilian Division

329 Bibliografia

Lista de abreviaturas

ABC – Associação Brasileira Cinematográfica

AIB – Ação Integralista Brasileira

BD – Brazilian Division

CEERG – Companhia de Energia Elétrica Rio Grandense

CPUSA – Communist Party of United States of America

DEIP – Departamento Estadual de Imprensa e Propaganda

DIP – Departamento de Imprensa e Propaganda

IIA – Institute of Inter–American Affairs

IBEU – Instituto Brasil–Estados Unidos

ICBEU – Instituto Cultural Brasil–Estados Unidos

INCE – Instituto Nacional do Cinema Educativo

JFMPU – John Ford Motion Picture Unit

MPA – Motion Picture Society for the Americas, Inc

MPD – Motion Picture Division

MPPDA – Motion Picture Producers & Distributors of America

MPS – Motion Picture Session (Brasil)

NARA II – National Archives at College Park, College Park, MD

OCCCRBAR – Office of Commercial and Cultural Relations between the American Republics

OCIAA – Office of the Coordinator of Inter–American Affairs

OIAA – Office of Inter–American Affairs

OSS – Office of Strategic Services

OWI – Office of War Information

SERCE – Serviço de Educação pelo Rádio e Cinema Escolar

SESP – Serviço Especial de Saúde Pública

UCBEU – União Cultural Brasil–Estados Unidos

USMC – United States Marine Corps

USNR – United States Navy Reserve

Agradecimentos

As pesquisas que deram origem a esse livro tiveram início em um pós-doutorado realizado na *Carleton University* em Ottawa, no Canadá (2008-2009), com bolsa do *Department of Foreign Affairs and International Trade, Canada, PDRF/ DFAIT*. Embora as hipóteses e objetivos de pesquisa naquele momento estivessem relacionados às fronteiras da propaganda entre Canadá e Estados Unidos, aguçaram o meu interesse pelas atividades de propaganda estadunidenses com relação ao Brasil durante a II Guerra Mundial. Foram precisos oito anos para que, finalmente, um projeto de pesquisa amadurecido fosse submetido a agências de fomento brasileiras para um estágio pós-doutoral na *New York University*, em Nova York (2015-2016).

Contudo, embora continuasse interessado na literatura sobre os filmes produzidos sob os auspícios do *Office of the Coordinator of Inter-American Affairs*, as contingências da carreira estavam, em 2014, me conduzindo para um período de pesquisas sobre propaganda e cinema na *Universitat de Barcelona*, na Espanha. Como naquelas reviravoltas espetaculares características dos filmes hollywoodianos, um inesperado acontecimento redirecionou a minha atenção para o cinema de propaganda estadunidense poucas semanas antes de eu submeter um projeto à universidade catalã.

Pesquisando sobre o contexto da aproximação entre Brasil e Estados Unidos durante a II Guerra Mundial em Washington-DC, meu colega de departamento Adriano L. Duarte encontrou pistas sobre um imenso volume documental produzido sobre o cinema no Brasil durante aquele período com poucos indícios de que já havia sido visitado por outros historiadores.

A mensagem do Adriano me contando sobre o que pensava ter descoberto com um "você precisa vir aqui ver isso" me deixou titubeante, pois já estava em contato com historiadores europeus e planejando as pesquisas na bela cidade de Barcelona. Aceitei o conselho e fui até o *National Archives* em College Park, Maryland, verificar de perto os documentos que, posteriormente, acabaram me levando para descobertas ainda maiores.

Embora não fosse um tema diretamente conectado aos seus interesses de pesquisa naquele momento, os desdobramentos da generosidade do Adriano, ou seja, em me repassar as pistas para algo que muitos historiadores prefeririam guardar a 'sete chaves', é o que apresento aos leitores deste livro.

Agradeço também aos meus colegas do Departamento do Curso de Graduação em História da Universidade Federal de Santa Catarina (docentes e técnicos) que acataram a minha solicitação para realizar o estágio pós-doutoral. Também às colegas Cristina Scheibe Wolff e Beatriz Mamigoniam que, por por meio do Programa de Pós-Graduação em História da UFSC, me auxiliaram a viabilizar recursos que custearam parte deste livro.

O meu reconhecimento precisa ser estendido também para os colegas que gentilmente aceitaram me auxiliar na revisão final deste trabalho. Contei com a ajuda inestimável de grandes interlocutores. Desde a feitura do projeto até o momento em que a minha tenacidade em montar o imenso 'quebra-cabeças' apresentado neste livro já estava sendo testada pela impaciência por concluir a jornada, contei com o apoio e a colaboração de diversos intelectuais.

A preocupação em evitar eventuais equívocos durante a feitura do trabalho me levou a importantes pesquisadores: José Gatti, Celso Fernando Claro de Oliveira, Adriano L. Duarte, Barbara Weinstein, Paula Halperin, Sidnei J. Munhoz e Eduardo Morettin.

A vida em Nova York durante a pesquisa e a confecção do livro se tornou muito mais prazerosa devido a um encontro para lá de especial com um verdadeiro *Cold War Veteran*, o restaurador de arte Peter Istvan Gat. Além de ter sido meu *roommate* durante todo o período e me introduzir na comunidade húngara nova-yorquina, Peter se tornou um bom e querido amigo. Nossas longas conversas regadas a *Pilsner Urquell* e acompanhadas de *Rakott káposzta* ou *Székely Gulyás* ficarão sempre em minha memória como momentos de fraternidade e excelentes refeições húngaras.

Sidnei J. Munhoz, amigo de longa data e realizando seu estágio pós-doutoral na *Brown University* também dividiu o apartamento comigo e Peter por alguns meses. A vinda de Sidnei para Nova York significou a chegada não apenas de outro excelente *chef* de cozinha, mas também de um antigo e importante parceiro intelectual, com o qual dividi bons momentos e também a angustia e tristeza por estarmos distantes de nosso país enquanto este sofria um duríssimo golpe contra a sua democracia por uma ampla e criminosa coalizão de Direita.

A saudade dos amigos no Brasil e da família foi amenizada por novas amizades feitas no decorrer de minha estadia nos Estados Unidos, com Alexa Brandt, Balazs Gazzi, Carolina Castañeda, Ilana Raz, Juliana Sayuri, Kristen Zatarski, Mary Bakarich, Nora Gala, Olga Oros, Patrícia Rich, Rebecca Saunders, Rita McNiff, Sarah M. Schlachetzki, Seth Fein, Teciane Barbosa, dentre outras.

Esse trabalho só foi possível devido a concessão de uma Bolsa de Produtividade em Pesquisa do CNPq e, posteriormente, de uma bolsa de pesquisa de pós-doutorado pela *Coordenação de Aperfeiçoamento de Pessoal de Nível Superior – CAPES*, financiada pelos cidadãos que contribuem com os seus impostos para que nossas agências de fomento invistam na ampliação das fronteiras do conhecimento. Meu sincero respeito e gratidão a esses brasileiros e brasileiras.

O apoio de minha mãe e irmãs, como sempre, fez toda a diferença.

Por fim, diante dos fatos e acontecimentos políticos ocorridos no Brasil no momento em que estou a redigir essas palavras, desejo profundamente que a educação brasileira jamais esteja à mercê dos negociantes e açambarcadores do conhecimento que se valem dos grandes oligopólios da informação para semear suas visões antidemocráticas e propagandear o seu desprezo pelos menos favorecidos.

***

Esse livro é dedicado a todas as pessoas que sonharam com a paz e uma relação sincera de cooperação, amizade e respeito mútuo entre Brasil e Estados Unidos durante a II Guerra Mundial.

Alexandre Busko Valim
Nova York, julho de 2016

Prefácio

Na onda de novos estudos das relações interamericanas que privilegiam o papel do "intercâmbio cultural" e outras formas de influência/persuasão, além do poder estreitamente militar ou econômico, o *Office of the Coordinator of Inter-American Affairs*, responsável pela Política de Boa Vizinhança durante a Segunda Guerra Mundial, ocupa um espaço de destaque. Designado como uma "verdadeira Fábrica de Ideologias" por um estudioso do tema, o *Office* e suas iniciativas tem estimulado muitas pesquisas, que procuram desvendar as múltiplas faces do imperialismo estadunidense. Dentre os diversos empreendimentos e repartições do *Office*, a que mais tem chamado a atenção dos acadêmicos é a *Motion Picture Division* e sua ampla utilização do cinema, de filmes de todo tipo, para cimentar os vínculos de cooperação e solidariedade entre os Estados Unidos e a América Latina na batalha contra o Fascismo. Então, à primeira vista, o livro de Alexandre Busko Valim parece estar avançando sobre um campo de pesquisa já bastante conhecido, inclusive com relação à atuação do *Office* no Brasil, o país que foi, talvez, o vizinho mais apreciado e cortejado pelo governo estadunidense naquela época.

Embora *O Triunfo da Persuasão*, como toda obra histórica, certamente deva algo às pesquisas anteriores, o livro do Alexandre Busko Valim nos oferece uma visão realmente nova e inovadora do *Office* e seu *Motion Picture Division* (MPD) no contexto brasileiro (e da *Brazilian Division*). Baseado em uma riquíssima coleção de documentos até agora pouco consultada no *National Archives* dos Estados Unidos, o livro constrói uma história verdadeiramente transnacional que reconhece a missão e o olhar imperialista dos Estados Unidos, mas demonstra as muitas vertentes e visões que coexistiram dentro da Política da Boa Vizinhança. Ainda mais, o livro ilumina os vários elos de poder e os meios de influência que, uma vez levados em consideração, impossibilitam qualquer noção de um projeto imperialista unitário e todo-poderoso, sem, contudo, desconsiderar o imperialismo como um aspecto chave desta história.

Diferente da maioria dos estudos do *Office* e sua missão cinematográfica, que contam com figuras famosas como Nelson Rockefeller, Walt Disney, e Orson Welles, os principais atores no livro do Alexandre são menos conhecidos, mas não por isso menos intrigantes ou impactantes. São pessoas cujas atividades e perspectivas são essenciais para entender os percursos e desdobramentos daquele empreendimento. Enquanto outros estudiosos do tema se preocuparam com a leitura interpretativa dos filmes mais famosos que circularam graças ao *Office*, o livro do Alexandre leva em consideração todo o leque de filmes — longas e curtas metragens, filmes dramáticos, documentários e cinejornais — produzidos pelo *Office*, ou em colaboração com ele. Claro que a questão dos símbolos e imagens nos filmes tem um lugar no livro, mas a sua grande originalidade é alicerçada em sua ênfase nas múltiplas preocupações, interesses, olhares e tensões que dificultam qualquer interpretação singular de tais obras e suas recepções.

Logo de início o leitor deste livro percebe como o Brasil foi um alvo crucial, mas, ao mesmo tempo, um desafio especial para o pessoal do *Office*. Bem antes de entrar na guerra ao lado das Nações Unidas, o Brasil se tornou uma peça estratégica e imprescindível na máquina de guerra. O litoral do Brasil — particularmente a região Nordeste — foi essencial para a campanha dos aliados, sede de diversas bases militares que formavam uma "ponte aérea" para a costa ocidental da África. Havia uma série de matérias primas — borracha, alumínio e bauxita, diamantes industriais, manganês, cristais de quartzo, tungstênio, lã, zinco, entre outros — que os Estados Unidos consideravam recursos essenciais para o esforço da guerra, boa parte delas produzida no Brasil. E, do outro lado, o Brasil era um país com uma população com muitos imigrantes recentes da Itália, Alemanha e Japão. Além disso, além de ser alvo de propaganda Nazista, o Brasil tinha um chefe de Estado que manifestava abertamente seu desdém pela democracia e o liberalismo.

Graças à documentação disponível na coleção dos *National Archives* e uma abordagem sofisticada que permitiu uma análise dos vários circuitos do poder, o livro do Alexandre leva em conta uma série de aspectos da Política da Boa Vizinhança no Brasil que estava faltando até nos melhores estudos sobre o tema. Por exemplo, *O Triunfo da Persuasão* ilumina os muitos impedimentos tecnológicos e geográficos enfrentados pelo pessoal da *Brazilian Division*. Os gerentes da BD, seguindo as últimas tendências no campo de relações públicas, que pregavam a necessidade de ganhar a aderência não apenas das elites ou das classes médias, mas também de um público mais amplo e popular, tinham que enfrentar uma infraestrutura precária no interior do Brasil para exibir seus filmes até nas pequenas aldeias do sertão. Devido à falta de estradas asfaltadas no interior, as vezes as equipes que transportavam os equipamentos tiveram que recorrer até mesmo a transporte de tração animal, sem contar com o calor e humidade do clima brasileiro, que criaram graves problemas na conservação dos celuloides.

Todo este imenso esforço indica o tamanho da preocupação do governo Roosevelt com a imagem dos Estados Unidos para o público brasileiro. Aliás, esta preocupação criou uma situação singular no sentido de produzir uma presença estadunidense pujante, mas, ao mesmo tempo, num contexto no qual os representantes do *Office* tinham que se preocupar constantemente com a opinião pública no Brasil e fazer o máximo para não ofender nem o governo nem o povo brasileiro. A ideia, como o título do livro indica, era *persuadir* o público, agradar a plateia, e evitar qualquer sinal de arrogância ou prepotência estadunidense. Nas palavras de um agente da *Motion Picture Division*, era necessário demonstrar que "nós somos pessoas legais". Enfim, a missão um tanto quanto delicada do *Office* foi apresentar/vender o *American Way of Life* como algo superior e desejável, que valia a pena ser defendido a todo custo, sem ferir as sensibilidades dos brasileiros em uma época de crescente nacionalismo.

Do ponto de vista dos representantes estadunidenses, o nacionalismo da época gerava obstáculos e complicações de todo tipo, começando com os artigos da Constituição do Estado Novo que proibiam o uso de dinheiro por estrangeiros residentes no Brasil para fins de propaganda política — justamente a missão do *Office*. Com uma análise extremamente estimulante do conceito de propaganda nos discursos da *Brazilian Division*, Alexandre aponta como o pessoal do *Office* navegava pelo labirinto destes regulamentos e proibições e negociava com os oficiais estadonovistas do DIP (Departamento de Imprensa e Propaganda), alguns deles notórios simpatizantes do Fascismo. Certos pontos de tensão remetiam à questão das "mensagens" dos filmes, tanto implícitas como explícitas. Os produtores de filmes logo entenderam que o governo Vargas desejava divulgar uma imagem do Brasil no exterior que minimizava a presença de pobreza e de pessoas de cor. Segundo um relatório da *Warner Brothers*, "filmagens no Brasil não podem ter mais do que 20% de pessoas negras – se for no Sul do Brasil, a percentagem deve ser ainda menor". Ainda mais controversa, foi a tendência de ressaltar a democracia; muitos filmes disseminados pelo *Office* representaram a guerra como um conflito entre a democracia liberal e o autoritarismo de direita, um tema que não soava inteiramente bem em um Brasil com um governo nada democrático. Entretanto, e com um certo toque de ironia, outro motivo de fricção entre a *Brazilian Division* e o DIP foi a tentativa estadunidense de exibir filmes com imagens positivas da União Soviética, seu aliado indispensável na luta contra o Fascismo.

Estes atritos de natureza ideológica, porém, não eram os únicos motivos de conflitos entre o governo Vargas e a *Motion Picture Division* do *Office*. Novamente o autor adota uma abordagem inovadora, ampliando o enfoque da sua análise para além dos debates sobre o *conteúdo* dos filmes para considerar questões ligadas a aspectos comerciais e tecnológicos. Segundo Alexandre, diferente do México, que conseguiu aproveitar as iniciativas da *Motion Picture Division* para desenvolver e fortalecer seu já bem estabelecido setor cinematográfico, as empresas de cinema no Brasil — mais fracas comparadas com as mexicanas — tiveram pouco sucesso em firmar colaborações com os estúdios hollywoodianos ou em assegurar acesso às inovações técnicas, dentre elas a relativamente nova *Technicolor*. Fica até engraçado pensar que o governo Vargas conseguiu a assistência econômica e técnica do governo Roosevelt para construir Volta Redonda, a primeira moderna fábrica de aço na América Latina, mas teve menos sucesso nas suas negociações com Hollywood; parece que a indústria cinematográfica acabou sendo menos maleável que a indústria do aço.

Alexandre consegue aprofundar a questão da dependência do Brasil relativa à produção cinematográfica nos Estados Unidos neste contexto, utilizando uma ótica transnacional para analisar essa preocupação aparentemente nacional. A *Brazilian Division*, do modo geral, hesitava a cooperar com empresas privadas no Brasil, afirmando que "o campo da produção cinematográfica no Brasil era demasiadamente amadorístico se comparado aos padrões da indústria estadunidense". Mas Alexandre afirma que o maior impedimento foi o setor privado estadunidense. Na verdade, alguns funcionários estadunidenses da *Brazilian Division* manifestavam abertamente sua antipatia quanto à política Hollywoodiana para o Brasil. Apesar de ter assinado vários acordos, os estúdios estadunidenses acabaram não cumprindo suas promessas, e esta falta de colaboração com a incipiente indústria cinematográfica brasileira dificultava as atividades da *Brazilian Division*. E não foi simplesmente uma questão de facilitar suas próprias iniciativas; várias figuras proeminentes na *Brazilian Division*, após três, quatro anos no Brasil, começaram a identificar-se cada vez mais com os "interesses" dos brasileiros, e algumas até consideraram permanecer definitivamente no país. Estes representantes do *Office* ajudaram a treinar toda uma geração de técnicos na área de cinema no Brasil, e fizeram esforços para exibir filmes nos cantos mais remotos do país, mesmo quando o "retorno" em termos de relações públicas parecia muito limitado. O propósito da *Brazilian Division*, no sentido mais básico, era a conquista de corações e mentes, e a disseminação de filmes como "meio de estimular os brasileiros a produzir materiais que eram vitais para o esforço de guerra". Mas é difícil ler as descrições, repletas de detalhes engraçados e fascinantes, de transporte de máquinas, cuidado de materiais e improvisação de "cinemas" ao ar livre, longe das grandes cidades, sem concluir que muitos funcionários da BD foram motivados por um espírito que não era meramente instrumental.

Alexandre conclui seu livro com o fim da Segunda Guerra Mundial e o início de uma outra guerra — a fria — que transformou dramaticamente o cenário sócio político mundial. De um lado, a América Latina deixou de ser uma região estratégica para os Estados Unidos, que agora estava mais voltado para a Europa, e logo depois, a Ásia e o "perigo vermelho". Ao mesmo tempo, a experiência dos anos de guerra, longe de possibilitar uma indústria cinematográfica mais "brasileira" (levando em conta que todo cinema tinha seus traços transnacionais), acabou reforçando a preponderância dos filmes de Hollywood e as técnicas associadas com a indústria estadunidense. Ao tratar do estado de coisas no pós-guerra, Alexandre não hesita em identificar nas relações entre os dois países uma "condição neocolonial", o que ele define (seguindo Mary Louise Pratt) como "um paradoxo onde normas geradas em outros lugares não podem ser implementadas onde se está, mas tampouco podem ser recusadas". Para as figuras principais do *Office*, o triunfo de seus meios de persuasão certamente significava uma grande contribuição à gloriosa vitória das Nações Unidas contra o Fascismo. O importante livro de Alexandre Busko Valim deixa claro que essa história não terminou com o fim da guerra.

Barbara Weinstein[1]

---

1 Professora do Departamento de História da *New York University*, em Nova York, Estados Unidos.

Introdução

A persuasão, seja ela mais ou menos sofisticada, sempre esteve presente nas relações humanas, notadamente no campo político. Momentos de crise política e social comumente levam os intelectuais a se empenharem mais na compreensão de como indivíduos, grupos e instituições atuam para assenhorar-se dos meios de produção e instituir períodos de hegemonia política, econômica e social. É precisamente em momentos como o do avanço de políticas neoliberais na América Latina no início do século XXI, que estes pesquisadores se sentem mais motivados a refinar os seus estudos e a compreender melhor como funcionam os canais de comunicação que levam amplos contingentes populacionais a defender e/ou acreditar nos ideais e nos valores de seus algozes mais implacáveis.

De acordo com o *Oxford Dictionary* a palavra "persuasão" pode ser pensada a partir de três acepções.[1] Na primeira, ela está diretamente relacionada a "indução" de alguém, por outrem, a fazer algo por meio de um argumento ou uma argumentação. A segunda indica uma "causa", algo para para se acreditar, especialmente após um esforço de convencimento. Por fim, a terceira acepção está relacionada a uma "situação" ou a um "evento", que provê uma "boa razão" para que alguém faça algo.[2]

O *Macmillam Dictionary*, também na língua inglesa assevera que "persuasão" diz respeito a fazer com que alguém faça algo dando a ela razões para fazê-lo. Nessa perspectiva, a ação está fortemente arraigada na ideia de "encorajar" alguém a fazer, ou a não fazer algo. O sentido da palavra no dicionário *Macmillam* dife-

---

1 Todas as traduções de documentos primários e citações de pesquisas na língua inglesa, espanhola e italiana presentes neste livro são de minha autoria e eventuais incongruências, portanto, são de minha inteira responsabilidade.

2 Cf. http://www.oxforddictionaries.com/definition/english/persuade. Acesso em 23 de junho de 2016.

re ligeiramente do anterior, à medida em que ele associa a palavra "persuasão" a crença em algo legítimo ou verdadeiro, isto é, para persuadir alguém a concordar ou a apoiar algo é necessário que o outro seja convencido de que existe uma causa legítima ou um postulado verdadeiro em questão.[3]

O dicionário Michaelis, em língua portuguesa, oferece um elemento adicional. Na definição, as noções de crer, aceitar ou convencer-se de algo, levando a uma determinada decisão, passam pelo convencimento exercido por uma autoridade, um argumento ou um raciocínio. Como nas definições anteriores, o dicionário brasileiro também pressupõe uma disposição para agir, convencer alguém a ter certeza em algo de modo que um resultado considerado convincente ou satisfatório possa ser alcançado.[4]

No conjunto, as definições apresentadas pelos três dicionários (onde destacam-se o papel da 'causa', da 'ação', da 'verdade' e da 'autoridade') epitomam os esforços empreendidos para a aproximação entre Brasil e Estados Unidos no contexto da Política de Boa Vizinhança (*Good Neighbor Policy*) durante a II Guerra Mundial no campo do cinema.

Os incontáveis esforços de persuasão envolvidos nessa aproximação, remetem a um problema presente ao longo de todo este trabalho. Como se deram as aproximações entre povos geograficamente e historicamente separados, em um contexto tão turbulento quanto pode ser o de uma guerra mundial?

O conceito de "zona de contato", cunhado por Mary Louise Pratt, oferece uma boa vereda para iniciarmos a discussão sobre como a Política de Boa Vizinhança propalada pelo Governo de Franklin Delano Roosevelt foi edificada no Brasil entre os anos de 1941 e 1945. A necessidade de uma consistente comunicação entre o Brasil e os Estados Unidos em um mesmo espaço social, ou 'zona de contato' envolveu conflitos, coerções, estratagemas, confluências, disjunções-

---

3   Cf. http://www.macmillandictionary.com/dictionary/british/persuade. Acesso em 23 de junho de 2016.

4   Cf. http://michaelis.uol.com.br/busca?id=aK4dL. Acesso em 23 de junho de 2016.

culturais e sociais em condições de desigualdade radical, intrínsecas e extrínsecas a ambos os países.[5]

Os usos do cinema como instrumento de persuasão em uma 'zona de contato' engendrada pela Política de Boa Vizinhança, em um contexto de relações de poder profudamente assimétricas, é o principal tema deste livro.

A 'zona de contato' pela qual Pratt se interessou, referia-se a uma "fronteira colonial", onde estava presente um acentuado expansionismo europeu com relação a outros continentes. Ainda que um forte intento expansionista estivesse presente na aproximação dos Estados Unidos com relação ao Brasil, este não pode, de maneira estrita, ser tratado como uma colônia estadunidense. Contudo, a 'zona de contato' que o Brasil partilhou com os Estados Unidos durante a II Guerra Mundial se adequa perfeitamente às premissas de Pratt. Isto é, "a um espaço e tempo onde assuntos previamente separados pela geografia e pela história estão presentes, a ponto de suas trajetórias se cruzarem".[6]

O termo "contato" tal como utilizado por Pratt, traz para o primeiro plano os relatos que com frequência são ignorados ou eliminados nas dimensões interativas e de improvisação dos processos de dominação, contados sempre a partir de quem exerce algum tipo de hegemonia e controle sobre o que pode e o que deve ser dito. A influência de Pratt poderá ser vista ao longo de todo o trabalho, haja vista a tentativa de relermos a 'zona de contato' criada pela Política de Boa Vizinhança em termos de uma interação, entendimentos e práticas de bloqueio ainda não tratadas pela historiografia brasileira e estadunidense.

A constituição desta 'zona de contato', contudo, assenta raízes em um período anterior a II Guerra Mundial. No início de 1941, quando o conflito mundial já havia sido deflagrado, o Brasil vivia sob uma forte influência estadunidense e que se intensificaria nos anos seguintes. Os programas que viriam a ser implementados para a aproximação entre Brasil e Estados Unidos após agosto de 1942,

---

5 Vide: PRATT, Mary Louise. Arts of the contact zone. In: BARTHOLOMAE, David; PETROKSKY, David (eds.). *From ways of reading*, 5th ed. New York: Bedford/St. Martin's, 1999.

6 Cf. PRATT, Mary Louise. *Imperial eyes: travel writing and transculturation*. New York: Routledge, 2008, pp.8-9.

quando o Brasil declarou guerra aos países do Eixo, foram de diversas maneiras um desdobramento de atividades que os estadunidenses já realizavam por todo o território brasileiro no âmbito da *Good Neighbor Policy*. Assim, dois grandes esforços confluem e se confundem nos primeiros anos da década de 1940. De um lado a integração hemisférica via *Good Neighbor Policy* e de outro o esforço de guerra nas repúblicas americanas junto as forças aliadas, ambas capitaneadas pelos Estados Unidos.

No contexto da efervescente e comumente confusa criação de instituições no governo de Franklin Delano Roosevelt, a América Latina teve uma atenção especial. Criado em agosto de 1940, inicialmente para garantir e ampliar as bases das relações comerciais entre as Américas, o novo órgão recebeu o nome de *Office of Commercial and Cultural Relations between the American Republics* (*OCCCR-BAR*), passando a se chamar a partir de 30 de julho 1941 *Office of the Coordinator of Inter-american Affairs* (*OCIAA*) e, por fim, *Office of Inter-American Affairs* (*OIAA*) a partir de 23 de maio de 1945.

As mudanças de nome traduzem as redefinições em relação à forma como a política internacional estadunidense deveria se estabelecer com o restante das Américas, ampliando sua ação intervencionista para diferentes áreas além da estritamente comercial. Embora esses esforços tivessem uma inspiração pan-americana, na prática eles se voltaram sobretudo para os países latino-americanos. Além do Brasil, em junho de 1943 o *Office of Interamerican Affairs* já havia instalado comitês na Argentina, Bolívia, Chile, Colombia, Costa Rica, Cuba, Equador, El Salvador, Guatemala, Haiti, Honduras, México, Nicaragua, Panamá, Paraguai, Peru, Uruguai e Venezuela.[7]

Ademais, quando o *OCIAA* (doravante *Office*) foi criado, a ênfase anterior em "economia e medidas de defesa psicológica" foi alterada para "economia e guerra psicológica".[8] No âmbito do planejamento das atividades na América Latina o *Office* estava profundamente influenciado por uma visão pautada na crença de que sem es-

---

7   Cf. *Memorandum* BF-3279, July 6, 1943. Brazilian Coordination Committee General Sept 1941 – 1943. RG 229, Box 1353; NARA II.

8   Cf. SADLIER, Darlene J. *Americans All: good neighbor cultural diplomacy in World War II.* Austin: University of Texas Press, 2012, p.10.

tabilidade econômica não haveria segurança internacional na região.[9] Por conta das premissas lançadas à época de sua gestação a *Good Neighbor Policy* foi comumente interpretada como um esforço eminentemente político ou econômico. Todavia, também tem sido estudada nas últimas décadas a partir de sua face mais 'sedutora': seus programas culturais, educacionais e de disseminação de propaganda.

Este trabalho procura também reforçar o rol de estudos dedicados a compreensão dos esforços de aproximação entre o Brasil e os Estados Unidos durante a II Guerra Mundial a partir da 'guerra psicológica' por meio do cinema travada no território brasileiro, ou pelo viés também conhecido como *Soft Power*; a habilidade de afetar o outro de uma maneira coativa, estruturando agendas, persuadindo e atraindo positivamente com o propósito de obter comportamentos desejados.[10]

Pretendemos demonstrar como o cinema se tornou a peça mais importante na construção da *Good Neighbor Policy* entre o Brasil e os Estados Unidos, sem desconsiderar os propósitos alinhavados a interesses econômicos e políticos. Ao iniciar esse estudo, acreditávamos que o pesado investimento na propaganda cinematográfica no Brasil durante o conflito urgia uma recolocação do problema por parte da literatura especializada, isto é, da importância que o país adquiriu para o governo estadunidense durante o conflito a partir de premissas mais precisas, guiadas pelo investimento no campo audiovisual. Da mesma forma, o lugar do Brasil no esforço de guerra empreendido pelos Estados Unidos, parecia situar o país em uma dramática busca por um aliado que havia se tornado imprescindível. A literatura sobre o tema já abordou tal parceria sob inúmeros vieses. Porém, a documentação analisada nesse livro intenta agregar novos elementos e atores pouco conhecidos, capazes de redesenhar a importância que os Estados Unidos deram ao *home front* brasileiro no esforço de guerra aliado.

As atividades de propaganda do *Office* por meio do cinema foram elaboradas no âmbito de uma de suas repartições, voltada exclusivamente para este fim,

---

9   Cf. BENDER, Pennee L. *Policies and productions of the motion picture division of the Office of The Coordinator of Inter-American Affairs*. Conference Paper #72. Presented at the symposium "Imagining Latin America: United States Film Policy and Its Impact During World War II", April 24, 1993, New York University, p.1-2.

10   Vide: NYE, Joseph S. *Soft Power: The means to success in world politics*. New York: Publicaffairs, 2005.

o *Motion Picture Division* (doravante *MPD*). A produção de filmes para distribuição não comercial dentro dos Estados Unidos e na América Latina era apenas uma das muitas atividades da *MPD*.

Criada como uma seção da *Communication Division* do *Office*, em outubro de 1940, a *MPD* foi entregue a direção de John Hay Whitney (até junho de 1942, quando foi substituído por Francis Alstock)[11], que pertencia ao meio cinematográfico estadunidense sendo, inclusive, um dos produtores de ...*E o vento levou* (Gone With The Wind, 1939).[12] Além de assumir a direção da *MPD*, Whitney era vice-presidente do *Museum of Modern Art* de Nova York (*MoMA*), e presidente da *Film Library* do *MoMA* (1940-1944). Por conta dessa ligação, a *Film Library* do *MoMA*, sob contrato com o *Office* ficou encarregada de uma série de atividades associadas à filmes 'adequados ao quadro político'.[13]

A relação do *Office* com Hollywood se dava por meio de uma instituição criada para este fim, a *Motion Picture Society for the Americas, Inc* (doravante *MPA*). A organização funcionava como uma importante conexão entre as políticas de propaganda por meio do cinema do *Office* e os interesses comerciais dos principais estúdios de cinema da Costa Oeste dos Estados Unidos. A *MPA* era presidida por uma mesa diretora composta por grandes empresários do setor: Joseph I. Breen, Hall Wallis, Harry Cohn, H.M. Warner, Fred W. Beetson, Samuel Briskin, Y. Frank Freeman, M.J. Siegel, Darryl Zanuck, E.J. Mannix, Bert Allenberg, David O. Selznick, Samuel Goldwyn, Sheridan Gibney e Kenneth Thompson. Com efeito, era a organização responsável por defender os interesses dos produtores de cinema junto a Washington, DC.[14] Como veremos adiante, a propaganda nunca estava desacompanhada de seu cúmplice mais íntimo, o lucro.

---

11 Cf. *Memorandum* BF-982, June 10, 1942. Motion Pictures (General), January 1942, 2; RG229, Box 227; NARA II.

12 Ao longo deste trabalho todos os filmes serão citados a partir de seus títulos na língua portuguesa, quando houver, e em seguida na língua em que foram originalmente produzidos.

13 Cf. ROWLAND, Donald W. (dir). *History of the Office of the Coordinator of Inter-American Affairs: historical report on war administration*. Washington, DC: Government Printing Office, 1947, p.67-71.

14 Cf. *Weekly Report*, December 18, 1941. RG. 229, Box 226; NARA II.

Quando passou a integrar a *Informaton Division*, depois que a de Comunicação foi extinta, a *MPD* teve uma redução de seu pessoal, sendo boa parte do trabalho realizado em parceria com o setor privado. Entre 1941 e 1945, no entanto, a produção de filmes comerciais e não comerciais foi gerenciada pela mesma direção que se dividia em dois escritórios, um em Washington, DC e o outro em Nova York. O primeiro ficava encarregado de estabelecer as diretrizes políticas do setor e coordenar o relacionamento com as demais agências governamentais. O de Nova York possuía atribuições executivas, sendo dividido em três seções: I. A *Production and Adaptation Section* era responsável pela seleção, dublagem para o português e o castelhano e distribuição para a América latina de material adequado produzido pelas demais agencias governamentais, pela indústria cinematográfica e pela iniciativa privada em geral. Além disso, ficava ao encargo dessa seção definir os temas, estruturar os roteiros e supervisionar a produção dos filmes de 16 mm pelos produtores independentes dos EUA; II. A *Newsreel Section* era a responsável pela inclusão semanal de assuntos relevantes para as relações interamericanas no circuito de cine jornais comerciais produzidos pelas grandes companhias, dentro e fora dos Estados Unidos; III. A *Distribuction Section* organizava e supervisionava a distribuição de equipamentos e filmes em 16mm em toda a América Latina, além de ser encarregada pela exibição de material com temática latino-americana nos Estados Unidos.[15]

As atividades de propaganda que o *Office* desenvolveu nos Estados Unidos e América Latina também estavam intimamente associadas aos estudos desenvolvidos pelo *The Rockefeller Center*, em Nova York. O centro de estudos abrigou desde meados da década de 1930 alguns dos maiores especialistas em propaganda dos Estados Unidos. Tido como um centro de excelência em comunicação e propaganda, reuniu estudiosos das mais diversas áreas, como psicologia, comunicação, história, ciência política e cinema.

Conforme aponta Brett Gary, as atividades de instituições que contavam com a participação da família Rockefeller foram aproximadas e postas para traba-

---

15 Cf. ROWLAND, Donald W. (dir). *History of the Office of the Coordinator of Inter-American Affairs: historical report on war administration*. Washington, DC: Government Printing Office, 1947, p.67.

lhar na mesma sintonia, mesmo antes da entrada dos Estados Unidos no conflito mundial, em 1941. A proximidade das instituições e confluência de pesquisas sobre cinema e propaganda levou, por exemplo, a *Film Library* do *MoMA* a concender em 1941 uma bolsa de estudos para o refugiado alemão Sigfried Kracauer.[16] Foi no período em que colaborou com as pesquisas da *Film Library* para melhor compreender o cinema de propaganda nazista que Kracauer escreveu seu famoso livro, publicado no Brasil como *De Caligari a Hitler: uma História Psicológica do Cinema Alemão.*[17] Conhecer a propaganda por meio do cinema produzida no *front* inimigo era mais que do que fundamental, e a aproximação entre o *The Rockfeller Foundation* e a *Film Library* do *MoMA*, mais do que conveniente.

Em 1939 a *Film Library* já era reconhecida internacionalmente como um dos maiores centros de estudo sobre o cinema e detentora de um dos maiores acervos fílmicos do mundo. Antes que as atividades do *Office* no Brasil fossem inciadas, a *Film Library* já criava catálogos específicos sobre política e cultura latino--americana e organizava exibições especiais tanto nos Estados Unidos, quanto na América Latina.[18]

Na avaliação do *Office*, o grande investimento na produção de filmes relizado no período estava vinculado à capacidade deste meio em atingir largas audiências, principalmente, no caso da América Latina, onde boa parte do público-alvo era analfabeta. Portanto, a educação e a 'propaganda visual', faziam parte de um projeto civilizatório com o qual os Estados Unidos buscaram alavancar a América latina do seu patamar de desenvolvimento.

O volume de atividades levadas a cabo por cada uma das divisões do *Office* (cinema, imprensa, propaganda e rádio) durante a II Guerra Mundial foi gigantesco. Cada uma das 13 regionais (comitês e escritórios) criados no Brasil para auxiliar na expansão da 'boa vontade' entre os dois países desenvolveu atividades nas quatro divisões.

---

16 Cf. GARY, Brett. *The Nervous Liberals: propaganda anxieties from World War I to the cold war.* New York: Columbia University Press, 1999, p.115-119.

17 Rio de Janeiro: Editora Jorge Zahar, 1988.

18 Cf. GARY, Brett. *The Nervous Liberals: propaganda anxieties from World War I to the cold war.* New York: Columbia University Press, 1999, p.117.

Neste livro, nos dedicaremos aos esforços relativos ao cinema, considerado a 'ponta de lança' para as atividades do *Office* em toda região ao sul do 'Rio Grande'. Como o leitor irá perceber por meio das referências às fontes primárias utilizadas, o trabalho foi realizado em grande medida com documentação depositada no *National Archives* em *College Park, Maryland*, nos Estados Unidos (doravante NARA II). As fontes, todavia, estão distribuídas em uma grande quantidade de caixas agrupadas por temáticas que nem sempre estavam diretamente relacionadas a Divisão de Cinema. Ocorre, que nas atividades do *Office* nos Estados Unidos e no Brasil, as quatro divisões mencionadas trabalharam em sincronia, o que explica a dispersão dos documentos em diferentes fundos temáticos; em outras palavras, um verdadeiro desafio para a montagem de um complicado 'quebra-cabeças'.

O esforço diplomático empreendido pelos Estados Unidos no Brasil foi o mais amplo, sistemático e profundo já realizado por meio de filmes até aquele momento. Esta perspectiva está alinhavada principalmente na forma como o governo estadunidense interpretou a importância da propaganda no Brasil e dimensionou seus investimentos no campo do cinema no território brasileiro, sobretudo em comparação com outras repúblicas americanas em que desenvolveu esforços similares.

Tamanha concentração de investimentos entre os anos de 1941 a 1945 fez florescer uma miríade de releituras que estadunidenses atuando no Brasil tinham do país e de sua relação com os Estados Unidos. O seu contato com a realidade brasileira fez com que muitos deles reinterpretassem os objetivos com relação a boa vizinhança desejados pelo *Office* e outras agências governamentais dos Estados Unidos. Essas reinterpretações, de seu papel no contexto da aproximação entre os dois países, levaram a uma pletora de conflitos e desencontros no interior destas divisões, gerando contradições observáveis apenas por meio da documentação geralmente restrita ou confidencial que circulou entre diferentes instâncias governamentais.

Distintas perspectivas sobre a aproximação entre Brasil e Estados Unidos redundaram em múltiplas noções sobre questões fundamentais na aproximação entre os dois países. A noção de 'propaganda', por exemplo, não era tratada pela agência estadunidense de forma unânime. As atividades do Brasil moldaram e alteraram os esforços de propaganda que foram realizados no país. Para qual direção? Embora seja difícil precisar, haja vista muitas das atividades terem sido fortemente influenciadas mais por indivíduos do que por uma visão geral que a agência tinha, os esforços de propaganda empreendidas pelo *Office* no Brasil comumente confundiam-se com entretenimento, cultura, educação e política.

Parte das razões para este amalgama deriva dos vínculos entre Washington e Hollywood durante a II Guerra Mundial, isto é, certa ambiguidade da indústria cinematográfica na sua relação com o poder político. Entretenimento e propaganda política pareciam atividades que não se cruzavam, mas o que de fato se constata, quando se observam os períodos em que o esforço de mobilização da opinião pública estadunidense se faz necessária, é uma complementaridade. Por diferentes meios, a indústria cinematográfica dos Estados Unidos coordenou o esforço de convencimento político, uma estratégia de mercado que transformou todo o discurso de poder num produto lucrativo para ser consumido. Entretenimento e lucro foram as faces da moeda política que a indústria cinematográfica cunhou. Não obstante, durante as décadas de 1930 e 1940, no jogo político das relações internacionais, entraram em concorrência diferentes sujeitos, expectativas e susceptibilidades, revelando que nem sempre o que convencia a opinião pública dos Estados Unidos convencia também a dos demais países; mas apenas nas vezes em que as mesmas produções circulavam indistintamente.

Tradicionalmente, a literatura acerca da II Guerra Mundial considera que a propaganda foi dirigida para quatro tipos distintos de público: o *front* interno e as tropas combatentes, os países amigos, os países neutros e os países inimigos.[19] Como tentaremos mostrar ao longo deste trabalho, as atividades empreendidas pelo *Office* no Brasil tornam essa divisão demasiadamente rígida. O Brasil foi de certa forma uma extensão do *Home Front* no tocante a exibição de filmes estadunidenses, especialmente entre 1942 e 1945. A produção, todavia, não foi tão fluída devido a entraves institucionais fortes o suficiente para impedir que alguns filmes feitos no Brasil chegassem aos cinemas estadunidenses, como muitos desejavam. De todo modo, a propaganda circulava com pouco rigor quanto ao tipo de público que deveria atingir.

---

19   Vide: BLUM, John Morton. *V was for Victory: politics and american culture during World War II*. New York: Harcourt Brace Jovanovich, 1976.

O triunfo da persuasão

Os meios para veiculação de propaganda foram utilizados em todos os *fronts* de forma intensa e sistemática. Pergunta-se, porém: o que exatamente vem a ser 'propaganda'? Tradicionalmente, a propaganda tem uma definição negativa quando implica a ideia de persuasão oculta, de condicionamento subliminar do cidadão, que o priva de seu direito de escolher seu próprio caminho. Se de um lado o governo alemão, no mesmo período, utilizava explicitamente o termo propaganda no seu *Ministério de Propaganda*, na Inglaterra, nos Estados Unidos e no Canadá foram encontradas formas eufemísticas como *Ministry of Information, Committe on Public Information, Office of War Information* etc. Obviamente, os estadunidenses se colocavam sempre como inimigos da propaganda: 'nós fazemos informação'.[20] Como aponta Darlene Sadlier, as atividades de propaganda dos Estados Unidos para a América Latina, procuravam se distancar das alemãs na mesma região, por meio de relações culturais 'verdadeiras', que não pudessem ser acusadas de 'mera propaganda'.[21]

Para tratar adequadamente o termo talvez seja interessante utilizar a definição cunhada por Giaime Alonge. Para ele, o termo 'propaganda' pode ser pensado em um sentido neutro, sem que se lhe atribua uma conotação pejorativa: "propaganda é uma atividade de uma organização oficial voltada para disseminar consenso em torno de uma política de promoção do governo (...) - sobre a opinião pública de seu próprio país ou de um país estrangeiro".[22] Brett Gary também nesse sentido indica que a propaganda pode ser entendida como "uma manipulação organizada de símbolos culturais (e tendências) para propósitos de persuadir

---

20 Para uma discussão sobre as diferenças e similaridades entre as instituições responsáveis pela propaganda nos EUA e na Alemanha, e de como os estadunidenses viam a propaganda nazista ver: LAURIE, Clayton D. *The propaganda warriors: America's crusade against Nazi Germany.* Lawrence: University of Kansas Press, 1997. No Brasil, a literatura sobre o tema é recente, mas já conta com bons trabalhos como PEREIRA, Wagner Pinheiro. *O poder das imagens. Cinema e política nos governos de Adolf Hitler e de Franklin D. Roosevelt (1933-1945).* São Paulo: Alameda/FAPESP, 2012.

21 Cf. SADLIER, Darlene J. *Americans All*: Good Neighbor Cultural Diplomacy in World War II. Austin: University of Texas Press, 2012, p.9.

22 Vide: ALONGE, Giaime. *Il disegno armato. Cinema di animazione e propaganda belica in Nord Amercia e Gran Bretagna, 1914-1945.* Bologna: CLUEB, 2000, p. 9-12.

uma audiência a tomar uma posições, ou realizar uma ação, ou permanecer inativa diante de um assunto controverso".[23]

A 'nova onda de boa vontade' inaugurada no final da década de 1930 estava permeada por propaganda nos termos apontados por Alonge e Gary e teve uma missão nada fácil. No momento em que o Brasil passou a ter uma posição central na disputa pela América Latina, a boa vontade expressava, teoricamente, uma mudança na visão de todos os povos americanos, fazendo que os latino-americanos gostassem mais dos estadunidenses e os estadunidenses fossem menos preconceituosos com relação aos vizinhos do Sul. O imenso esforço, sob os auspícios da *Good Neighbor Policy*, visava, sobretudo, à construção de uma base sólida para o fornecimento aos Estados Unidos de matérias-primas como a borracha e o manganês, e a prevenção e combate às influências dos países do Eixo. A questão posta era que preparar o Brasil significava preparar a defesa de metade da América do Sul e ajudar na segurança do restante do continente. A preparação do Brasil poderia ser a melhor maneira de evitar uma ostensiva participação estadunidense na defesa da região, tornando essa estratégia menos direta e menos onerosa. Nesse aspecto, a diplomacia cultural desempenhou um papel central na ampliação e manutenção de uma efetiva hegemonia.

A compreensão do impacto social que essa diplomacia cultural e seus filmes tiveram parece ser o maior desafio ao seu estudo. É, todavia, nesse aspecto que a história social do cinema pode contribuir, garantindo que os filmes sejam analisados e compreendidos nas complexas relações com as sociedades nas quais foram produzidos e mediados. No campo das práticas, representações, promessas, interesses e expectativas disseminadas por estes filmes talvez haja muito mais para ser investigado do que "retratos simplificados do real", isto é, o que Bianca Freire Medeiros asseverou ser parte da própria condição de possibilidade de representação da alteridade.[24]

---

23 Cf. GARY, Brett. *The Nervous Liberals: propaganda anxieties from World War I to the cold war*. New York: Columbia University Press, 1999, p 8.

24 Cf. FREIRE-MEDEIROS, Bianca. *Diplomacia em Celulóide: Walt Disney e a política de Boa Vizinhança*. Transit Circle, Niterói, v. 3, p. 60-79, 2004, p. 79.

A literatura especializada sobre o tema começou a ser tecida logo após o término do conflito mundial, em 1945, o que tornaria uma revisão extensiva algo muito além das possibilidades desse livro. Todavia, alguns estudos merecem ser discutidos rapidamente de modo a possibilitar um caminho seguro para as discussões que pretendemos desenvolver nos seis capítulos que compõem este livro.

Bryce Wood escreveu, em 1961, o que se tornou a interpretação clássica do programa governamental estadunidense conhecido como *Good Neighbor Policy*. Entre 1933 e 1939 a política dos EUA para o resto do hemisfério teria sido baseada em uma 'antecipação de reciprocidade'; ou seja, em resposta às políticas de não intervenção e não interferência, os Estados Unidos esperavam que os governos latino-americanos amigavelmente fizessem compromissos com os interesses políticos estadunidenses. Com o início da II Guerra Mundial na Europa, em 1939, Washington passou a evocar a antecipação da reciprocidade. De modo a construir uma organização de defesa interamericana capaz de defender o hemisfério da influência ou de uma agressão dos países do Eixo, os EUA fizeram concessões econômicas e políticas específicas para vários países latino-americanos.[25]

No processo de aproximação entre o Brasil e os Estados Unidos durante a II Guerra Mundial foram colocados em jogo importantes elementos simbólicos para a construção de um cartograma cultural que ratificasse a hegemonia estadunidense no Cone Sul. Para isso o caminho entre as Américas deveria ser uma 'avenida de mão dupla': por um lado, os brasileiros tinham de ser convencidos de que o *American Way of Life* era a melhor alternativa ao autoritarismo varguista. Por outro, os estadunidenses acreditariam nos brasileiros como inofensivos amantes do samba e das mulatas, ratificando-se assim emblemas de uma cultura que se internacionalizava, contando para isso com todos os recursos da mídia disponíveis na época – cinema, imprensa e publicidade - para divulgar valores e criar, ou reforçar, padrões de comportamento. Dentre estes recursos, o que mais conseguiu mo-

---

25 Cf. WOODS, Randall Bennett. *The Roosevelt foreign-policy establishment and the Good Neighbor. The United States and Argentina, 1941-1945*. Kansas: The Regent Press of Kansas, 1979, p. IX.

bilizar interesses e paixões foi a produção cinematográfica.[26] Durante a II Guerra Mundial a relação entre entretenimento, propaganda e política foi pensada com muito esmero por Washington e Hollywood.

Não faltaram recursos para a montagem desse imenso laboratório propagandístico: o *Office* gastou cerca de 140 milhões de dólares em seis anos de atividades. Empregou 1.100 pessoas nos Estados Unidos e mais de 200 no exterior, além de contar com comitês voluntários de cidadãos estadunidenses que davam suporte às suas atividades em vinte países das Américas.[27]

No âmbito da Política da Boa Vizinhança e da consequente construção da hegemonia estadunidense nas Américas, a recriação cultural brasileira - como queria Antonio Pedro Tota - a partir da 'deglutição' de elementos da cultura estadunidense (não de outra qualquer, como a italiana ou a alemã) significava um claro posicionamento político num mundo cindido pela guerra entre regimes democráticos e regimes autoritários.[28] Aceitar elementos da cultura estadunidense para serem 'misturados' com as 'coisas nossas' significava assumir uma identidade política reconhecida pela democracia e pela liberdade individual, só para citar os valores supremos.

Neste processo, de acordo com Ana Maria Mauad, dois problemas se colocam como fundamentais: 1 – a redefinição do quadro político brasileiro a partir de 1930 e o papel que a produção cultural assume neste bojo; 2 - a política assumida pelo governo estadunidense, por meio de suas agências governamentais e contatos com o mundo da produção cultural, notadamente os grandes estúdios de Hollywood, em relação aos estrangeiros – principalmente latino-americanos. Em relação ao primeiro ponto aduz a autora que, tendo-se em vista a quantidade significativa de trabalhos que tratam do tema, vale somente registrar que o novo

---

26 Vide MAUAD, Ana Maria. *As três Américas de Carmen Miranda: cultura política e cinema no contexto da política da Boa Vizinhança*. Transit Circle: Revista de Estudos Americanos, v. 1, Nova Série, 2002.

27 Vide: ROWLAND, Donald (dir). *History of the Office of the Coordinator of Inter-American Affairs: historical report on war administration*. Washington, DC: Government Printing Office, 1947.

28 Vide: TOTA, Antonio Pedro. *O Imperialismo Sedutor: a americanização do Brasil na época da Segunda Guerra*. São Paulo: Companhia das Letras, 2000.

projeto político que se instaurava nos anos 1930 estaria ligado aos ideais de modernização e de elaboração de uma identidade propriamente nacional. O que se poderia chamar de face 'cultural' deste projeto é definido pela implementação de uma política educacional e cultural por parte do Estado e pela tentativa de setores mais intelectualizados da sociedade civil em pensar a cultura brasileira, que passou a contar com atributos como nacional e popular.[29]

Destarte, na linha seguida por Mauad, Renato Ortiz indica que o período que engloba as décadas de 1930 a 1950 pode ser caracterizado, por um lado, pela redefinição do papel do Estado no âmbito da cultura, atuando no sentido de construir uma identidade nacional.[30] Por outro, pela elaboração de uma nova relação entre sociedade política e sociedade civil, entre a esfera pública e a esfera privada, na construção de uma imagem de Brasil associada a uma nova cultura política. Esta passa a se definir pela vida urbana, pelo binômio modernização/industrialização e pelo acesso ao consumo ampliado de mercadorias, entendido como elemento de participação social.

O segundo problema interfere de maneira direta na forma como as identidades nacionais foram redefinidas e atualizadas no bojo do processo de internacionalização da cultura durante e após a II Guerra Mundial, estando, assim, intimamente ligado ao projeto político das décadas de 1930 e 1940.

Logo, os estereótipos e clichês empregados pela produção visual dos Estados Unidos para figurar 'as outras repúblicas americanas' resultaram de um constante diálogo entre os três principais agentes da Política da Boa Vizinhança[31]: 1) os grandes estúdios de Hollywood, encarregados da produção das imagens e seleção dos tipos adequados a *mise-en-scéne* das diversidades; 2) as agências governamentais estadunidenses encarregadas de determinar diretrizes e enquadrar pro-

---

29 Vide: VALIM, Alexandre Busko. *Da boa vizinhança à cortina de ferro*: política e cinema nas relações Brasil-EUA em meados do século XX. In: MUNHOZ, Sidnei J; SILVA, Francisco Carlos Teixeira da. (Org.). *As relações Brasil-EUA no século XX*. Maringá, PR: EDUEM, 2011.

30 Vide: ORTIZ, Renato. *A moderna tradição brasileira*. São Paulo: Brasiliense. 1989.

31 Vide: O'NEIL, Brian. *The Demands of Authenticity: Addison Durland and Hollywood's latin image during World War II*. In: BERNARDI, Daniel J. (ed.). Classic Hollywood, Classic Whiteness. Minneapolis: University of Minnesota Press, 2000.

postas com as demandas da política internacional – com destaque *para Office of the Coordinator of Inter-American Affairs* (OCIAA), que contava com a assessoria de diplomatas e jornalistas brasileiros sediados nos Estados Unidos e com o aconselhamento da editoria da Revista *National Geographic*, todos voltados a compor a imagem mais fiel possível da América Latina; 3) por fim, as classes dominantes latino-americanas, que, dentro do seu projeto político, imaginavam uma nação de cujo passado colonial fosse subtraída a mancha da escravidão e que no presente estivesse plenamente integrada ao concerto internacional das nações modernas. Compondo-se com este grupo estava a grande imprensa ilustrada, empenhada em transformar os filmes do período em assuntos de Estado.[32]

Entre esses grupos e indivíduos, Fredrick B. Pike identificou ao menos duas tendências, uma moderada e uma conservadora. A moderada enfatizava menos os supostos benefícios ao livre-iniciativa, ao individualismo e ao capitalismo de mercado que a *Good Neigbor Policy* poderia trazer. Segundo essa linha de raciocínio, uma desenfreada livre-iniciativa produziria ainda mais injustiças sociais, portanto era necessário haver mecanismos de controle sobre o mundo nos negócios. Já os de tendência conservadora acreditavam que somente a competição baseada em um mercado relativamente desregulado poderia trazer desenvolvimento econômico para a região, produzindo, assim, a acumulação de riqueza e, com isso, uma significativa melhora nos problemas sociais latino-americanos.[33]

Vale a pena lembrar que a abordagem de Fredrick B. Pike difere da chamada *dependencista*, que via a *Good Neighbor Policy* como uma política destinada apenas a servir ao sistema capitalista estadunidense. Nessa perspectiva, tal política haveria sido largamente baseada na abertura do comércio latino-americano para os Estados Unidos e na proteção do mercado estadunidense. Por vezes bastante

---

32 Vide: VALIM, Alexandre B. *Da boa vizinhança à cortina de ferro*: política e cinema nas relações Brasil-EUA em meados do século XX. In: Sidnei J Munhoz; Francisco Carlos Teixeira da Silva. (Org.). *As relações Brasil-Estados Unidos: séculos XX e XXI*. Maringá, Paraná: Eduem, 2011.

33 Cf. PIKE, Fredrick B. *FDR's Good Neighbor Policy. Sixty years of generally gentle chaos*. Austin: *University of Texas Press*, 1995, p.199-209. Nesse aspecto ver também RAYMONT, Henry. *Troubled Neighbors. The story of US-Latin America relations from FDR to present.* Cambridge: Westview Press, 2005. pp. 1-5, 29-30.

sofisticada, essa perspectiva foi comumente adotada por historiadores influenciados pela chamada 'Escola de Winsconsin', bem representada por intelectuais respeitados como William Appleman Williams e Walter LaFeber. No Brasil, existem bons especialistas de alguma forma influenciados por essa perspectiva, como Antonio Pedro Tota e Érica Daniel Monteiro.[34]

Uma abordagem cujas análises estejam baseadas eminentemente na política de defesa hemisférica também é criticada por Fredrick B. Pike. O autor discorda da historiografia que vê a *Good Neighbor Policy* como um conjunto de políticas pautadas por considerações de segurança. Nesse sentido, o autor diverge de historiadores como Dana G. Munro, Samuel Flagg Bemis e J. Lloyd Mecham. Para Pike, a *Good Neighbor Policy* não estaria exclusivamente assentada em questões comerciais, tampouco de segurança, e por essa razão o autor defende uma abordagem do problema com base na íntima relação entre a economia e a defesa.[35]

De todo modo, é importante salientar que a dimensão cultural da segurança hemisférica foi um meio encontrado por Washington para superar os obstáculos advindos de oposições latino-americanas a uma interferência estadunidense nos negócios da região. Os investimentos culturais estavam comumente relacionados ao fortalecimento da segurança hemisférica e, principalmente, à aceitação da presença econômica estadunidense.[36]

Efetivamente, tais receios tinham uma razão para existir. A noção de imperialismo midiático proposta por Fred Fejes parece se adequar bem ao enfoque aqui proposto. O autor trabalhou com o modo como agentes transnacionais, cor-

---

34 Vide: TOTA, Antonio P. *O imperialismo sedutor: a americanização do Brasil na época da Segunda Guerra.* São Paulo: Companhia das Letras, 2000. P. 35; 48. A influência da referida perspectiva pode ser vista com mais nitidez em TOTA, Antonio Pedro. *O Amigo Americano. Nelson Rockfeller e o Brasil.* São Paulo: Companhia das Letras, 2014, pp.161-166, e, especialmente, em MONTEIRO, Érica G. Daniel. *Quando a guerra é um negócio: F.D. Roosevelt, iniciativa privada e relações interamericanas durante a II Guerra Mundial.* Curitiba: Editora Prismas, 2014.

35 Cf. PIKE, Fredrick B. *FDR's Good Neighbor Policy. Sixty years of generally gentle chaos.* Austin: University of Texas Press, 1995, p. XII.

36 Além da literatura influenciada pela "Escola de Wisconsin" citada anteriormente, vide também LOCHERY, Neill. *Brazil, the fortunes of war. World War II and the making of modern Brazil.* New York: Basic Books, 2014. O autor procura explorar a ascensão econômica e cultural propiciada pela entrada do país na II Guerra Mundial ao lado dos Aliados.

porações transnacionais e indústrias midiáticas transnacionais dominam a estrutura internacional e as comunicações. Assim, observou a importância dos fatores e dinâmicas intranacionais como parte das práticas e políticas de comunicação. De fato, nos primeiros trinta anos do século XX a América Latina era a maior arena para a expansão política e econômica estadunidense. Nos anos 1920 os EUA já haviam conseguido o domínio político e econômico da região. Muitas das técnicas utilizadas pelos EUA após a II Guerra Mundial foram desenvolvidas na América Latina por meio de erros e acertos. Assim, um importante elemento para estabelecimento do poder estadunidense no hemisfério foi o controle das comunicações. Para Fejes, um aspecto essencial neste sistema era a ênfase em políticas comerciais liberais e na unidade interamericana em oposição aos interesses europeus e intervencionistas.[37] Por essa razão acreditamos que a *Good Neighbor Policy* não representou a liquidação de antigos objetivos imperialistas, mas sim, uma transformação criativa de outros métodos de controle e dominação.

Preferimos adotar, portanto, uma perspectiva mais nuançada, onde fatores econômicos e culturais se mesclaram em um amplo esforço em que não faltaram contradições e divergências. Como bem salienta Pennee Lenore Bender, embora o imperialismo e hegemonia estadunidense estejam presentes na história do *Office* e de seu programa de propaganda, não se trata simplesmente de uma história de dominação dos Estados Unidos sobre a América Latina.[38] No entanto, ainda que possamos identificar diversos conflitos e variações internas, é importante salientar que eles jamais se estenderam para além dos limites das definições centrais efetivas e dominantes da agência governamental.

O paulatino abandono de velhos e ineficientes métodos e técnicas de controle ocorriam na mesma proporção em que se buscavam novas e mais sofisticadas formas que pudessem ir ao encontro das profundas e complexas mudanças políticas e sociais em processo na América Latina. A principal ideia presente na con-

---

37 Cf. FEJES, Fred. *imperialism, media and The Good Neighbor. New Deal foreign policy and United States shortwave broadcasting to Latin America*. Norwood, NJ: Ablex Publishing Corporation, 1986. pp.5-7.

38 Cf. BENDER, Pennee L. *Film as an instrument of the Good NeighborPolicy, 1930's-1950's*. Dissertation in History (PhD). New York University, 2002, p.8-9.

cepção das relações interamericanas era a mutualidade e harmonia nos interesses entre os Estados americanos, particularmente entre os EUA industrializados e a América Latina não industrializada e produtora de matérias-primas. Desse modo, embora formalmente o sistema estivesse baseado no princípio da igualdade entre todas as nações americanas, ele foi, na verdade, definido e dominado pelos interesses e objetivos estadunidenses.[39]

De um ponto de vista otimista, a década de 1930 foi, nas palavras de Peter H. Smith, uma "época de ouro" nas relações entre a América Latina e os EUA. A proclamação de uma *Good Neighbor Policy* pelo Presidente Franklin Delano Roosevelt mudou radicalmente o modo como Washington lidava com a região. Sob a influência dessa política, tropas deixaram de ser enviadas e a intervenção deixou de estar presente nos assuntos diplomáticos americanos. Segundo Smith, sob um discurso de cooperação e consulta, os EUA passaram a tratar as nações latino-americanas menos como subordinadas do que como países soberanos, parceiros iguais na promoção coletiva dos interesses hemisféricos.[40] Em uma perspectiva não tão otimista, porém, Smith aponta que esse foi um contexto de uma "era imperial" e a *Good Neighbor Policy* não foi o início de uma nova política de boa vontade, mas a culminação de tendências políticas estadunidenses relacionadas à América Latina. Por essa ótica, tal política estaria integrada à busca estadunidense pela hegemonia em todo o hemisfério. Em nome da não intervenção a *Good Neighbor Policy* não teria outro objetivo senão impor e consolidar a hegemonia estadunidense.[41]

Smith afirma que o conceito de *Good Neighbor Policy* reconhecia que o modelo intervencionista adotado anteriormente não era efetivo e que seus custos normalmente eram mais altos do que seus benefícios. No contexto de redução da influência e do poder europeu na região, já não parecia tão necessária ou vantajosa

---

39 Cf. FEJES, Fred. *imperialism, media and The Good Neighbor. New Deal Foreign Policy and United States shortwave broadcasting to Latin America.* Norwood, NJ: Ablex Publishing Corporation, 1986, p.68.

40 Cf. SMITH, Peter H. *Talons of the eagle: dynamics of U.S-Latin American relations.* New York: Oxford University Press, 1996, p.65

41 Cf. SMITH, Peter H. *Talons of the eagle: dynamics of U.S-Latin American relations.* New York: Oxford University Press, 1996, pp.65-70.

a manutenção de certas políticas; como, por exemplo, a do 'Corolário Roosevelt', proclamado na década de 1910, que defendia não apenas o direito dos EUA de intervir, mas também a obrigação moral de o fazer no caso de impotência ou de problemas crônicos em países latino-americanos.

Conforme aponta Smith, os Estados Unidos não adotaram uma posição isolacionista em relação a todas as regiões do mundo durante a década de 1930. Enquanto muitos em Washington mantinham-se distantes do cenário europeu e defendiam uma posição isolacionista, os EUA aumentavam seus compromissos e preocupações com a América Latina. Estavam, assim, consolidando a sua própria esfera de influência. Aliás, havia excelentes motivos para isso: a América Latina constituía um forte potencial de mercado, embora entre 1929 e 1932, devido à Depressão, as exportações estadunidenses para a região tenham diminuído em 78%.[42]

Um claro indicativo da força deste argumento é o padrão revelado mediante as negociações entre os Estados Unidos e algumas nações da América Central entre 1935 e 1937. Nessas negociações, os Estados Unidos fizeram somente acordos com países fortemente dependentes do mercado estadunidense.[43] Mais reveladores ainda foram os "dramáticos acordos" com o quinto maior fornecedor de matérias-primas para os EUA, o Brasil – devidos especialmente à capacidade brasileira de fornecer matérias-primas não apenas para os Estados Unidos, mas também para a Alemanha. Assim, por seu tamanho, localização e importância, o Brasil se tornou nas décadas de 1930 e 1940 o objeto central na disputa na América Latina entre os Estados Unidos e a Alemanha.[44]

Amparados por documentos que acreditamos serem em boa parte inéditos na historiografia das relações interamericanas, esse livro é uma tentativa de contribuir para o entendimento de um momento de intensas modificações no cenário político e social das republicas americanas. Assim, acreditamos que nosso estudo

---

42 Cf. SMITH, Peter H..., p.74.

43 Nesse aspecto, destaco o excelente trabalho de RANKIN, Monica. *Mexico, la Patria! Propaganda and production during World War II*. Lincoln, NE: University of Nebraska Press, 2009.

44 Cf. SMITH, Peter H..., p. 75-76

pode contribuir para revelar aspectos da 'boa vizinhança' pouco ou ainda não conhecidos da historiografia que tratou do tema nas últimas décadas.

A importância do cinema para os esforços empreendidos pelos Estados Unidos no bojo de suas relações externas no contexto da II Guerra Mundial já foi tema de pesquisas bem elaboradas, e que serviram de baliza para que tratássemos do assunto. Dentre os autores que abordaram o tema, Ronald Rowland certamente é o mais lido e citado. Seu trabalho foi concluído em maio de 1946, logo após as atividades do *Office* cessarem, e publicado em 1947. Seu livro é uma espécie de 'versão oficial' das experiências do *Office* em todas as áreas em que atuou na América Latina. Com o intuito de servir como um vasto manual para os pesquisadores interessados na área, o trabalho de Rowland pode ser descrito como o primeiro grande panorama sobre a atuação do *Office* durante a *Good Neighbor Policy* a partir de documentação primária produzida pela agência comandada por Nelson A. Rockefeller.[45]

Recentemente, Catherine L. Benamou, Pennee L. Bender e Darlene Sadlier talvez tenham elaborado os trabalhos mais exitosos no levantamento das atividades culturais do *Office* ao 'sul do Rio Grande'. O extenso trabalho de Benamou sobre o filme *It's All True*, de Orson Welles, realizado em seu doutorado na *New York University*, foi transformado em livro em 2007. Nele, a autora deslindou as intrincadas relações entre o *Office*, *R.K.O Radio Pictures, Inc*, autoridades brasileiras e estadunidenses diante do envolvimento de Welles com a *Good Neighbor Policy*.[46]

Também resultado de uma pesquisa de doutorado, concluída em 2002, o trabalho de Bender procurou traçar um amplo panorama das atividades do *Office* envolvendo o cinema em toda a América Latina.[47] O livro de Sadlier é importante devido à abordagem, dentre outras, das atividades da *Brazilian Division*, trazendo dados até então desconhecidos sobre a atividade cinematográfica empreendida

---

45 Vide: ROWLAND, Donald (dir). *History of the Office of the Coordinator of Inter-American Affairs: historical report on war administration*. Washington, DC: Government Printing Office, 1947.

46 Vide: BENAMOU, Catherine L. *It's All True: Orson Welles's Pan-American Odyssey*. Los Angeles: University of California Press, 2007.

47 Vide: BENDER, Pennee L. *Film as an instrument of the good neighbor policy, 1930's-1950's*. Dissertation in History (PhD). New York University, 2002.

no país durante a II Guerra Mundial. A pesquisa integrada adotada pela autora redundou em um estudo mais horizontalizado, onde foram relacionadas as principais frentes de trabalho do *Office* em diversas repúblicas americanas. Ainda que Sadlier não tenha detalhado o modo de operação do *Office* no Brasil quanto ao cinema, seu cruzamento de fontes com o contexto estadunidense tornou seu trabalho uma referencia incontornável para os estudiosos interessados no tema. Ainda assim, conquanto seu trabalho esteja pautado em farta documentação, Sadlier dedicou apenas um dos cinco capítulos do seu livro aos esforços do *Office* com relação ao cinema, para toda a América Latina.

No Brasil o reconhecido trabalho de Antonio Pedro Tota, *Imperialismo Sedutor*, teve entre vários méritos o de habilmente associar a expansão cultural estadunidense a forças do mercado e meios de comunicação que estavam sob a tutela do governo estadunidense. Assim como na pesquisa de Sadlier e Bender, Tota optou por realizar uma investigação mais ampliada, abrangedo o a música, rádio, cinema e imprensa.[48]

Acreditamos que este livro difere dos trabalhos de autores como Donald Rowland, Pennee L. Bender, Catherine L. Benamou, Darlene Sadlier e Antonio Pedro Tota, de distintas maneiras. De um lado, precisa algumas questões por eles colocadas e por outro verticaliza a abordagem, isto é, sistematiza e aprofunda a análise dos esforços envolvendo o cinema estadunidense em território brasileiro. Benamou também privilegiou um recorte mais específico. Seu objetivo não era a realização de uma pesquisa sobre os filmes da 'boa vizinhança' no Brasil, mas sim um estudo concentrado na produção de Orson Welles. De toda forma, o leitor irá perceber ao longo dos capítulos a inestimável contribuição que estes e outros autores deram a questões que intentávamos desenvolver.

A base teórica-metodológica adotada nesse livro está enraizada na história social do cinema e, por conseguinte, na compreensão de que fenômenos econômicos, políticos, sociais e culturais devem ser apreendidos como momentos de um mesmo processo, pois apenas em suas múltiplas interações é que cada um deles adquire pleno sentido e significado. Em outros termos, por meio do que deno-

---

48 Vide: TOTA, Antonio P. *O Imperialismo Sedutor: a americanização do Brasil na época da Segunda Guerra*. São Paulo: Companhia das Letras, 2000.

minamos de 'circuito comunicacional', compreendemos o sentido de uma cena à medida que tomamos sua relação com todo o filme, e inversamente, apreendemos o sentido do filme, na medida em que compreendemos o sentido das cenas.

Outrossim, o circuito comunicacional se constitui mediante a relação que os filmes mantêm com seu contexto e com outros meios. Esse contato dinamiza a veiculação de representações sociais e a sua compreensão pelos atores sociais. É desse modo que o sentido do todo determina a função e o sentido das partes. Além disso, o sentido é algo histórico, ou seja, é uma relação do todo e das partes encarada por nós de determinado ponto de vista, num determinado tempo, para uma dada combinação de partes. Portanto, não é algo acima ou fora da história, mas parte de um circuito comunicacional, sempre historicamente definido. O sentido e a significação das representações são, portanto, contextuais.

A noção de circuito comunicacional presente nesse trabalho pressupôs um campo de entendimentos compartilhados entre emissores e receptores, sem o qual não se é capaz de nele ingressar. Assim, conhecer de forma diretamente comprovável as motivações dos agentes em si mesmas, as ações e decisões que orientam a ação social ou coletiva é uma tarefa quase sempre impossível ou muito difícil de ser realizada. No entanto, tratadas adequadamente, as representações sociais produzidas ou veiculadas no bojo da *Good Neighbor Policy* podem ser uma forma de auxiliar na compreensão das motivações que orientaram as ações de muitos seres humanos durante um dos mais dramáticos momentos do século XX.

Como já apontou Raymond Williams o estudo da propaganda no âmbito da História Social é uma tarefa bastante indócil especialmente, acrescentamos, se ela vem acompanhada do cinema. De acordo com o autor haveriam ao menos três grandes desafios em um estudo desta natureza[49] - que o leitor notará nos seis capítulos deste trabalho. O primeiro problema seria traçar o desenvolvimento de processos de atenção e informação específicas para um sistema institucionalizado de informação e persuasão comerciais, processo este intimamente ligado à constituição da *Good Neighbor Policy*, por exemplo. Ainda que nosso intento não fosse tratar dos processos que levaram a este sistema institucionalizado, em diferentes

---

49 Cf. WILLIAMS, Raymond. *Cultura e materialismo*. São Paulo: Editora UNESP, 2011, p.231-232.

momentos de nossa pesquisa nos deparamos com questões que remetiam a um forte imbricamento entre Estado e inicitiva privada, ou ainda, entre o dever de informar e o irresistível ímpeto comercial de convencer. O segundo grande obstáculo, ainda parafraseando Williams, foi relacionar as atividades desepenhadas pelo *Office* no Brasil a mudanças na sociedade e na economia brasileiras, especialmente após a entrada do país no conflito mundial. O terceiro e último desafio, foi traçar as mudanças metodológicas adotadas pelo *Office* para a disseminação de filmes ocorridas em um contexto que estava em rápida e profunda transformação.

Barbara Weinstein apontou desafios semelhantes no trato de como a produção de linguagens e imagens que constituem discursos políticos são elaborados, mas também como circulam e como são interpretados, reproduzidos e reelaborados por aqueles que tem contato com essas práticas.[50]

De modo a tentar superar esses desafios procuramos reler as tensões existentes nas relações entre os sistemas de normas que tentaram impor um *modus operandi* ou uma ideologia, e as várias formas de reação a essas tentativas: oposições, apropriações, conflitos etc. Em se tratando de cinema, a consideração de que as representações podem ser examinadas não somente ao nível individual, mas também no modo como elas se difundem a ponto de se tornarem verdadeiras representações sociais – podendo, inclusive integrar estruturas maiores –, permite que possamos nos aproximar um pouco mais dos diferentes usos do cinema (objeto cultural) que somente são acessíveis para o investigador de maneira aproximativa e fragmentária.

Tendo tais perspectivas no horizonte, optamos por dividir este trabalho em seis capítulos. No primeiro capítulo "*The Brazilian Division*, a chegada do *Office* no Brasil", discutimos os principais arranjos políticos, teóricos e mesmo práticos para a instalação da *Brazilian Division*. A complexa rede de contatos em diferentes estados é debatida por meio de documentos produzidos pela *Brazilian Division* e por outras agências governamentais estadunidenses nos primeiros anos da década de 1940. Também discutimos como se deu a instalação de comitês e escritórios regionais por todo o Brasil.

---

50 Cf. WEINSTEIN, Barbara. *The color of modernity:* São Paulo and the making of race and nation in Brazil. Durham: Duke University Press, 2015, p.80.

As principais dificuldades legais para que o *Office* pudesse atuar no Brasil são discutidas no segundo capítulo "Aliados precisam ter atitudes amigáveis: Propaganda, oportunidade e lucro". Nele, apontamos como a agência estadunidense lidou com a legislação do autoritário governo varguista e como organizou suas primeiras atividades no campo da propaganda. Nesse capítulo também abordamos algumas das parcerias firmadas para que suas atividades fossem desempenhadas por todo o país da melhor forma possível. Ainda no segundo capítulo abordamos as formas pelas quais a *Brazilian Division* lidava com a tênue relação entre informação, propaganda e educação.

O terceiro capítulo, "*O show precisa continuar*: o cinema da boa vizinhança adentra o país", trata da expansão das atividades da *Brazilian Divison* e da consistente logística que precisou ser implementada para que um massivo programa de exibições pudesse ser implementado em seus comitês e escritórios regionais. Também discutimos nesse capítulo a reação pelo interior do país aos filmes estadunidenses com base nos relatórios produzidos pelas sucursais do *Office*.

No quarto capítulo, "Acenando as cabeças para filmes extraordinários: os maiores *hits* do cinema da boa vizinhança", abordamos os filmes utilizados para a aproximação entre os dois países, bem como o contínuo monitoramento sobre o seu impacto na imprensa e entre autoridades brasileiras. Também problematizamos a nem sempre tranquila relação entre estadunidenses e o Departamento de Imprensa e Propaganda – DIP e apresentamos as estratégias utilizadas para que os filmes obtivessem as maiores audiências possíveis, mesmo entre lugares com forte influência alemã ou italiana.

O quinto capítulo, denominado "*Caçando com os melhores cães*: os projetos de cinema do *Office* no Brasil", discute as iniciativas do *Office* no país em termos de exibição e produção cinematográfica. Os orçamentos, pessoal, parcerias e problemas enfrentados são examinados a partir de três grandes projetos desenvolvidos no período: O *William Murray Project*, O *John Ford Project* e o *Production of 16mm in Brazil*.

No sexto e último capítulo, "Mais dramático do que qualquer ficção: as múltiplas fronteiras exploradas pelo cinema da boa vizinhança", problematizamos o envolvimento do cinema da 'boa vizinhança' com a 'batalha da borracha', e os interesses por representações de um Brasil exótico e selvagem. Nesse capítulo também abordamos um dos últimos esforços do *Office* de grande envergadura para a alavancagem da indústria do cinema no Brasil por meio de investimentos estadunidenses.

Ao final deste livro, além da filmografia citada, o leitor encontrará uma lista parcial com cerca de 240 títulos de filmes utilizados pelo *Office of Inter-American Affairs* no Brasil entre 1941 e 1945. Embora não seja completa, acreditamos que a relação dos filmes indicados seja bem próxima do total de produções exibidas no período.

A avizinhação entre Brasil e Estados Unidos nos moldes propostos era inédita na história das relações entre as duas repúblicas americanas. Estavam presentes os mais elevados ideais de respeito mútuo e à soberania nacional. Fazia parte da 'boa vontade' no Inter-americanismo que adentrou a década de 1940 um propalado e sincero desejo de cooperação não apenas nas áreas consideradas estratégicas como a militar e a de extração de matérias primas, mas também nas áreas de saúde, educação, cultura e lazer. Porém, como veremos ao longo deste trabalho, por diversas vezes a 'boa vontade' foi mais uma peça de retórica utilizada para mobilizar atores sociais em cenários políticos profundamente marcados por contradições, que desabrochavam incessantemente diante das urgências do conflito mundial.

As considerações de Brett Gary acerca de um dos mais renomados especialistas estadunidenses em propaganda de meados da década de 1930, John Dewey, podem nos ajudar a problematizar o fenômeno que ocorreu durante a II Guerra Mundial no tocante as relações de 'boa vizinhança' entre Brasil e Estados Unidos. Para o autor, expressões estrangeiras e articulações políticas são negativamente reforçadas por tecnologias que, quando usadas como entretenimento, tem um grande potencial de distração. Quando utilizadas politicamente, as mesmas expressões e articulações reforçariam a capacidade que elites políticas tem de manipular símbolos e ideias.[51] O 'cinema da boa vizinhança' poderia ser pensado como um ponto de contato entre o entretenimento distrativo e a persuasão que leva a

---

51 Cf. GARY, Brett. *The Nervous Liberals: Propaganda* Anxieties from World War I to The Cold War. New York: Columbia University Press, 1999, pp. 36-37.

manipulação social? Quais seriam as implicações de um encontro desta natureza para aproximação entre duas nações? Poderia a ofensiva da 'propaganda democrática' estadunidense contra forças autoritárias e anti-democráticas atuando no Brasil ser considerada, em ultima análise, uma ação democrática? O que a articulação entre entretenimento e propaganda pode nos dizer sobre a profundidade do controle e manipulação social em uma sociedade?

São problemas indóceis e difíceis de serem tratados, mas que compõem o longo rol de questões presentes nesse livro à espera de respostas.

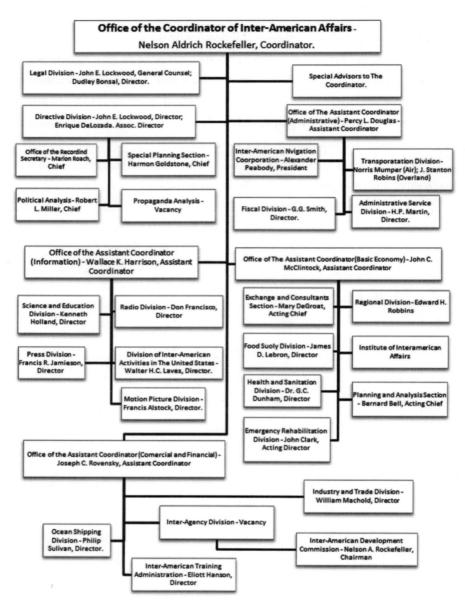

Acima, o complexo organograma administrativo do *Office of the Coordinator of Inter-American Affairs* em setembro de 1942.[52]

---

52 Cf. *Master Chart*, September 1, 1942. Brazilian Coordination Committee General Sept 1941 – 1943. RG 229, Box 1353; NARA II.

Capítulo 1

The Brazilian Division: a chegada do *Office* no Brasil

Juntos estamos estabelecendo um
modelo para um futuro mundo. [1]

Antes que as relações com o Brasil fossem iniciadas, um amplo debate foi travado nos Estados Unidos sobre as melhores estratégias a serem adotadas pela *Good Neighbor Policy*. Especialistas no campo da Ciência Política, Sociologia, História e Psicologia foram consultados acerca das formas mais eficientes para o início de um vasto programa de aproximação com toda a região. Dentre os diversos intelectuais consultados pelo *Office*, o historiador James Fred Rippy foi o que forneceu as balizas mais conectadas à disseminação da propaganda pelo cinema para as outras repúblicas americanas. Rippy, que era professor de História da América Latina e Diplomacia dos Estados Unidos na *University of Chicago*, acreditava que sucessivas menções a figuras heróicas em filmes e livros estadunidenses seriam bastante atrativos para os latino-americanos, sendo que algo também deveria ser feito para que os estadunidenses admirassem os valores de seus vizinhos ao sul. Para o historiador, uma "consciência de unidade" deveria ser criada e conduzida pelas classes dominantes e elites culturais. Como aponta Darlene Sadlier, Rippy tinha dúvidas quanto ao sucesso de um programa que estivesse "voltado para as massas".[2]

Outro conhecido intelectual da *University of Chicago* 'convocado' para auxiliar o *Office* acerca da melhor maneira de iniciar suas atividades em larga escala na América Latina, foi o cientista político e especialista em meios de comunicações Harold Lasswell. Lasswell estava entre os mais famosos dessa área, ao lado de

---

1   Bordão criado pelo escritório do *Office* de Nova York, 1941. Cf. Suggesting received for Disney Posters ideas, December 11, 1941. Misc. Disney; RG229, Box 216; NARA II.

2   Cf. SADLIER, Darlene J. *Americans All: good neighbor cultural diplomacy in World War II*. Austin: University of Texas Press, 2012, p.14.

autores como Edward Bernays, e Ellis Freeman. Em sua maioria funcionalistas-behavioristas, tais especialistas eram considerados pelo governo estadunidense como o que havia de mais sofisticado em termos de propaganda política e meios de comunicação. A propósito, foram esses autores que serviram de base para as discussões sobre qual rumo a propaganda deveria seguir após a criação do *Office of War Information*, em 1942: se o caminho da informação, ou o do convencimento e persuasão.[3] Por meio do conceito de 'Estado entrincheirado', por exemplo, Harold Lasswell indicou ao governo estadunidense como militarizar a cultura do país de uma maneira eficaz e que não fosse amplamente questionada.[4]

Edward Bernays, considerado o 'pai da propaganda moderna', defendia, já em 1928, a propaganda como a manipulação científica da opinião pública para se evitar "o conflito e caos". A manipulação por meio do subconsciente, segundo ele, era um elemento fundamental para a sociedade democrática.[5] Dentre os seus principais clientes estavam a *Procter & Gamble*, a *American Tobacco Company, Cartier Inc., Best Foods, CBS, General Electric, Dodge Motors e a United Fruit Company*; esta última ficaria particularmente celebrizada por seu protagonismo no golpe de Estado na Guatemala, em 1954.[6] No nascedouro da expansão econômi-

---

3   Vide: VALIM, Alexandre B. *Da boa vizinhança à cortina de ferro*: política e cinema nas relações Brasil-EUA em meados do século XX. In: Sidnei J Munhoz; Francisco Carlos Teixeira da Silva. (Org.). *As relações Brasil-Estados Unidos: séculos XX e XXI*. Maringá: Eduem, 2011, p. 409-445.

4   Vide: LASSWELL, Harold. *Propaganda Technique in World War I*. Cambridge: The MIT Press, 1971. A primeira versão do famoso livro de Lasswell foi publicada em 1927. Ao longo da da década de 1930, o autor desenvolveu a relação entre psicologia e política de modo mais apurado. Vide: LASSWELL, Harold. *The triple-appeal principle*: a contribution of Psychoanalysis to Political and Social Science. In: *The American Journal of Sociology*. Vol. XXXVII. N.4. January, 1932, p.523-538.

5   Vide: BERNAYS, Edward. *Propaganda*. New York, 2005, p.37-45.

6   Vide: MILLER, Mark Crispin. *Introduction*. In: BERNAYS, Edward. Propaganda. New York, 2005, pp.20-30. Para uma discussão sobre a atuação da *United Fruit Company* na Guatemala ver: DOSAL, Paul J. *Doing Business with the Dictators. A political history of United Fruit in Guatemala, 1899-1944*. Wilmington: SR Books, 1993; para uma discussão sobre o Golpe vide: SCHOULTZ, Lars. *Estados Unidos: poder e submissão*. Uma história da política norte-americana em relação à América Latina. Bauru: EDUSC, 2000, p.369-383.

O triunfo da persuasão

ca estadunidense do entre-guerras a democracia liberal estava intimamente atrelada ao convencimento e ao lucro.

Um longo relatório elaborado por Lasswell para o *Office*, segundo Darlene Sadlier, seria um dos exemplos 'mais óbvios' de como a *Good Neighbor Policy* se tornou uma forma explícita de imperialismo. A autora chegou a essa conclusão após analisar o documento enviado por Lasswell, que pregava a "unidade, amizade e defesa nacional" como parâmetros da união interamericana. No entanto, haveriam diferentes formas de união: 1) "Estados Unidos das Nações Livres"; 2) "Estados Unidos do Norte e da América do Sul; 3) "Estados Unidos da América do Sul" e 4) "Estados Unidos ampliado". O terceiro, de acordo com a autora, seria o menos desejável para Lasswell devido a problemas de segurança nacional e por acreditar que as repúblicas sul americanas eram mais fáceis de controlar se estivessem separadas. O quarto tipo de união seria desejável apenas em condições extremas.[7]

Embora os trabalhos de Lasswell não possam, definitivamente, servir como exemplos de respeito, integração e cooperação internacional, a crítica de Sadlier precisa ser matizada. Como tentaremos apontar neste trabalho, as atividades do *Office* desenvolvidas no Brasil nem sempre estiveram forçosamente alinhadas aos desígnios dos especialistas envolvidos na construção teórica da *Good Neighbor Policy*. A interiorização dos programas da *Brazilian Division*, discutida adiante, por exemplo, destoa em alguma medida da afirmação de Sadlier de que os esforços de propaganda para influenciar e conquistar 'bons vizinhos' na região estavam ancorados no modelo que Lasswell propunha: de que o alvo prioritário era a modernização, classe média e "competentes cidades médias da América do Sul".[8] Teria então a atuação do *Office* no Brasil apresentado particularidades que foram além das previsões e estratagemas teóricos formulados nos gabinetes de prestigiosas

---

7 Cf. SADLIER, Darlene J. *Americans All: good neighbor cultural diplomacy in World War II*. Austin: University of Texas Press, 2012, p.14-16. Uma excelente discussão sobre a produção intelectual de Harold Lasswell e a sua atuação no *The Rockefeller Foundation* pode ser vista em GARY, Brett. *The Nervous Liberals: propaganda anxieties from World War I to The Cold War*. New York: Columbia University Press, 1999, pp.55-130.

8 Cf. SADLIER, Darlene J. *Americans All: good neighbor cultural diplomacy in World War II*. Austin: University of Texas Press, 2012, p.16-17.

52   Alexandre Busko Valim

universidades estadunidenses? Como pretendemos demonstrar nos próximos capítulos, possivelmente sim.

Quando os fins justificam os meios, ou como lidar com burocracias 'excessivamente nacionalistas'

O início das atividades do *Office* no Brasil, como sugerido anteriormente, antecedeu a criação de comitês e escritórios regionais. Logo após uma das mudanças do nome da agência governamental estadunidense, em julho de 1941 (quando passou a ser conhecida pela sigla *OCIAA*), os trabalhos de propaganda no Brasil começaram a ser estruturados. Quando o *OCIAA* iniciou a intensificação da propaganda no Brasil, já havia uma campanha publicitária pró-Estados Unidos em andamento, sob a coordenação do Embaixador dos Estados Unidos no Brasil, Jefferson Caffery.

No período em que atuou no Brasil, o *Office of Inter-American Affairs* só realizou uma discussão sobre como a sigla deveria ser utilizada no Brasil em abril de 1945. A tradução literal de "office" para "escritório" foi considerada inadequada, pois não expressaria completamente as suas atividades. A tradução mais próxima, segundo a *Brazilian Division* seria "Departamento de Assuntos Americanos". No entanto, na falta de uma tradução satisfatória, a conclusão foi de que a sigla deveria ser utilizada no original, em inglês.[9] Por esta razão, neste livro utilizaremos o termo 'Office' para nos referirmos ao *Office of Inter-American Affairs* – OCIAA.

Considerada bem organizada e efetiva pelo governo estadunidense, a campanha publicitária realizada até meados de 1941 foi efetivada por meio da imprensa brasileira e com o apoio da comunidade estadunidense no Brasil, do *Publicity Comittee do Office*, e do *American Chambers of Commerce* no Rio de Janeiro. Uma intensificação da propaganda no Brasil, porém, significava uma ampliação dos trabalhos que já vinham sendo realizados nesse campo. Para tanto, o apoio e envolvimento da comunidade formada por cidadãos estadunidenses que moravam no Brasil seria fundamental.

---

9   Cf. *Minutes of One Hundred and Thirty Seven Meeting*, April 5, 1945. Brazilian Coordination Committee – Minutes; n.115 to n.147. RG229, Box 1352. NARA II.

As bases da nova investida propagandística começaram a ser delineadas a partir de um comitê administrativo criado em julho de 1941.[10] Um 'comitê brasileiro' deveria ser criado com base nessa comunidade e sob a liderança do embaixador Caffery e Berent Friele, funcionários do governo estadunidense incumbidos, naquele momento, de estreitar os laços da *Good Neighbor Policy* no Brasil. Sob a liderança de Caffery e Friele, um seleto grupo de estadunidenses foi recrutado para dar corpo ao novíssimo 'comitê brasileiro'. Faziam parte do comitê: Earl C. Givens (General Eletric S.A), Wingate M. Anderson, (*Standard Oil of Brazil*), Frank P. Powers Jr. (Panair do Brasil), Harry F. Covington (Cia Expresso Federal), James F. Callery (Cia Nacional de Cimento Portland) e Carl Kincaid (advogado estadunidense).

Dois meses depois, um jantar realizado no Rio de Janeiro, na residência do *Counselor of Embassy for Economic Affairs*, Walter J. Donnelly, avançou significamente no planejamento das atividades do *Office* no Brasil. No jantar estavam, além dos 'seis notáveis' indicados acima, Berent Friele, Jefferson Caffery, Frank E. Nattier, John Dreier, John Hay Whitney e o Diretor Executivo do *Office*, John C. McClintock. Na ocasião, McClintock explicou aos convidados os detalhes do funcionamento do *Office* e a função de John Hay Whitney, Diretor do *Motion Pictures Division* do *Office*, e peça chave na disseminação da propaganda no Brasil por meio do cinema. Não era um simples jantar de negócios. Naquele momento os 'seis notáveis' assumiram uma série de responsabilidades, que compunham uma linha geral de atuação no Brasil: "conduzir atividades do *Office* e do *State Department* nas áreas em que ações oficiais não pudessem ser realizadas".[11]

Nos dias seguintes ao jantar que inaugurou as bases de atuação do *Office* no Brasil, outros encontros foram realizados de forma a construir uma agenda de trabalhos. Entre as várias discussões e alternativas levantadas, dois problemas pareciam ser de difícil resolução: como contornar o Decreto-Lei de 13 de abril de 1938 e o Artigo 116 da Constituição dos Estados Unidos do Brasil de 1937.

---

10 Cf. *Memorandum* ECG-1380, October 5, 1942. Brazilian Coordination Committee General Sept 1941 – 1943. RG 229, Box 1353; NARA II.

11 Cf. *Memorandum from John C. McClintock to Nelson A. Rockefeller*, September 10, 1941. 05.5 Communications (reports) Dec 1942 March 1943; RG229, Box 1303; NARA II.

Segundo o Decreto, os estrangeiros fixados no território nacional e os que nele estivessem em carater temporário não poderiam "exercer qualquer atividade de natureza política nem imiscuir-se, direta ou indiretamente, nos negócios públicos do país". Além disso, o Artigo n.2 do Decreto vedava a organização, criação ou manutenção de qualquer estabelecimento de carater político, ainda que tivessem por fim exclusivo a propaganda ou difusão, entre os seus compatriotas, de idéias, programas ou normas de ação de partidos políticos do país de origem. Finalmente, o § 1º do Artigo 3º estava diretamente relacionado envio de fundos para o início das atividades do *Office* no Brasil: "Não poderão tais entidades receber, a qualquer título, sub-venções, contribuições ou auxílios de governos estrangeiros, ou de entidades ou pessoas domiciliadas no exterior".[12] A pena para quem infringisse tais leis seria a de prisão de dois a quatro meses e expulsão do país.[13]

A legislação trazia insegurança aos participantes do desembarque do *Office* no país. Em sua avaliação, caso seus planos fossem revelados, e eventualmente a prisão e expulsão fossem desconsideradas em nome da 'boa vizinhança', ainda haveriam que lidar com um enorme constrangimento público perante a sociedade brasileira.[14]

O método mais adequado para o financiamento das operações do *Office* no Brasil era a questão mais urgente. Era um assunto complicado, haja vista as restrições impostas pelo governo varguista para o envio de fundos estrangeiros para o país.

O problema, no entanto, tinha um lado que era visto como uma vantagem. Se o envio de fundos voltados para propaganda dos Estados Unidos para o Brasil era difícil, também o era para a Alemanha e a Itália. A saída encontrada, e que possivelmente já vinha sendo considerada antes que o grupo fosse formado, foi transferir fundos para as contas particulares dos 'seis notáveis'. Assim poderiam burlar as leis brasileiras e financiar os trabalhos de propaganda no Brasil até que outros canais fossem encontrados. O *Office* avaliava que sendo civis e ao

---

12 Cf. *Diário Oficial da União* - Seção 1 - 19/4/1938, Página 7357.

13 Cf. *Diário Oficial da União* - Seção 1 - 4/12/1937, Página 23961.

14 Cf. *Memorandum* ECG-1380, October 5, 1942. Brazilian Coordination Committee General Sept 1941 – 1943. RG 229, Box 1353; NARA II.

receberem remessas de dinheiro individualmente, correriam pouco risco de serem flagrados infringindo as leis brasileiras e, consequentemente, serem presos ou expulsos do país. As transações seriam intermediadas pelo corretor de câmbio estadunidense Herbert Horn que, a partir de Nova York, enviaria o dinheiro em moeda brasileira em seis partes, que reunidas financiariam as atividades do novo comitê no Rio de Janeiro.[15]

Para funcionar bem, todo o dinheiro enviado por meio desse expediente não poderia aparecer nos registros contábeis da seção brasileira. A entrada do dinheiro seria comprovada por meio de transações privadas entre os membros do comitê e organizações nas quais eles trabalhavam (*Panair, General Eletric S.A, Standard Oil of Brazil* etc), com o auxilio de algum corretor de câmbio brasileiro. Longe de ser uma solução meramente local, haja vista a presença de funcionários do alto escalão do *Office* na operação, o sinuoso 'trambique' visava ao pagamento de 'despesas gerais' da seção, antes que ela iniciasse projetos em larga escala que, dependendo da extensão, também poderiam ser financiados pelo mesmo artifício. De todo modo, os gastos previstos na rubrica 'despesas gerais' incluíam os gastos anuais com salários de uma secretaria executiva em período integral, um projecionista cinematográfico, um funcionário para serviços gerais, aluguel do escritório, equipamento, serviços de estenografia e viagens.

Porém, a contratação de funcionários brasileiros colidia frontalmente com o Artigo 116 da Constituição, isto é, perderia a nacionalidade o brasileiro que, "sem licença do Presidente da República, aceitar de governo estrangeiro comissão ou emprego remunerado". O referido Artigo havia, ainda, sido intensificado pelos Decretos Leis n.389 de 25 de abril de 1938 e o n.1317 de 2 de junho de 1939. O *Foreign Office* chegou a ser interpelado sobre o problema em meados de 1942 e na ocasião indicou que pelos Estados Unidos se tratar de uma 'nação amiga' não haveriam grandes problemas envolvidos na proibição e penalidades previstas pela legislação brasileira.[16]Se o problema com a contratação de funcionários era algo

---

15 Cf. *Memorandum from John C. McClintock to Nelson A. Rockefeller*, September 10, 1941. 05.5 Communications (reports) Dec 1942 March 1943; RG229, Box 1303; NARA II.

16 Cf. *Memorandum from Townsend Munson to Conselor of Embassy*, July 6, 1943. Brazilian Coordination Committee General Sept 1941 – 1943. RG 229, Box 1353; NARA II.

difícil de ser contornado naquele momento, as saídas para as remessas de dinheiro tiveram um desenlace bem mais célere.

Após resolvido como se daria a primeira grande remessa, as seguintes teriam uma medida adicional para burlar a legislação vigente e minimizar os estragos no caso de uma exposição pública: todos os fundos remetidos dos Estados Unidos para as atividades do *Office* no Brasil deveriam vir sob a rubrica "doações de ajuda".[17]

De modo a não infringir a legislação que impedia a proibição de organizações estrangeiras de atuar na propaganda política em território brasileiro, uma saída mais simples foi encontrada para encobrir o desrespeito ao Decreto-Lei. As atividades do *Office* no Brasil formalmente funcionariam como a de um subcomitê do *The American Chambers of Commerce*, no Rio de Janeiro.[18]

Para o governo estadunidense, os fins pareciam justificar os meios. Não era um modo muito amigável, tampouco honesto, de intensificar a 'boa vontade' entre os dois países, mas em tempos de guerra os estadunidenses não queriam perder tempo com burocracias demasiadamente nacionalistas.

Durante o mês de setembro de 1941, em meio as reuniões sobre a criação de um 'Comitê do *Office*' no Brasil, o status de Berent Friele como representante da agência no país foi discutido com o Diretor Executivo do *Office*, John C. McClintock. Diante da ampla gama de atividades que a disseminação da propaganda vicejava, e por um período ainda incerto, a imprecisão de seu status no Brasil como *Director of Commercial Division*, levou Friele a fazer "uma ótima sugestão" a MacClintock, e que foi prontamente aceita pelo Diretor Executivo. Friele havia sugerido em uma dupla tacada a denominação para si próprio e a da seção brasileira: "*Director of the Brazilian Division – Coordinator's Office*".[19] Nascia, assim,

---

17 Cf. *Memorandum ECG-1380*, October 5, 1942. Brazilian Coordination Committee General Sept 1941 – 1943. RG 229, Box 1353; NARA II.

18 Cf. *Memorandum ECG-1380*, October 5, 1942. Brazilian Coordination Committee General Sept 1941 – 1943. RG 229, Box 1353; NARA II.

19 Cf. *Memorandum from John C. McClintock to Nelson A. Rockefeller*, September 10, 1941. 05.5 Communications (reports) Dec 1942 March 1943; RG229, Box 1303; NARA II.

a *Brazilian Division*, a primeira unidade do *Office* na América Latina.[20] Berent Friele comandou a seção brasileira até março de 1944, quando foi substituído por Frank Nattier[21] que, por sua vez, permaneceu no comando da *BD* até julho de 1945.[22] Contudo, acima de Friele na hierarquia administrativa do *Office* no Brasil estava o Presidente do *American Chamber of Commerce* no Rio de Janeiro, Earl C. Givens, que a partir de setembro de 1943 passou a ser também o *Chairman of the Coordination Committee for Brazil.*[23]

A *Brazilian Division* também estava fortemente vinculada a Embaixada dos Estados Unidos no Rio de Janeiro. De maneira a maximizar os resultados e evitar duplicidade de atividades, os trabalhos de agências, representantes e técnicos dos Estados Unidos no Brasil deveriam seguir estritamente dez instruções: 1) todas as agências e técnicos do governo estadunidense trabalhando no Brasil eram de responsabilidade da Embaixada; 2) Deveriam manter a Embaixada constantemente informada sobre as suas atividades no Brasil; 3) Todas as correspondências enviadas e recebidas, incluindo telegramas, deveriam ser enviados à Embaixada para revisão e transmissão; 4) Uma cópia de toda a correspondência deveria ser enviada para os arquivos da Embaixada; 5) Era de "extrema importância" que em correspondências pessoais nenhuma menção a atividades oficiais fosse feita; 6) Nenhuma relação ou contato com o governo brasileiro, instituições ou oficiais deveria ser feita sem a aprovação da Embaixada (a não ser quando uma rápida ação fosse estritamente necessária); 7) Todas as agências e técnicos deveriam fornecer a Embaixada cópias de instruções recebidas e um breve relato das atividades relacionadas a estas instruções; 8) Viagens oficiais não deveriam ser realizadas no Brasil sem a aprovação Embaixada; 9) Era de máxima importância

---

20 Cf. ROWLAND, Donald (dir). *History of the Office of the Coordinator of Inter-American Affairs: historical report on war administration.* Washington, DC: Government Printing Office, 1947, p.248.

21 Cf. *Minutes of Hundred and Ninth Meeting*, March 2, 1944. Brazilian Coordination Committee – Minutes; n.81 to n.114. RG229, Box 1351. NARA II.

22 Cf. *Minutes of One Hundred and Fourty Fourth Meeting*, July 20, 1945. Brazilian Coordination Committee – Minutes; n.115 to n.147. RG229, Box 1352. NARA II.

23 Cf. *Memorandum from Nelson Rockefeller to Earl C. Givens*, September 23, 1941. Brazilian Coordination Committee General Sept 1941 – 1943. RG 229, Box 1353; NARA II.

que pessoas afetadas por essas instruções fossem extremamente cuidadosas. Não deveriam discutir política ou planos de guerra, tampouco repassar informações que pudessem ser valiosas para o inimigo; 10) O Embaixador havia designado seu Adido Comercial, Walter J. Donnelly, para supervisionar o trabalho das agências e técnicos na execução "destas e subsequentes instruções".[24] A austera vinculação da *Brazilian Division* à Embaixada foi, no entanto, sendo aos poucos suavizada no decorrer das atividades do *Office* no Brasil.

As reuniões da *BD* foram realizadas na Embaixada dos Estados Unidos no Rio de Janeiro até dezembro de 1941, quando passou a dividir o 4º andar de um edifício com o *American Chambers of Commerce* na Av. Graça Aranha 14, no Centro da capital brasileira.[25] O uso do mesmo espaço pelas duas instituições estava essencialmente relacionado a uma tentativa de contornar a legislação brasileira. As atividades conjuntas entre a *BD* e o *American Chambers of Commerce* tiveram início em setembro de 1941, isto é, tão logo a seção do *Office* no Brasil foi criada. Nos comunicados internos, o grupo formado para dar início as atividades do *Office* no Brasil, era chamado de *Coordinating Committee of The American Chamber of Commerce for Brazil*. A longa denominação explicitava uma parceria fundamental: os fundos orçamentários da *Brazilian Division* passariam a ser gerenciados pela câmara de comércio mediante uma conta bancária chamada "*Holly*" no *National City Bank*, onde os valores seriam depositados em pequenas parcelas pelo *State Department* – USD\$ 15.000 para as atividades administravas de outubro de 1941 a setembro de 1942.[26] Os depósitos em valores menores eram feitos para não chamar a atenção das autoridades brasileiras, ou seja, um modo adicional de se evitar que as atividades do *Office* fossem enquadradas no Decreto-Lei n.383. Desse modo, as atividades de propaganda da *Brazilian Division* estavam alicerçadas tan-

---

24 Cf. *Memorandum* n.1, February 23, 1942. Brazilian Coordination Committee General Sept 1941 – 1943. RG 229, Box 1353; NARA II.

25 Cf. *Minutes of Fifteenth Meeting, December* 18, 1941. Brazilian Coordination Committee – Minutes; n.1 to n.80. RG229, Box 1351. NARA II.

26 Cf. *Memorandum from Earl C. Givens to James Montgomery*, January 21, 1942. Brazilian Coordination Committee General Sept 1941 – 1943. RG 229, Box 1353; NARA II.

to no aparato governamental dos Estados Unidos, via *Office*, quanto na vasta de rede de contatos comerciais estadunidenses no Brasil calcada na iniciativa privada.

No contexto da criação da *BD* e contratação de pessoal para atuar nas atividades de propaganda da seção brasileira, Carlos Lacerda foi um dos nomes aventados pela organização. Em uma das primeiras reuniões da *BD*, ao tomarem conhecimento de que Lacerda havia deixado a Inter-Americana de Publicidade assinalaram que "em virtude de suas excepcionais habilidades foi concordado que os seus serviços não podem ser dispensados por este Comitê". Lacerda foi então apontado como um forte candidato para o cargo de Assistente Geral do Secretário Executivo, imediatamente responsável pelo programa de filmes em 16mm.[27] Todavia, na documentação analisada não existem registros de que a contratação tenha sido efetivada.

Como aponta o organograma elaborado durante a criação da seção brasileira (fig.1), a *Brazilian Division* deveria funcionar não apenas em sinergia com o *Office*, agência da qual era subsidiária, mas também com relação ao *Department of State, Inter-American Development Commission, Comissão Brasileira de Fomento Inter-Americano* e a Embaixada dos Estados Unidos no Brasil. Em adição, os diretores de suas divisões deveriam se dedicar a setores institucionais específicos do governo brasileiro da seguinte forma (fig.2): O Ministério da Educação e Saúde Pública deveria ficar sob a alçada da Divisão de Relações Culturais; o Departamento de Imprensa e Propaganda, aos cuidados da Divisão de Comunicações; o Ministério da Agricultura e Fazenda sob a Divisão Comercial e Financeira, e por fim, o Banco do Brasil e a Carteira de Importação e Exportação ficariam sob a atenção da Comissão de Desenvolvimento Inter-Americano.[28]

Após quase um ano de atividades do *Office* no Brasil, em junho de 1942, o problema das remessas de dinheiro para a *Brazilian Division* voltou à tona. As autoridades estadunidenses teriam manifestado uma "grave preocupação" quanto ao envio de fundos pela conta *Holly*. Para o escritório central do *Office*, em Wa-

---

27 Cf. *Minutes of Nineth Meeting*, October 28, 1941. Brazilian Coordination Committee – Minutes; n.1 to n.80. RG229, Box 1351. NARA II.

28 Cf. *Organization Chart*, November 15, 1941. Brazilian Coordination Committee General Sept 1941 – 1943. RG 229, Box 1353; NARA II.

shington, DC, ela envolveria "uma flagrante violação das leis cambiais locais, e do Decreto-Lei n.383".[29] Outras contas já haviam sido criadas para o envio de fundos do *State Department*, uma em nome de Frank Nattier Jr, e outra em nome Pierce Archer III.[30]

A conta criada em nome de Nattier Jr, também apresentaria problemas com relação as restrições impostas pelo Decreto-Lei n.383, além de "quase anular a possibilidade de envio de dinheiro pela rubrica 'doações de ajuda'". O problema se devia a Nattier Jr ser funcionário do governo estadunidense, mas Archer III, não. A conta "Pierce Archer III – Special Account" se tornou, a partir de julho daquele ano, o principal meio de envio de dinheiro dos Estados Unidos para o financiamento das atividades da *Brazilian Division*.[31]

Ainda que de início a questão da contratação de funcionários não tenha sido interpretada como sendo tão problemática, em 1943, quando o corpo de funcionários brasileiros trabalhando em caráter temporário para o governo estadunidense já havia aumentado significativamente, os temores de uma eventual reprimenda das autoridades brasileiras a esses trabalhadores voltaram a ser tratados pelo *Office*. Com relação ao rigor da Legislação, a *Brazilian Division* acreditava que não havia muito o que ser feito. Mas, "moralmente falando, nós devemos explicar a cada novo funcionário o 'risco' que ele corre", o que poderia levar em cada um desses casos a "uma solicitação para dispensa".[32] Para a *Brazilian Division*, era preciso, antes de mais nada, que a relação com os seus funcionários brasileiros fosse a mais "honesta" possível.

No primeiro ano de atividades da *Brazilian Division*, o *The American Chambers of Commerce*, teve um papel fundamental. Uma das primeiras atividades

---

29 Cf. *Memorandum* ECG-1380, October 5, 1942. Brazilian Coordination Committee General Sept 1941 – 1943. RG 229, Box 1353; NARA II.

30 Cf. Statement of all funds received in Brazil from November 1, 1941 to September 30, 1942. Brazilian Coordination Committee General Sept 1941 – 1943. RG 229, Box 1353; NARA II.

31 Cf. *Memorandum* ECG-1380, October 5, 1942. Brazilian Coordination Committee General Sept 1941 – 1943. RG 229, Box 1353; NARA II.

32 Cf. *Memorandum from Townsend Munson to Conselor of Embassy*, July 6, 1943. Brazilian Coordination Committee General Sept 1941 – 1943. RG 229, Box 1353; NARA II.

atribuídas diretamente por Nelson Rockefeller ao *Chambers*, além do gerenciamento das finanças da *Brazilian Division*, foi o planejamento de como a obtenção de matérias primas essenciais para o esforço de guerra poderia ser acelerada. Ademais, embora o objetivo primordial fosse garantir que tais matérias primas fossem fornecidas para os Estados Unidos, o *Chambers of Commerce* deveria monitorar as barreiras de exportação para que elas não chegassem aos países do Eixo. Para Rockefeller, o Brasil seria capaz de fornecer uma longa lista de matérias primas "para o esforço de guerra dos Estados Unidos": alumínio e bauxita; antimônio; amianto; crômio; carvão de casca de coco; cobre; cortiça; diamantes industriais; gasolina; grafite; couros; iodo; irídio; rolamentos de pedras preciosas; paina; manganês; fibra de manila; mercúrio; mica, níquel; compostos de nitrogênio (incluindo amônia, ácido nítrico e nitratos chilenos); ópio; vidros óticos; fenol; platina; cristais de quartzo; quinina e casca de quina; borracha e borracha sintética; seda; produtos para curtimento; teca; estanho; toluol; tungstênio, vanádio, lã e zinco.[33] O cinema, como indicaremos, foi visto (também) como um hábil expediente para a consecução dos objetivos engendrados por Nelson Rockefeller.

A parceria entre o *Chambers of Commerce* e a *Brazilian Division* nos moldes propostos a partir de julho de 1941, foi encerrada, contudo, no final do ano seguinte. Um claro indicativo da importância da *Brazilian Division* teria adquirido no cenário latino-americano foi, segundo Ursula Prutsch, o *status* que a seção brasileira teve com relação aos seus congêneres no México e Argentina. De acordo com a autora somente a *Brazilian Division* veio a se tornar reconhecida pelo *Foreign Office* como uma instituição oficial do governo estadunidense. Conforme aduz Prutsch, na prática o reconhecimento dava a *BD* uma "quase independência como uma autoridade diplomática sujeita apenas a supervisão de Washington".[34] O reconhecimento da *Brazilian Division* – e, consequentemente, da independên-

---

33 Cf. *Memorandum from Nelson Rockefeller to Earl C.* Givens, January 12, 1942. Brazilian Coordination Committee General Sept 1941 – 1943. RG 229, Box 1353; NARA II.

34 Cf. PRUTSCH, Ursula. Americanization of Brazil or a Pragmatic Wartime Alliance? The Politics of Nelson Rockfeller´s Office of Inter-American Affairs in Brazil During World War II. *Passagens. Revista Internacional de História Política e Cultura Jurídica*, Rio de Janeiro: vol. 2 no.4, maio-agosto 2010, p.195.

cia financeira com relação ao *Chambers of Commerce* -, pelo *Foreign Office* foi comunicado por Nelson Rockefeller a Berent Friele no dia 9 de setembro de 1942.[35]

Porém, aprofundando o entendimento de Ursula Prutsch, o reconhecimento não se deu apenas pela "importância" da *Brazilian Division*. O reconhecimento pelo *Foreign Office* visava, na verdade, "remover qualquer possível ônus" que pudesse recair sobre a *Brazilian Division* pelas sistemáticas violações da legislação brasileira desde meados de 1941.[36] No limite, a perspectiva de Prutsh não está equivocada, posto que a inquietação diante das autoridades brasileiras só ocorreu devido ao reconhecimento de que naquele momento o Brasil era um 'vizinho' valioso demais para ser contrariado.

Os primeiros obstáculos enfrentados pelo *Office* no Brasil estavam inseridos em um vasto turbilhão de desafios e dificuldades espraiados em uma rede de comitês e sub-comitês por toda a América Latina. Em abril de 1943, haviam 56 comitês centrais e 55 subcomitês regionais. Das 111 subsidiárias do *Office* na América Latina, apenas 13 ficavam no Brasil.[37]

Estímulos para um mercado em potencial: as regionais da *Brazilian Division*

A *Brazilian Division* foi criada paralelamente às discussões acerca de uma ampla ofensiva propagandística por meio do cinema no Brasil, envolvendo o *Office of Coordinador of Inter-American Affairs* e os principais estúdios de Hollywood. Quando o ambicioso programa de difusão de propaganda pró-Estados Unidos foi anunciado em Washington, DC, em março de 1942 já havia, portanto, uma estrutura administrativa no Brasil capaz de gerenciar as primeiras incursões no país.[38]

---

35 Cf. *Memorandum from Nelson Rockefeller to Berent Friele*, September 9, 1942. Brazilian Coordination Committee General Sept 1941 – 1943. RG 229, Box 1353; NARA II.

36 Cf. *Memorandum ECG-1380*, October 5, 1942. Brazilian Coordination Committee General Sept 1941 – 1943. RG 229, Box 1353; NARA II.

37 Cf. UNITED States. *National War Agencies, Appropriation Bill for 1944*. Part 1. Washington, DC: Government Print Office, 1943, p.208.

38 Cf. *Memorandum from John Hay Whitney to Earl C. Givens*, March 17, 1942. Plans and Cooperaton Agreements; RG229, Box 226; NARA II.

A *Brazilian Division* era um dos diversos escritórios regionais do *Office* espalhados por toda a América Latina. Com maior orçamento e número de funcionários (107) a *BD* era considerada a mais importante subsidiária da América do Sul.[39] Era composta por 13 regionais: Rio de Janeiro (sede), São Paulo, Belo Horizonte, Salvador, Belém, Curitiba, Porto Alegre, Natal, Fortaleza e Recife.[40] Florianópolis, Vitória e Manaus tinham escritórios, mas não comitês regionais formalizados; os trabalhos da *BD* eram regularmente conduzidos pelos consulados dos Estados Unidos nessas capitais.[41] O escritório de Santos, por sua vez, era administrado pelo comitê de São Paulo.[42]

Um escritório em Corumbá-MS chegou a ser planejado, posto que na cidade havia um consulado – que funcionou até o dia 31 de março de 1944. Todavia, após um mês de exibições em Corumbá e cercanias, em agosto de 1943 o Vice-Consul William L. Sands aconselhou a *Brazilian Division* a não prosseguir com as atividades naquela cidade devido a pequena população: apenas 13 mil habitantes para um programa permanente de propaganda cinematográfica parecia ao Vice-Consul um desperdício de tempo e de dinheiro.[43] Mesmo discordando da posição de Sands, em virtude da proximidade com as cidades de Cuiabá e Campo Grande, o Diretor da *BD*, Berent Friele, acatou a sugestão.[44] A partir de então as exibições naquela região do país passaram a ser realizadas pelo Comitê Regional

---

39 Vide: ROWLAND, Donald (dir). *History of the Office of the Coordinator of Inter-American Affairs*: historical report on war administration. Washington, DC: Government Printing Office, 1947, p.259-261.

40 Cf. *Memorandum from William Murray to Arthur Way*, March 26, 1943. 05.2 (c1) Projection machines and acessories 1; RG 229, Box 1287; NARA II.

41 Cf. *Memorandum from William Murray to Robert Jordan*, December 10, 1943. 05.2 (c1) Projection machines and acessories 2; RG 229, Box 1287; NARA II.

42 Cf. *Minutes of One Hundred and Twenty Eighth Meeting*, November 30, 1944. Brazilian Coordination Committee – Minutes; n.115 to n.147. RG229, Box 1352. NARA II.

43 Cf. *Memorandum from William L. Sands to Berent Friele*, August 2, 1943. 05.2 (s) – Exhibition Reports – Corumbá – Mato Grosso. RG229, Box 1294; NARA II.

44 Cf. *Memorandum from Berent Friele to Wiiliam L. Sands*, August 10, 1943. 05.2 (s) – Exhibition Reports – Corumbá – Mato Grosso. RG229, Box 1294; NARA II.

de São Paulo. Por fim, um 'sub-comitê' foi criado em janeiro de 1945 na cidade de Pelotas-RS, e estava sob a coordenação do comitê de Porto Alegre.[45]

Como veremos adiante, a implementação das 13 regionais foi de fundamental importância para que as atividades do *Office* não ficassem demasiadamente concentradas nos grandes centros do país, mormente Rio de Janeiro e São Paulo. Além do mais, propiciaram uma abrangência que coadunou com a massiva distribuição de filmes de propaganda estadunidenses por todo o território brasileiro.

As negociações entre o *Office* e os grandes estúdios aceleraram a implantação dos comitês regionais no Brasil. Assim, esperava-se que os comitês estivessem em sintonia com o início da produção em larga escala de filmes nos Estados Unidos, ou seja, as regionais foram gestadas ao longo de 1941 e 1942 e estavam intimamente ligadas as atividades de cinema que o *MPD* esperava desenvolver no Brasil. Foi somente a partir de março de 1943, no entanto, que as atividades da sessão brasileira envolvendo especialmente o cinema e o rádio, deixaram de ser concentradas no Rio de Janeiro. A partir de então, o escritório na Capital Federal apenas administraria as atividades desenvolvidas nos escritórios regionais.[46]

Em princípio, antes da descentralização da *BD*, esperavam encontrar 'colaboradores' estadunidenses nas capitais acima mencionadas para trabalharem de maneira próxima aos consulados dos Estados Unidos. Um amplo levantamento foi realizado em todo Brasil acerca de indivíduos proeminentes (preferenciamente de nacionalidade estadunidense) em sete áreas: construção; gerenciamento de trabalhadores; saneamento e saúde; produção agrícola; gestão de negócios; finanças e 'profundo conhecimento do país'.[47] Os nomes selecionados entre dezenas de

---

45 Cf. *Minutes of One Hundred and Thirty Second Meeting*, January 25, 1945. Brazilian Coordination Committee – Minutes; n.115 to n.147. RG229, Box 1352. NARA II.

46 Cf. *Memorandum from Mr. Francisco to Mr. Alstock*, March 25, 1943. Propaganda; RG 229, Box 226; NARA II. Para uma discussão sobre as atividades do *Office* no Brasil e México envolvendo o Rádio vide: SOUSA, Marquilandes Borges de. *Rádio e propaganda política*: Brasil e México sob a mira norte-americana durante a Segunda Guerra. São Paulo: Annablume/Fapesp: 2004.

47 Cf. *Memorandum from Nelson Rockefeller to Earl C. Givens*, September 23, 1941. Brazilian Coordination Committee General Sept 1941 – 1943. RG 229, Box 1353; NARA II.

possíveis colaboradores tinham qualificações em mais de uma das áreas indicadas e eram tidos como excepcionalmente influentes.

Em julho de 1942, apenas em Porto Alegre já teriam um nome já contatado: o texano Joseph Ermonde Lindy Millender, gerente geral da Companhia de Energia Elétrica Rio Grandense (CEERG) e da Cia. Carris Porto Alegrense (Carris) de Transporte Público. Ambas as companhias eram subsidiárias da *American & Foreign Power Company* (Amforp) que atuava em Porto Alegre desde 1928. De acordo com Paula Joelsons, Millender era um destacado homem público na sociedade porto-alegrense, com intensa participação em clubes, associações, eventos sociais e beneficentes.[48]

A *BD* esperava executar a tarefa rapidamente, pois assim que os projetores 16mm fossem distribuídos, os novos 'colaboradores' deveriam iniciar as suas atividades.[49] Mesmo tendo começado a funcionar no início de 1943,[50] o comitê de Porto Alegre não teve sede própria por alguns meses. Os trabalhos daquela regional eram realizados nos escritórios da Companhia de Energia Elétrica do Rio Grande Sul, e os equipamentos para as exibições ficavam em seu Grêmio Esportivo.[51]

Para a direção do comitê de São Paulo foi escolhido Arnold Tschudy, executivo da *General Motors Company* no Brasil e Presidente do *United States Chambers of Commerce* naquela capital.[52] O comitê de São Paulo era composto ainda pelo Consul estadunidense Cecil M. Cross, G. P. Harrignton (Presidente em exercício da General Motors), A. W. K Billings (Vice Presidente da *Light and Power Co.*), C.E. Croke (*Goodyear Tire and Company*), K. Van Pelt (*American*

---

48 Cf. JOELSONS, Paula. *AMFORP em Porto Alegre (1928-1959): multinacional norte-americana de eletricidade e o papel do gerente geral* J.E.L. Millender. Dissertação de Mestrado em História. Universidade Federal do Rio Grande do Sul, pp.84-87.

49 Cf. *Memorandum 1392*, June 24, 1942. Organization; RG229, Box 226; NARA II.

50 Cf. *Memorandum from J.E Millender to Keener*, 8 de abril de 1943. 05.2 (h) Exhibition Reports Correspondence Porto Alegre 1943 1; RG229, Box 1291; NARA II.

51 Cf. *Memorandum from I.M Ewbank to OCIAA*, October 20, 1943. 05.2 (h) Exhibition Reports Correspondence Porto Alegre 1943 1; RG229, Box 1291; NARA II.

52 Cf. PRUTSCH, Ursula. Americanization of Brazil or a Pragmatic Wartime Alliance? The Politics of Nelson Rockfeller´s Office of Inter-American Affairs in Brazil During World War II. *Passagens. Revista Internacional de História Política e Cultura Jurídica*, Rio de Janeiro: vol. 2 no.4, maio-agosto 2010, p.195.

Manufactures Representative), C.R. Varty (*National City Bank of New York*) e W.J. Williamson (Gerente da *N.W. Ayer-Son* S.A).[53]

Em Curitiba, outro distinto cidadão foi indicado para dirigir o programa de filmes do *Office* naquela Capital. Francisco Matheus Albizú chegou a ser considerado o nome ideal para iniciar os trabalhos naquela cidade "não só pelos dotes de gentlemen que o caracterizam, como também por ser Diretor de Educação Física do Estado do Paraná, professor da Faculdade de Filosofia e alto funcionário público Municipal". Além de tais predicados, o "Dr. Albizú" era visto como de "grande utilidade por ser um grande amigo dos Americanos".[54] A posterior escolha por Frank A. Hoffman como *Chairman* da regional paranaense possivelmente tenha sido influenciada por Albizú não ser um cidadão estadunidense. Albizú, no entanto, foi contratado como secretário executivo da referida regional.

Em Belo Horizonte, o comitê teve como seu primeiro *Chairman* Frank C. Belmonte, na época Diretor da General Eletric Raios X S.A. Após a saída de Belmonte, devido a sua transferência para a General Eletric do Rio de Janeiro, a regional passou a contar com os trabalhos de Jonas Barcellos Correa, Mario Werneck, Edgar Godóy da Mata Machado e Joaquim Vieira de Faria. Escolhido para substituir Belmonte como *Chairman*, Correa figurava como um dos empresários mais proemintes da capital mineira, vindo, posteriormente, a ser um dos fundadores da União Democrática Nacional – UDN. No inicio da década de 1960, quando Diretor do Banco de Crédito de Minas Gerais, Jonas Barcellos Correa foi um dos financiadores do Instituto de Pesquisas e Estudos Sociais – IPÊS, instituição notória por contribuir para a desestabilização do governo de João Goulart com o apoio da elite empresarial brasileira e do governo estadunidense.[55] Joaquim Vieira de Faria, no início da década de 1940 era considerado pela *BD* "um dos advogados mais proeminentes da cidade e Presidente da Associação do Comércio". O jor-

---

53 Cf. São Paulo Committee. Brazilian Coordination Committee General Sept 1941 – 1943. RG 229, Box 1353; NARA II.

54 Cf. *Memorando de Moacyr Ramos para C. S. Penson*, 12 de fevereiro de 1943. Curitiba Exhibition reports 1. RG 229, Box 1291; NARA II.

55 Vide: DREIFUSS, René Armand. *1964, A Conquista do Estado: ação política, poder e golpe de classe*. Rio de Janeiro: Editora Vozes, 2006.

nalista Edgar Godoy da Mata Machado, por sua vez, era um ativo oposicionista do Governo Vargas, vindo a se tornar posteriormente um reconhecido politico e jurista brasileiro. [56]

Como as escolhas em São Paulo, Porto Alegre, Curitiba e Belo Horizonte sugerem, não se tratava apenas da exibição de filmes. Todos os trabalhos relacionados aos filmes vinham acompanhados de um esforço maior por construir uma rede de contatos. Por uma ampla e diversificada rede social, a *Brazilian Division* conseguia com que os seus filmes fossem propagandeados em quartéis, associações de classe, Clubes, Câmaras Municipais, Sindicatos e até mesmo durante missas em igrejas pelo interior do país.[57] Desse modo, o *Office* trabalhava seriamente no impacto social dos produtos que distribuía, visando a construção de um circuito comunicacional cuja a peça mais importante era o cinema, e que ia desde autoridades do legislativo, executivo e judiciário até pessoas analfabetas nos rincões mais distantes do país. Para ser efetivo um "programa de relações públicas precisa abranger todas as áreas da opinião pública", asseverou Frank Nattier, em abril de 1945. Por isso, segundo ele, era preciso "alcançar as classes altas, também chamadas Elites, assim como as bem abaixo" para que a propaganda seja "realmente eficiente".[58]

Pode-se afirmar que por detrás dos esforços envolvendo a exibição de filmes a *BD* trabalhava para assegurar uma ampla rede de apoiadores e simpatizantes a causa aliada. Assim, a exibição dos filmes distribuídos pelo *Office* não pode ser separada do investimento contínuo e sistemático em uma forma de disseminação propagandística a mais integrada possível. Importante salientar que, mesmo empreendendo esforços no campo do rádio e imprensa, os filmes eram tomados

---

56 Cf. *Memorandum from Jay Walker to Jefferson Caffery*, November 8, 1943. 05.2 K Film Exhibitions - Belo Horizonte – 1943 1. RG229, Box 1290. NARA II.

57 Cf. *Memorandum* Rio/1326, October 27, 1944. 05.2 (g) Exhibition reports correspondence, Bahia 3, 1944. RG229, Box 1290. NARA II.

58 Cf. *Minutes of One Hundred and Thirty Eighth Meeting*, April 19, 1945. Brazilian Coordination Committee – Minutes; n.115 to n.147. RG229, Box 1352. NARA II.

como o meio ideal para "convencer as pessoas de que a sua cooperação" era necessária, "valiosa, e a arma mais efetiva contra o inimigo para vencer a guerra".[59]

As reuniões realizadas na sede da *Brazilian Division*, no Rio de Janeiro eram momentos importantes para que toda a estrutura do *Office* montada no Brasil continuasse funcionando da melhor forma possível. As Atas de tais reuniões, que ocorriam mensalmente, indicam como se dava a representatividade: geralmente contavam com dois ou três membros da Embaixada dos Estados Unidos do Brasil e, eventualmente, com o Embaixador; um representante do *The American Chambers of Commerce* (cujo Presidente no Rio de Janeiro era Earl C. Givens, também o *Chairman* do *The Coordination Committee for Brazil*); ocasionalmente representantes ou mesmo o Diretor da *Rubber Development Company*; a mesa diretora da *Brazilian Division*, composta por aproximadamente quinze pessoas; representantes de grandes estúdios como a *Twenty Century-Fox* e a *Paramount*; membros dos escritórios do *Office* nos Estados Unidos, que giravam em torno de dez representantes e participantes especiais, como Orson Welles no período em que esteve realizando filmagens no Brasil. Assim, muitas das 147 reuniões realizadas chegaram a ter mais de 30 pessoas. Não encontramos registros da presença de mulheres nestes encontros. A tomada de decisões era feita por pessoas influentes do sexo masculino, brancos e essencialmente estadunidenses.

A primeira reunião ocorreu no dia 1 de setembro de 1941, e a ultima, no dia 11 de outubro de 1945. A presença de representantes dos comitês e escritórios regionais, contudo, só veio a ocorrer em fevereiro de 1945. O principal tema debatido neste encontro foi as incertezas diante de um possível fim da BD.[60] Supreendentemente, uma das principais dúvidas dos comitês e escritórios regionais era, afinal, em que tipo de organização estavam trabalhando. A dúvida possivelmente estava atrelada a variedade de atividades desenvolvidas, as parcerias entre setores privados e estatal (no Brasil e Estados Unidos), e a comumente vaga definição entre o que era propaganda, informação, educação e entretenimento. Na reunião,

---

59 Cf. *Memorandum from Leo J. Callanan to Berent Friele*, December 14, 1942. 05.2 (f) - Exhibition Reports - Recife - Correspondence – 1943. RG229, Box 1290; NARA II.

60 Cf. *Minutes of Hundred and Thirty Fourth Meeting*, February 22, 1945. Brazilian Coordination Committee – Minutes; n.115 to n.147. RG229, Box 1352. NARA II.

foi enfatizada a importância da interiorização dos programas de propaganda no Brasil. Segundo a Ata desta reunião, dos 44 milhões de habitantes no país, cerca de 33 milhões residiam no interior.[61]

A relevância atribuída as atividades fora dos grandes centros brasileiros talvez ajude a explicar as dúvidas apresentadas pelas regionais naquela ocasião. Para a *Brazilian Division* a principal fonte de informação fora das capitais durante a II Guerra Mundial foi provida pelas atividades de suas regionais. Mais do que levar notícias sobre os acontecimentos no Brasil e no mundo, nas palavras de Pete Seidl, um dos membros da *BD*, "o interior é um grande mercado em potencial e se mantivermos ele estimulado com relação a simpatia aos Estados Unidos isso será um grande passo adiante".[62] No entanto, haveria no interior do Brasil um sentimento generalizado de que os Estados Unidos eram uma *"money-grabbing nation"*, ou seja, estariam interessados apenas em lucros que poderiam ter sem oferecer nada de valor em troca. Nessa perspectiva, os motivos para as atividades de propaganda estariam sendo vistos por muitos brasileiros como puramente gananciosos ou oportunistas. Na mesma reunião Seidl ressaltou a importância que as atividades das regionais estavam tendo na conquista do mercado brasileiro, mas que não praticavam uma "propaganda Protestante".[63] Vale ressaltar, que o argumento de que a propaganda do *Office* era demasiadamente influenciada por ideais protestantistas vinha, de acordo com funcionários da *Brazilian Division*, principalmente de missionários católicos estadunidenses. Por essa razão, a seção brasileira preferia não contar com a participação deles em suas atividades.[64]

Com a possibilidade da chegada da Democracia no Brasil após o término da guerra, Seidl avaliava que o Governo Federal não teria tanto controle sobre

---

61 Cf. *Minutes of One Hundred and Thirty Fifth Meeting*, March 4, 1945. Brazilian Coordination Committee – Minutes; n.115 to n.147. RG229, Box 1352. NARA II.

62 Cf. *Minutes of One Hundred and Thirty Fifth Meeting*, March 4, 1945. Brazilian Coordination Committee – Minutes; n.115 to n.147. RG229, Box 1352. NARA II.

63 A literatura que trata da 'Teologia da Prosperidade', ou das relações entre o Capitalismo e a Ética Protestante é vastíssima. Uma das obras fundadoras e essenciais na compreensão desta relação foi escrita por Max Weber na passagem do século XIX para o XX: *A Ética Protestante e o Espírito do Capitalismo*. (São Paulo: Companhia das Letras, 2004).

64 Cf. Letter from Keener and Munson to Wingate M. Anderson, March 13, 1943. *Reports*, March 1, 1943. RG229, Box 227; NARA II.

os Estados, o que seria uma excelente oportunidade para os Estados Unidos aumentar os esforços pela garantia dos mercados regionais, haja vista britânicos e franceses já estarem expandindo suas atividades no interior prevendo as mesmas vantagens.[65] Em vista do *zig-zag* retórico para justificar o uso da propaganda na conquista do mercado brasileiro, não surpreende que as regionais se vissem constantemente em duvidas sobre o real status de suas atividades.

O orçamento para as atividades da *Brazilian Division* começou a ser reduzido em meados de 1945, anunciando o encerramento de suas atividades no Brasil. Um longo debate sobre a continuidade de suas atividades começou a ser travado no interior da seção brasileira já no início de 1944, mas por sua amplitude e complexidade não o abordaremos neste momento. Um trabalho sobre as atividades da *Brazilian Division* não abordadas nesse livro, bem como os debates sobre o fim de suas atividades no Brasil já está sendo preparado e será publicado oportunamente.

As atividades sob a responsabilidade do *Office* no Brasil, ou *Brazilian Division*, podem ser resumidas em quatro pontos: 1) Programa Informacional, abrangendo a imprensa, o rádio, o cinema e análise de opinião pública, bem atividades nas áreas da ciência e da educação; 2) Programa de Saúde e Saneamento; 3) programa de produção de alimentos; 4) programa de operações e construção de embarcações de madeira. Os fundos para a execução dos 4 programas seriam aprovados e garantidos pelo Congresso dos Estados Unidos e a sua execução supervisionada diretamente pelo *State Department*.[66]

Dentre todas as áreas desenvolvidas no Brasil durante a II Guerra Mundial, a de maior orçamento administrativo era a do cinema. Se a seção de rádio e imprensa, juntas, tinham um orçamento de aproximadamente USD$ 50.000 (outubro de 1942 - outubro de 1943), apenas a área de cinema para o mesmo período tinha um orçamento para seu gerenciamento de pouco mais de USD$ 100.000.[67] Tais valores

---

65 Cf. *Minutes of One Hundred and Thirty Fifth Meeting*, March 4, 1945. Brazilian Coordination Committee – Minutes; n.115 to n.147. RG229, Box 1352. NARA II.

66 Cf. *Definition of Responsibilities of Coordinator's Office in Brazil*, September 10, 1942. Organization; RG229, Box 226; NARA II.

67 Cf. *Minutes of Fifty-sixth Meeting*, December 3, 1942. Brazilian Coordination Committee – Minutes; n.1 to n.80. RG229, Box 1351. NARA II.

não envolviam as despesas de passagens internacionais, tampouco os projetos desenvolvidos em cada setor; disctutidos no capítulo 5 com relação ao cinema.

As primeiras diretrizes sobre as exibições de filmes foram traçadas em uma reunião realizada em outubro de 1941. No encontro, foi decidido que os filmes enviados dos Estados Unidos seriam exibidos primeiramente na Embaixada dos Estados Unidos no Rio de Janeiro, e passariam por uma 'censura' prévia por membros da Embaixada e da *Brazilian Division*. Após aprovados e selecionados os filmes seriam exibidos para líderes governamentais e também de setores da sociedade civil. Neste primeiro momento, quando ainda não haviam sido criados os comitês regionais, ficou decidido que a distribuição seria realizada por meio dos tradicionais contatos da Embaixada, das Forças Armadas e dos diplomatas estadunidenses que atuavam no Brasil.[68]

A ampla variedade de locais utilizados pela *Brazilian Division* para exibição de seus filmes era um eco da 'unidade simultânea' propalada pelo controverso especialista em propaganda George Creel ainda durante a I Guerra Mundial. Conforme aponta Brett Gary, para Creel, de modo a ser efetiva, a exposição à propaganda deveria ser contínua e intensa, como em uma 'coreografia', em escolas, sindicatos, clubes, igrejas etc. Não por acaso, as premissas de Creel sobre a importância de uma ampla ofensiva propagandística foram retomadas no início da década de 1940 por Donald Slesinger, um dos especialistas em propaganda contratados pelo *The Rockefeller Foundation* e encarregado de elaborar pesquisas associadas a educação e propaganda por meio do cinema.[69]

Antes que os acordos com o Departamento de Imprensa e Propaganda - DIP fossem formalizados, o *Office* já tinha elementos suficientes para presumir relações árduas com o a agência de propaganda governamental brasileira. Em janeiro de 1941, Edgar Buttler Hatrick, vice-presidente da *Hearst Metrotone News, Inc*, relatou a a John Hay Whitney, Diretor do *Motion Picture Division*, que seu cinegrafista, Norman Alley havia tido um encontro nada amistoso com o Diretor do DIP, Louri-

---

68 Cf. *Minutes of Sixth Meeting*, October 7, 1941. Brazilian Coordination Committee – Minutes; n.1 to n.80. RG229, Box 1351. NARA II.

69 Cf. GARY, Brett. *The Nervous Liberals: propaganda anxieties from World War I to the Cold War*. New York: Columbia University Press, 1999, p.112.

val Fontes. Alley havia viajado ao Brasil para realizar sondagens sobre temas para cinejornais a serem produzidos com a participação do *Office*. Todavia, Fontes só teria permitido a filmagem de trivialidades urbanas como "atividades infantis, exposições de flores e corridas de cavalo". As atividades em que Alley estava interessado, isto é, cuja natureza estivesse relacionada a defesa hemisférica eram dificultadas a todo custo devido, segundo Alley, "a evidente pressão Nazista exercida sobre o Ministério da Guerra e no Departamento de Imprensa e Propaganda".[70]

Ainda que o *Office* estivesse interessado na disseminação de filmes para a América Latina desde o início de 1941 e na instalação dos escritórios regionais desde o inicio de 1942, as primeiras tratativas de cooperação com o Departamento de Imprensa e Propaganda – DIP só ocorreram em setembro de 1942, durante a visita de Nelson Rockefeller ao Brasil. Um ano após o relato de Hatrick, as relações entre o DIP e o *Office* haviam sido abrandecidas pelas urgências da guerra e pela paulatina aproximação entre o Brasil e os Estados Unidos. Dentre os pontos acordados entre DIP e *Office* em setembro de 1942, estavam a atuação conjunta em diversas questões nas áreas de imprensa, propaganda, rádio e cinema. No que diz respeito ao cinema, o principal acordo estava relacionado a cooperação por meio do *Murray Project*, discutido no capítulo 5.[71]

O trabalho em sinergia e em várias frentes simultâneas era coordenado pelo *Informational Program*, que funcionava como uma espécie de 'base de apoio' para outros programas desenvolvidos pela BD. Ademais, envolvia a "completa utilização da Imprensa, Cinema, e análise de opinião pública" e seria executado pela "*Prencinradio*, a corporação governamental estadunidense desenvolvida para este propósito".[72] De acordo com Donald W. Rowland, a *Prencinradio* foi uma corporação clandestina do *Office* criada em Delaware, em 1942. O autor afirma que a *Prencinradio* nunca foi mencionada em audiências governamentais e operava se-

---

70   Cf. *Memorandum from Edgar Buttler Hatrick to John Hay Withney*, August 6, 1941. Misc. Newsreels; RG229, Box 217; NARA II.

71   Cf. *Memorandum* CO. No. 2086, October 3, 1942. Plans and Cooperation Agreements; RG229, Box 226; NARA II.

72   Cf. *Definition of Responsibilities of Coordinator's Office in Brazil*, September 10, 1942. Organization; RG229, Box 226; NARA II.

O triunfo da persuasão

cretamente até 18 de maio de 1944, quando foi revelada pelo *Wall Street Journal*. Segundo Rowland, a única atividade da *Prencinradio* envolvendo o cinema foi desenvolvida no México.[73] De acordo com Darlene Sadlier, a *Prencinradio* teria sido criada para "encorajar e facilitar relações amigáveis entre o México e os Estados Unidos e para 'prevenir o desenvolvimento de uma indústria de cinema antipática aos Estados Unidos'".[74]

Como assinalaram Gisela Cramer e Ursula Prutsch a *Prencinradio* foi uma das cinco corporações subsidiárias utilizadas pelo OCIAA para facilitar o desenvolvimento de operações em larga escala que requeressem cooperação próxima com autoridades Latino-americanas por meio de fundos bilaterais. Em adição, a corporação serviu como uma cortina de fumaça para esconder operações com as quais o governo estadunidense não gostaria de ser associado publicamente. Todas as cinco corporações subsidiarias teriam sido transferidas para o *State Department* em 1946.[75]

As atividades de cinema, como já mencionado, ficavam abrigadas ao lado de outras, como a imprensa e o rádio no *Informational Program*, que após uma avaliação do contexto brasileiro pela *BD* e a Embaixada dos Estados Unidos no Brasil teve seu escopo ampliado em meados de 1942 e um novo diretor: o experiente jornalista Richard Hughes Hippelheuser, ex-editor da Revista *Fortune* (que permaneceu na *BD* por aproximadamente 1 ano).[76]

---

73 Cf. ROWLAND, Donald W. (dir). *History of the Office of the Coordinator of Inter-American Affairs: historical report on war administration*. Washington, DC: Government Printing Office, 1947, p.81-82. Seth Fein também identificou atividades da referida corporação no México, no mesmo sentido apontado por Rowland. Vide: FEIN, Seth. *Transnationalization and cultural collaboration: Mexican film propaganda during World War II. Studies in Latin American Popular Culture*, 1998, Vol. 17.

74 Cf. SADLIER, Darlene J. *Americans All: Good Neighbor Cultural Diplomacy in World War II*. Austin: University of Texas Press, 2012, p.44.

75 As outras corporações seriam: o Institute of Inter-American Affairs, o Institute of Inter--American Transportation, o Inter-American Navigation Corporation e o Inter-American Education Foundation. Cf. CRAMER, Gisela; PRUTSCH, Ursula. Nelson A. Rockefeller's Office of Inter-American Affairs (1940–1946) and Record Group 229. *Hispanic American Historical Review* 86:4. November 1, 2006, p. 788.

76 Cf. *Memorandum* 3529, September 10, 1942. Organization; RG229, Box 226; NARA II.

Assim, no interior do *Informational Program*, o *The Motion Picture Section* da *Brazilian Division* cuidaria exclusivamente da "manipulação de filmes em 16 e 35mm, da produção de filmes no Brasil [...] e da distribuição de todos os filmes preparados pelo Coordenador do *Office* nos Estados Unidos".[77] Como veremos, os esforços para a exibição de filmes estavam entre as atividades mais importantes para o *Office* no Brasil. Acreditavam que o cinema seria a ferramenta mais poderosa de aproximação entre os países, muito embora outras atividades tenham sido desenvolvidas consecutivamente, mas com menor intensidade e abrangência. De outro modo, ainda que o cinema tenha nitidamente desempenhado um papel de destaque nas atividades da *Política de Boa Vizinhança* durante a II Guerra Mundial, seria um equivoco separar completamente as atividades envolvendo o cinema, de outras como o rádio e a imprensa, sob o risco de não compreendermos as relações mantidas entre os diferentes programas conduzidos no Brasil.

Outro esforço considerável empreendido pela *BD* se deu no tocante a capacitação técnica de projecionistas e auxiliares. Uma proposta da *BD* para o *Office* em outubro de 1942 sugeria que os projecionistas contratados pelos comitês regionais fossem enviados ao Rio de Janeiro para um mês de treinamento. Neste período, seriam mostrados os detalhes mecânicos de funcionamento e de limpeza dos projetores, como fazer contatos externos, como obter opiniões das audiências e como preencher os relatórios para a sede da *BD*, no Rio de Janeiro. Nesse sentido, esperava-se que esses homens tivessem "uma completa compreensão do trabalho e após um mês eles retornarão para as suas respectivas unidades, ao invés de serem apenas operadores, eles se tornarão capazes de executar um programa agressivo".[78]

Por questões financeiras e logísticas, posteriormente a *BD* preferiu enviar técnicos para os escritórios estaduais, para que treinassem projecionistas e assistentes.[79] Dentre os funcionários que tinham a função de viajar pelo Brasil

---

77 Cf. *Definition of Responsibilities of Coordinator's Office in Brazil*, September 10, 1942. Organization; RG229, Box 226; NARA II.

78 Cf. *Memorandum CO* – N.2031, October 6, 1942. Organization; RG229, Box 226; NARA II.

79 Cf. *Memorandum BD* – N.97, January 16, 1943. Operation procedure; RG229, Box 226; NARA II.

treinando novos técnicos e projecionistas estavam Robert Jordan e Irineu March Ewbank.[80] Também ficava a cargo de Jordan e Ewbank conferir localmente se todas as Regionais tinham todos os materiais necessários para iniciarem o *Motion Pictures Program em 16mm*, e reportar eventuais problemas no gerenciamento dos comitês regionais. Foi por meio, por exemplo, de um dos inúmeros relatórios enviados durante as visitas de 'inspeção e treinamento' que Ewbank relatou uma série de problemas nas atividades do Escritório de Florianópolis enquanto treinava técnicos naquela capital, em dezembro de 1943. Segundo o técnico estadunidense estaria havendo uma falta de interesse do Sr. Alcino Fanaya, que impactava, inclusive, a moral do comitê.[81]

O constante aperfeiçoamento de técnicos na área do cinema pela *Brazilian Division* propiciou o surgimento de uma geração de profissionais treinados por técnicos estadunidenses por todo o país. O esforço por capacitar pessoal especializado em cinema derivava, como destacamos ao longo deste trabalho, da crença de que os filmes eram um poderoso veículo de atração e convencimento. Ao iniciar a expansão dos programas envolvendo o cinema pelo país a *BD* rapidamente se deu conta de que precisaria elevar o nível técnico de seu pessoal, especialmente porque a maior parte dos equipamentos e matérias primas utilizadas pela seção brasileira eram provenientes dos Estados Unidos. Além de fornecer treinamento para que os equipamentos fossem utilizados da melhor forma possível, a *BD* se esforçava para que eventuais panes mecânicas ou elétricas fossem rapidamente consertadas pelos próprios técnicos. Assim, era imprescindível que os técnicos envolvidos nas atividades cinematográficas fossem capazes de operar os equipamentos, mantê--los em perfeito estado de funcionamento e consertá-los quando fosse preciso. A partir do início de 1944 o celuloide passou a ficar cada vez mais escasso, razão pela qual era fundamental que os operadores soubessem cuidar bem das cópias dos fil-

---

80 Cf. *Memorandum 257*, Dezember 8, 1943. 05.2 (c1) Projection machines and acessories 2; RG 229, Box 1287; NARA II, e Cf. Memorandum from Ewbank to Murray, November 17, 1944. 05.2 (c1) Projection machines and acessories 2, RG 229, Box 1287; NARA II.

81 Cf. *Memorandum from William Preston Rambo to Jefferson Caffery*, Dezember 14, 1943. 05.2 (j) Exhibition Reports Correspondence Santa Catarina 1943 1. RG229, Box 1291. NARA II.

mes em exibição.[82] Outro problema que contribuía para a escassez de filmes era o retorno de películas às sedes dos escritórios regionais após terem sido danificados pelos projecionistas, o que ajuda a explicar o empenho do *Office* em manter seus técnicos bem treinados.[83] O problema era tão frequente que em meados de 1943 a *BD* passou a usar um procedimento no qual após ser exibido pelo projecionista, o filme era averiguado por uma "inspetora" que tinha a responsabilidade de relatar o estado de conservação do filme e eventuais danos causados pelo projecionista.[84]

Como lembra Pennee L. Bender, haviam quatro tipos de produção: longas metragens, curtas, cinejornais e documentários. A autora indica que cada um dos formatos foi produzido, distribuído e exibido sob circunstancias amplamente diferentes e objetivavam propósitos distintos.[85] Ainda que alguns documentos apontem os intentos de tais propósitos, a execução deles – especialmente no tocante a distribuição e exibição - ocorreu sem que muitas das premissas previstas em seu planejamento fossem adotadas devido os problemas com disponibilidade de filmes, pessoal e equipamentos.

Com o intuito de que os seus técnicos tivessem segurança para operar os projetores sem avarias no equipamento ou filmes, a *Brazilian Division* também distribuiu um manual entre eles detalhando as principais atividades que deveriam ficar a seu cargo, antes, durante e após cada exibição. O manual é dividido em três partes: 1) o projetor sonoro – partes e componentes; 2) como cuidar do material e 3) Traços gerais sobre cinematografia.

Já de início alerta que a pessoa "encarregada para o funcionamento e conservação do projetor cinematográfico sonoro de 16mm deve, antes de tudo, compreender a grande responsabilidade que lhe é confiada, e que um serviço dessa na-

---

82 Cf. *Circular Memorandum* N. 97, April 14, 1944. 05.2 (c1) Projection machines and acessories 2. RG229, Box 1287; NARA II.

83 Cf. *Memorandum* BF-3086, May 31, 1943. 05.2 (e) Exhibition reports correpondence (São Paulo) 3. RG 229, Box 1287; NARA II.

84 Cf. *Memorandum* São/183, June 8, 1943. 05.2 (e) Exhibition reports correpondence (São Paulo) 3. RG 229, Box 1287; NARA II.

85 Cf. BENDER, Pennee L. *Policies and Productions of the Motion Picture Division of the Office of The Coordinator of Inter-American Affairs.* Conference Paper #72. Presented at the symposium "Imagining Latin America: United States Film Policy and Its Impact During World War II", April 24, 1993, New York University, p.5-6.

tureza exige o máximo de atenção e esforço". Por vezes bastante técnico, o manual deveria ser estudado com afinco pelos projecionistas e assistentes, haja vista que "o êxito de qualquer sessão de cinema depende, em grande parte, da perícia do operador, da habilidade que ele tiver em dar um cunho profissional à exibição, e do cuidado que ele dispensar ao funcionamento e conservação do seu aparelho".[86]O manual era fornecido durante o já mencionado treinamento ministrado pelos técnicos estadunidenses em visitas aos comitês e escritórios regionais, onde permaneciam por aproximadamente três dias.

A implementação da *BD* e de seus comitês e escritórios, com todos os impasses e urgências internas, foi realizada em concomitância a uma série de problemas que precisavam ser solucionados. Antes que a imensa rede propagandística começasse a funcionar plenamente, haviam alguns empecilhos externos a serem resolvidos.

---

86 Cf. *Instruções e sugestões para projetores sonoros em 16mm*, s/d. 05.2 (c1) Projection machines and acessories 2. RG 229, Box 1287; NARA II.

Capítulo 2

Aliados precisam ter atitudes amigáveis: propaganda, oportunidade e lucro

Cooperação agora e para o futuro![1]

Durante a II Guerra Mundial, a relação entre entretenimento, propaganda e política foi pensada com assaz esmero por Washington e Hollywood. Os esforços estadunidenses para a aproximação com a América Latina por meio do cinema tiveram um início cuidadoso, mas ao menos com relação ao Brasil, nada tranquilo. Em 1940, quando tais esforços para o uso sistemático do cinema como meio de aproximação começaram a ser urdidos, o Brasil vivia sob a forte influência do dirigismo econômico, centralização e corporativismo, os pilares do Estado Novo. A chegada de produções repletas de valores liberais que desembarcaram na esteira da *Good Neighborhood Policy*, como individualismo, pluralismo e liberalismo, não ocorreu sem resistências.

Quando John Hay Whitney, Diretor do *Motion Picture Division* do *Office*, explicou ao Embaixador brasileiro nos Estados Unidos, Carlos Martins Pereira e Souza, "o tipo de esforço de boa vontade por meio do cinema" que deveria ser realizado no Brasil,[2] o governo brasileiro, na direção do constructo ideológico, simbólico e econômico do Estado Novo, havia recém aprovado uma lei com pesada taxação para filmes estrangeiros.

Em dezembro de 1940 o governo brasileiro notificou oficialmente diversas companhias estadunidenses sobre a necessidade de elas pagarem 8% de todas as somas creditadas ou remetidas do Brasil para os Estados Unidos entre 1935 e 1940, inclusive das receitas brutas dos produtores. A decisão do governo brasi-

---

1   Bordão criado pelo escritório do *Office de* Nova York, 1941. Cf. Suggesting received for Disney Posters ideas, December 11, 1941. Misc. Disney; RG229, Box 216; NARA II.

2   Cf. *Memorandum from John Hay Whitney to Carlos Martins*, January 9, 1941. Propaganda; RG229, Box 226; NARA II.

leiro concedia apenas 10 dias, a partir de 30 de dezembro de 1940, para que as companhias pudessem contestar a medida.

Para o presidente da *Motion Picture Producers & Distributors of America* (MPPDA), Will H. Hays, o governo brasileiro estaria atuando em duas frentes. A primeira, por meio de uma campanha nos principais jornais cariocas estaria "vendendo" a taxação as pessoas "na direção de uma atitude não amigável". Na segunda frente, já teria notificado o Banco do Brasil a recusar quotas semanais de câmbio ao menos que tais pagamentos fossem aprovados. A imensa soma de dinheiro em impostos caso a lei recém aprovada entrasse em vigor, chegaria aos USD 1.500.000[3] e era interpretada pela indústria estadunidense como "uma ação definitivamente hostil" e pelo *State Department* como uma violação do acordo bilateral entre Brasil e Estados Unidos de 1935.[4] Para Will H. Hays "a imposição de uma taxa quase confiscatória" era, ainda, uma "definitiva contravenção dos propósitos que estão envolvidos em nossos esforços".[5]

Após quase 30 dias sem remessas de lucros do Brasil a *MPPDA* se pronunciou ainda mais uma vez, por meio de um longo memorando em janeiro de 1941, onde subiu o tom das críticas ao governo brasileiro. De acordo com o documento enviado ao *Motion Pictures Division* do *Office*, as autoridades brasileiras estariam discriminando a indústria do cinema estadunidense ao confiscar uma parte do pagamento pelos seus filmes. De acordo com o documento,

> Esse tipo de tratamento para a nossa indústria por um país que goza de tarifas especiais e outras considerações em nosso próprio país é incomum, para dizer o mínimo. [...] se o Brasil insistir em manter essas taxas discriminatórias nosso governo deve impor taxas sobre o dinheiro enviado dos Estados Unidos para o Brasil por commodities

---

3   Em valores atuais, aproximadamente 25 milhões de dólares, considerando a inflação anual estadunidense de 3,87% e o acumulado de 1565.33%.
Vide: http://www.dollartimes.com/inflation/inflation.php?amount=1000&year=1942

4   Cf. *Memorandum from Will H. Hays to John Hay Whitney*, January 7, 1941. Propaganda; RG229, Box 226; NARA II.

5   Cf. *Memorandum from Will H. Hays to John Hay Whitney*, January 7, 1941. Propaganda; RG229, Box 226; NARA II.

brasileiras. Se o Brasil não respeita o Acordo Bilaterial, porque a concessão sobre o café, por exemplo, deveria ser mantido?

Em tom de indignação, o memorando repetidamente insistiu no não cumprimento do acordo de 1935 e cobrou uma ação enérgica por parte do governo estadunidense.[6]

A resposta do *Motion Picture Division* do *Office* à *MPPDA* foi firme ao rebater a insatisfação de seu presidente. Segundo Francis Alstock os registros do *Office* seriam "muito claros quanto a taxação dos países Latino Americanos não serem tão onerosas a ponto de fazer os produtores abandonarem aquele território". Alstock asseverou que os negócios no Brasil eram bons o bastante para que uma via mais diplomática fosse experimentada. Para ele, a maioria das taxas na América do Sul eram "derivadas de imposições alfandegárias. Aparentemente somente a Argentina e o México têm taxas realmente comparáveis às bilheterias"; sugerindo que em todos os outros países onde os Estados Unidos tinham negócios com cinema a taxação era inferior ao lucro auferido. Como diretor do *Motion Picture Division* do *Office*, Alstock parecia estar bem familiarizado com as práticas comercias adotadas pelas companhias estadunidenses na América do Sul: "Eu acredito que muito da má vontade que as companhias de cinema têm tido são resultado de protestos contra o que poderia ser um justo e razoável tratamento e do uso de subterfúgios para eliminar suas obrigações de pagamento de taxas para realizar negócios em um território". Em um claro indício de como a *MPD* via a indústria do cinema estadunidense, Alstock afirmou que

> As principais companhias nos Estados Unidos têm cortado os rendimentos de suas subsidiárias estrangerias a ponto de as suas subsidiárias mostrarem pouco ou nenhum lucro para evitar taxas. Consequentemente, em desespero os governos estrangeiros arbitrariamente

---

6   Cf. *Memorandum relative to Brazilian Taxes on American Films and Remittances in Payment Thereof*, January 22, 1941. Propaganda; RG229, Box 226; NARA II.

decidem que todas as retiradas de fundos do território devem ser consideradas lucro passiveis de taxação.[7]

O problema da taxação coincidiu com o planejamento do *Office* de um programa de larga escala para a exibição de filmes no Brasil, o que ajuda a explicar o posicionamento da agência em evitar quaisquer rusgas com o governo brasileiro, especialmente em tempos de 'boa vizinhança'. Ainda assim, a taxação das remessas era uma importante questão tanto para o *Office*, quanto para os estúdios, uma vez que a utilização em larga escala do cinema estadunidense no Brasil como meio de propaganda poderia se tornar menos atrativa financeiramente para a indústria do cinema se as novas taxas fossem implementadas.

Ao longo de 1941, o volume de correspondência entre o *Office*, agentes dos principais estúdios em Hollywood e autoridades brasileiras ultrapassou o habitual volume relacionado a outros temas. A imensa rede de contatos do *Office* aos poucos foi resultando em um efeito favorável para a indústria estadunidense. Ainda em fevereiro de 1941, Armando Vidal, 'Comissário Geral do Brasil' na Feira Mundial de Nova York, em 1940, informou ao *Office* que "explicou ao Presidente sobre as vantagens de tentar acomodar as companhias de cinema. Como consequência, o Banco do Brasil facilitou as remessas".[8] Pouco depois o governo adiou a data em que a lei deveria entrar em vigor, 1º de abril, para 1 junho[9] e após, indefinitivamente.

Ao longo de 1941 e 1942 as negociações entre autoridades brasileiras e instituições estadunidenses continuaram ocorrendo, até que, em setembro de 1943 o Decreto Lei n.5825, de 16 de setembro pôs fim a questão. O artigo primeiro da referida lei não deixava duvidas, a boa vizinhança – ou a diplomacia estadunidense - havia prevalecido: "Art. 1º Enquanto perdurar a situação criada pela guerra, os filmes de procedência americana pagarão as taxas estipuladas no Tratado de

---

7   Cf. *Memorandum from L.F. Alstock to Harold Smith*, February 7, 1941. Propaganda; RG229, Box 226; NARA II.

8   Cf. *Memorandum from Armando Vidal to Carlos Martins Pereira e Souza*, February 26, 1941. Propaganda; RG229, Box 226; NARA II.

9   Cf. *Memorandun from M. Sheahan to L.F. Alstock*, February 20, 1941. Propaganda; RG229, Box 226; NARA II.

Comércio e Navegação entre o Brasil e os Estados Unidos da América, promulgado pelo decreto n. 542, de 24 de dezembro de 1935, sob a base do pêso real."[10]

O recuo do governo brasileiro quanto a retirada da nova legislação e rumo ao tratado firmado em 1935 foi visto pelos setores ligados ao cinema nacional como uma derrota ante a indústria estadunidense. O recuo ocorreu precisamente no contexto da criação do Conselho Nacional de Cinematografia na Divisão de Cinema e Teatro do Departamento de Imprensa e Propaganda - DIP.

Criado em fevereiro de 1942 e dirigido por Lourival Fontes o Conselho teria sido uma forma de o governo Vargas arbitrar as disputas entre produtores nacionais, exibidores e importadores. Para Anita Simis, naquele momento, ainda que as criticas ao Conselho estivessem baseadas em sua suposta atuação favorável aos interesses estrangeiros, na prática a atuação de seu Diretor, Lourival Fontes, teria sido marcada pelos interesses nacionais ante a Embaixada dos Estados Unidos. De todo modo, a autora sugere que os grupos de pressão dentro do Conselho teriam levado a posição favorável aos filmes estadunidenses por meio do Decreto Lei n.5825.[11] Importante notar, que a criação do *Conselho Brasileiro de Cinematografia* foi vista com desdém pela *BD*. Para a seção brasileira do *Office* tratava-se de um esforço inócuo: "o Brasil não tem salas de cinema num sentido amplo, não tem técnicos treinados e, infelizmente, não tem uma larga classe média da qual possa extrair e treinar tais homens, para não falar dos artistas em si mesmos".[12] Como bem salienta Anita Simis, o Decreto Lei promulgado em 1943 estava "associado a várias iniciativas destinadas a estreitar as relações entre os dois países apoiadas no estabelecimento 'da cultura pan-americana'".[13]

O empenho das autoridades estadunidenses em resolver os impasses alfandegários advinha, como já mencionado, de um planejamento para um forte incremento da propaganda por meio do cinema. Em um longo memorando confidencial enviado aos comitês latino-americanos em outubro de 1942, o *Office* in-

---

10　Cf. *Diário Oficial da União* - Seção 1 - 18/9/1943, Página 13923.

11　Cf. SIMIS, Anita. *Estado e Cinema no Brasil*. São Paulo: Annablume, 1996, p.65-66; 106.

12　Cf. *Memorandum* Co.N.586, February 19, 1942. Plans and Cooperation Agreements; RG229, Box 226; NARA II.

13　Cf. SIMIS, Anita. *Estado e Cinema no Brasil*. São Paulo: Annablume, 1996, p.107.

formou que devido o conflito mundial estar entrando em "uma fase crítica", as atividades do *Motion Picture Division* seriam reformuladas de modo a "tornar o uso dos filmes mais efetivos". A primeira decisão dizia respeito ao formato dos filmes. Embora os de 16mm fossem continuar sendo o principal meio para a difusão da propaganda, a partir daquele momento o *Office* intensificaria a distribuição de filmes em 35mm. Efetivamente, a distribuição de filmes em 35mm implicava uma maior participação do setor privado na propaganda por meio do cinema e acentuava a presença da *Motion Picture Society of Américas* – *MPA* na disseminação de propaganda para toda a América Latina.

O modo como os filmes em 16mm e 35mm seriam utilizados para tanto ilustra como se deu o planejamento. Filmes de propaganda com temas como "cultura, agricultura e saúde" continuariam sendo normalmente realizados. Duas nova séries de filmes passariam a partir de então a ser mais enfatizadas, e levariam sugestivamente os nomes de *Power to Win* e *Ideological*. Enquanto a primeira série estaria mais conectada à propaganda do poderio militar e econômico estadunidense, a segunda focaria mais em temáticas eminentemente políticas, de promoção da Democracia estadunidense e denúncia dos regimes inimigos.[14]

Além do impulso na propaganda, a nova fase tencionava um incremento na qualidade técnica e artística dos filmes dentro dos padrões hollywoodianos. Dentre os muitos desdobramentos para o Brasil – além da importância dada à disputa alfandegária discutida acima -, a nova fase contemplou a ida de um profissional do cinema estadunidense que seria de crucial importância para a *Brazilian Division*: William W. Murray. Considerado como um dos profissionais mais qualificados na produção de cinejornais nos Estados Unidos, Murray foi inicialmente enviado ao Brasil para elaborar um amplo levantamento acerca da qualidade e efetividade da produção cinematográfica de propaganda produzida pelo governo brasileiro, discutido em detalhes no capítulo 5.

O memorando confidencial instituiu também parâmetros mais precisos para que o impacto social da propaganda por meio do cinema fosse adequadamente rela-

---

14 Cf. *Confidential Memo for Coordination Committees*, October 21, 1942. Motion Pictures (General), January 1942, 2; RG229, Box 227; NARA II.

tado ao governo estadunidense: "o quanto mais soubermos do que é preciso, melhor poderemos nos planejar e atender por meio de nossa parceria com Hollywood".[15]

Embora tivessem uma atenção especial para as elites e notáveis da sociedade brasileira, as atividades da *BD* relacionadas ao cinema eram bastante amplas e os relatórios por vezes altamente minuciosos. De modo geral observa-se que o público almejado pela *BD* era dividido em três grupos: 1) oficiais – como militares, políticos e juízes - e famílias influentes; 2) crianças, pais e parentes próximos; 3) público em geral.[16]

Ademais, havia um padrão a partir de 12 pontos relacionados ao cinema que as correspondências (memorandos, telegramas, relatórios, cartas, dossiês etc.) enviadas ao *Office* deveriam seguir. Embora o documento não esteja datado, acreditamos que tenha sido elaborado durante os meses em os escritórios estaduais foram gestados, no início de 1942. Em boa medida os 12 pontos são o que a documentação relativa às atividades da *Brazilian Division* durante a II Guerra Mundial contempla: 1) filmes produzidos nos Estados Unidos e exibidos no Brasil. Deveriam ser reportadas todas as críticas, boas ou ruins, além de recomendações baseadas na análise de filmes com contexto ou relacionados a América Latina; filmes em geral e bilheterias. 2) Indústria e cinemas brasileiros. Deveriam ser reportadas todas as menções aos Estados Unidos em tais filmes, boas ou más. Resenhas dos filmes com alguma relação aos Estados Unidos. Novos desenvolvimentos na indústria do cinema brasileiro, incluindo avanços técnicos, artistas, informações sobre os salários, contratos, novos diretores, músicos, cinegrafistas e personalidades. 3) Distribuição. Notícias importantes relacionadas as companhias estadunidenses. Importantes desenvolvimentos nas cadeias de exibição. Descontos nas bilheterias. Mudanças nas personalidades, incluindo especialmente aquelas cuja simpatia é contrária ou favorável aos Estados Unidos. Competição no mercado de notícias, relacionando a produção dos Estados Unidos a produção local, francesa, mexicana, espanhola etc. Novos desenvolvimentos relacionados a distribuição

---

15 Cf. *Confidential Memo for Coordination Committees*, October 21, 1942. Motion Pictures (General), January 1942, 2; RG229, Box 227; NARA II.

16 CF. *Memorandum from Leo J. Callanan to Berent Friele*, December 14, 1942. 05.2 (f) - Exhibition Reports - Recife - Correspondence – 1943. RG229, Box 1290; NARA II.

de filmes brasileiros no Brasil e na América Latina. 4) Filmes Nazistas. Relatos contínuos deveriam ser elaborados sobre cinemas que exibissem tais filmes, além do conteúdo de tais filmes, cinejornais ou documentários. Pessoas envolvidas na venda e exibição de filmes nazistas. Possíveis novas "frentes" para as companhias nazistas. 5) Cooperação Inglesa. Detalhes e informações sobre as atividades cinematográficas britânicas fora do circuito comercial. Utilização da infraestrutura britânica e cooperação. 6) Censura. Informações regulares sobre qualquer desenvolvimento, especialmente quanto a pendencias junto a censura. Acompanhamento das tendências e da "temperatura" política, com conselhos sobre tal. Respostas especificas para questões realizadas via correspondência. 7) Reações aos planos estadunidenses. Repassar todas os anúncios recebidos de Washington. Obter a opinião local sobre a *Motion Picture Divison* e enviá-la para os Estados Unidos rapidamente. 8) Ajudar a checar antecipadamente planos para filmes sul-americanos específicos (O'Higgins, Bolívar etc). 9) Assuntos sobre os Curtas. Cinejornais, incluindo a crítica, conselhos sobre produções futuras, possíveis conexões com cinejornais brasileiros. Produções estadunidenses que poderiam ser exibidas no Brasil e vice-versa. Filmes 'fortes' para a defesa. 10) Intercâmbio de artistas. Relatos sobre artistas estadunidenses visitando o Brasil e vice-versa. Relatos sobre como artistas estadunidenses tem ajudado o programa. 11) Legislação. Transmitir todos os fatos ao *Office* relacionados a taxas, quotas ou problemas que possam ser de interesse da *Motion Picture Division*. Nova legislação que possa afetar os filmes. 12) Boletim de notícias. Auxiliar na distribuição de boletins de Washington e repassar informações de boletins importantes sobre o Brasil.[17]

Chama a atenção no documento, para além da potencial complexidade no acompanhamento do cenário político-cinematográfico brasileiro (produção, distribuição, exibição e recepção), a menção a dois sul-americanos conhecidos como 'Libertadores', isto é, Simón Bolivar e Bernardo O'Higgins. A citação de dois líderes de movimentos de libertação da América Hispânica, no século XIX, ia ao encontro do costumeiro modo como as autoridades estadunidenses viam os diferentes nacionalismos sul-americanos: um problema constante aos seus negócios

---

17 Cf. Type of information the Motion Picture Section will require from Brazil, S/D. *Plans and Cooperation Agreements*; RG229, Box 226; NARA II.

e que precisava ser enfraquecido sempre que possível; uma atividade, aliás, que se tornou padrão após o término da II Guerra Mundial.

As exibições no Brasil procuravam seguir o modelo adotado comercialmente pelos estúdios estadunidenses. As produções exibidas pelo *Office* no Brasil tinham em média dez minutos de duração. Durante as sessões de aproximadamente uma hora, as primeiras produções deveriam ser cinejornais, com atualidades da guerra, notícias sobre o *front*, e outras informações de interesse dos aliados. A duração das exibições não deveria ultrapassar os sessenta minutos pois avaliava-se de que os resultados obtidos da audiência eram muito melhores do que em programas mais longos.[18] Em seguida, filmes técnicos ou sobre pontos não relacionados diretamente com o conflito e, para finalizar, desenhos animados.

O modelo, praticado nas salas comerciais onde as empresas estadunidenses atuavam, trabalhava com uma lógica bastante simples. As mensagens mais dramáticas de uma programação deveriam vir em primeiro lugar, posto que imprimiriam um ritmo mais acelerado na sessão e aumentariam o interesse do público pelo restante da programação. As ultimas produções a serem exibidas na mesma sessão deveriam ser algo leve, de modo a aliviar a tensão inicial. Assim, utilizando sessões com imagens do *front* e desenhos animados, esse tipo de programação procurava fazer com que as pessoas interiorizassem os desafios necessários para superar os horrores causados pelos inimigos, mas retornassem para as suas casas entretidos, confiantes e relativamente tranquilos, mesmo que tais desenhos animados estivessem conectados ao esforço de guerra.[19] O modelo de programação, entretanto, era adotado de acordo com a disponibilidade das produções disponíveis no momento da exibição. Como veremos posteriormente, devido a escassez de cópias nem sempre esse roteiro era possível.

A *Brazilian Division* mantinha exibições regulares para um amplo espectro social. Todavia, no que diz respeito a tais exibições dava uma atenção especial para autoridades políticas, forças policiais e militares. Ao longo de 1944, por exemplo,

---

18 Cf. *Memorandum* Rio/24, March 3, 1943. 05.2 (g) *Exhibition reports correspondence*, Bahia 1. RG229, Box 1290; NARA II.

19 Cf. *Memorandum from Berent Friele to Daniel M. Braddock*, January 15, 1943. 05.2 (h) Exhibition Reports Correspondence Porto Alegre 1943 1; RG229, Box 1291; NARA II.

várias seções especiais e reservadas chegaram a ser realizadas para o Presidente Getúlio Vargas e sua família no Palácio Guanabara.[20]

No que diz respeito aos militares, segundo a seção brasileira em documento enviado para a *Motion Picture Division*, a "cobertura completa das Forças Armadas" brasileiras por meio do cinema estaria sendo feita concomitantemente a grupos profissionais, organizações comerciais etc, por meio de exibições durante 6 dias por semana. Uma semana usual na agenda de exibições demonstra claramente a assertiva da *BD*:

> *Segunda-feira:* Imprensa Nacional; Hospitais; Escola Militar; Fuzileiros Navais; Batalhão de Guardas; 1º e 4º Batalhão da Polícia Militar.
>
> *Terça-feira:* 6º Batalhão da Polícia Militar; Ministério da Guerra; Fuzileiros Navais; Corpo de Bombeiros; Escola de Aviação; 4º Regimento de Cavalaria Divisionária; Forte do Rio Branco.
>
> *Quarta-feira:* Imprensa Nacional; Hospitais; 2º Batalhão da Polícia Militar; Base Aérea de Santa Cruz; Escola de Aviação; Instituição de caridade; 2º Batalhão de Caçadores; Clubes.
>
> *Quinta-feira:* 3º Regimento de Infantaria; 5º Batalhão da Polícia Militar; Fuzileiros Navais; Policlinica Geral; Escola para Enfermeiras Anna Nery; 2º Regimento de Infantaria; Embaixada Americana.
>
> *Sexta-feira:* Imprensa Nacional; Hospitais; Embaixada Britânica; Fuzileiros Navais; *Light & Power Co.*; *Bureau* dos consulados; Quartel Central dos Marinheiros; 2º Regimento de Infantaria.
>
> *Sábado:* Quartel Geral da Polícia Militar.[21]

Dentre os filmes exibidos em tais sessões estava *Confissões de um espião Nazista* (Confessions of a Nazi Spy, 1939), de modo a denunciar as táticas usadas pela propaganda Nazista.[22] Como de praxe, as exibições eram aferidas em termos

---

20 Cf. *Report of the Information Division*, October 27, 1944. Brazilian Coordination Committee – Minutes; n.115 to n.147. RG229, Box 1352. NARA II.

21 Cf. *Memorandum* BD-N.211, February 4, 1943. 05.2 (c1) Projection machines and acessories 1, Box 1287; NARA II.

22 Cf. *Minutes of Twenty-Fifth Meeting*, March 26, 1942. Brazilian Coordination Committee – Minutes; n.1 to n.80. RG229, Box 1351. NARA II.

de quantidade de público, reação da plateia e uma breve contextualização do local. O relatório de uma exibição na Escola da Aeronáutica, por exemplo, em 4 de setembro de 1942, apontou que antes da entrada dos Estados Unidos na II Guerra Mundial, em dezembro de 1941, o *German Information Bureau* costumava exibir filmes na Escola e obtinha considerável público.

A tarefa dos alemães seria facilitada "devido ao grande número de filhos e descendentes de alemães e italianos entre os cadetes", que nas primeiras projeções da *MPD* "tentavam desviar a atenção dos outros cadetes conversando alto ou batendo os pés no chão". Após a insistência da *BD*, a resistência dos cadetes teria sido gradualmente reduzida, a ponto de um dos cadetes ter afirmado "que antes dos Estados Unidos entrarem na guerra, ele achava que a Alemanha iria vencer, mas agora vendo os vários filmes nas exibições patrocinadas pelo *Office*, ele era 100% pró-Estados Unidos".[23]

Em um trabalho sobre a pressão, controle e influência que órgãos privados e governamentais estadunidenses exerceram sobre a exibição de filmes no Brasil, Tania Quintaneiro argumentou que por meio de "listas negras" a Embaixada dos Estados Unidos no Brasil foi, aos poucos, estrangulando o mercado de filmes europeus e assentando as bases para o controle do mercado brasileiro por companhias estadunidenses. Segundo a autora, em fins de 1943 os filmes do Eixo haviam sido praticamente eliminados do mercado de exibição brasileiro, dando lugar a uma "decidida preferência" por filmes estadunidenses. Se a guerra ainda estava longe de terminar, aduz a autora, "ao menos a batalha do cinema já estava ganha pelos distribuidores norte-americanos".[24] A conclusão a que Quintaneiro chegou é correta e merece ser esmiuçada.

As 'listas negras', ainda que existissem e fossem particularmente severas em outras áreas de interesse comercial dos Estados Unidos foram, contudo, relativamente brandas quanto ao mercado do cinema brasileiro. No inicio de 1942,

---

23 Cf. *Memorandum* co.No.1838, September 12, 1942. Reaction; RG229, Box 226; NARA II.

24 Cf. QUINTANEIRO, Tania. Cinema e guerra: estratégias e objetivos da política estadunidense no Brasil. *Comunicação & Política*, Rio de Janeiro, v. 23, n.2, p. 41-69, 2005, p.50-51.

aproximadamente vinte salas já haviam sido fechadas por autoridades brasileiras, mas apenas seis compunham uma lista da Embaixada dos Estados Unidos no Brasil. Destas, apenas três estavam sob o controle de alemães: Cine Appolo e Cine Ginástico, ambos em Santa Cruz do Sul-RS, e o Cine Avenida, em Santo Angelo--RS. Outras três salas de propriedade de japoneses compunham a lista: Cine Municipal, em Londrina-PR; Cine Rex, em Cornélio Procópio-PR e Cine Basto, na Fazenda Basto (Tupã-SP). A despeito de todas exibirem filmes estadunidenses e estrangeiros - especialmente por serem mais baratos -, esperava-se que apenas o Cine Avenida pudesse voltar a funcionar, enquanto os três de propriedade japonesa não poderiam mais exibir filmes "sob nenhuma circustância".[25] Haviam, porém, formas mais efetivas de se controlar os filmes indesejados.

Com frequência, o *Office* tomava conhecimento de que em diversas localidades houveram exibições de filmes propagandísticos alemães antes de o Brasil entrar na Guerra, como os realizados pela Casa Bayer, em Recife e no Estado de Pernambuco e interrompidos apenas após a proibição pelo governo brasileiro.[26]

A aludida proibição estava diretamente relacionada ao Terceiro Encontro dos Ministros das Relações Exteriores das Repúblicas Americanas, ocorrido na capital brasileira em janeiro de 1942. A primeira das quarenta e uma resoluções aprovadas dizia respeito ao rompimento das Relações Diplomáticas com os países do Eixo, enquanto a XVII tratava especificamente da eliminação de atividades subversivas. Contudo, a maior parte do documento procurava garantir que as economias dos países latino-americanos (com ênfase na brasileira) permanecessem fortemente atreladas às necessidades de setores produtivos estadunidenses.[27]

O monitoramento feito pela *Brazilian Division* quanto a exibição de filmes alemães e italianos era considerado bastante efetivo pelo *Office*. A "vigilância" era feita, especialmente, por gerentes de cinema de todo o Brasil, que informavam

---

25 Cf. *Memorandum* CO-N.619, February 24, 1942. Motion Pictures (General), January 1942, 2; RG229, Box 227; NARA II.

26 Cf. *Memorandum* BD-248, February 09, 1943. 05.2 (f) - Exhibition Reports - Recife - Correspondence – 1943. RG229, Box 1290; NARA II.

27 Cf. *Forty-one Resolutions Passed at the Third Meeting of Ministers of Foreign Affairs of the American Republics*, January 15-18, 1942. Reports; RG 229, Box 227; NARA II.

periodicamente se haviam filmes "inimigos" em suas praças de exibição. O expediente era tão eficiente, que "sete meses após o corte de relações com os países do Eixo, apenas um filme, e de Portugal, entrou no Brasil". Os desdobramentos do encontro dos Ministros das Relações Exteriores eram comemorados, já que o controle deixava "o mercado brasileiro inteiro para filmes estadunidenses".[28] A 'fiscalização' pela *Brazilian Division*, se dava paralelamente à do Departamento de Imprensa e Propaganda – DIP, e ocorria em praticamente todas as cidades brasileiras que tinham salas de cinemas vinculadas a Associação Brasileira Cinematográfica - ABC, composta pela *Metro Goldywn Mayer, Fox Film, Paramount Films, Columbia Pictures, Universal Films, Warner Brothers e United Artists of Brasil, Inc.*[29]

O domínio do mercado pelas empresas de cinema estadunidenses era um trunfo no controle das salas de exibição brasileiras, pois para exibir filmes legalmente teriam que adquirir cópias das empresas hollywoodianas, o que seria garantido pelo rígido controle do DIP. No início de 1942, a ameaça representada por filmes de propaganda inimiga no Brasil foi considerada exígua a ponto de a *Brazilian Division* deixar de manter um secretário unicamente para esse controle, já que esta seria uma "despesa desnecessária".[30] Em setembro do mesmo ano, a *Motion Picture Division* considerava que os filmes do Eixo nos cinemas brasileiros haviam sido completamente eliminados. A partir então os filmes estadunidenses passariam a ter "um campo livre"[31], ou seja, sem concorrências propagandísticas e comerciais.

Ainda assim, embora muito inferiores em termos quantitativos com relação aos esforços estadunidenses, a disseminação de propaganda alemã no Brasil por meio do cinema entre os anos de 1939 e 1942 é um tema frequente na documentação produzida pelas autoridades estadunidenses. Por seu volume e ampli-

---

28 Cf. *Memorandum* CO-N.1601, July 31, 1942. Motion Pictures (General), January 1942, 2; RG229, Box 227; NARA II.

29 Cf. VALIM, Alexandre Busko. *Imagens vigiadas: cinema e guerra fria no Brasil, 1945-1954.* Maringá, - PR: Editora da Universidade Estadual de Maringá - EDUEM/Fundação Araucária, 2010, p.95. Vide também: *Motion Pictures (General)*, January 1942, 2; RG229, Box 227; NARA II.

30 Cf. *Memorandum* CO-N.619, February 24, 1942. Motion Pictures (General), January 1942, 2; RG229, Box 227; NARA II.

31 Cf. *Memorandum from Richard R. Rogan to Martha Dalrymple*, September 16, 1942. Reportsa; RG229, Box 227, NARA II.

tude, a propaganda cinematográfica japonesa, italiana e alemã não chegou a ser tratada como um sério obstáculo aos esforços da *BD*, figurando muito mais como um problema que precisava ser combatido pelo governo brasileiro e, quando pelo *Office*, com massivas doses de 'propaganda democrática'.

Menos propaganda e mais 'entrelaçamento espiritual'

Dentre todos os países envolvidos na II Guerra Mundial, os Estados Unidos foram os que mais produziram propaganda. No início de 1942 podemos identificar uma guerra travada em vários *fronts*, entre os quais o econômico, o militar, o *front* interno e o da propaganda. Vista como um suporte fundamental para os outros *fronts*, naquele contexto a propaganda tinha um duplo propósito: de um lado, elevar os valores e a justeza da causa de um país em particular, os EUA; e do outro, desprezar os oponentes, rir dos inimigos, demonizá-los, culpá-los pela guerra e, por fim, criminalizá-los.

Vários veículos de propaganda foram utilizados para esse fim, como cinejornais, curtas, filmes, jornais, músicas, discursos públicos, pôsteres e desenhos animados.[32] Entre 1942 e 1945, alguns desses produtos, antes vistos como puro entretenimento voltado para o público jovem ou infantil, com o apoio de profissionais da propaganda e da psicologia tornaram-se 'armas de guerra'. Como aponta Paul Virilio, não existe guerra sem representação ou arma sofisticada sem mistificação psicológica; ou seja, antes de serem instrumentos de destruição, as armas são instrumentos de percepção. Desse ponto de vista (a utilização do cinema para criar fascínio e temor técnico ou psicológico), durante a II Guerra Mundial os filmes se tornaram parte integrante dos arsenais utilizados por diversos Estados em beligerância.[33]

Ainda sobre a representação da guerra por meio do cinema, a massiva expansão da propaganda no Brasil por meio de uma agência governamental estadu-

---

32 Vide: DUARTE, Adriano Luiz; VALIM, Alexandre Busko. *Brazil at War*: modernidade, liberdade e democracia nos filmes produzidos pelo Office of Interamerican Affairs. In: SILVA, Francisco C. T; et alli. (Orgs.). *O Brasil e a Segunda Guerra Mundial*. Rio de Janeiro: Multifoco/TEMPO UFRJ/FINEP/CNPq, 2010.

33 Cf. VIRILIO, Paul. *Cinema e Guerra*. São Paulo: Editora Página Aberta, 1993, p.12.

nidense durante a II Guerra Mundial pode ser entendida, conforme sugere Raymond Williams, como um fracasso social para se encontrar meios de informação e decisão públicas.[34] Nesse aspecto, no tocante a propaganda, a atuação do *Office* no Brasil potencializou as dificuldades do governo brasileiro em gerir adequadamente um amplo sistema de informação. Ao utilizar o cinema como mecanismo para tal, o *Office* utilizou o entretenimento não apenas como forma de projetar expectativas sobre a importância da causa aliada, mas também sobre as vantagens da cultura e sociedade estadunidense no pós-guerra. A difusão de informação pró--aliada inevitavelmente influenciava em decisões de interesse dos Estados Unidos.

Uma explícita associação entre propaganda cinematográfica e estratégia militar foi elaborada por um funcionário da *Motion Pictures Division*, Charles E. McCarthy, em um longo memorando de abril de 1943. Nele, a América Latina é apresentada como um importante flanco militar que precisava ser mantido, "independentemente de nossos planos de construir uma relação de amizade". Assim, a perspectiva apresentada era a de que o grande responsável por manter a vantajosa posição militar na região era o *Office*. Mas, afinal, o que constituiria esse flanco? Segundo o documento, em grande maioria a região seria formada por pessoas pobres, analfabetas e sem participação política alguma. Os governos em quase todos os países da América Latina eram compostos por minorias associadas a grupos políticos, econômicos, eclesiásticos, militares ou intelectuais. Mais do que persuadir a população desses países, o objetivo principal era convencer essas minorias, consideradas a ponte para a conquista propagandística de todo o subcontinente. O controle social de populações inteiras "nas mãos" de poucos seria um forte ponto a favor da difusão da propaganda estadunidense na região, dispensando formas mais elaboradas ou sofisticadas de convencimento. Para o governo estadunidense, a miséria social latino-americana tornava plenamente possível uma propaganda mais simples e direta. Os objetivos militares são constantemente lembrados no documento, enfatizando que objetivos de curto prazo eram bem mais importantes que a construção de uma amizade a longo prazo, isto é, o convencimento para

---

34 Cf. WILLIAMS, Raymond. *Cultura e materialismo*. São Paulo: Editora UNESP, 2011, p.262-263.

que os governos tomassem decisões simpáticas aos interesses dos Estados Unidos deveria ocorrer sem demora.

O memorando em lide dividia a propaganda por meio do cinema em três categorias: 1) o poderio militar estadunidense indicando que "nós temos o que precisamos para vencer" ("confiança em nós"); 2) mostrar que uma vitória dos inimigos escravizaria toda a América Latina ("medo do Eixo") e 3) razões para uma ativa amizade com os Estados Unidos ("nós somos pessoas legais"). Para que fosse efetiva, 50% de toda a propaganda na região deveria estar relacionada a força militar estadunidense, 30% deveria "criar nas mentes da América Latina o medo e a desconfiança" quanto aos inimigos e 20% deveria estar voltada para uma ampla "variedade de assuntos mostrando que pessoas legais nós somos". Por fim, os filmes de propaganda vindos da América Latina que seriam exibidos nos Estados Unidos deveriam "refletir as vontades dos governos latino-americanos".[35] Não poderia haver mais franqueza no modo como os filmes de propaganda seriam utilizados. Mas este era um documento interno. Publicamente, o *Office* apresentava outras perspectivas para abrumar as intenções acima descritas.

A escolha dos filmes a serem projetados não era fortuita. Ainda que publicamente o *Office* sempre exibisse os seus filmes como sendo 'educativos' e/ou 'recreativos', a comunicação entre a *Brazilian Division* e outras instituições envolvidas no esforço de boa vizinhança deixava claro, como apontamos, que o *Office* trabalhava seriamente com a noção de propaganda. A propaganda, como mencionado, era específica para cada grupo social. Para trabalhadores, em sindicados ou fábricas, por exemplo, havia uma "necessidade por filmes que mostrassem o que liberdade individual significa", os ideais, os lares, as esperanças para as crianças e famílias, os sindicatos, e como eles organizam a boa vontade entre entre patrões e empregados, as organizações de saúde etc.[36] O antídoto anti-Eixo, não era o modelo de nenhum outro país aliado mas sim, e de forma explícita, o estadunidense.

---

35 Cf. *Memorandum from Charles McCarthy to John Hay Witney*, April 7, 1942. Reaction to Films; RG 229, Box 214; NARA II.

36 Cf. *Memorandum* BD. No.1091, September 5, 1945. Propaganda; RG229, Box 226; NARA II.

Para difundir essas idéias, durante a II Guerra Mundial o *Office* contou com uma ampla rede de indivíduos e instituições parceiras, como organizações culturais estadunidenses que atuavam nas principais capitais brasileiras. Auxílios financeiros a essas organizações começaram a ser debatidos logo após a criação da *BD*, em outubro de 1941.[37] Empresas estadunidenses locais eram 'convidadas' a cooperar com o esforço de guerra por meio de doações para 15 órgãos culturais espalhados pelo Brasil, geralmente com excelentes resultados.[38] Em 1942, a *BD* aprovou um apoio financeiro de USD$ 35.500 para as organizações culturais de oito Estados: Rio de Janeiro, USD$ 7.500; São Paulo, USD$ 8.500; Curitiba USD$ 4.500, Salvador, Florianópolis, Porto Alegre, Belo Horizonte e Recife USD$ 3.000 cada.[39]

A proximidade de organizações como a União Cultural Brasil-Estados Unidos – UCBEU (São Paulo) e o Instituto Cultural Brasil-Estados Unidos – ICBEU (Santa Catarina e Rio de Janeiro), com a *BD*, Embaixada e consulados dos Estados Unidos no Brasil era tamanha que as atividades envolvendo o cinema comumente se mesclavam. Possivelmente a única exceção tenha sido o escritório do Rio de Janeiro, posto que o ICBEU mantinha conexões com a Embaixada, mas poucas com a *BD*. Antes que os comitês regionais fossem instalados, tais organizações atuavam paralelamente aos Consulados na exibição de filmes em escolas, fábricas, sindicatos, associações e clubes.

O instituto Brasil-Estados Unidos de Florianópolis, por exemplo, foi inaugurado em março de 1942. Para a *BD* a criação do Instituto era de "vital importância em uma região tão fortemente influenciada pela propaganda, dinheiro e colonização alemã". A *BD* esperava que o Instituto se tornasse o principal órgão cultural em Santa Catarina, devido a forte presença alemã. Uma das primeiras atividades do Instituto foi iniciar um curso de inglês em Florianópolis, que teve

---

37 Cf. *Minutes de setembro a dezembro de 1941.* Brazilian Coordination Committee – Minutes; n.1 to n.80. RG229, Box 1351. NARA II.

38 Cf. *Minutes of Eighty-Sixt Meeting*, July 15, 1943. Brazilian Coordination Committee – Minutes; n.81 to n.114. RG229, Box 1351. NARA II.

39 Cf. *Minutes of Thirtieth Meeting*, August 6, 1942. Brazilian Coordination Committee – Minutes; n.1 to n.80. RG229, Box 1351. NARA II.

uma procura expressiva. No primeiro semestre do curso haviam três juízes, sete advogados, nove médicos, dois engenheiros, nove professores, três dentistas, vinte e cinco funcionários públicos federais, dezoito funcionários públicos estaduais, nove gerentes e funcionários de banco e dois oficiais de polícia. O impacto do primeiro curso de inglês oferecido pelo Instituto na capital catarinense foi visto como um estrondoso sucesso.[40] Quando as primeiras atividades do Instituto foram realizadas, em março de 1942, a *Brazilian Division* ainda não havia provido fundos para o seu funcionamento. As despesas de organização administrativa do Instituto, como a contratação de um professor de inglês, teriam sido pagas pelo Vice-Consul em Florianópolis "de seu próprio bolso". O financiamento do Instituto pela *BD* só teve início em abril de 1942.[41]

Em Salvador, a Associação Cultural Brasil-Estados Unidos já vinha realizando exibições de filmes no segundo semestre de 1942,[42] portanto, antes da inauguração do programa de 16mm na Bahia, que ocorreu apenas em janeiro de 1943.[43] No caso de Santa Catarina, antes que o Escritório de Florianópolis fosse instalado, a ICBEU foi a responsável pelos programas de exibição de filmes em 16mm.[44] Nos escritórios regionais de Porto Alegre e São Paulo os programas de exibição em 16mm também eram executados pela UCBEU sob a supervisão dos consulados dos respectivos Estados.[45]

Tais institutos e associações também atuavam no levantamento de dados sobre as atividades relacionadas a propaganda por meio do cinema com finan-

---

40 Cf. *Minutes of Twenty-Sixth Meeting*, April 9, 1942. Brazilian Coordination Committee – Minutes; n.1 to n.80. RG229, Box 1351. NARA II.

41 Cf. *Minutes of Twenty-Sixth Meeting*, April 9, 1942. Brazilian Coordination Committee – Minutes; n.1 to n.80. RG229, Box 1351. NARA II.

42 Cf. *Memorandum from Jay Walker to Jefferson Caffery*, October 26, 1942. 05.2 (g) Exhibition reports correspondence, Bahia 1. RG229, Box 1290; NARA II.

43 Cf. *Memorandum BD.201*, February 2, 1943. 05.2 (g) Exhibition reports correspondence, Bahia 1. RG229, Box 1290; NARA II.

44 Cf. *Memorandum from I.M Ewbank to OCIAA*, October 20, 1943. 05.2 (j) Exhibition Reports Correspondence Santa Catarina 1943 1. RG229, Box 1291. NARA II.

45 Cf. *Memorandum from Robert Friele to Hubert Maness*, October 19, 1942. 05.2 (c1) Projection machines and acessories 1, Box 1287; NARA II.

O triunfo da persuasão

ciamento da Embaixada dos Estados Unidos no Brasil.[46] A parceria era importante devido a extensão territorial do Brasil e a ausência de uma efetiva estrutura por parte dos escritórios regionais da *BD* para realizar pesquisas em larga escala. Quando não podia contar com escolas de língua inglesa e instituições culturais, como a UCBEU e IBEU, a *Brazilian Division* firmava parcerias com outras organizações atuando no país. Na Região de Juazeiro-BA, Remanso-BA e Raimundo Nonato-PI, por exemplo, muitas exibições foram realizadas com o apoio do pessoal da *Rubber Development Corporation*. Naquele momento, maior zona de extração de borracha fora da Mata Amazônica.[47]

Embora a regional de São Paulo tenha começado a operar em fevereiro de 1943, em agosto do mesmo ano chegou a ter 14 funcionários e 13 projetores. A media entre 1944 e o fim de 1945 foi de 11 funcionários e 11 projetores.[48] Ainda assim, a regional de São Paulo contava com o apoio de diversas instituições, como a UCBEU. Ademais, proximidade com o Consulado era tamanha a ponto de compartilharem o mesmo secretário, Roni Amorim.[49] Em alguns Estados as primeiras atividades envolvendo a exibição massiva de filmes em 16mm, ainda em 1942, foram executadas por instituições como a UCBEU, ICBEU, Centro Cultural Pan-Americano (Curitiba) e, na ausência delas, foram iniciadas por consulados dos Estados Unidos (Vitória e Porto Alegre), e ainda pelo Observador Naval dos Estados Unidos na região do munício de Rio Grande - RS.[50]

Assim como nas atividades publicamente conduzidas pela *Brazilian Division* a UCBEU era zelosa quanto ao seu distanciamento de qualquer forma de propaganda durante as exibições. No início de todas as sessões promovidas pela organi-

---

46 Cf. *Memorandum from Jesse M. Orne to Berent Friele*, December 28, 1942. Curitiba Exhibition reports 1. RG 229, Box 1291; NARA II.

47 Cf. *Memorandum Rio/1399*, December 1, 1944. 0.5.2 (g) Exhibition Reports Correspondence, Bahia 4 1944. RG229, Box 1289; NARA II.

48 Cf. *Memorandum Rio-1314*, December 6, 1944. 05.2 (e) Exhibition reports correpondence (São Paulo), 1944, 5. RG229, Box 1289; NARA II.

49 Cf. *Memorandum from São Paulo Office to Coordinator*, March 20, 1943. Reaction; RG229, Box 226; NARA II.

50 Cf. *Memorandum 842 vr/ard*, January 12, 1943. 05.2 (h) Exhibition Reports Correspondence Porto Alegre 1943 1; RG229, Box 1291; NARA II e Cf. A cidade de Rio Grande testemunha.... In: Jornal *Diário Popular*, Pelotas-RS, 17 de Janeiro de 1943.

zação nos Estados do Rio Grande do Sul e São Paulo um texto deveria ser lido pelo projecionista de forma a proporcionar uma 'correta' interpretação da atividade:

> Não visa, pois, aquele instituto de cultura, com a apresentação de tais programas, propaganda política, mas exclusivamente o entrelaçamento espiritual entre o povo brasileiro e o povo norte-americano. Só o entendimento mútuo, franco, leal e direto consegue a realização dos ideais comuns de prosperidade e cooperação continental. [...] O cinema educativo, que difere muito do cinema comercial, não tem intuitos de lucro e seu objetivo é aproximar os povos já tão amigos, unindo-os num sentimento fraternal de simpatia e amizade.[51]

Observa-se assim que a *Brazilian Division* empregava publicamente o conceito de educação para as atividades que internamente eram consideradas de propaganda. O artifício possibilitava o uso de um termo bem menos problemático do que o de propaganda e não colidia com o amplo uso do conceito pelo governo brasileiro. Em adição, permitia que as atividades do *Office* no Brasil tivessem mais aceitação, tanto do governo quanto da população. No âmbito do *State Department* as diferenças entre propaganda e educação eram menos tênues. Em novembro de 1942, o Diretor do *Cultural Relations Division* do *State Deparment* Charles A. Thomson, em visita a *Brazilian Division* no Rio de Janeiro, fez uma série de distinções entre os dois termos. Não haviam meias palavras para Thomson. Segundo ele, enquanto o principal objetivo do governo estadunidense durante a guerra seria a disseminação da Propaganda, a educação seria deixada para atividades a serem desenvolvidas no pós-guerra.[52]

Conquanto a perspectiva de Charles A. Thomson orientasse os trabalhos do *Office* no Brasil, nas atividades envolvendo o cinema havia um misto de voluntarismo e, por vezes, uma quase ingenuidade na condução de determinadas ações. Em outras situações percebe-se atividades planejadas metodicamente, com

---

51 Cf. *Memorandum BD*-No. 34, January 8, 1943. 05.2 (c1) Projection machines and acessories 1, Box 1287; NARA II.

52 Cf. *Minutes of Fifty-Third Meeting*, November 12, 1942. Brazilian Coordination Committee – Minutes; n.1 to n.80. RG229, Box 1351. NARA II.

profissionalismo, por meio de um aparato logístico e burocrático bem alinhavado e fundamentado em uma rede de contatos surpreendentemente ampla. A base de contatos da *BD* ia desde políticos do alto escalão do governo Vargas, embaixadas de diversos países, até cidadãos comuns, ávidos por cooperar com os esforços de aproximação entre Brasil e Estados Unidos.

Foi por meio de sugestões como a de "um amigo britânico ansioso por cooperar", que a *BD* continuamente incrementou suas atividades no Brasil.[53] O material exibido pela *BD* era comumente acompanhado de uma introdução ou uma explicação ao final da exibição. Possivelmente tendo assistindo alguma exibição da seção brasileira, o 'amigo britânico' aconselhou a *BD* sobre a melhor forma de lidar com produções que trouxessem notícias ruins. Para ele, "este seria o trabalho de um especialista" que diante de cenas fortes deveria intervir na exibição com comentários como: "essa devastação é prova da traição, mentalidade criminosa etc, etc, das forças do Eixo. Onde quer que o Eixo se infiltre haverá destruição, assassinatos e o pior virá a seguir". Outra sugestão seria afirmar que:

> Séculos de estudo, trabalho árduo e tudo o que foi feito para construir nossa civilização está agora ameaçado pela mesma brutalidade mostrada nesse filme. Nós estamos lutando para resistir a essa ameaça (...). Nós estamos lutando para eliminar definitivamente todos os vestígios dessa mentalidade de gangsteres que deu origem a esse ataque a nós, nossa liberdade e nosso modo de vida.[54]

Em outras palavras, afirmou o anônimo 'amigo britânico', notícias ruins deveriam ser utilizadas como um estímulo para a feitura de comentários apropriados, "fazendo crescer a sua raiva, deixando eles conscientes de que existe um perigo, mas sem amedrontá-los". Assim, notícias ruins poderiam ter excelentes resultados se viessem acompanhadas de comentários cuidadosamente estudados, resultados negativos se tivessem comentários simples e factuais e resultados adversos se tivessem comentários preparados sem muito cuidado.[55]

---

53 Cf. *Memorandum co.No. 772*, March 23, 1942. Reaction; RG229, Box 226; NARA II.

54 Cf. *Memorandum co.No. 772*, March 23, 1942. Reaction; RG229, Box 226; NARA II.

55 Cf. *Memorandum co.No. 772*, March 23, 1942. Reaction; RG229, Box 226; NARA II.

A preocupação para que as pessoas entendessem corretamente as mensagens transmitidas pelo *Office* levou a *Brazilian Division* a elaborar uma filmagem em 35mm de um pequeno curta "com atraentes mulheres americanas falando em português": "Este filme que você está prestes a assistir é oferecido pelo povo americano ao povo brasileiro. Aqui nos Estados Unidos nós estamos continuamente vendo filmes sobre o Brasil, e nós esperamos que você aprecie nossas coisas e gostem de nós assim como nós gostamos de vocês". Embora não tenhamos encontrado esse material, ele foi produzido para ser exibido antes de todos os outros filmes. Haviam ao menos duas razões: primeiro, como já mencionado, as pessoas deveriam entender que os filmes tinham um propósito específico, para tanto deveriam entendê-los da forma como o *Office* queria. Segundo, e como desdobramento do primeiro ponto, havia uma preocupação do *Office* de que tais filmes não fossem mostrados apenas como uma forma de entretenimento, mas sim como algo vindo dos Estados Unidos e inserido em um esforço de aproximação de ambos os países.[56]

A orientação que a *BD* tinha até então, e que valia especialmente para as suas *Mobile Units*, isto é, unidades de projeção em automóveis, era a de que o *Office* e o governo estadunidense não aparecessem ou sequer fossem mencionados em qualquer filme que fosse considerado de propaganda. Assim, todas as referências nas unidades automotivas deveriam ser retiradas quando filmes de propaganda fossem exibidos. Existiam, assim, ao menos duas práticas quanto a exibição de tais filmes: uma laudatória do *Office* e das vantagens de estarmos próximos da 'sociedade estadunidense' quando os filmes fossem considerados mais suaves, e outra de ocultamento de suas participações quando o objetivo explicito fosse conquistar 'corações e mentes'. Curiosamente apenas uma destas práticas era tratada como propaganda.

Como não cimentar a solidariedade hemisférica

Durante a II Guerra Mundial, no contexto da aproximação entre o Brasil e o Estados Unidos por meio do cinema, outros atores participaram ou ao menos tentaram participar dos esforços de 'boa vizinhança' liderado pelos estaduni-

---

56 Cf. *Memorandum BD-6148*, April 21, 1945. Propaganda; RG229, Box 226; NARA II.

denses. Precisamente por exercer a liderança nesse processo propagandístico de aproximação, o *Office* raramente permitiu que outros atores não governamentais atuassem nesses esforços.

Nesse aspecto, os esforços capitaneados por René-Ghislain Le Vaux são bastante elucidativos sobre como o *Office* lidava com eventuais 'competidores'. Le Vaux era um dos integrantes de um projeto elaborado pelo 'Comitê Brasileiro de Estudos de Produções Cinematográficas Inter-americanas', que tencionava aproveitar o ambiente de reciprocidade para estreitar os 'laços cinematográficos' entre ambos os países.

Criado em novembro de 1940 por Afrânio Peixoto, Alceu Amoroso Lima, Pedro Calmon, Jonathas Serrano, Jorge de Lima, Francisco Radler de Aquino, Pedro Gouvêa Filho, Luiz Anibal Falcão, Jacques Perroy e René-Ghislain Le Vaux, o comitê esperava "tornar as evocações do passado mais atraentes para a juventude" por meio do cinema. O que uniria os espectadores de tais países em torno de um mesmo esforço cinematográfico seria os "traços comuns" de cada nação americana "com as obras realizadas pelos missionários na criação do novo mundo". De vocação religiosa, o projeto esperava tirar proveito da aproximação entre Brasil e Estados Unidos para exaltar no campo do cinema "heróis e fundadores da nacionalidade" como o Padre José de Anchieta e o Padre Manuel da Nóbrega.[57]

A primeira convenção do referido comitê considerava que "certas ofertas de colaboração financeiras foram feitas para a participação do Brasil e que elas poderiam eventualmente ser utilizadas no conjunto do projeto financeiro que será elaborado em Hollywood pelo Sr. R.G. Le Vaux". O que levou o belga R.G. Le Vaux a propor com um grupo de notáveis brasileiros um empreendimento no campo do cinema durante a II Guerra Mundial ainda não está claro. Todavia, Le Vaux já havia trabalhado em cerca de meia dúzia de pequenas produções como Diretor de Produção, e ao menos em uma com pretensões históricas/religiosas: *Insights into the former Belgium* (1937). O filme em questão foi encomendado pelo

---

57 Cf. Comitê Brasileiro de Estudos de Produções Cinematográficas Inter-americanas, November 21, 1940. Brazilian Censorship; Films; RG229, Box 226; NARA II.

Office du Tourisme Belgo-luxembourgeoise, para ser projetado no Pavilhão belga da Exposição de Paris em 1937.[58]

Ademais, ainda que Le Vaux de fato tivesse algum contato com o Diretor John Ford, no contexto da aproximação entre Hollywood e o cinema belga, e especialmente por meio da produção de um documentário não realizado sobre o Congo - *Bula Matari* (1939) -[59], o documento da primeira Convenção, denota certa dose de voluntarismo ao apontar que R.G. Le Vaux:

> declara-se disposto a agir em Hollywood para o preparo final do enredo de um filme e a introdução do mesmo junto aos seus amigos nos principais estúdios da Califórnia e, especialmente trabalhar nesse sentido com o seu colaborador, o Sr. John Ford; considerando ainda, o apoio e a aprovação moral que o Reverendo Padre Provincial Rioux, da Companhia de Jesus no Rio e que o Rev. Padre Gentil, já testemunharam a essa iniciativa, notadamente recomendando o Sr. Le Vaux aos seus irmãos da Califórnia, onde poderá encontrar uma documentação do mais alto interesse.[60]

Mesmo não deixando claro os objetivos e meios pelos quais Le Vaux conseguiria viabilizar um filme, o comitê brasileiro chamou a atenção do *Office* por meio de contatos paralelos, como com o Embaixador do Brasil em Washington, DC, que em memorando enviado a John Whitney apresentava o comitê e um de seus integrantes, Pedro Calmon, de forma bastante laudatória.

Não por acaso, a lista de interesses do comitê para a realização de um 'filme histórico' brasileiro em Hollywood estava intimamente ligada a produção intelectual de Calmon: os 'fundadores do Brasil': Dom Pedro II; Alberto Santos Du-

---

58 Cf. http://fondshenristorck.be/en/henri-storck/filmography-hs/films-alphabetically/insights-into-the-former-belgium/ acesso em 17 de novembro de 2015.

59 Vide: MOSLEY, Philip. *Split Screen. Belgian cinema and cultural identity.* New York: State University of New York Press, 2001, p.62.

60 Cf. Comitê Brasileiro de Estudos de Produções Cinematográficas Inter-americanas, November 21, 1940. Brazilian Censorship; Films; RG229, Box 226; NARA II.

O triunfo da persuasão

mont e Dom Pedro I.[61] Ainda em maio de 1941, Kenneth Thompson, presidente de uma comissão especial para a América Latina da *Motion Picture Society for the Americas*,[62] após uma reunião com Pedro Calmon e Le Vaux em Hollywood, escreveu sobre suas impressões a Whitney. Segundo Thomson, Calmon descreveu "o que significaria para a população brasileira e para o governo ter uma verdadeira representação de algum aspecto de sua história, faria com que o governo erigisse uma estátua sua em plena praça pública – a maior já vista". A principal dificuldade apontada por Calmon e Le Vaux seria colocar no papel suas ideias de modo que pudessem ser interessantes para os produtores em Hollywood. Segundo o documento, Thomson teria ficado "impressionado o bastante com a seriedade e o entusiasmo" de Calmon e Le Vaux a ponto de indagar a Whitney o que achava da ideia de contratar um roteirista para auxiliar o comitê brasileiro.[63]

Em 27 de maio de 1941, em comunicação interna o responsável pelas atividades de cinema do *Office* em Nova York, Francis Alstock, informava ao Diretor do *Movie Picture Division*, John Whitney, sobre a ultima visita de Le Vaux. Na visita, Le Vaux sugeriu que o *Office* convidasse Lourival Fontes, então Diretor do Departamento de Imprensa e Propaganda – DIP, para uma visita aos Estados Unidos. Além disso, recomendava que o *Office* contribuísse com o comitê recém-criado com USD 500,00 ou USD 1,000.00 por mês, de modo a "cimentar a solidariedade hemisférica".[64]

A principal razão para o *Office* não levar adiante o projeto com Le Vaux, e, por conseguinte com o comitê brasileiro que ele representava, teve início em um episódio envolvendo o produtor belga e uma representante do *Educational Film Department* da *Bell & Howell*, uma das maiores fabricantes nos Estados Unidos

---

61   Cf. *Memorandum from Carlos Martins Pereira e Souza to John Hay Whitney*, May 9, 1941. Brazilian Censorship; Films; RG229, Box 226; NARA II.

62   Para uma discussão sobre o papel desempenhado por Kenneth Thompson na MPSA e sua relação com o OCIAA vide: MONTEIRO, Erica G.D. Diplomacia Hollywoodiana: Estado, indústria cinematográfica e as relações interamericanas durante a II Guerra Mundial. In: *História Social*. n.20. 2011/1, p. 41-61.

63   Cf. *Memorandum from Kenneth Thompson to John Hay Whitney*, May 12, 1941. Brazilian Censorship; Films; RG229, Box 226; NARA II.

64   Cf. *Memorandum from Francis Alstock to Mr. Whitney*, May 27, 1941. Brazilian Censorship; Films; RG229, Box 226; NARA II.

de equipamentos e suprimentos cinematográficos. Um documento enviado ao *Office* em julho de 1941 expôs detalhadamente uma tentativa de Le Vaux para, na prática, sobrepujar as atividades do *Office* no Brasil envolvendo a produção e exibição de filmes. De acordo com o documento, dois meses antes de submeter os roteiros ao *Office*, Le Vaux procurou a *Bell & Howell* se apresentando como um representante do governo brasileiro e propondo um contrato de exclusividade com os projetores e filmes de 16mm da empresa para o Brasil. Impressionado com a proposta e desconfiado de que Le Vaux estivesse planejando disseminar propaganda nazista no Brasil com os seus equipamentos, o representante da empresa indagou o produtor Belga se ele já havia contatado o *Motion Picture Division* do *Office*. Le Vaux teria dito que já, e que havia se aborrecido com o setor dirigido por Whitney pois "parecem não ir a lugar nenhum", e que a organização em geral só tinha o seu desprezo, razão pela qual decidiu trabalhar "por conta própria". O que de início poderia aparecer apenas mais um contato de negócios malsucedido, se tornou, para o *Office*, um indicativo de que a iniciativa brasileira não poderia ser levada adiante.

Não fica claro na referida correspondência se os outros signatários do comitê estavam cientes do ímpeto de seu emissário belga, o que fica evidente é o mal estar que a visita de Le Vaux gerou na empresa a ponto de, em correspondência para o *Office*, o representante comercial da *Bell & Howell* apontar que o relato da conversa poderia significar "o desmascaramento de um oportunista tentando pegar uma carona no bom trabalho que esta organização [o *Office*] está conduzindo nas relações culturais com o Brasil".[65] Assim, a ousadia e certa ingenuidade do produtor em angariar parcerias nos Estados Unidos para concorrer com as atividades do *Office* no Brasil, a ponto de Whitney indagar autoridades brasileiras nos Estados Unidos se Le Vaux realmente representava os interesses do comitê,[66] parece ter sido uma incursão um tanto quanto desastrosa.

---

65 Cf. *Memorandum from Bell & Howell Company to John Hay Whitney*, June 27, 1941. Brazilian Censorship; Films; RG229, Box 226; NARA II.

66 Cf. *Memorandum from John Hay Whitney to Francisco Silva Jr*, July 24, 1941. Brazilian Censorship; Films; RG229, Box 226; NARA II.

Ainda que o comitê contasse com personalidades bem conhecidas e respeitadas como Afrânio Peixoto, Alceu Amoroso Lima, Pedro Calmon e Jonathas Serrano, e tivesse o aval da Embaixada do Brasil nos EUA, para John H. Whitney "a reputação profissional de Le Vaux e sua personalidade agressiva em nada ajudavam" o já "muito ambicioso projeto brasileiro".[67] Distante da intensa troca de correspondência que as incursões de Le Vaux estavam gerando nos Estados Unidos, Pedro Calmon, então presidente do Comitê Brasileiro de Estudos de Produções Cinematográficas Inter-americanas, escreveu a John H. Whitey cerca de 30 dias após a *Bell & Howell* ter relatado ao *Office* a conduta de Le Vaux. A missiva de Calmon solicitava que Whitney intercedesse junto à Hollywood para a realização de um 'filme histórico' no Brasil em *technicolor*:

> A ideia de um filme sobre a magnífica personalidade de Dom Pedro II, Imperador do Brasil, tem atraído muito a atenção em meu país. É consenso que neste momento não pode haver melhor história para acentuar a simpatia da cinematografia estadunidense pela América do Sul do que uma biografia tão repleta de dignidade, pitoresco charme e simbolismo.

Para tanto, informava Pedro Calmon, o delegado exclusivo do comitê nos Estados Unidos, René-Ghislain Le Vaux, estaria plenamente autorizado a elaborar todos os arranjos e discussões para a viabilização do filme.[68] Ocorre que a confirmação de Pedro Calmon, de que Le Vaux estava plenamente autorizado a defender os interesses do comitê nos Estados Unidos, chegou tarde demais, dois dias após o *Movie Picture Division* do *Office* tomar a decisão de não mais apoiar o comitê brasileiro em nenhum tipo de atividade envolvendo o cinema.[69]

Quase um ano após a criação do comitê brasileiro, Le Vaux voltou a visitar Alstock para mostrar um material relativo a dois filmes, *The Life of Santos Dumont*

---

67 Cf. *Memorandum from John Hay Whitney to O.W. Wilton*, July 8, 1941. Brazilian Censorship; Films; RG229, Box 226; NARA II.

68 Cf. *Memorandum from Pedro Calmon to John Hay Whitney*, July 19, 1941. Brazilian Censorship; Films; RG229, Box 226; NARA II.

69 Cf. *Memorandum from John Hay Whitney to Kenneth Thompson*, July 28, 1941. Brazilian Censorship; Films; RG229, Box 226; NARA II.

e *Father 'Keeno'*, o último baseado no livro *Padre on Horseback. A Sketch of Eusebio Francisco Kino S. J. Apostle to the Pimas*, escrito por Herbert Bolton e publicado em 1931. A solidariedade hemisférica nos termos de Le Vaux parecia, no entanto, de difícil cimentação. Segundo Alstock, o produtor belga estava bastante nervoso, como em outras ocasiões, e queria saber porque o *Office* não o ajudava. Alstock relatou, então, que precisou ser bastante direto, não deixando espaço para que Le Vaux compreendesse mal. No relato do encontro, Alstock disse ter deixado claro que os interesses do comitê brasileiro talvez não coincidissem com os dele, e que Le Vaux deveria guardar suas criticas sobre os esforços do *Office* para si mesmo.[70]

A avaliação do *Movie Picture Division* sobre o material apresentado por Le Vaux ajuda a entender a resistência do *Office*, mas não explica tudo. Além dos dois filmes propostos estarem distantes do propugnado incialmente pelo comitê (filmes com temas histórico/religiosos), o segundo trataria de um missionário jesuíta espanhol que fundou diversas missões na fronteira entre México e Estados Unidos. Havia, ainda, propostas para realização de dois outros filmes: *Meet the Children*, sobre os Padres Anchieta e Nóbrega e *An American Emperor*, sobre Dom Pedro II, mas cujos roteiros não chegaram a ser apresentados ao *Motion Picture Division*.[71]

O material sobre Santos Dumont se justificaria, segundo Le Vaux, por ter sido o primeiro homem a voar. A história contaria suas experiências em Paris, seus sucessos e seu subsequente retiro do convívio social e suicídio devido a desilusão com a invenção que deveria aproximar o mundo, mas havia sido usada para matar pessoas. Ocorre que para o *Motion Picture Division*, o roteiro de 11 páginas escrito por Le Vaux em francês em nome do comitê brasileiro, não era "uma história muito interessante".[72]

---

70 Cf. *Memorandum from FA to JHW*, August 11, 1941. Brazilian Censorship; Films; RG229, Box 226; NARA II.

71 Cf. *Memorandum from R.G. Le Vaux to John Hay Whitney*, August 9, 1941. Brazilian Censorship; Films; RG229, Box 226; NARA II.

72 Cf. *Memorandum from BM to FA*, August 15, 1941. Brazilian Censorship; Films; RG229, Box 226; NARA II.

O comitê presidido por Pedro Calmon ainda tentaria, em vão, conseguir a ajuda do *Office* para que alguma de suas ideias saíssem do papel e fossem produzidas por algum grande estúdio em Hollywood. Em uma das ultimas correspondências de Le Vaux presentes na documentação do *National Archives*, um relatório produzido enquanto o produtor belga estava em Hollywood, e enviado para o comitê brasileiro no início de agosto de 1941, o comitê foi alertado de que o *Motion Pictures Division* apenas os apoiaria se houvesse "uma confirmação definitiva dos objetivos do comitê" vinda do Presidente Getúlio Vargas,[73] que parece nunca ter ocorrido.

No final de agosto de 1941, John H. Whitney passou pelo Brasil. Era um dos integrantes da comitiva de Walt Disney por ocasião do lançamento de *Fantasia* (1940). A comitiva permaneceu no Rio de Janeiro por aproximadamente 10 dias e foi, ao menos em uma ocasião, recebida formalmente pelo comitê brasileiro.[74] Nenhum indício na documentação relativa ao caso sequer sugere a continuidade nas negociações.

Nas Atas das Reuniões da *Motion Picture Society for the Americas, Inc*, Le Vaux é mencionado em diversas ocasiões. No início de 1942, o diretor Belga teria se apresentado ao *MPA* como representante do comitê brasileiro e de posse de uma carta de apresentação de Dante Orgolini, então membro de um grupo liderado por Orson Welles que realizaria filmagens no Brasil. Le Vaux teria informado ao *MPA*, que Pedro Calmon já estaria ciente de seu contato com o grupo de Welles, mas que precisava que a *MPA* escrevesse a Calmon dizendo que ele, Le Vaux, estaria cooperando com o projeto de Welles no Brasil.[75] Não encontramos evidências de que a carta solicitada por Le Vaux a *MPA* tenha sido escrita, uma vez que a *MPA* decidiu consultar os escritórios do *Office* em Washington, DC e Nova York antes de tomar qualquer decisão. Naquele momento, os esforços de Le

---

73 Cf. Memorandum from R.G. Le Vaux to Francis Alstock, August 9, 1941. Brazilian Censorship; Films; RG229, Box 226; NARA II.

74 Cf. *News in English*. Diário de Notícias. Rio de Janeiro, p.6, 1ª seção, 27 de agosto de 1941.

75 Cf. *Weekly Report*, February 9, 1942. Weekly Repots - Motion Pictures Society for The Americas January 1942; RG229, Box 218, NARA II.

Vaux por encontrar espaço no promissor mercado de cinema da 'boa vizinhança' parecia não ter dado muito certo.

A resistência do *Office* em colaborar com instituições não governamentais brasileiras no campo da propaganda cinematográfica se tornou mais evidente a partir de 1942, quando a agência estadunidense passou a investir pesadamente em uma logística de sustentação para a expansão de seus projetos. Naquele momento o *Office* tinha planos mais ousados para a disseminação do cinema no Brasil.

Capítulo 3

O *Show precisa continuar*:
o cinema da boa vizinhança adentra o país

Hoje! Filmes! Grátis! Oferecidos pelo Coordenador de Negócios Inter-
-Americanos. Filmes sobre a Guerra! Filmes sobre Educação! Grátis![1]

A expansão do *Motion Picture Program* pela *Brazilian Division* representou uma notável façanha em termos de organização e superação de obstáculos, ainda que a documentação constantemente indique atrasos, alguma desorganização e confusão na condução das tarefas. Na prática, podemos afirmar que a *BD* adotou das instâncias superiores do *Office* a "fluidez" da qual a agência governamental estadunidense se orgulhava possuir, isto é, a capacidade para se adaptar rapidamente a diferentes situações advindas das adversidades encontradas no decorrer de suas operações.[2]

A expansão dos programas que já vinham sendo realizados pela *BD* visavam principalmente o interior do país, em muitas localidades que não haviam experimentado a exibição de filmes até então.[3] Para Francis Alstock, Diretor do *Movie Picture Division* do *Office* cada sessão do Brasil deveria "receber uma atenção adequada" na busca pela maior ampliação possível.[4]

As complicações no transporte, como pode-se esperar de um país desigual e com as dimensões do Brasil, eram diferentes em cada Estado e/ou região. Se nos Estados de São Paulo, Minas Gerais e Bahia as ferrovias foram estratégicas para

---

1   Anúncio da exibição de filmes do *Office* na cidade de Magé-RJ. Cf. *Memorandum BD-432*, March 16, 1943. Reports, March 1, 1943; RG229, Box 227; NARA II.

2   Cf. ROWLAND, Donald (dir). *History of the Office of the Coordinator of Inter-American Affairs*: historical report on war administration. Washington, DC: Government Printing Office, 1947, p.147.

3   Cf. *Memorandum BD-N.4733*, October 17, 1944. Reaction; RG229, Box 226; NARA II.

4   Cf. *Memorandum BF-3002*, May 17, 1943. 05.2 (c1) Projection machines and acessories 1, Box 1287; NARA II.

a interiorização dos trabalhos da *BD*, em Santa Catarina, por exemplo, o mesmo meio de transporte não era viável, haja vista o tempo reduzido que os trens permaneciam em cada estação, não possibilitando sequer o descarregamento dos equipamentos. Outra diferença era que se em outros Estados a *BD* conseguia acordos com autoridades locais e estaduais que tornavam sua expansão para o interior praticamente sem custos, no Estado catarinense essas parcerias eram bastante reduzidas. Assim, a regional catarinense com frequência enfrentava dificuldades de transporte por ferrovias, e por ônibus a situação não era melhor, em razão da necessidade de compra de assentos adicionais para o transporte de equipamentos. Ocorre que essa prática, aparentemente adotada por algum tempo, era mal vista por outros passageiros que ficavam sem lugares nos ônibus, fazendo com que o escritório regional rapidamente abandonasse a compra de bilhetes com esse fim.[5]

Muitos dos obstáculos enfrentados na referida expansão estavam relacionados ao transporte, equipamentos e energia para o funcionamento dos projetores. Mesmo em capitais como Florianópolis[6] ou Fortaleza,[7] a grande variação na voltagem da energia elétrica constantemente danificava ou mesmo inutilizava os equipamentos de projeção. Além das capitais brasileiras, outras regiões eram consideradas essenciais para o esforço de guerra, como por exemplo o Estado de Minas Gerais e o Vale do Rio São Francisco, devido à importância de suas reservas minerais e Fernando de Noronha, pela proximidade com o noroeste do continente africano.[8]

Essa expansão enfrentou todo tipo de obstáculos, mesmo quando relacionado ao Sul do Brasil, mais próximo da sede da *Brazilian Division*, no Rio de Janeiro, e com melhores condições de transporte do que o Norte ou Nordeste. Devido ao extravio e atraso em diversas entregas por via rodoviária a *BD* passou a

---

5   Cf. *Memorandum from I.M Ewbank to OCIAA*, October 20, 1943. 05.2 (j) Exhibition Reports Correspondence Santa Catarina 1943 1. RG229, Box 1291. NARA II.

6   Cf. *Memorandum N.10/6*, May 18, 1943. 05.2 (c1) Projection machines and acessories 1; RG 229, Box 1287; NARA II.

7   Cf. *Memorando de U.G Keener para Jorge Moreira da Rocha*, 5 de abril de 1943. 05.2 (c1) Projection machines and acessories 1; RG 229, Box 1287; NARA II.

8   Vide: 05.2 (d) Exhibtion reports of non-theatrical films - Rio 1, 2 (Box 1287), 3 e 4 (Box 1288). NARA II

enviar todo o material para as regionais de Curitiba, Florianópolis e Porto Alegre via transporte ferroviário. Embora a medida solucionasse os problemas de extravio e atrasos, apresentava outros como a resistência da companhia ferroviária em transportar os filmes em 16mm.

No início da década de 1940 os formatos mais comuns no mundo do cinema eram 16mm e 35mm. A bitola de 35mm era largamente utilizada para exibições comerciais nos cinemas. Contudo, tinha a desvantagem de ser altamente inflamável, exigindo inúmeras medidas de segurança para a exibição, conservação e transporte. Até 1952, as películas em 35mm eram feitas de nitrato de celulose com ácido nítrico concentrado.[9] Se conservado em uma temperatura igual ou inferior ao ambiente deteriorava rapidamente emitindo gases durante este processo. Se os gases ficassem concentrados dentro das latas onde os filmes eram armazenados, poderia haver uma reação química que conduzia à combustão espontânea. Já as películas em 16mm em uso por cinegrafistas amadores desde a década de 1920 e aperfeiçoadas no final da década de 1930 não era tão inflamáveis, embora também sofressem com a deterioração em temperatura ambiente.[10]

Outra desvantagem com relação aos projetores para o formato 35mm, é que eles eram bem maiores, caros, pesados e sua base deveria ser fixa. A mobilidade e custo dos equipamentos para um programa de exibições em larga escala fazia toda a diferença. Além de o formato em 16mm ser mais barato e propiciar essa mobilidade, por ter rolos menores e mais leves, dispensava as medidas de segurança requeridas no 35mm, pois, como mencionado, não eram inflamáveis. Embora muitas produções tenham sido feitas já no formato 16mm, parte dos filmes exibidos pela *Brazilian Division* eram feitos mediante redução nos EUA, em copiadoras óticas, de filmes em 35mm, e apenas depois enviados para o Brasil.[11]

---

9   Vide: https://www.scart.be/?q=en/content/short-guide-identify-nitrate-films-and-vinegar-syndrome-degradation-audio-visual-collections, acesso em 09 de agosto de 2016.

10   Cf. ADCOCK, Edward P. *Diretrizes da IFLA para a conservação e o manuseamento de documentos de biblioteca.* Lisboa: Biblioteca Nacional, 2004, p. 103-104.

11   Cf. *Instruções e sugestões para projetores sonoros em 16mm.* 05.2 (c1) Projection machines and acessories 2, Box 1287; NARA II.

112   Alexandre Busko Valim

O transporte ferroviário de filmes para a região Sul do país exigia, segundo os funcionários do *Office*, uma série de "tecnicalidades", dentre elas precauções de que material inflamável não fosse transportado. Mesmo a *Brazilian Division* tendo comprovado que as películas em 16mm eram seguras quanto ao transporte, a companhia ferroviária costumava dificultar·o referido transporte, uma vez que alegavam não terem condições técnicas de classificar a película cinematográfica como não inflamável, diferenciando-a do formato em 35mm.[12]

Às dificuldades de transporte somavam-se a escassez de cópias para exibição e a falta de funcionários treinados. A amplitude da expansão proposta pelo *Office* implicava ainda um outro complicado problema: a falta de equipamentos. Para tentar dirimir este problema, Francis Alstock, Diretor da *Motion Picture Division* solicitou a *Brazilian Division* em dezembro de 1942 que fosse feito um amplo levantamento no Brasil de todos os projetores para filmes sonoros e silenciosos em 16mm e que poderiam ser utilizados pela seção brasileira do *Office*. Quatro meses após a solicitação a *BD*, o *The American Chambers of Commerce* de São Paulo e do Rio de Janeiro, fizeram um uma 'convocação' a empresas, cidadãos estadunidenses, amigos e parentes destes que residiam no Brasil, solicitando projetores de 16mm para que a expansão tivesse continuidade.[13]

A solicitação foi respondida por meio dos escritórios regionais e consulados em Curitiba (2 projetores), Belém (2 projetores), Vitória (13 projetores),[14] Bahia (14 projetores),[15] Belo Horizonte (23 projetores silenciosos)[16], São Paulo (11 projetores sonoros e 27 silenciosos), Porto Alegre (15 projetores silenciosos)[17] e Rio de Janeiro

---

12   Cf. *Memorandum Rio/925*, December 15, 1943. 05.2 (e) Exhibition reports correpondence (São Paulo) 4. RG229, Box 1289. NARA II.

13   Cf. *Memorandum BF-2033*, December 15, 1942; Memorandum BF-2767, April 7, 1943 e *Memorandum BD-N.644*, April 27, 1943. 05.2 (c1) Projection machines and acessories 1, Box 1287; NARA II.

14   Cf. *Memorandum from V. Harwood Blocker to Berent Friele*, February 8, 1943. 05.2 (c1) Projection machines and acessories 1, Box 1287; NARA II.

15   Cf. *Memorandum from Frank E. Nattier to Jay Walker*, February 12, 1943. 05.2 (c1) Projection machines and acessories 1, Box 1287; NARA II.

16   Cf. *Memorandum BD-946*, June 25, 1943. Box 1287; NARA II.

17   Cf. *Memorandum from Daniel M. Braddock to Berent Friele*, March 17, 1943. 05.2 (c1) Projection machines and acessories 1, Box 1287; NARA II.

(4 projetores sonoros e 143 silenciosos). A chamada do *The American Chambers of Commerce* foi um sucesso, porém relativo, posto que os projetores em sua grande maioria já eram considerados obsoletos. Dentre os que atenderam o chamado em São Paulo estavam a Condessa Maria Angela Mattarazzo, Fulvio Morganti, Mario Wallace Simonsen e Paulo Suplicy – todos proprietários de equipamentos sonorizados -, não deixando dúvidas quanto ao prestígio e influência exercida pela Câmara de Comércio.[18] O escritório regional em Florianópolis respondeu indicando que não haviam projetores disponíveis na capital catarinense, no entanto, poderia emprestar alguns projetores da Polícia, que haviam sido confiscados de proprietários alemães, e haveriam ainda outros em "mãos indesejadas".[19]

Em cidades consideradas de médio porte, naquele momento faltava quase tudo para as exibições, desde transformadores e lâmpadas, até válvulas, voltímetros, cabos e plugues. Durante a II Guerra Mundial, o escritório central da *BD* no Rio de Janeiro havia se transformado em um imenso almoxarifado de peças e equipamentos cinematográficos. Os problemas envolvendo a imensa rede de exibição do *Office*, em muitos lugares onde jamais haviam visto quaisquer imagens em movimento, iam desde a falta de projetores ou mesmo filmes, até a inutilização de equipamentos por danos causados durante o transporte ou acidentalmente durante as exibições.

Quando os equipamentos de projeção começaram a chegar nos comitês e escritórios regionais, a partir de maio de 1943, pouco após o inicio do funcionamento de alguns deles, as atividades envolvendo o cinema em diversos Estados já estavam comprometidas pela ausência das máquinas. Naquele momento, ante a escassez de equipamentos a *BD* chegou a afirmar que o programa estava "indo aos trancos e barrancos" no interior, pois o objetivo seria o de uma audiência de 100.000 pessoas por semana.[20]

---

18 Cf. *Memorandum BD-N.644*, April 27, 1943. 05.2 (c1) Projection machines and acessories 1, Box 1287; NARA II.

19 Cf. *Memorandum from Reginald S. Kazanjian*, March 8, 1943. 05.2 (c1) Projection machines and acessories 1, Box 1287; NARA II.

20 Cf. *Memorandum BD-582*, April 9, 1943. 05.2 (c1) Projection machines and acessories 1; RG 229, Box 1287; NARA II.

Se em capitais e cidades de médio porte muitas vezes faltava infraestrutura mínima para a projeção de filmes, em cidades pequenas e zonas rurais o problema era ainda maior, já que na maioria delas a única luz disponível vinha de lamparinas a querosene.[21] Por essa razão as *Mobile Units*, equipes de projeção motorizadas, eram equipadas com geradores portáteis de energia a gasolina.

Um programa em larga escala com equipamento de 16mm requeria uma logística eficiente, o que nem sempre resolvia os obstáculos. Após vinte horas de exibição, por exemplo, as lâmpadas dos projetores tinham que ser substituídas por novas, mas que não estavam disponíveis no Brasil. Peças de reposição para os equipamentos se tornaram um dos principais problemas para a *Brazilian Division* a medida que a exibição em larga escala se ampliava. Em agosto de 1942, a *BD* alertou a *MPD* pela primeira vez que o uso ininterrupto dos equipamentos estava começando a causar sérios problemas.[22] A situação continuou se complicando até que em meados de 1943, o uso intenso dos projetores e a ausência de peças levou a uma série de interrupções de exibições já agendadas. O programa massivo de exibições havia sido expandido sem o devido crescimento da logística necessária, gerando um grande volume de correspondência da *Brazilian Division* para a *Motion Picture Division* e até mesmo uma intervenção da Embaixada dos Estados Unidos no Rio de Janeiro junto ao *Department of State*.[23] Diante destas dificuldades, algumas parcerias seriam fundamentais.

O intenso contato que o *Office* mantinha com oficiais das Forças Armadas se dava também por meio de arranjos para exibições cinematográficas. Se por um lado, como indicamos no capítulo anterior, oficiais e soldados eram um dos principais públicos para a propaganda por meio do cinema, por outro eram também parceiros importantes para a difusão da 'boa vontade' por todo o Brasil. Em diver-

---

21 Cf. *Memorandum Rio/1017*, June 20, 1944. 05.2 (g) Exhibition reports correspondence, Bahia 3, 1944. RG229, Box 1290. NARA II.

22 CF. *Memorandum BF-1448*, September 2, 1942. 05.2 (d) Exhibtion reports of non-theatrical films - Rio 1, Box 1287; NARA II.

23 Cf. *Memorandum from William W. Murray para Berent Friele*, August 30, 1943. 05.2 (c1) Projection machines and acessories 2, Box 1287; NARA II e Airgram from Caffery to Secretary of State, August 24, 1943. 05.2 (c1) Projection machines and acessories 2, Box 1287; NARA II.

sos batalhões do Exército e do Corpo de Bombeiros baianos, por exemplo, sempre que a equipe de projeção chegava, iniciava-se uma chamada no alto falante dessas corporações para que a vizinhança viesse assistir os filmes.[24]

Em diversas ocasiões, a *BD* contou com os militares brasileiros no que diz respeito a apoio logístico e transporte para o seu pessoal e equipamentos.[25] A troca de favores entre a *Brazilian Division* e as Forças Armadas do Brasil eram mútuas. A produtiva parceria no campo do cinema de propaganda levou a seção brasileira do *Office* a presentear o Ministério da Guerra brasileiro com dois projetores de filmes de 35mm em julho de 1943.[26]

Contudo, no momento em que o conflito mundial se agudizava, as restrições, especialmente de gasolina, colocavam obstáculos significativos para a interiorização propagandística planejada pelo *Office*. À medida que a guerra se prolongava a disponibilidade de filmes e especialmente equipamentos, bem como a logística para o envio ficavam mais difíceis. No início de 1943 William Murray afirmou que se o programa tivesse início naquele momento dificilmente poderia ser realizado.[27] E havia uma série de razões para que ele acreditasse nessa impossibilidade. Além da falta de matérias primas disponíveis para a fabricação de novos equipamentos, os esforços do *Office* tinham que contemplar não apenas o Brasil, mas toda a América do Sul. Ademais, no que diz respeito ao cinema, as Forças Armadas estadunidenses haviam se tornado a maior solicitante de equipamentos cinematográficos a ponto de em alguns períodos a companhia *Bell & Howell* direcionar toda a sua produção para os militares.[28]

---

24 Cf. *Memorandum Rio/649*, December 31, 1943. 05.2 (g) Exhibition reports correspondence, Bahia 1943, 2. RG229, Box 1290. NARA II.

25 Cf. Report. Agra Filme do Brasil, June 29, 1943. 05.2 (e) Exhibition reports correpondence (São Paulo) 3. RG229; Box 1288. NARA II.

26 Cf. *Minutes of Eighty-Nineth Meeting*, August 5, 1943. Brazilian Coordination Committee – Minutes; n.81 to n.114. RG229, Box 1351. NARA II.

27 Cf. *Memorandum from U.G. Keener Murray to Arnold Tschudy*, March 20, 1943, e Memorandum from William Murray to Arthur Way, March 26, 1943. 05.2 (c1) Projection machines and acessories 1, RG229, Box 1287; NARA II.

28 Cf. *Memorandum BF-2706*, March 29, 1943. 05.2 (c1) Projection machines and acessories 1, RG229 Box 1287; NARA II.

Os problemas enfrentados em termos de logística pela *BD* no Brasil coincidiram, e por isso foram agravados, com o ambicioso intento de disseminar a propaganda estadunidense no interior país por meio do veículo que consideravam mais efetivo, o cinema. Como veremos a seguir, a interiorização das exibições do *Office* e seus relatos estavam em harmonia com o encantamento proporcionado pelos seus filmes.

Cinema, aspirinas e propaganda

A expansão dos projetos formulados pela *BD*, em maio de 1943, dá uma dimensão do quão longe a seção brasileira desejava adentrar no interior do país. Estava nos planos da seção brasileira a interiorização em quase todos os Estados, desde o Rio Grande do Sul até o Amazonas.[29] As regiões em que a agência mais se dedicou estavam sempre relacionadas às urgências trazidas pelo conflito mundial.

Nesse aspecto, chama a atenção o longo e intenso período de exibições na região da pequena cidade de Santos Dumont, na Zona da Mata mineira. Rica em quartzo, a região abrigou a primeira indústria eletroquímica da América Latina, a Cia. Brasileira de Carbureto de Cálcio, fundada em 1912. A partir de 1935, a empresa iniciou sua produção de ferro-ligas, como o ferro manganês alto carbono e ferro silício.[30] Ademais, Santos Dumont ficava próxima da cidade de Juiz de Fora, que por seu desenvolvimento industrial chegou a ser mencionada pela *Brazilian Division* como a "Manchester Brasileira".[31]

O sucesso das exibições na região de Santos Dumont era tamanho, que influenciadas pelas sessões regulares da *Brazilian Division* naquela cidade dois cinemas foram construídos. Isso significava, segundo um relatório de junho de 1945, a aquisição não apenas de equipamento, mas também de ao menos 720 filmes por

---

29 Cf. *Memorandum PA/18*, May 19, 1943. 05.2 (c1) Projection machines and acessories 1, Box 1287; NARA II.

30 Vide: 05.2 (d) Exhibtion reports of non-theatrical films - Rio 1, 2 (Box 1287), 3 e 4 (Box 1288). NARA II.

31 Cf. *Monthly Motion Picture Report*, November 1942. Reports, November 1, 1942; RG229, Box 227, NARA II.

O triunfo da persuasão

ano, um exemplo inconteste de como a *BD* estaria "beneficiando os negócios das companhias estadunidenses".[32]

Durante a Segunda Guerra Mundial, o cristal de quartzo foi uma matéria prima essencial para o esforço de guerra, uma vez que era uma das principais substâncias para a produção de equipamentos eletroeletrônicos. A indústria estadunidense voltada para a guerra havia se tornado tão dependente de produtos latino-americanos, que em meados de 1943 100% do quartzo e do estanho utilizados nos Estados Unidos vinham da América Latina.[33]

O curta *Brazilian Quartz Goes to War* (1943), foi uma das produções realizadas pelo *Office* sobre o tema e que procurava conscientizar o público brasileiro e estadunidense acerca da importância das matérias primas brasileiras, isto é, da 'boa vizinhança'. O curta enfatizava o valor do minério, em especial no âmbito da comunicação via Rádio, e mostrava a necessidade de cooperação internacional para o esforço de guerra. Além disso, explicava o processo de mineração do quartzo, desde a escavação e inspeção no Brasil até o envio para os Estados Unidos, onde eram processados e transformados em cristais para rádios.[34]

A principal região produtora de quartzo, contudo, não ficava nas cercanias de Santos Dumont, mas sim no Vale do Rio São Francisco, uma extensa área que abrange os Estados de Minas Gerais, Pernambuco, Bahia, Sergipe e Alagoas. O isolamento e dificuldade de acesso a região era um motivo de constantes preocupações e, devido as dificuldades de transporte e importância do cristal de quartzo, demandava uma estratégia diferenciada para a disseminação de propaganda.

Antes que quatro incursões naquela região fossem feitas, a *Brazilian Division* realizou uma série de experiências com disseminação "moderada" de propaganda de modo a "testar a reação das pessoas a esse tipo de campanha". De início o principal alvo das campanhas não foram os trabalhadores ribeirinhos, mas sim os padres dos

---

32 Cf. *Report of the Information Division*, June 15, 1945. Brazilian Coordination Committee – Minutes; n.115 to n.147. RG229, Box 1352. NARA II.

33 Cf. UNITED States. *National War Agencies, Appropriation Bill for 1944*. Part 1. Washington, DC: Government Print Office, 1943, p.130.

34 Cf. Brazilian *Quartz goes to war (film reel, B&W)*. Motion Pictures Division; RG229-29. NARA II.

vilarejos que margeavam o Rio São Francisco. Vistos como lideranças regionais e capazes de contribuir na atração e convencimento das pessoas 'simples do interior', os padres participaram, inadvertidamente, de um experimento propagandístico cujo principal conteúdo não explicitava a necessidade do quartzo para a indústria estadunidense – embora este tema também estivesse presente em menor medida –, mas sim as ameaças representadas pelo nazismo para a Igreja Católica.[35]

Um projeto considerado estratégico foi solicitado pelo *The Board of Economic Warfare* em abril de 1942,[36] e consistia exibição de filmes em localidades que margeavam o Rio São Francisco. A disseminação de propaganda deveria acontecer concomitantemente a instalação de minas de extração de quartzo "assegurando um constante e eficiente meio para a educação, esclarecimento e entretenimento dos trabalhadores dessas minas".[37]

Outra incursão com "propaganda moderada" envolvendo a extração do quartzo ocorreu por meio de uma solicitação da *Micellaneous Mineral Division* do *Federal Economic Administration*. No interior do Ceará, segundo a solicitação, estariam havendo resistências da população aos trabalhos de extração do mineral e posterior envio aos Estados Unidos. Embora as razões para a resistência não tenham sido explicitadas, não deixa de ser significativo que para mudar "o estado de espírito" dos descontentes ante aos trabalhos da divisão de mineração estadunidense, tenha sido decidido o envio de uma equipe de projeção de filmes em 16mm para o interior daquele Estado; na avaliação da *Brazilian Division* o melhor meio de resolver o problema.[38]

Quando as primeiras sondagens sobre o impacto social da propaganda por meio do cinema já haviam sido realizadas, em meados de 1943 *Brazilian Division* iniciou um programa mais incisivo na região do Vale do Rio São Francis-

---

35 Cf. *Report of Information Division*, week ended April 10, 1943. Brazilian Coordination Committee – Minutes; n.1 to n.80. RG229, Box 1351. NARA II.

36 Cf. *Memorandum BD-637*, April 22, 1943. 05.2 (c1) Projection machines and acessories 1. RG229, Box 1287; NARA II.

37 Cf. *Report of Information Division*, week ended April 10, 1943. Brazilian Coordination Committee – Minutes; n.1 to n.80. RG229, Box 1351. NARA II.

38 Cf. *Report of the Information Division*, June 10, 1944. Brazilian Coordination Committee – Minutes; n.115 to n.147. RG229, Box 1352. NARA II.

co mediante quatro longos percursos, com duração de aproximadamente quatro meses cada.

As viagens rumo ao interior do país precisavam ser preparadas minuciosamente, devido a precariedade das estradas, dos equipamentos que teriam que ser levados e também dependiam de acordos prévios com prefeituras e órgãos estaduais para que os membros das equipes, que as vezes incluíam jornalistas convidados, tivessem as suas despesas de transporte, estadia e alimentação pagas. Cada uma das incursões era minuciosamente supervisionada pelo comitê da Bahia e acompanhada com grande interesse pelo escritório da *Brazilian Division*, no Rio de Janeiro e pelo *Motion Pictures Division*, em Nova York.[39]

Nos municípios e vilarejos ao longo do Rio São Francisco, os filmes do *Office* ganharam fama rapidamente. A chegada do "cinema americano", fazia com que multidões estivessem sempre a espera das equipes de projeção:[40]

> Logo às primeiras exibições a noticia correu rio acima e mal saia de uma cidade já na outra próxima era lá esperado ansiosamente pelo povo. Verdadeiras romarias têm se verificado para assistir às sessões cinematográficas da Coordenação, vindo pessoas das redondezas, a pé, a cavalo ou a barco para as mesmas.[41]

Outras propostas também incluíam adentrar no Estado do Amazonas,[42] enquanto o *William W. Murray Project* se preparava para percorrer a Rede Ferroviária Nacional exibindo filmes nas cidades ao longo da ferrovia. No que diz respeito ao segundo trajeto, a 'expedição' deveria ser montada em um vagão de trem

---

39 Cf. *Memorandum Rio/1084*, July 25, 1944. 05.2 (g) Exhibition reports correspondence, Bahia 3, 1944. RG229, Box 1290. NARA II.

40 Cf. *Memorandum Rio/987*, June 9, 1944. 05.2 (g) Exhibition reports correspondence, Bahia 3, 1944. RG229, Box 1290. NARA II.

41 Cf. Cinema de Guerra na Zona do São Francisco. Jornal *Diário de Notícias* (Salvador). 28 de maio de 1944.

42 Cf. *Memorandum São/78*, May 1, 1943. 05.2 (c1) Projection machines and acessories 1, Box 1287; NARA II.

que seria convertido em um cinema itinerante para os Estados de Minas Gerais e Goiás devido a importância de suas matérias primas.[43]

A projeção em diversas localidades em um vagão de trem foi um dos projetos mais ousados desenvolvidos pela *Brazilian Division* no período e além de envolver uma complexa estrutura, tal como nas incursões no Vale do Rio São Francisco, necessitava de equipamentos elétricos portáteis adaptados para suportar a variação de voltagem ao longo da rota.

O melhor fabricante de equipamentos para as incursões pelo interior do país, em especial transformadores, na época seria a Mansberger & Schatzmann.[44] A oficina, que era uma das poucas no Brasil e também pioneira no conserto de aparelhos cinematográficos, recondicionava e produzia os melhores transformadores para atividades como as desenvolvidas pelo *Office*. Só havia um problema, ambos os sócios tinham ascendência alemã, o que poderia ser um entrave para a cooperação com os projetos estadunidenses. Por essa razão, Rodolfo Mansberger e Luiz Schatzmann prevendo as oportunidades que poderiam advir das exibições em larga escola promovidas pela *Brazilian Division* se anteciparam e em contato com a *BD* afirmaram estarem ansiosos por cooperar com as autoridades estadunidenses.[45] Os equipamentos eram importantes demais para que a *BD* não realizasse negócios com a empresa.

A popularidade que as atividades da *Brazilian Division* passaram a ter no interior do país frequentemente resultava em solicitações de autoridades regionais ou locais para que a organização estadunidense fornecesse filmes ou equipamentos para projeções cinematográficas. Para muitos indivíduos, receber uma equipe de projecionistas com *status* de representantes dos Estados Unidos/Brasil em tempos de guerra auferia prestígio e sugeria influência política e social. Foi o caso, por exemplo, da solicitação para que o comitê de Fortaleza enviasse seu projecio-

---

43 Cf. Airgram n.23, May 20, 1943. 05.2 (c1) Projection machines and acessories 1, Box 1287; NARA II, e Cf. *Memorandum BD-637*, April 22, 1943. 05.2 (c1) Projection machines and acessories 1, Box 1287; NARA II.

44 Cf. *Memorandum SP/78*, May 1, 1943. 05.2 (c1) Projection machines and acessories 2, Box 1287; NARA II.

45 Cf. *Report*. Mansberger & Schatzmann, April 10, 1943. 05.2 (c1) Projection machines and acessories 1, Box 1287; NARA II.

nista para a cidade de Sobral afim de participar "das Bodas de Ouro do Casal José Saboia de Alburquerque". José Saboia de Albuquerque era um influente Juíz na região, representando, assim, uma oportunidade para que o comitê de Fortaleza ampliasse a sua rede de apoios e contatos. Realizada em uma praça defronte a residência do Juiz, a exibição dos filmes de propaganda se tornou um evento social importante, devido a participação de notáveis de Sobral e Fortaleza, como juizes, desembargadores, corregedores, militares de alta patente, médicos, advogados e até mesmo o Bispo de Sobral e um ex-Interventor Federal.[46]

Além de solicitações para exibições, os comitês regionais recebiam muitos pedidos para o envio de projetores e filmes. A solicitação de equipamentos também advinha do sucesso obtido pelas exibições nestas localidades ou cercanias, fazendo com que muitos desejassem prolongar o impacto social na população local após as equipes da *BD* irem para outras localidades. Os pedidos eram normalmente negados com a alegação de que não haviam equipamentos disponíveis nos Estados Unidos em virtude da guerra, como ocorreu com a solicitação de um Sargento da Ilha de Fernando de Noronha, que escreveu ao *Office* querendo comprar um projetor usado e pagar 20% de entrada mais oito prestações.[47] Se em situações como essa as solicitações eram prontamente negadas, em outras era preciso um pouco mais de 'melindre'.

Assim foi quando o Interventor do Espirito Santo, Jones dos Santos Neves solicitou um projetor e equipamento idêntico ao usado pelo *Office* para o Serviço de Educação pelo Rádio e Cinema Escolar – SERCE, do ES. Neves pediu em uma longa missiva um retorno da *Brazilian Division* com a discriminação de condições e preços.[48] Na apreciação feita pelo Conselheiro da Embaixada dos Estados Unidos no Rio de Janeiro, John F. Simmons do pedido realizado pelo Interventor, a sugestão foi que a resposta fosse bastante "adocicada". Após explicar que devi-

---

46 Cf. *Memorando Rio/117*, 13 de janeiro de 1944. 05.2 (p) – Exhibition Report – Fortaleza, 2. RG229, Box 1293; NARA II.

47 Cf. *Memorandum from U.G. Keener to Sargento Waldemar Ribeiro*, 3 de Maio de 1944. 05.2 (c1) Projection machines and acessories 2, Box 1287; NARA II.

48 Cf. *Memorandum from Jones dos Santos Neves to V. H. Blocker*, October 30, 1943. 05.2 (c1) Projection machines and acessories 2, Box 1287; NARA II.

do as restrições impostas pela guerra havia uma severa falta de equipamento, a resposta deveria oferecer ao Interventor os serviços de exibição do *Office*, sempre que necessitassem, até que um projetor pudesse ser enviado exclusivamente para a SERCE. O Conselheiro asseverou que "se nós mantivermos ele em suspense com essa promessa eu não acho que vamos magoá-lo". Para Simmons a relação amistosa com o Interventor era importante devido ao Estado do Espírito Santo "ser, ou pelo menos ter sido, um reduto de integralistas": "eu não ficaria surpreso se o governo estivesse cheio deles em posições importantes". Mesmo afirmando que uma fala diferente "poderia atrapalhar nosso programa lá", o Conselheiro acreditava que enviar o projetor significaria "jogar nosso bom equipamento fora", devido a influência integralista e a falta de funcionários no governo. Por essas razões, o funcionário da Embaixada acreditava que se enviassem, o equipamento seria "usado por pouco tempo e deixado de lado, para enferrujar em algum porão de escola".[49] Quase seis meses após o Conselheiro ter se posicionado, e em um claro exemplo de como as atividades da *Brazilian Division* tinham relativa autonomia em suas operações, um projetor foi cedido ao Interventor pela pela *United State Naval Operating Facility* em Vitória, por intermédio da *Brazilian Division*.[50]

Se por um lado o *Office* se beneficiava com esse tipo de apoio, por outro as municipalidades interioranas e políticos também eram beneficiados na medida em que exibir filmes gratuitamente, e a baixíssimo custo, geralmente era uma ótima publicidade para políticos e para as administrações municipais. Em diversas situações prefeitos e políticos se adiantavam e realizavam sem custos para a *BD* toda a publicidade para as exibições.[51]

No intuito de realizar a tarefa de exibir filmes no interior do país de modo mais eficiente a *Brazilian Division* firmou uma parceria com a *Sterling Products International, Inc*, cuja subsidária no Brasil era denominada *Sydney Ross Company*.

---

49 Cf. *Memorandum from C.E. to Keener*, s/d. 05.2 (c1) Projection machines and acessories 2, Box 1287; NARA II.

50 Cf. Memorandum from V. Harwood Blocker to Frank E. Nattier Jr. March 20, 1944. 05.2(L)- Exhibition Reports – Vitória Correspondence 2. RG229, Box 1293. NARA II.

51 Cf. *Memorandum Rio/218*, September 10, 1943. 05.2 (g) Exhibition reports correspondence, Bahia 1943, 2. RG229, Box 1290. NARA II.

O triunfo da persuasão 123

Os primeiros contatos entre a empresa e a *BD* tiveram início em meados 1942, e faziam parte de um amplo esforço de cooperação entre a *Brazilian Division* e diversas empresas de propaganda que atuavam no país. Para firmar a parceria o Presidente da *Sterling*, David Corcoran viajou para o Brasil em agosto de 1942.[52]

Não seria a única vez que o *Office* trabalharia em conjunto com a *Sydney Ross*. Atividades da *Mexican Division* envolvendo exibições cinematográficas também foram realizadas com êxito mediante a parceria da referida companhia.[53] Além de atuar no Mercado de propaganda, a empresa *Sidney Ross* comercializava medicamentos como *Melhoral, Leite de Magnésia, Tiro Seguro, Vigoron, Pasta de Dente Ross, Glostora, Talco Ross* e *Pílulas de Vida do Dr. Ross*. A companhia era conhecida por vender remédios pelo interior do país com apoio de um pesado investimento em propaganda, no rádio e na imprensa. Além disso, utilizava automóveis adaptados para exibir filmes; uma estratégia para atrair pessoas e incrementar a venda de seus produtos.

No acordo, a empresa ficaria livre para comercializar seus remédios e a *BD* livre para exibir os filmes que desejassem.[54] A parceria com o *Office* tornava o 'slogan' e a 'associação', técnicas propagandísticas já utilizadas pela *Sydney Ross*, mais fortes do que nunca. A parceria deve ser entendida ainda, sobretudo em termos propagandísticos, como uma busca pela organização e controle do mercado de medicamentos e de propaganda.

Também atuando no mercado de remédios e propaganda no Brasil, a companhia de capital alemão *A. Chimica "Bayer" Ltda*, era considerada pela *Sydney Ross* uma forte "competidora inimiga". A *Bayer* era uma das subsidiárias do "maior e mais poderoso monopólio do mundo", o *I.G. Farbenindustrie, A.G.*[55] e serviu, segundo o *Committee on Military Affairs*, como a principal agência nazista de es-

---

52 Cf. *Memorandum BF-1422*, August 27, 1942. Brazilian Coordination Committee General Sept 1941 – 1943. RG 229, Box 1353; NARA II.

53 Cf. *Memorandum 282/SP*, December 29, 1943. 05.2 (e) Exhibition reports correpondence (São Paulo) 4. RG229, Box 1289; NARA II.

54 Cf. *Report*. State Department of Health and Sydney Ross Company, December 10, 1943. 05.2 (e) Exhibition reports correpondence (São Paulo) 4. RG229, Box 1289; NARA II.

55 Cf. UNITED States Senate. *Elimination of German Resources for War*. Vol.1-9. Washington, DC: Government Printing Office, 1945, p.645.

pionagem militar e econômica no planeta.[56] No Brasil, os negócios da empresa estavam, 'perigosamente', distribuídos por meio de seus escritórios nas cidades de Pelotas, Belém, Fortaleza, Recife, Salvador, Belo Horizonte, Joinville, Curitiba, Florianópolis, Porto Alegre, Juiz de Fora e São Luis, no Maranhão.[57]

Segundo as audiências do *Subcommittee of Committee on Military Affairs* para o Senado estadunidense, a *Bayer* era uma das empresas no Brasil integrantes de uma longa "Lista Negra" preparada pelo governo estadunidense. Em 1943, quarenta e sete empresas com capital alemão, italiano ou japonês que atuavam no Brasil já haviam sido "completamente eliminadas". Outras quarenta e oito, estariam em processo de "liquidação", vendidas em fragmentos de modo que não existissem mais como entidades. Por fim, a empresa *A. Chimica Bayer Ltda* fazia parte de um grupo composto por vinte e duas companhias, que estavam em um "processo de eliminação" diferenciado, isto é, "nacionalizadas por meio da venda a compradores" que continuariam as suas atividades.[58]

Em duas correspondências enviadas em julho de 1943 pela *Bayer* na Argentina para o *Farbenindustrie*, e interceptadas pelo governo estadunidense, a subsidiária argentina descreveu as dificuldades em manter contato e atuar junto aos interesses da Alemanha no Brasil. O ponto de inflexão, teria ocorrido no ínicio de maio daquele ano, quando o controle do governo brasileiro e o monitoramento do governo estadunidense se tornaram rigorosos a ponto de a subsidiária brasileira afirmar que precisaria interromper temporariamente todas as comunicações com a subsidiária argentina e a matriz alemã para poder continuar atuando no Brasil. Na América do Sul, segundo a correspondência interceptada, o "mutilamento" feito pelo governo estadunidense estaria levando a um estrangulamento da organização em todo o subcontinente.[59]

---

56 Cf. UNITED States Senate. *Elimination of German Resources for War.* Vol.1-9. Washington, DC: Government Printing Office, 1945, p.1076.

57 Cf. *Memorandum BF-1358*, August 11, 1942. Brazilian Coordination Committee General Sept 1941 – 1943. RG 229, Box 1353; NARA II.

58 Cf. UNITED States Senate. *Elimination of German Resources for War.* Vol.1-9. Washington, DC: Government Printing Office, 1945, pp.116-117.

59 Cf. UNITED States Senate. *Elimination of German Resources for War.* Vol.1-9. Washington, DC: Government Printing Office, 1945, pp.91-93.

No Brasil, a *Sydney Ross Company* era dirigida por Ernest P. Armstrong, e empregava 442 funcionários em escritórios no Rio de Janeiro, Uberlândia, Curitiba, Salvador, Belo Horizonte, Recife, Manaus, Fortaleza, Belém, Porto Alegre e Florianópolis. No momento em que passaram a atuar em conjunto, a amplitude da companhia no Brasil era bem mais extensa do que a da *Brazilian Division*. Além da estratégica representatividade por todo o país, a *Sydney Ross* era uma aliada indispensável devido aos seus cinquenta e sete automóveis já equipados, ou que poderiam receber equipamentos, para exibições de filmes e, claro, venda de remédios.[60]

Tamanha frota fazia com que a *Sydney Ross* constantemente tivesse dificuldades diante da escassez de gasolina. Em São Paulo, por exemplo, a empresa tinha um caminhão plenamente equipado com equipamento para a projeção de filmes, mas que, no entanto, pela escassez daquele combustível entre 1942 e 1943 chegou a ficar parado. Como era grande demais para ser adaptado para funcionar com gasogênio, no início de 1943 a empresa ofereceu o equipamento para a *BD* alugar, já que a seção brasileira poderia encontrar gasolina mais facilmente.[61] As negociações entre a empresa e a *BD* resultaram em um acordo em que a *Sydney Ross* forneceria o caminhão, o equipamento e o motorista, a *BD* forneceria os filmes e o governo do Estado de São Paulo forneceria a gasolina e um apresentador para as exibições por todo o Estado.[62]

A falta de combustível não era o único entrave para a circulação de automóveis naquele período. Logo após a *Brazilian Division* ter conseguido quotas de combustível para que os caminhões da *Sydney Ross* pudessem trafegar pelo interior do estado, o governo publicou uma legislação que proibia táxis e caminhões de ultrapassarem 150 quilômetros de distância das localidades onde haviam sido

---

60 Cf. *Memorandum BF-1358*, August 11, 1942. Brazilian Coordination Committee General Sept 1941 – 1943. RG 229, Box 1353; NARA II.

61 Cf. *Memorandum from U.G. Keener to Arnold Tschudy*, March 31, 1943. 05.2 (c1) Projection machines and acessories 1, Box 1287; NARA II.

62 Cf. *Report*. State Department of Health and Sydney Ross Company, December 10, 1943. 05.2 (e) Exhibition reports correpondence (São Paulo) 4. RG229, Box 1289; NARA II.

licenciados, obrigado a *BD* a realizar mais uma rodada de negociações com o governo brasileiro.[63]

Embora a empresa tenha atuado em conjunto com a *Brazilian Division* na exibição de filmes por todo o país[64] com o seus *Unit Mobiles*, não teve uma participação expressiva em alguns Estados, se considerarmos os números totais da *Brazilian Division* no país. A *Sydney Ross Company* foi responsável por apenas 5% das exibições no Estado de São Paulo,[65] e chegou a ser vista como "decepcionante", uma vez que segundo a regional de São Paulo a empresa estaria apenas interessada "em ter bons filmes para vender mais de seus produtos".[66] No entanto, onde a *BD* tinha mais dificuldade no transporte de seu pessoal e equipamentos, como nos Estados do Nordeste do país, a *Sydney Ross* desempenhou um estratégico papel.[67]

Em diversos Estados a *BD* também contou com o apoio dos Departamentos Estaduais de Imprensa e Propaganda (DEIPs). Nos Estados da Bahia e Alagoas, por exemplo, muitas exibições eram anunciadas como uma parceria entre DEIPs e o *Office*. Como aponta Tania Regina de Luca, O Decreto-Lei 2557, de 4 de setembro de 1940, instituiu e regulou as funções dos DEIPs, que a partir de 1941 passaram a funcionar nos Estados da Bahia, Ceará, Espírito Santo, Piauí, Pará, Rio Grande do Norte, Santa Catarina e São Paulo. Tais departamentos foram organizados e apoiados, técnica e doutrinariamente, pelo órgão líder, o Departamento de Imprensa e Propaganda - DIP,[68] com o qual o *Office* também

---

63 Cf. Report. Sydnei Ross Company, April 14, 1944. 05.2 (e) Exhibition reports correpondence (São Paulo), 1944, 5. RG229, Box 1289. NARA II.

64 Cf. *Memorandum Bai/110*, August 18, 1943. 05.2 (g) Exhibition reports correspondence, Bahia 1. RG229, Box 1290; NARA II e Cf. *Memorandum from William Preston Rambo to Jefferson Caffery*, Dezember 14, 1943. 05.2 (j) Exhibition Reports Correspondence Santa Catarina 1943 1. RG229, Box 1291. NARA II.

65 Cf. *Memorandum Rio/1314*, December 6, 1944. 05.2 (e) Exhibition reports correpondence (São Paulo), 1944, 5. RG229, Box 1289; NARA II.

66 Cf. *Report*. CIAA Movie Program for the State of São Paulo, Setember 27, 1944. 05.2 (e) Exhibition reports correpondence (São Paulo), 1944, 5. RG229, Box 1289; NARA II.

67 Cf. *Memorandum Rio/861*, April 5, 1944. 05.2 (g) Exhibition reports correspondence, Bahia 3, 1944. RG229, Box 1290. NARA II

68 Cf. LUCA, Tania Regina de. A produção de Imprensa e Propaganda (DIP) em acervos norte-americanos: estudo de caso. In: *Revista Brasileira de História*. São Paulo, v31, n.61, 2011, p.283.

manteve estreita colaboração durante a II Guerra Mundial. O que se observa na documentação é que a colaboração da *BD* foi mais tranquila com o DIP do que com os DEIPs. Frequentemente, os DEIPs apresentavam problemas relacionados a censura, ou simplesmente não cooperavam a contento com os comitês regionais da *BD*.

Diante da impossibilidade de tais parcerias em tempo integral, foi preciso encontrar soluções regionais para obstáculos comumente enfrentados. Como dito anteriormente, um dos problemas comuns faceados pela *Motion Pictures Division* no Brasil dizia respeito a locomoção de técnicos, projecionistas, filmes de 16mm e equipamentos para exibições de filmes e distribuição de material impresso. Após a entrada do Brasil na II Guerra Mundial, os racionamentos de combustível derivados do petróleo se tornaram cada vez mais frequentes, se transformando em um sério obstáculo para a exibição de filmes pelo *Office*.

De maneira a atenuar este problema o Diretor da *Brazilian Division*, no Rio de Janeiro, Berent Friele solicitou ao *State Department* em novembro de 1942, a aquisição de duas camionetas movidas a gasogênio, uma para o Rio de Janeiro e outra para São Paulo.[69] Segundo orientações do *State Department*, os automóveis a serem adquiridos deveriam ser usados e provenientes de proprietários particulares. Além disso, o *State Department* foi taxativo: as camionetas não deveriam utilizar nenhum pôster, decorações ou outras insígnias que pudessem identificá-las como automóveis de propriedade do *Office*. A principal razão residiria no racionamento de gasolina imposto pelo governo brasileiro. Esperava-se com esta medida, que o intenso uso pelo pessoal do *Office* não despertasse nenhum questionamento público. A discrição, como indicamos anteriormente, era constantemente reafirmada em documentos pelo *Office* e deveria ser diligentemente seguida pelos comitês e escritórios regionais.[70]

---

69 Cf. *Memorandum CO – N.2193*, November 4, 1942, e Memorandum to Mr. Wallace K. Harrison from John Akin, November 12, 1942. Purchase and operation of two station wagons. Brazil; RG229, Box 226; NARA II.

70 Cf. Letter to Berent Friele from Wallace K. Harrison, July 8, 1943. Purchase and operation of two station wagons. Brazil; RG229, Box 226; NARA II.

O pedido de autorização da *Brazilian Division*, não deixa dúvidas quanto à importância da aquisição. As exibições em escolas, colégios, fabricas, repartições públicas, estádios de futebol,[71] e até mesmo em presídios, onde estavam sendo realizadas estariam sendo tão bem recebidas, que novas sessões eram requisitadas a todo momento.[72]

Segundo a solicitação, as exibições de filmes não eram apenas um sucesso entre a população civil. As exibições para as Forças Armadas Brasileiras estariam resultando em excelentes reações, fazendo com que muitos soldados preferissem os filmes de 16mm do *Office*, em razão de seu grande apelo, aos 35mm utilizados pelo cinema comercial. Os filmes de propaganda tinham pleno êxito nas casernas. A popularidade das exibições entre soldados era tanta que em Curitiba a "Casa do Soldado" chegou a pintar em um dos seus muros o "Saber é Vencer", em alusão ao lema mencionado em um dos cinejornais lá exibidos.[73]

De forma diferente da sede da *BD*, no Rio de Janeiro, solicitações semelhantes vindas dos comitês e escritórios regionais não costumavam ser atendidas. O escritório de Florianópolis enfrentou dificuldades na interiorização de seu programa de exibições de filmes em 16mm, razão pela qual passou a solicitar a *Brazilian Division* uma camionete e um aumento de verba para o transporte de pessoal e equipamentos.

Vale a pena ressaltar que em Santa Catarina o Instituto Brasil-Estados Unidos – IBEU, antecedeu os trabalhos do comitê catarinense antes que este fosse criado. Isso explica em alguma medida o longo telegrama enviado pelo IBEU à *BD*, no Rio de Janeiro, em 23 de setembro de 1943. No documento, seu diretor Erasto Macedo, argumentou sobre razões pelas quais o Estado catarinense deve-

---

71 Cf. *Memorandum BD-No. 34,* January 8, 1943. 05.2 (c1) Projection machines and acessories 1, Box 1287; NARA II. Na capital sergipana o comitê da Bahia chegou a realizar uma exibição para 23.400 pessoas em um Estádio de Futebol. Cf. Memorandum Rio/782, March 2, 1944. 05.2 (g) Exhibition reports correspondence, Bahia 3, 1944. RG229, Box 1290. NARA II

72 Cf. *Memorandum CO – N.2193,* November 4, 1942. Purchase and operation of two station wagons. Brazil; RG229, Box 226; NARA II

73 Cf. *Memorandum 80,* Curitiba, 15 de abril de 1944. 05.2 (i) Exhibition Reports Correspondence Curitiba Parana 1944. RG229, Box 1291. NARA II.

ria estar entre as principais preocupações do *Office* no Brasil. Segundo Macedo "o Estado de Santa Catarina tem sido por vários anos o berço do Nazismo":

> Desde a sua remota povoação, pra cá afluíram, em grande massa, colonizadores alemães, aqui chegados em estado de extrema miséria e franca pobreza, para se tornarem, logo após, com a ocorrência dos tempos, ricos fazendeiros e abastados industriais. Os motivos de tão franco progresso e estrondosa prosperidade, nós os desconhecemos.

Além de colocar em dúvida a legalidade do enriquecimento da comunidade alemã no estado, Macedo informou a U.G. Keener, Diretor de Informação da *BD*, que o Estado de Santa Catarina, "sempre foi considerado como território alemão, e conhecido, além de nossas fronteiras e por aqueles que à gentil acolhida opuseram a traição, como 'Segunda Alemanha'". No Memorandum o Diretor do IBEU descreveu um contexto em que sórdidos nazistas teriam tomado o Estado catarinense de assalto, esperando apenas o momento oportuno para desferir um golpe final. Para ele "a sanha e a perspicácia nazista, acentuaram e despertaram neste povo incauto, o ódio contra as Américas, cujos postulados são rejeitados por inócuos e improdutivos". Ao final do documento o intento de Macedo em apresentar um cenário tão ameaçador fica mais claro:

> Não deixa, assim, dúvidas a solicitação do Sr. Eurico Hosterno, sugerindo a aquisição de uma camionete, destinada ao transporte de material cinematográfico, uma melhor verba para transporte, bem como outras medidas que viessem facilitar o seu serviço, e que o bom senso concebe, e pode V.sia. [sic] ficar certo de que trabalhar por Santa Catarina é trabalhar pelo Brasil.[74]

Todos queriam uma camionete. Nem mesmo o aterrorizante cenário nazista apresentado pelo Diretor do IBEU convenceu a *BD* que era de fundamental importância a compra de uma camionete para o Estado catarinense. Após ter re-

---

74 Cf. *Memoradum C/118*, 23 de setembro de 1943. 05.2 (j) Exhibition Reports Correspondence Santa Catarina 1943 1. RG229, Box 1291. NARA II.

alizado reiterados pedidos, o escritório de Florianópolis foi orientado e continuar com o transporte por ônibus e trens.

Após ter um pedido de motocicleta e sidecar recusado, o comitê da Bahia adotou um meio de transporte 'mais convencional'. Tal como o escritório de Florianópolis, a regional baiana também teve um pedido para aquisição de transporte recusado, mas não era uma camionete, e sim uma motocicleta e sidecar. Na resposta, a *BD* informou que "nós somos uma organização governamental temporária de guerra, que não pode investir em equipamento permanente de transporte. Você pode imaginar o que poderia acontecer ao final da guerra se a CIAA autorizasse a compra, em todos os quinze comitês regionais, de automóveis e motocicletas".[75] A recusa levou o comitê baiano a procurar outras alternativas de transporte como cavalos e carroças. Para a *BD* a comparação da interiorização dos Estados da Bahia, Alagoas e Pernambuco, praticamente sem custos, oferecia uma perspectiva que contrastava demasiadamente com o Estado catarinense, já relativamente bem servido por uma infraestrutura viária e ferroviária. Se no sertão nordestino os comitês de Recife e Bahia realizavam o transporte de equipamentos e pessoal por meio de pequenos barcos, canoas, lombos de mulas – de cidade em cidade como no Vale do Rio São Francisco -,[76] nos arredores das maiores cidades baianas o transporte de equipamentos e pessoal era eminentemente feito por aluguel de burros e charretes renovados periodicamente.

A aquisição, que não resolvia completamente os problemas de transporte do comitê baiano, apresentava diversas limitações. A primeira delas era com relação a distância. Com a impossibilidade de as charretes percorrerem longos caminhos, o interior do Estado ainda necessitava de automóveis e outros meios, como canoas e mulas alugadas localmente. Outro problema dizia respeito ao cansaço dos animais utilizados nas charretes. Devido ao calor e ritmo intenso das exibições em Salvador e arredores, comumente esses animais caiam de exaustão nas ruas. Para evitar críticas a essas situações, em meados de 1944 o comitê de

---

75 Cf. *Memorandum Bai/123*, August 31, 1943. 05.2 (g) Exhibition reports correspondence, Bahia 1. RG229, Box 1290; NARA II.

76 Cf. *Memorandum BD/5087*, November 30, 1944. 0.5.2 (g) Exhibition Reports Correspondence, Bahia 4 1944. RG229, Box 1289; NARA II.

Salvador solicitou à *BD* a aquisição de mais uma charrete e três cavalos, de modo que uma ficasse responsável pelo período da manhã e as outras duas pelos períodos da tarde e noite, respectivamente.[77]

As saídas encontradas pela regional de Salvador eram apreciadas de tal maneira a ponto de a *BD* aconselhar o escritório de Recife a buscar as mesmas vantagens obtidas na Bahia para a expansão de seu programa de exibições pelo interior. No documento, a *BD* informou que a regional baiana havia conseguido por meio do Interventor Geral da Bahia e do Diretor da Secretária de Viação e Obras Pública transporte grátis para pessoal e equipamento por vias terrestres e fluviais. Além disso, era prática corrente solicitar aos prefeitos do interior que arcassem com as despesas de passagens, alimentação e estadia dos funcionários do *Office*, como "reciprocidade" aos esforços para a exibição de filmes. Segundo a *BD*, "essas solicitações nunca foram recusadas e, consequentemente, nos permite conduzir o nosso trabalho de forma menos custosa."[78]

As exibições no interior do país dependiam de um delicado equilíbro onde vicejavam inúmeras situações de cooperação espontânea por parte de pequenas municipalidades, mas também muitos atritos com autoridades locais. Nesse sentido, as projeções no interior do país ocasionalmente geravam denúncias de que estariam sendo cobrados ingressos para ver os filmes. Tidas pela *Brazilian Division* como um sério problema, já que deviam ser gratuitas, as cobranças ocorriam geralmente em pequenas localidades. Muitas vezes ao tomar conhecimento pelos seus próprios projecionistas, as regionais cancelavam imediatamente as exibições, como no caso do Ginásio da Bahia e no Colégio Israelita, ambos na Bahia.[79]

Como dito anteriormente, a *Brazilian Division* procurava aproveitar todas as oportunidades para que seus filmes fossem exibidos, e para o maior público possível, chegando a realizar sessões em "centers of vodoo activities". Possivelmen-

---

77 Cf. *Memorandum Rio/984*, June 9, 1944. 05.2 (g) Exhibition reports correspondence, Bahia 3, 1944. RG229, Box 1290. NARA II.

78 Cf. *Memorandum REC/89*, November 3, 1943. 05.2 (f) - Exhibition Reports - Recife - Correspondence – 1943. RG229, Box 1290; NARA II.

79 Cf. *Memorandum Rio/176*, August 19, 1943. 05.2 (g) Exhibition reports correspondence, Bahia 1. RG229, Box 1290; NARA II.

te o funcionário do Comitê baiano estava se referindo a um terreiro de candomblé, populares na periferia da capital baiana.[80]

Além dos terreiros, a regional do *Office* na Bahia inovou ao iniciar exibições regulares em cadeias e prisões de Salvador. As exibições feitas pelo Comitê Regional da Bahia na Penitenciária Estadual, em Salvador, eram realizadas quinzenalmente em 16mm e tinham, segundo aquele Comitê, "ampla repercussão na imprensa local".[81] Em outra penitenciária, desta vez em Maceió, no Estado de Alagoas, seu Diretor assim definiu a importância das exibições realizadas pelo comitê baiano:

> O cinema, o trabalho e, finalmente as distrações, sobretudo as de caráter educativo, têm alta significação para a regeneração do homem do cárcere, bem como para a sua readaptação ao meio social, porquanto a um só tempo, orienta e neutraliza os germes revolta, da inquietação, do nervosismo, da irritabilidade e da insubmissão, germes esses que prolificam assustadoramente. Junto aos que permanecem entre grades e muralhas (...). Nestas condições, esta administração, além de considerar, principalmente na época atual, o cinema como um dos grandes fatores para a difusão do progresso e da civilização, também por outro lado, afirma que a projeção levada a efeito, ontem, causou magnífica impressão entre os reclusos, donde concluo que aqueles momentos de satisfação, proporcionado aos detentos, seres afastados do convívio social, deveriam, se possível, realizar-se semanalmente.[82]

---

80 Cf. *Report of the Information Division*, January 20, 1945. Brazilian Coordination Committee – Minutes; n.115 to n.147. RG229, Box 1352. NARA II. O uso da palavra sugere mais uma problemática, já que o termo "voodoo", originário da língua Gege do Haiti (e da Casa das Minas, em São Luís do Maranhão), significa 'orixá'. Já na produção cinematográfica ficcional hollywoodiana 'voodoo' geralmente está atrelado a 'magia negra', bonequinhos espetados, etc. Importante ressaltar que o uso da palavra 'voodoo' na correspondência *interna* dos estadunidenses, sugere uma perspectiva fortemente atrelada à representações preconceituosas sobre culturas e rituais afro-americanos difundidas pelo cinema estadunidense. Agradecemos ao Professor José Gatti pela preciosa observação.

81 Cf. *Memorandum BD-No.4409*, September 8, 1944. Propaganda; RG229, Box 226; NARA II.

82 Cf. MEMORANDUM RIO/1326, October 27, 1944. 05.2 (g) Exhibition reports correspondence, Bahia 3, 1944. RG229, Box 1290. NARA II

O triunfo da persuasão

Foi o contínuo sucesso das exibições nos principais centros e estados brasileiros que fez com que no início de 1943 o *Office* expandisse as atividades da *Brazilian Division* relacionadas ao cinema. Se até então tais atividades estavam eminentemente circunscritas às capitais e cidades localizadas em seu entorno, e em parte voltadas para a conquista de personalidades da sociedade brasileira, no primeiro semestre de 1943 a *Brazilian Division* iniciou uma fascinante expansão rumo ao interior do país. A partir deste momento, as dificuldades que o *Office* já enfrentava nos grandes centros, relativas a logística, transporte, técnicos, equipamentos etc, cresceu sobremaneira.

Um povo triste é um povo vencido

Em diversas localidades pelo interior do Brasil em que o *Office* exibia seus filmes, cidades estavam assaz distantes das notícias sobre o restante do país, e do mundo. Além disso, em muitas situações a *BD* se deparou com diversos municípios em que populações inteiras jamais haviam visto uma luz elétrica, tampouco um filme.[83]

Em muitas cidades interioranas a chegada das equipes de projeção levava prefeitos a decretar feriados escolares e fechamento do comércio local; com frequência as exibições eram verdadeiras solenidades cívicas.[84] Em muitas localidades, contudo, não se podia exibir filmes durante o dia pela ausência de locais adequados e pela luminosidade impedir que os filmes fossem assistidos a céu aberto. Por essa razão, muitas vezes as exibições eram feitas ao cair da noite, geralmente em praças ou locais semelhantes. Se por um lado os comitês regionais alcançavam uma audiência maior, pois poderiam contar com pessoas que moravam nas cercanias e que durante o dia não chegariam a tempo de assistir os filmes, por outro não dispunham de muito tempo, posto que em muitas regiões as pessoas também costumavam dormir mais cedo, antes das 21h. Na cidade de São Raimundo

---

83 Cf. *Memorandum BAH/472*, June 27, 1944. 05.2 (g) Exhibition reports correspondence, Bahia 3, 1944. RG229, Box 1290. NARA II e *Memorandum BD-No.4733*, October 17, 1944. Reaction; RG229, Box 226; NARA II.

84 Cf. *Memorando For/251*, 4 de outubro de 1944. 05.2 (p) – Exhibition Report – Fortaleza, 2 -1944. RG229, Box 1293; NARA II.

Nonato, PI, as autoridades locais chegaram a desligar as luzes de todo o município para que os filmes do *Office* fossem assistidos na praça central de forma 'mais apropriada'.[85] Era, portanto, durante a noite que a 'mágica' do cinema costumava ocorrer nos confins do país.

Segundo um relatório de exibições realizadas em vilarejos localizados nas margens do Rio Solimões "o gerador [de energia elétrica] era um pequeno milagre aos seus olhos e que eles chamavam de 'aquele bicho'".[86] O isolamento de muitas cidades pelo interior do país chegava ao ponto de a imagem do Presidente Getúlio Vargas ser desconhecida. Quando a do Presidente estadunidense Franklin D. Roosevelt era distribuída durante as exibições, muitos acreditavam tratar-se de Vargas.[87] O *Office* foi a muitos lugares onde o DIP ou DEIPs jamais haviam estado.

O sucesso das exibições estava relacionado também aos avanços das tropas aliadas no *front* europeu e no pacífico. Quando as equipes de projeção exibiam os seus filmes, não era incomum as sessões serem realizadas em homenagem a conquistas recém obtidas. Assim, para além da força do entretenimento aliado à informação e a propaganda de tais exibições, havia ainda um sentimento de patriotismo e participação em uma importante causa compartilhada pelos Estados Unidos e Brasil. Logo após a invasão da Normandia pelos Aliados, no dia 6 de junho de 1944, o clima de euforia nas exibições pelo interior do Brasil foi relatado à sede da *Brazilian Division* no Rio de Janeiro por diferentes comitês regionais. Em algumas localidades as notícias pela imprensa e rádio sobre a imensa operação militar, também conhecida como 'Dia D', antecederam a chegada dos projecionistas. Assim, a associação entre as exibições e a 'libertação da Europa' tornou as sessões ainda mais impactantes.[88]

---

85 Cf. *Report of the Information Division*, January 6, 1945. Brazilian Coordination Committee – Minutes; n.115 to n.147. RG229, Box 1352. NARA II.

86 Cf. *Memorandum from Forrest N. Daggett to U. G. Keener*, November 28, 1944. 05.2 (N) Exhibition reports – Manaus – Correspondence. RG229, Box 1293. NARA II.

87 Cf. *Memorandum Rio/952*, May 18, 1944. 05.2 (g) Exhibition reports correspondence, Bahia 3, 1944. RG229, Box 1290. NARA II.

88 Cf. *Report of the Information Division*, June 24, 1944. Brazilian Coordination Committee – Minutes; n.115 to n.147. RG229, Box 1352. NARA II.

O triunfo da persuasão

Os relatos dos projetistas, cartas de autoridades e pesquisas de opinião tomadas durante e após as exibições por vezes são comoventes e, em outras, bastante divertidas.

Distante apenas duas horas e meia de trem de Salvador, na pequena cidade de Catú, muitos moradores jamais haviam experimentado uma sessão de cinema. Na primeira exibição promovida pelo comitê baiano houve espanto e perplexidade: "pode parecer inacreditável, quando a caixa de som começou a tocar algumas pessoas ficaram assustadas e começaram a correr, enquanto outras acharam que o projecionista era algum tipo de mágico".[89] De acordo com um dos projecionistas que também atuava em Pernambuco "quase sempre o nosso público do interior do Estado é composto por gente pobre, desprovida de instrução e a que chamamos de 'matutos'. O nosso cinema para tal gente é de ótimo efeito". Ainda segundo o projecionista

> Um detalhe interessante ocorrido em várias ocasiões foi o das fotografias. Não há lâmpadas automáticas para as fotografias aqui. Faz-se isso com magnésio. Durante a projeção, quando o fotógrafo batia uma chapa de magnésio a assistência quase sempre se movimentava em retirada, voltando depois, uma vez constatado ser inofensivo o magnésio e o seu tiro luminoso.[90]

O fascínio, espanto e até mesmo temor de pessoas diante da primeira experiência com o cinema é algo já bem tratado pela literatura sobre recepção cinematográfica e parte integrante do anedotário da História do Cinema. O primeiro impacto ensejado por aparatos intimamente identificados com a 'modernidade', com sua capacidade de projetar luzes brilhantes, sucessão de imagens e sons foi algo sem paralelo na vida de muitos indivíduos, especialmente quando já adultos.

Nesse aspecto, as exibições na região amazônica estavam entre as que mais impressionavam os técnicos do *Office*. Audiências que ao ver desenhos animados pela primeira vez ou não os entendiam ou acreditavam se tratar de 'pessoas reais',

---

89 Cf. *Memorandum Rio/465*, September 30, 1943. 05.2 (g) Exhibition reports correspondence, Bahia 1943, 2. RG229, Box 1290. NARA II.

90 Cf. *Memorandum Rio/334*, 4 de Novembro de 1944. 05.2 (g) Exhibition reports correspondence, Recife 1944 - 2. RG229, Box 1289. NARA II.

e outras que desmaiavam ao ver cenas de guerra ou batalhas, estão presentes em relatórios que geravam um misto de surpresa e incompreensão nos projecionistas: "É difícil para nós acreditarmos nessas coisas, mas após viajar pelo interior você descobre o quão infantis essas pessoas realmente são".[91]

A infantilidade atribuída às pessoas que não compreenderam os desenhos animados é um exemplo característico de uma 'zona de contato' em que constantemente ocorriam desencontros quanto ao que era considerado intrínseco à modernidade por alguns, mas que era entendido em termos diferentes por outros. O desentendimento se dava pelo contato entre pessoas que tinham noções diferentes não apenas sobre imagem, ficção e realidade, mas também com relação ao mundo social em que estavam inseridas.

A heterogeneidade de significados que despontava diante da exibição de filmes nos mais distantes recantos do país remete diretamente a regras e normas não compartilhadas universalmente. A interação entre diferentes formas de percepção da realidade nessa 'zona de contato' demonstra não apenas a dificuldade na compreensão da alteridade pelos indivíduos daquele contexto, mas também o fascínio que os responsáveis por informar, tinham sobre os que deveriam comprender.

O teor de tais relatórios estava entre os mais apreciados pelo *Office*. A busca pelo exotismo e o inusitado de tais encontros revelam uma face que vai além da diplomacia interamericana; estava também calcada no deslumbramento diante de uma alteridade considerada intocada, virgem, quase selvagem, à espera de uma modernidade redentora que chegaria invariavelmente por intermédio do 'primeiro contato com a civilização', isto é, o cinema ou a propaganda estadunidense. No pequeno município de Acioli-ES, um morador teria ficado tão impressionado com as projeções na parede de sua casa a ponto de, após o cinejornal terminar, correr para averiguar se as cenas de um bombardeio na Itália não haviam perfurado as paredes de sua residência.[92] Em uma cidade no interior de Minas Gerais, diante

---

91 Cf. *Memorandum from Forrest N. Daggett to U. G. Keener*, November 28, 1944. 05.2 (N) Exhibition reports – Manaus – Correspondence. RG229, Box 1293. NARA II.

92 Cf. *Report of the Information Division*, February 26, 1944. Brazilian Coordination Committee – Minutes; n.81 to n.114. RG229, Box 1351. NARA II.

O triunfo da persuasão

de cenas de *We Refuse to Die* (1942) um homem teria ficado tão nervoso com imagens de Adolf Hitler que teria sacado seu revolver e atirado três vezes na tela.[93]

Os relatos eram abundantes. Desconfiados, muitos "matutos" procuravam ficar distantes das telas de exibição por acreditarem que, ou algum dano as imagens poderiam lhes causar, ou algum pagamento poderia lhes ser cobrado. Para evitar ambas situações os projecionistas eram orientados a realizar por meio de um microfone um 'prólogo' antes das exibições onde tudo seria explicado, de forma a tranquilizar a audiência.[94] De todo modo, os relatórios apontam que as pessoas mais simples recebiam os filmes com menos resistência do que nas classes sociais mais altas: "há pessoas que o aceitam de bom grado. Outras desconfiam e falam mal. As incompreensões partem quase sempre do pessoal melhor. O povo aceita satisfeito".[95] De acordo com a *Brazilian Division* nos Estados de Alagoas, Ceará, Paraíba e Pernambuco, a maioria das pessoas eram pobres e analfabetas, por tal razão "os programas de cinema têm um efeito esplêndido nelas".[96]

Para além dos preconceitos expressados nos relatórios da *BD* – uma vez que não há na documentação um maior detalhamento de como o cinema impactava diferentes classes sociais -, há que se considerar ainda que um ingresso custava aproximadamente 50 cruzeiros, isto é, cerca de 13% do salário mínimo vigente em 1943,[97] deixando um amplo contingente populacional sem acesso aos cinemas. O sentimento diante da impossibilidade de pagar ingressos e da oportunidade oferecida pelas exibições do *Office* foi bem delineado em uma matéria, possivelmente elaborada pelo comitê baiano, de um jornal soteropolitano em 1943. Ansiosos por divertimento,

---

93 Cf. *Report of the Information Division*, February 26, 1944. Brazilian Coordination Committee – Minutes; n.81 to n.114. RG229, Box 1351. NARA II.

94 Cf. *Memorandum REC/276*, October 30, 1944. 05.2 (g) Exhibition reports correspondence, Recife 1944 - 2. RG229, Box 1289. NARA II.

95 Cf. *Memorandum Rio/269*, September 18, 1944. 05.2 (g) Exhibition reports correspondence, Recife 1944 - 2. RG229, Box 1289. NARA II.

96 Cf. *Report of the Information Division*, November 25, 1944. Brazilian Coordination Committee – Minutes; n.115 to n.147. RG229, Box 1352. NARA II.

97 Cf. Decreto-Lei nº 5.977, de 10 de novembro de 1943. *Diário Oficial da União* - Seção 1 - 22/11/1943, Página 17073.

o povo que trabalha, o povo que sofre, precisa de divertimento tanto como a máquina necessita de descanso e lubrificação para manter eficiência. Sem o repouso físico, alternado ao trabalho o corpo gasta-se e se abate. Sem as diversões que proporcionam o repouso mental, o homem se torna mal-humorado, triste e pessimista, fraquejando fatalmente nos seus empreendimentos. Um povo triste é um povo vencido.[98]

Os saborosos relatos elaborados pelos projecionistas em suas viagens pelo sertão nordestino advinham de solicitações expressas de Washington, DC quanto ao seu conteúdo. Os funcionários do *Office* ansiavam por relatos sobre o "lado humano das exibições", ou seja, como as pessoas se comportavam diante dos filmes. Desejavam saber qual era a reação da população já no desembarque do trem, navio ou canoa. E mais: também queria saber quem frequentava as exibições, como estavam vestidas e como reagiam ao ver filmes pela primeira vez em suas vidas.[99]

Outro tipo de material constantemente solicitado eram fotografias das exibições. No entanto, a baixa qualidade do material fotografado pelos projecionistas e seus auxiliares é um tema frequente na documentação. A razão para que o *Office* se preocupasse com a qualidade do material enviado dizia respeito a utilização dessas imagens para aferição das atividades desenvolvidas e também na divulgação dos trabalhos das regionais em jornais e revistas estadunidenses, como a *Em Guarda*. Importante ressaltar que esse tipo de fotografia (elaborada sem os filtros institucionais provenientes de instituições como o DIP e DEIPs ou mesmo o *Office*) escapava aos 'protocolos oficiais' a que fotográfos profissionais como Genevieve Naylor, G. E. Kidder Smith ou Alan Fisher estavam submetidos ao trabalhar para o *Office* no Brasil.[100]

---

98 Cf. Um povo triste é um povo vencido. Jornal *A Tarde* (Salvador), 30 de dezembro de 1943, p.7.

99 Cf. *Memorandum Rec/227*, August 26, 1944. 05.2 (g) Exhibition reports correspondence, Recife 1944 - 2. RG229, Box 1289. NARA II.

100 Vide: MAUAD, Ana Maria. Genevieve Naylor, fotógrafa: impressões de viagem (Brasil, 1941-1942). In: *Revista Brasileira de História*, vol.25, n.49. São Paulo Jan/Jun, 2005.

Se as fotografias não agradavam por geralmente estarem fora de foco ou apresentarem enquadramentos ruins, as solicitações de relatos *in loco* eram atendidas mediante narrativas repletas de situações pitorescas e inusitadas. Por meio delas, pode-se vislumbrar como as equipes atuavam no interior, parando em qualquer lugar onde houvesse público, fosse em meio a multidões que trabalhassem em estradas de rodagem no sertão pernambucano ou em meio a trabalhadores rurais em fazendas de café. A atividade era extremamente popular, mesmo nas regiões mais distantes das capitais "onde já chegou um pouco da peçonha nazista".[101]

Também chamado de 'Amélia', o cinema estadunidense gratuito era um estrondoso sucesso no sertão nordestino. A alcunha vinha da canção "Ai que Saudades da Amélia", escrita por Mário Lago e musicada por Ataulfo Alves. A música lançada em janeiro de 1942 simbolizaria, segundo Lago, "a companheira ideal, que luta ao lado do marido, vivendo de acordo com suas possibilidades, sem exigir o que ele não pode dar".[102] Assim, conforme o relato de um projecionista do comitê de Recife, "a correlação entre o nosso cinema e 'Amélia', encontra-se no fato de ser o cinema gratuito o protótipo da bondade e do altruísmo".[103]

Talvez tenha sido por esta razão que o padre do munícipio de Custódia-PE solicitou a um dos projecionistas da *Brazilian Division* ajuda monetária para a reforma de sua Igreja. No entanto, "depois de alguma discussão sobre o assunto, resolveu-se dar uma projeção em benefício da Igreja". Foi assim que o padre conseguiu construir a torre da referida Igreja e, deste modo, "ficou naquela cidade do sertão um arco da passagem do nosso cinema cem por cento gratuito".[104]

Tal popularidade dava aos projecionistas um importante *status*, afinal, não eram apenas os homens que sabiam operar as fabulosas engenhocas que emitiam

---

101 Cf. *Memorandum Rio/269*, September 18, 1944. 05.2 (g) Exhibition reports correspondence, Recife 1944 - 2. RG229, Box 1289. NARA II.

102 Cf. LAGO, Mário apud BELÉM, Euler F. *O Centenário de Ataulfo Alves*. In: *Revista Bula*. http://acervo.revistabula.com/posts/livros/o-centenario-de-ataulfo-alves Acesso em 25 de janeiro de 2015.

103 Cf. *Memorandum Rio/269*, September 18, 1944. 05.2 (g) Exhibition reports correspondence, Recife 1944 - 2. RG229, Box 1289. NARA II.

104 Cf. *Memorandum Rio/269*, September 18, 1944. 05.2 (g) Exhibition reports correspondence, Recife 1944 - 2. RG229, Box 1289. NARA II.

imagens em movimento e sons. Eram também recebidos como autoridades, representantes tanto do governo estadunidense quanto do brasileiro, o que facilitava enormemente sua movimentação pelo interior dos Estados brasileiros. Ao chegar nas cidades, os projecionistas da *Brazilian Division* geralmente tinham consigo uma carta de apresentação do *Office* e outra do Departamento de Imprensa e Propaganda – DIP.[105]

Assim, talvez seja possível diferenciar o aspecto que atraía maior interesse das autoridades locais e da população. Enquanto a vinculação dos projecionistas com o governo estadunidense – e com as autoridades federais e estaduais que frequentemente facilitavam os trabalhos da *Brazilian Division* - era o fator mais valorizado pelos primeiros, para a população interessavam mais os filmes que poderiam assistir gratuitamente.

As cartas e memorandos enviados aos comitês após as exibições denotam um inequívoco sentimento de satisfação e agradecimento. Também revelam a força do cinema estadunidense em convencer políticos, militares, brasileiros de centros urbanos e igualmente sertanejos pelo interior do Brasil quanto ao papel desempenhado pelos Estados Unidos durante o conflito mundial deflagrado na Europa e disseminado por quase todo o planeta.

De diversas formas as exibições forneciam uma narrativa múltipla e coerente sobre os últimos acontecimentos envolvendo as forças aliadas, com forte destaque para os Estados Unidos, no seu embate com a 'vilania nazista' e a 'perfídia japonesa'. O modo de vida estadunidense chegava na mesma esteira que a importância da luta contra um inimigo que poderia destruir as nações ocidentais e os valores basilares em que estariam apoiadas: família, liberdade e individualidade. Em outras palavras, a crença em valores identificados com um ideal de democracia estritamente conectado aos interesses dos Estados Unidos.

Os cumprimentos de autoridades chegavam a todo momento: José Romão dos Montes, Diretor do Orfanato São Domingos, em Maceió, assim exortava as exibições: "anima, retempera, desógrila o animo do menino, instruindo a um tempo e fazendo-o conhecedor de novas coisas. É um veículo animador de educação,

---

105 Cf. *Memorando para William W. Murray de Israel Souto*, 26 de abril de 1942. Propaganda; RG229, Box 226. NARA II.

aprimorando-a e difundindo-a". O Reitor Adelmo Machado após uma exibição no Seminário de Maceió afirmou que "foram umas horas de são patriotismo e lição de amor a liberdade". Josué Junior, prefeito de Manguaba, AL, também elogiou as exibições em seu munícipio, dizendo que "o método pedagógico americano, que realiza de maneira objetiva e simples a educação das populações estadunidenses, encontrou no cinema falado um dos auxiliares do seu inconteste êxito". A exibição realizada pelo projecionista do comitê da Bahia, segundo o prefeito "moço de fina educação", era "a moderna maneira de ensinar". O Padre João de Barros Pinho exaltou a presença "da juventude operária católica de Maceió" durante as exibições, colaborando assim com a "grandiosa obra de educação patriótica". José Aguiar Filho, Auxiliar do DEIP de Aracajú, saudou "o testemunho inequívoco das barbaridades nazistas as quais, viemos repelindo a altura de uma união, sobrepujando com a comunicação de restituirmos ao mundo, uma lição inexpugnável". Elogios aos Estados Unidos não faltaram nos comentários do 1º Tenente Pedro Alcântara da Silva, para quem os filmes transmitiam "a grandeza moral, intelectual e artísticas da grande nação amiga". Já José Alencar Cardoso Diretor da Escola Normal Rui Barbosa, após ver os filmes, compreendeu que a humanidade estava sendo atingida por "nações que perderam o sentimento de piedade e amor para os seus semelhantes". O Diretor da Escola Técnica de Comércio de Sergipe, João de Araújo Monteiro enfatizou "o alto sentido que se deve dar a tão patriótica finalidade do grande povo americano, procurando dessa forma, consolidar cada vez mais a tradicional amizade das duas grandes nações deste Hemisfério: América do Norte e Brasil". [106] O prefeito de Cachoeira, BA, Augusto Leciague Regis, apontou que "é de inteira justiça ressalvar o grande interesse que vem despertando as projeções ao ar livre (...), sobre a Guerra que ora ensanguenta o Universo, demonstrando o esforço desenvolvido pelas Nações Aliadas para reinterar [sic] a Humanidade nos dias de paz a que tem direito, liberando-a da tirania nazi-fascista." O Major Oscar Sá, Prefeito de Maracás, BA asseverou que "os povos americanos, amantes da Liberdade e da Justiça, pioneiros do respeito mútuo entre as nações" seriam imensamente beneficiados pela aproximação entre as Repúblicas Americanas no

---

106 Cf. *Memorandum Rio/1326*, October 27, 1944. 05.2 (g) Exhibition reports correspondence, Bahia 3, 1944. RG229, Box 1290. NARA II.

pós-guerra.[107] Outro inflamado posicionamento veio da Professora Alice Cairo, de Santarém, BA: "num dever de patriotismo à causa das Nações Unidas que ora se debatem para o aniquilamento do nefasto Nazi-Nipo-Fascismo e consequente vitória final" a professora cumprimentou os esforços do *Office* "na difusão eficiente do poderio bélico norte-americano, revelado através de apreciadíssimas exibições cinematográficas".[108]

Em diversas situações a popularidade granjeada pelos projecionistas gerava toda sorte de benefícios e favores. Em outras, suas incursões no sertão nordestino eram descritas como "verdadeiras aventuras". Por vezes tinham que dormir a céu aberto, devido a precariedade das localidades em que exibiam os filmes,[109] ou atravessar rios com os equipamentos e filmes em suas cabeças, que sabidamente continham "piranhas, os perigosos peixes comedores de gente".[110]

Eventualmente, no entanto, os projecionistas enfrentavam algumas situações ainda mais 'difíceis': "Em Serra Talhada os nossos operadores tiveram situações um pouco 'apertadas', quando foram forçados a tomar parte em vários festejos 'comemorativos', em que a cachaça entrava como elemento principal. Quase chegaram a ficar 'groggies', conseguindo safar-se, depois de muito custo, da insistência dos 'amigos'".[111] Pouco importa, aqui, se os projecionistas apreciaram as cachaças ou não. Mais relevantes nos relatos são as sucessivas tentativas de agradecimento por parte dos habitantes e autoridades locais por algo que consideravam 'bondoso e gratuito'.

Situação semelhante ocorreu na cidade de Montenegro, no Rio Grande do Sul. Ao terminar as exibições a equipe de projeção foi 'obrigada' a continuar mos-

---

107 Cf. *Relatório da Excursão a Sergipe e Maceió*, Outubro de 1944. 05.2 (g) Exhibition reports correspondence, Bahia 3, 1944. RG229, Box 1290. NARA II.

108 Cf. *Memorandum Rio/1040*, July 7, 1944. 05.2 (g) Exhibition reports correspondence, Bahia 3, 1944. RG229, Box 1290. NARA II.

109 Cf. *Memorandum Rio/240*, August 23, 1944. 05.2 (g) Exhibition reports correspondence, Recife 1944 - 2. RG229, Box 1289. NARA II.

110 Cf. *Report of the Information Division*, November 11, 1944. Brazilian Coordination Committee – Minutes; n.115 to n.147. RG229, Box 1352. NARA II.

111 Cf. *Memorandum Rio/269*, September 18, 1944. 05.2 (g) Exhibition reports correspondence, Recife 1944 - 2. RG229, Box 1289. NARA II.

trando seus filmes sob o risco de "ser expulsa da cidade". Ao descrever o incidente para a sede da *Brazilian Division*, o *chairman do* comitê de Porto Alegre, Lindy Millender - como era chamado na comunicação interna da *BD* -, contemporizou a situação apelando para a origem de U.G. Keener, um *oklahoman*. Millender, que era texano, lembrou ao seu superior, e com alguma intimidade, o quanto as pessoas no Texas e Oklahoma gostavam de "filmes e arrasta-pés" que "iniciavam no sábado a tarde e só terminavam no domingo de manhã". Segundo Millender o mesmo ocorria no Rio Grande do Sul com as "boas e honestas pessoas do interior". A releitura da situação a partir de experiências de seu país de origem levou a Millender perceber que o longo tempo voltado para o trabalho e sem nenhum lazer levava o público a um genuíno desejo de aproveitar cada segundo quando tinham uma oportunidade de um bom entretenimento, especialmente se fosse gratuito.[112]

Sendo responsável pelos estados da Bahia, Sergipe e Pernambuco, o comitê baiano atuava em uma das maiores extensões territoriais.[113] Com três equipes de projecionistas trabalhando no interior, uma no Sul do Estado da Bahia, outra no Centro-Oeste e outra no Vale do Rio São Francisco o comitê da Bahia era pródigo em apresentar relatórios repletos de situações inusitadas.[114] Os relatos vindos daquele comitê impressionavam pela eficiência de seus funcionários, pelo bom humor e pelo exotismo das experiências relatadas. O Brasil que ia surgindo dos sucessivos relatórios enviados para o Rio de Janeiro mostrava um país singular e fascinante, a despeito de sua miséria social e praticamente nenhuma infraestrutura fora das capitais. Foi esse país que apareceu representado em um diário de viagem enviado para o Rio de Janeiro e posteriormente para Washington, DC, por um de seus projecionistas, no final de 1943:

> Nós finalmente estamos na direção do fabuloso Vale do Rio São Francisco. O velho trem azul e amarelo, escondido sobre uma nova cama-

---

112 Cf. *Memorandum from J.E. Millender to U.G. Keener*, April 19, 1943. 05.2 (h) Exhibition Reports Correspondence Porto Alegre 1943 1; RG229, Box 1291; NARA II.

113 Cf. *Memorandum Rio/1009*, June 16, 1944. 05.2 (g) Exhibition reports correspondence, Bahia 3, 1944. RG229, Box 1290. NARA II.

114 Cf. *Memorandum Rio/1014*, June 16, 1944. 05.2 (g) Exhibition reports correspondence, Bahia 3, 1944. RG229, Box 1290. NARA II.

da de tinta tece o seu caminho por vastos espaços dotados de escassas cidades. Nas estações de trem, passageiros e passantes contemplam uns aos outros com um interesse incomum, enquanto uma multidão de vendedores pisando uns nos pés dos outros tentam garantir a qualidade das suas preciosas mercadorias, metade cobertos de vermes ou moscas. A cena é quase a mesma, se repetindo a cada parada. A escuridão chega cedo, cobrindo a natureza com uma sombra de mistério (...). Com os olhos cansados, quase fechados pela poeira, você começa a prestar atenção nas pessoas no trem: uma multidão engraçada; pessoas de todos os tamanhos, formatos e cores (...). A fraca iluminação no vagão lança uma estranha luz amarela na face de todos, dando uma cor pastosa. Você jamais vai saber o que é um trem lotado pelo interior da Bahia até você viajar em um. Isso requer paciência e um bocado de indiferença se você quiser sobreviver a viagem. O cheiro dos corpos de um monte de gente se apertando é um continuo desconforto, pois há pessoas de todos os tipos, a maioria trabalhadores de fazendas, vaqueiros e as suas enormes famílias (...). De repente, de modo inesperado, um longo som de aço sendo retorcido, no que eu pensei ser o mundo caindo sobre minha cabeça (...). O trem descarrilhou e tudo e todos ficaram em desordem e pânico (...). Como um pai que acabou de se perder de seu filho eu corri para o primeiro vagão onde estavam os filmes, equipamentos e os vários pacotes de material de propaganda que haviam sido acomodados em Salvador com todo o cuidado. Com um suspiro de alívio, eu encontrei tudo em ordem. Em algumas horas nós vamos estar em Bomfim, onde o meu trabalho vai começar. Posso até antecipar as boas vindas que a multidão me dará na chegada (...). O show precisa continuar, como diz o ditado de todo ator e palhaço que precisa deixar os outros contentes e felizes, enquanto o seu coração está partido. Com isso em mente, me sentindo cansado, mas um pouco como um herói, eu solenemente animo o comitê de boas vindas liderado por influentes pessoas da localidade (...). Nessa mesma noite o show deve continuar.[115]

---

115 Cf. *Memorandum Rio/994*, June 12, 1944. 05.2 (g) Exhibition reports correspondence, Bahia 3, 1944. RG229, Box 1290. NARA II.

Para além do tom melancólico e das licenças poéticas utilizadas pelo projecionista, o diário sugere em alguma medida os desafios e obstáculos comumente enfrentados pelos funcionários da *Brazilian Division* na interiorização das exibições pelo país.

Outro indicativo da eficiência obtida pelo comitê baiano ocorreu em junho de 1944, por ocasião da invasão da Europa pelas forças aliadas. No dia 6 de junho de 1944, a Batalha da Normandia foi considerada um ponto de virada na guerra, e amplamente divulgada pela imprensa brasileira. Ao abrir o escritório pela manhã, em Salvador, os funcionários do comitê teriam se surpreendido com cerca de cinquenta lojistas requisitando material de propaganda para uso nas vitrines de suas lojas. A situação foi considerada inusitada pelo comitê baiano, diante dos pedidos de bandeiras estadunidenses, pôsteres, fotos do Presidente Franklin D. Roosevelt e do *Premier* Britânico Winston Churchill. Ao longo do dia, a aglomeração de pessoas chegou a ser tamanha que o escritório decidiu desligar o elevador do prédio, de modo a desencorajar a entrada das pessoas no edifício e pôs três garotos em frente ao prédio para que distribuíssem material de propaganda. Ao final do dia, a multidão havia deixado "um dos garotos sem a gravata e com a manga da camisa rasgada".[116]

Como pode-se esperar desse tipo de documentação, havia um filtro nas informações antes de serem repassadas aos Estados Unidos. O cruzamento de fontes entre as regionais e a *BD*, e a *BD* e o *Office* demonstrou que nem todas as informações colhidas eram enviadas ao *Office* pela *Brazilian Division*. Antes de serem transmitidas para os Estados Unidos as informações passavam por uma revisão na sede da *Brazilian Division* de modo a apurar eventuais inconsistências nos dados e evitar que informações 'indesejáveis' chegassem aos seus superiores. As pesquisas de opinião são um bom exemplo da 'limpeza' que deveria ser realizada. Acreditavam que algumas críticas, se tomadas muito seriamente ou literalmente

---

116 Cf. *Memorandum Rio/988*, June 9, 1944. 05.2 (g) Exhibition reports correspondence, Bahia 3 1944. RG229, Box 1290. NARA II.

poderiam por em dúvida os trabalhos no Brasil, tanto pelo *Office*, quanto pelos produtores estadunidenses.[117]

Podemos inferir, no entanto, que a referida 'limpeza' nas informações também servia para que não colocassem em dúvida a eficiência e empenho dos funcionários no Brasil. As críticas demasiadamente duras quanto aos filmes eram vistas como injustas, precisamente no momento em que os estadunidenses estariam se esforçando mais para levar entretenimento aos brasileiros e se empenhando no bom entendimento entre ambos os países. Tais críticas não costumavam chegar aos Estados Unidos e, como veremos a seguir, por bons motivos.

Não é certo imitar os métodos do inimigo

A entrada do Brasil na II Guerra Mundial, em agosto de 1942, se deu as vésperas da comemoração do Dia da Independência, em 07 de setembro. Aproveitando o clima patriótico causado pela Declaração de Guerra aos países do Eixo e a data comemorativa a *Brazilian Division* preparou uma série de exibições por todo o país voltadas exclusivamente para os militares: "Naturalmente, nós queremos capitalizar enquanto o povo está nesse clima beligerante contra os Nazistas, mostrando nossos filmes de guerra para os soldados antes que retornem para os quartéis".[118] A atuação da *BD* para atenuar ou mesmo neutralizar a influência germânica passava pela intensa exibição de material pró-estadunidense ou que contivessem uma explícita denúncia das atrocidades de guerra cometidas pelos alemães em setores chave da sociedade brasileira, ou onde a seção brasileira notasse alguma simpatia pelos países do Eixo.[119]

Não por acaso, foi a partir da entrada do Brasil na Guerra que a seção brasileira passou a receber mais solicitações por filmes anti-alemães. Para a *BD* era preciso acelerar a disseminação de "filmes ideológicos" no Brasil que mostrassem a crueldade e o desdém dos alemães para com a vida e os valores humanos, espe-

---

117 Cf. *Memorandum São/700*, December 31, 1943. 05.2 (e) Exhibition reports correpondence (São Paulo) 4. RG229, Box 1289; NARA II.

118 Cf. *Memorandum Co-No.1809*, September 4, 1942. 05.2 (c1) Projection machines and acessories 1, Box 1287; NARA II.

119 Cf. *Memorandum BF.No.7500*, July 27, 1945. Propaganda; RG229, Box 226; NARA II.

cialmente porque, embora o Brasil estivesse em guerra, "ainda existe um grande número de quinta-colunistas e seguidores simpatizantes da proibida Organização dos Camisas Verdes".[120]

Se a 'Organização dos Camisas Verdes' era uma referência direta ao Movimento Integralista, os chamados 'quinta-colunistas', seriam aqueles responsáveis pela retaguarda fascista no contexto da Guerra Civil Espanhola. Muitas vezes utilizados como sinônimos, integralistas e quinta-colunistas estavam, invariavelmente, identificados com movimentos fascistas e atividades como espionagem, sabotagem e propaganda. A *MPD* respondeu à solicitação da seção brasileira por "filmes fortemente anti-nazistas" informando que em breve duas produções seriam enviadas para a *BD*: *Der Füehrer's Face* (1942) e *Education for Death* (1943).[121] Produzidos por Walt Disney, os dois desenhos animados estavam entre os mais populares, e portanto efetivos, dentre as produções veiculadas pelo *Office* nas Repúblicas Americanas.

Diversas localidades mereceram atenção no tocante a atividades pró-alemãs, dentre elas Itajubá-MG, Curitiba-PR e Maracás-BA. Nas três cidades, os "filmes ideológicos" estadunidenses tinham uma importante missão a ser cumprida.

Em Itajubá, uma pequena cidade localizada no Sul de Minas Gerais e cidade natal do jurista Miguel Reale, notório militante da Ação Integralista Brasileira – AIB, a *BD* encontrou um cenário de início pouco favorável à propaganda estadunidense. Segundo um relatório elaborado por um dos técnicos da regional de Belo Horizonte, Itajubá mereceria uma "atenção especial não só por ter sido uma cidade adiantada e próspera como também por ter sido há tempos atrás 80% integralista-nazista". A influência indesejada se deu, segundo o documento, por meio da instalação da primeira fábrica da Krupp no Brasil, já naquele momento conhecida por seu colaboracionismo com o regime Nazista. Além de fabricar sabres e canos de fuzil, a empresa alemã teria construído "uma cidade dentro de Itajubá", com grandes galpões de cimento armado "com todos os requisitos modernos da nova engenharia". Teriam construído também "uma grande praça de esporte, cine-

---

120 Cf. *Memorandum BD-No.196*, February 1, 1943. Propaganda; RG229, Box 226; NARA II.

121 Cf. *Memorandum BF-2533*, March 2, 1943. Propaganda; RG229, Box 226; NARA II.

ma e dotaram de todo o conforto. Para piorar o cenário, "empregaram milhares de homens com salários acima do nível que comumente percebiam e outras regalias até então desconhecidas". A ação da nefasta associação entre alemães e quinta-colunistas na cidade teria sido interrompida apenas com "o golpe do Chefe da Nação extinguindo a ação integralista", em 1937. No entanto, de acordo com o técnico, a ideologia nazista-integralista teria assentado raízes na cidade, não por meio da melhoria das condições de vida da população, por "um processo de propaganda empregado" por filmes pró-alemães, convencendo o "o homem do interior" acerca da superiodade alemã. O cinema "puramente educacional" estadunidense era visto, naturalmente, como o melhor antídoto para a pérfida propaganda nazista.[122]

Com relação ao acompanhamento de atividades pró-alemãs, o comitê de Curitiba foi bastante incisivo com a comunidade alemã local, chegando a telefonar frequentemente para famílias e empresas cujos proprietários fossem de ascendência alemã para 'convidá-los' a comparecer nas exibições de filmes antinazistas.[123] O comitê de Curitiba não interpretava os 'convites' como um constrangimento ou imposição em virtude de suas solicitações serem sempre atendidas.

O comitê da Bahia foi ainda mais longe no tocante a exibições 'indesejadas'. Acusados e presos por espionagem, um grupo de alemães estaria chamando muita atenção dos moradores das cercanias da cidade de Maracás-BA, que afluíam em grandes quantidades para 'observar' os presos trabalharem nas rodovias. Como de praxe, o comitê baiano viu naquela situação uma possibilidade de exibir seus filmes para um grande número de pessoas. Mas não apenas isso: o comitê se empenhou em conseguir permissão das autoridades locais para que os seus filmes de propaganda fossem também exibidos aos alemães aprisionados.

A exibição para os alemães deveria contar com a presença de um repórter e um fotógrafo, assim seriam capazes de "convencer editores de jornais que aquela

---

122 Cf. *Memorando de Moacyr Ramos*, 23 de julho de 1943. 05.2 K Film Exhibitions - Belo Horizonte – 1943 1. RG229, Box 1290. NARA II.

123 Cf. *Memorandum Rio/38*, August 2, 1943. 05.2 (i) Exhibition Reports Correspondence Curitiba Parana 1943. RG229, Box 1291. NARA II.

O triunfo da persuasão

149

era uma chance em um milhão de uma boa história para os seus leitores".[124] De acordo com Maria Helena Chaves Silva, alguns prisioneiros foram alojados em uma fazenda, denominada Boca do Mato, situada a cerca de 20 km da sede do município de Maracás, enquanto outros foram distribuídos em residências particulares espalhadas pela cidade. Dentre as dezesseis pessoas enviadas àquele município estavam Albrecht J. Dreyer, Albert C. Fehsenfeld, Friedrich Karl Gansberg, Wolfgang Gutmann, Joachim Heinz Adolf Hasse, Oswald H. Heidorn, Helmut Hans Hein, Karl Friedrich Horn, Willi Rosehahn, Gerhard Sturm, Wilhelm Wenck, Eduard Otto Witte e Fritz Thoele. De acordo com a autora 46 prisioneiros já haviam sido encaminhados anteriormente, perfazendo um total de 62.[125] Para o comitê da Bahia, seriam 62 importantes espectadores.

A região que gerava maior preocupação na *Brazilian Division* com respeito a influência alemã era o Vale do Itajaí, no Estado de Santa Catarina. Além das cidades presentes no Vale, como Brusque e Blumenau, outra situada mais ao norte do Estado era vista pela *BD* como a mais problemática: Joinville. De acordo com os relatórios do Escritório de Florianópolis, a reação da população catarinense aos seus filmes era boa, com exceção de cidades como Blumenau e, especialmente, Joinville. Os filmes geralmente eram vistos com indiferença em Joinville devido a forte influência de uma "Nova Ordem" na cidade.[126] Não há um detalhamento do que viria ser a 'Nova Ordem' mencionada na documentação. Ao que tudo indica, o termo estava relacionado a um clima de pró-germanismo e certa resistência das autoridades locais às investidas do Escritório de Florianópolis.

De todo modo, o Escritório de Florianópolis fora criado especialmente devido a influência alemã no Estado de Santa Catarina. Assim, exibir filmes de forma

---

124 Cf. *Memorandum Rio/1084*, July 25, 1944. 05.2 (i) Exhibition Reports Correspondence, Bahia 3, 1944. RG229, Box 1290. NARA II.

125 O impacto social das prisões e da permanência dos alemães no Estado da Bahia, em especial em Maracás foi eximiamente explorado pela autora. Vide: SILVA, Maria Helena Chaves. *Vivendo com o outro*: os Alemães na Bahia no periodo da II Guerra Mundial. Programa de Pós Graduação em História da Universidade Federal da Bahia. Tese de Doutorado. Salvador, 2007, p.175-6.

126 Cf. *Memorandum from I.M Ewbank to OCIAA*, October 20, 1943. 05.2 (j) Exhibition Reports Correspondence Santa Catarina 1943 1. RG229, Box 1291. NARA II.

sistemática em cidades como Brusque, Blumenau, Indaial e Joinville, bem como an-gariar simpatizantes e apoiadores a causa aliada era de fundamental importância.

A exibição dos filmes também se chocava com certa frequência com os in-teresses de autoridades locais. Na pequena cidade de Camaçari, BA, após ter au-torizado as exibições dos filmes de propaganda, o prefeito "mudou de idéia" e or-denou a desmontagem dos equipamentos que já estavam prontos para uma sessão em praça pública. A população, segundo o comitê baiano, teria ficado revoltada e marchado até a residência do Prefeito, que diante de uma multidão enfurecida, não teve saída senão autorizar a exibição. Após o incidente, o Prefeito teria con-fidenciado ao projecionista que "havia ficado satisfeito com o resultado e que era muito bom, afinal, conhecer os seus eleitores".[127]

Haviam ainda as autoridades que desejavam que os projecionistas perma-necessem no local por mais tempo do que pretendiam. Esse foi o caso, por exemplo, ocorrido na região conhecida como Sertão Central de Pernambuco, durante a cons-trução da estrada que liga as cidades de Parnamirim e Petrolina. Por meio de um ofício, o responsável pela construção da rodovia Tenente Coronel José Nogueira, in-formou ao comitê de Recife que o projecionista Enéas Gueiros havia chegado àquela localidade "conduzindo um aparelho cinematográfico onde exibiu várias sessões de filmes ao ar livre". Além disso, o Tenente Coronel informou que: "fica em meu poder o dito aparelho cinematográfico, trazido pelo Sr. Enéas, pois é meu desejo aumentar a divulgação de filmes". A sequência do documento deixava claro que o projecionista também deveria permanecer segundo a vontade do militar: "porei a [sic] disposição do vosso representante de propaganda um motor de energia elétrica a fim de que faça exibição na estrada de rodagem em construção".[128]

Além de todas as dificuldades envolvendo equipamentos, filmes, censura, pessoal e transporte, o delicado equilíbrio entre poderes tornava a tarefa de exibi-ção de filmes pelo *Office* nos estados brasileiros uma tarefa ainda mais complicada'. Como as exibições dependiam muito do apoio e boa vontade de interventores

---

127 Cf. *Report of Information Division*, March 3, 1945. Brazilian Coordination Committee – Minutes; n.81 to n.114. RG229, Box 1351. NARA II.

128 Cf. Ofício N.34, Agosto de 1944. Ministério da Guerra; 7ª Região Militar. 05.2 (g) Exhi-bition reports correspondence, Recife 1944 - 2. RG229, Box 1289. NARA II.

O triunfo da persuasão

e autoridades locais, muitos dos excessos cometidos por essas autoridades não estão explícitos na documentação. Ainda que os projecionistas gozassem de popularidade e certo prestígio no interior, estavam sob influência direta de mandos e desmandos locais, razão pelas quais evitavam explicitar esse tipo de conflito em seus relatórios.

Os conflitos surgem na documentação anexa aos relatórios, de modo a permitir que seus superiores tomassem conhecimento de eventos ocorridos, mas não evidenciados. Não interessava, por seu turno, aos comitês regionais e tampouco à sede da *BD*, no Rio de Janeiro, levar à frente conflitos enfrentados por seus projecionistas, em consonância com o *modus operandi* do *Office* nas Repúblicas Americanas. Sendo assim, situações de conflitos envolvendo diretamente os funcionários da *Brazilian Division* raramente aparecem na documentação analisada.

Já os relatos de problemas de interesse dos comitês regionais, sem o envolvimento direto desses funcionários são relativamente frequentes, como o ocorrido em Garanhuns-PE envolvendo a Estação de Rádio Antena e o seu proprietário Sebastião Gonçalves. Chegando a Garanhuns o projecionista se encontrou, como de costume, com a autoridade local, o Prefeito Celso Galvão. De modo a noticiar para toda a região a chegada da equipe de exibição, o prefeito deu uma autorização ao projecionista para que fosse até a rádio divulgar as sessões. O proprietário, no entanto, recusou-se a noticiar alegando não ter interesse no anúncio. Sabendo do ocorrido o Prefeito teria enviado seu secretário, mas em vão, o proprietário da estação de rádio manteve a negativa. Assim, "considerando-o um indivíduo com ideias nazistas ou, pelo menos, anti-aliadas, o Prefeito entregou o caso ao Delegado de Polícia, Major José Cavalcanti de Miranda, que obrigou o proprietário da Rádio Antena a anunciar". Em decorrência do comportamento do proprietário "fechou o sr. Prefeito a Rádio Antena por prazo indeterminado até que se apure o motivo da recusa do sr. Sebastião Gonçalves".[129]

Em outra situação, dessa vez ocorrida na cidade de Porto União – SC, as autoridades locais novamente estiveram envolvidas em polêmicas relacionadas as atividades da *BD*. Tendo exibido os filmes na cidade de União da Vitória-PR

---

129 Cf. *Memorandum Rio/204*, July 12, 1944. 05.2 (g) Exhibition reports correspondence, Recife 1944 - 2. RG229, Box 1289. NARA II.

com bastante sucesso junto a comunidade local, o Delegado de Polícia da cidade vizinha, no Estado de Santa Catarina, insistiu que os filmes também fossem lá exibidos. Ocorre que para garantir o êxito das exibições em Porto União-SC, a Delegacia daquela cidade foi mobilizada afim de realizar um 'convite' individualizado para algumas pessoas, especialmente as de ascendência alemã: se não comparecessem às exibições iriam para a cadeia. Muito embora a exibição realizada no "Clube Concórdia" após as ameaças tenha sido um absoluto sucesso de público, a *Brazilian Division* resolveu interromper as exibições na cidade, até que o Delegado deixasse de realizar os controversos 'convites'. Na opinião de U.G. Keener, Diretor de Informações da *BD*, "não é certo imitar os métodos dos nossos inimigos, forçando as pessoas a receber propaganda".[130]

Keener tinha plena razão, haviam meios muito mais eficientes de difundir a propaganda estadunidense pelo interior do Brasil.

Acordos como o uso da rede de ensino do Estado de São Paulo para a exibição sistemática de filmes de propaganda pró-estadunidense e anti-Eixo eram interpretados como uma medida de cooperação meramente educacional, mas extremamente eficiente. O "programa educacional visual" adotado no Estado de São Paulo foi tão bem recebido pelo *Office* que se tornou uma referência para que acordos semelhantes fossem firmados com outros Estados brasileiros.[131] O acordo, todavia, interessava o governo paulista devido aos altos índices de problemas de saúde pública na zona rural. As autoridades brasileiras esperavam que os filmes produzidos pelo *Office* desempenhassem um importante papel nesse campo.

Na comunicação interna, o responsável pela seção de filmes do comitê de São Paulo, Moacir N. Vasconcelos, reconhecia a diminuta quantidade de filmes "realmente educacionais". O teor do documento é bastante incomum devido a franqueza com que o funcionário expôs as suas apreensões. Mostrando-se bastante preocupado com o tipo de filmes que o *Office* utilizaria no programa, Vasconce-

---

130 Cf. *Memorandum Cur/117*, May 26, 1944. 05.2 (i) Exhibition Reports Correspondence Curitiba Parana 1944. RG229, Box 1291. NARA II.

131 Cf. *Memorandum BF-No. 3090*, May 31, 1943. 05.2 (e) Exhibition reports correspondence (São Paulo) 1. Box 1288; NARA II e Memorandum 67/SP, May 29, 1943. 05.2 (e) Exhibition reports correspondence (São Paulo) 1. Box 1288; NARA II.

los, que era brasileiro, pediu que diante da "excepcional oportunidade" de os estadunidenses "fazerem algo realmente bom" para o aprendizado de crianças pobres em zonas rurais, e que fossem enviados filmes "verdadeiramente educacionais". No documento enviado à sede da *Brazilian Division* no Rio de Janeiro, Vasconcelos chegou a recomendar que fossem enviados filmes estritamente relacionados a área da saúde, como higiene, nutrição, saneamento e captação de água potável.[132] Vasconcelos conhecia bem as estratégias e atividades de sua regional. Sabia, por conseguinte, como os filmes da *BD* poderiam impactar o público infanto-juvenil do Estado de São Paulo.

No acordo com o governo paulista, o Departamento de Educação forneceria uma camionete com motorista e pagaria para o Professor Luiz Carlos Chaves acompanhar a equipe de projeção e realizar uma explanação sobre relações entre Brasil e Estados Unidos antes de todas as exibições. Deveriam ser realizadas sessões em quatro ou cinco escolas por dia, durante seis dias por semana. Por fim, a equipe poderia exibir filmes em outros locais e cidades próximas.[133]

O plano para a exibição no interior de São Paulo era arrojado, pois esperavam cobrir os 270 municípios do estado, sendo que um terço deles eram importantes centros regionais. Em meados de 1945, os projecionistas já haveriam viajado mais de 17 mil quilômetros dentro do Estado, e as exibições alcançado 250 municípios paulistanos e outras localidades como fazendas e vilarejos, em um total de 320 localidades.[134] Reiteradamente elogiado pela *Motion Picture Division*, o comitê de São Paulo era um dos mais exitosos no desenvolvimento dos projetos de cinema do *Office* no Brasil. Ao longo de sua existência exibiu os seus filmes a partir de 8 itinerários principais, cobrindo todas as linhas ferroviárias do Estado e

---

132 Cf. *Report*. State Department of Health – Special Interior Campaign, May 25, 1943. 05.2 (e) *Exhibition reports correspondence* (São Paulo) 1. RG229, Box 1288; NARA II.

133 Cf. *Memorandum 44/SP*, May 7, 1943. 05.2 (e) Exhibition reports correspondence (São Paulo) 1. RG229, Box 1288; NARA II.

134 Cf. *Memorandum from American Consulate General to The Secretary of State*, July 21, 1942. 05.2 (d) Exhibition reports of non-theatrical films - 1944, Rio 4. RG229, Box 1288, NARA II; *Report*. CIAA Movie Program for the State of São Paulo, September 27, 1944. 05.2 (e) *Exhibition reports correpondence* (São Paulo), 1944, 5. RG229, Box 1289; NARA II e *Memorandum 712/SP*, August 31, 1945. Cf. *Memorandum CO-N.619*, February 24, 1942. Brazil Reports; RG229, Box 227; NARA II.

121 cidades, a partir das quais municípios e localidades circunvizinhas iam sendo alcançadas, além de cidades do Norte do Paraná, Mato Grosso e Goiás.[135] Os oito itinerários eram devidamente percorridos pelos projetistas a cada 4 meses, assim a regional trabalhava com ciclos regulares de exibições incorporando novas localidades e aumentando o número de sua audiência paulatinamente.[136]

Mesmo tendo as escolas do Estado como meta, dados de março de 1944 fornecidos pelo escritório de São Paulo indicam que apenas 27% da audiência naquele período era constituída por estudantes. Outros 2% eram 'grupos esportivos', 2% trabalhadores (em exibições exclusivamente realizadas em fábricas e sindicatos), 3% eram militares e 66% público em geral.[137] A massiva exibição de filmes vinha acompanhada de certa preocupação com os aspectos educacionais da empreitada, ainda que, comumente educação e propaganda fossem tomadas como sinônimos na comunicação interna do *Office*. O escritório recebeu no final de 1943 diversas publicações que deveriam reforçar seu projeto educacional em parceria com o Governo de São Paulo, como *A School uses Motion Pictures, Projection Motion Pictures in the Classroom, Motion Picture is a Modern Curriculum, Selected Education Motion Pictures* e *Focus on Learing: Motion Pictures in the Classroom.*[138] Os livros haviam sido produzidos no âmbito do *Committee on Motion Pictures in Education*, criado em 1936 e subordinado ao *American Council of Education*. O comitê havia sido criado com o propósito de discutir as "funções do cinema na educação em geral". Suas publicações eram o resultado de um esforço empreendido desde meados da década de 1930, por educadores e intelectuais estadunidenses para aperfeiçoar o uso de filmes no campo da educação, especialmente

---

135 Cf. *Report*. CIAA Movie Program for the State of São Paulo, September 27, 1944. 05.2 (e) *Exhibition reports correpondence* (São Paulo), 1944, 5. RG229, Box 1289; NARA II.

136 Cf. *Report*. CIAA Movie Program for the State of São Paulo, September 27, 1944. 05.2 (e) Exhibition reports correpondence (São Paulo), 1944, 5. RG229, Box 1289; NARA II.

137 Cf. *Memorandum Rio/345*, April 24, 1944. 05.2 (e) Exhibition reports correpondence (São Paulo), 1944, 5. RG229, Box 1289. NARA II.

138 Cf. *Memorandum Rio/27*, January 12, 1944. 05.2 (e) Exhibition reports correpondence (São Paulo), 1944, 5. RG229, Box 1289. NARA II.

em 16mm.[139] No entanto, não existem referências na documentação do comitê paulista quanto a efetiva aplicação de tais trabalhos em suas atividades.

A associação entre educação e propaganda não foi realizada inadvertidamente pela *Brazilian Division*. A deliberada junção dos dois campos havia sido trabalhada com esmero por alguns dos maiores especialistas em propaganda nos Estados Unidos, no âmbito do *The Rockefeller Foundation* na década de 1930 e durante a II Guerra Mundial. Brett Gary aponta como, de acordo com um destes especialistas, Donald Slesinger, o desenvolvimento da educação de massa por meio do cinema foi elaborado. Para Slesinger três premissas seriam necessárias para o uso do cinema como meio educacional: 1) era preciso aprender a proporção de atenção obtida e de material de ensino que conseguiria de uma máxima audiência, o máximo de aprendizado; 2) era preciso desenvolver uma distribuição nacional em todos os níveis intelectuais e econômicos; 3) era necessário ter um plano de educação ou propaganda coordenado para que a audiência fosse continuamente exposta aos filmes.[140]

O sucesso conseguido pela *Brazilian Division* com o seu "programa educacional visual" nas escolas dos Estados de São Paulo, Bahia,[141] ou Rio de Janeiro,[142] não se repetiu em outros Estados. Talvez o exemplo mais contundente de recusa ou de resistência aos esforços de propaganda por meio do cinema pelo *Office* tenha vindo do Estado de Pernambuco. Ao longo de 1943 o comitê de Recife tentou reiteradamente implantar um programa semelhante ao de São Paulo no Estado nordestino, sem sucesso. O principal entrave estava nas sucessivas negativas da Diretora de Educação daquele estado, Maria do Carmo Pinto Ribeiro, em autorizar as exibições dos filmes do *Office* nas escolas. Embora as razões para a recusa ao programa do *Office* não estejam claras na documentação, o Diretor de Publicidade

---

139 Cf. SAETTLER, Paul. *The Evolution of American Educational Technology*. Sacramento, CA: Information Age Publishing Inc, 2004, pp. 232-236.

140 Cf. GARY, Brett. *The Nervous Liberals*: propaganda anxieties from *World War I to the Cold War*. New York: Columbia University Press, 1999, pp.110-112.

141 Cf. Cf. Memorandum BD-No.3338, May 5, 1944. 05.2 (g) Exhibition reports correspondence, Bahia 3, 1944. RG229, Box 1290. NARA II.

142 Cf. Memorandum REC/55, November 15, 1943. 05.2 (f) - Exhibition Reports - Recife - Correspondence – 1943. RG229, Box 1290; NARA II.

do comitê de Recife, Evandro G. Leite, acreditava que a Diretora estaria seguindo ordens do Secretário do Interior, Arnobio Tenório Wanderlei. A "obstinação contrária jesuítica" aos serviços do *Office* pelo secretário chegava até mesmo a não concessão de espaços para cursos de inglês fornecidos pelo referido escritório.[143] A renitência de autoridades como as do Estado de Pernambuco, entretanto, não impediam o contínuo sucesso dos filmes de propaganda do *Office* por todo o país.

---

143 Cf. *Memorandum Rio/58*, October 20, 1943. 05.2 (f) - Exhibition Reports - Recife - Correspondence – 1943. RG229, Box 1290; NARA II.

O triunfo da persuasão 157

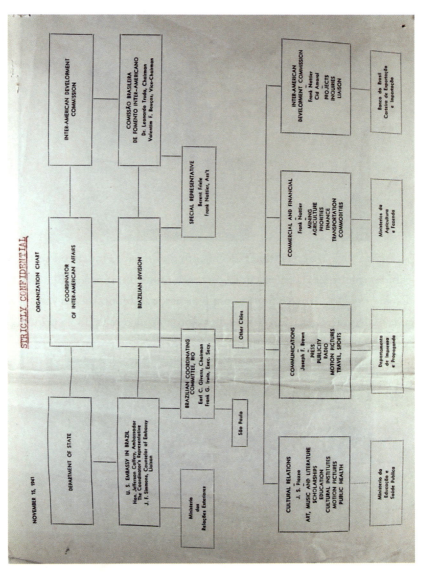

Acima (fig.2), organograma "estritamente confidencial" elaborado nos primeiros meses de atividade da *Brazilian Division*.[144]

---

144 Cf. *Organization Chart*, November 15, 1941. Brazilian Coordination Committee General Sept 1941 – 1943. RG 229, Box 1353; NARA II.

Acima (fig.3), a carta de agradecimento do Prefeito Francisco Prestes Maia foi exibida na entrada da galeria que levava seu nome durante a exibição do filme *São Paulo* (1943).[145] Abaixo (fig.4), com o projetor ao fundo, a bem vestida audiência da Galeria Prestes Maia destoa do garoto descalço sentado na primeira fila. Um dos pouquíssimos negros em todo o recinto.[146]

---

145 Cf. *Memorandum* 560/SP, August 16, 1944. 05.2 (4) John Ford Project. RG229, Box 1295; National Archives at College Park, College Park, MD.

146 Cf. *Memorandum* 560/SP, August 16, 1944. 05.2 (4) John Ford Project. RG229, Box 1295; National Archives at College Park, College Park, MD.

Ao fundo da imagem acima (fig.5) nota-se o projecionista e o seu ajudante junto ao projetor. As exibições feitas pelo Comitê Regional da Bahia na Penitenciária Estadual, em Salvador, eram realizadas quinzenalmente em 16mm e tinham, segundo o comitê baiano, "ampla repercussão na imprensa local".[147] Abaixo (fig.6), exibição em um hospital psiquiátrico em Salvador em 1943.

---

147 Cf. *Memorandum BD-No.4409*, September 8, 1944. Propoganda; RG229, Box 226; National Archives at College Park, College Park, MD.

A estratégia comercial da *Sydney Ross Company*, em vender medicamentos pelo interior do do Brasil durante exibições de filmes, cinejornais e desenhos animados serviu de inspiração para a realização filme de Marcelo Gomes, *Cinema, Aspirinas e Urubus* (2005). Acima (fig.7), um *Mobile Unit* movido a gasogênio com a tela hasteada. Esta unidade foi uma das que operaram no Estado do Rio Grande do Sul – RS em 1943.[148]

---

148 Cf. Rio/76, July 15, 1943. 05.2 (h) Exhibition Reports Correspondence, Porto Alegre, 1943 1; RG229, Box 1291; National Archives at College Park, College Park, MD.

Na imagem acima (fig.8), a equipe de projeção e o seu meio de transporte em passagem por uma das inúmeras cidades visitadas pelo comitê baiano no Vale do Rio São Francisco em 1944.[149]

---

[149] Cf. *Memorandum Rio/1272*, September 29, 1944. 05.2 (g) Exhibition reports correspondence, Bahia 3, 1944. RG229, Box 1290. National Archives at College Park, College Park, MD.

Acima (fig.9), comentários bem-humorados sobre uma foto da exibição no município de Santo Amaro - BA, em 19 de novembro de 1943: "a popularidade das nossas exibições na Bahia mais uma vez confirmada. Até cachorros compareceram...".[150] Ainda sobre a imagem acima, uma das setas apontava para um garoto que carregava um cesto de roupas na cabeça e ao ver que a exibição começaria, pediu ao pai para que ficassem e assistissem, algo muito comum segundo Pritchard Dias, secretário do comitê em Salvador.[151]

---

150 Cf. Showing at public square in Bahia, November 19, 1943. 05.2 (g) Exhibition reports correspondence, Bahia 1943, 2. RG229, Box 1290. National Archives at College Park, College Park, MD.

151 Cf. *Memorandum Rio/640*, December 31, 1943. 05.2 (g) Exhibition reports correspondence, Bahia 1943, 2. RG229, Box 1290. National Archives at College Park, College Park, MD.

O triunfo da persuasão 163

Acima (fig.10), exibição no Campo de Instrução de Engenho Aldeia, em Engenho Aldeia - PE.[152]

---

152 Cf. *Memorandum Rio/150*, April 11, 1944. 05.2 (g) Exhibition reports correspondence, Recife 1944 - 2. RG229, Box 1289. National Archives at College Park, College Park, MD.

As dificuldades de locomoção causadas pela severa escassezde gasolina[153] e de uso do gasogênio devido a topografia da região – pela baixa potência em aclives –, fizeram com que o comitê deixasse de utilizar o automóvel para as suas exibições na cidade de Salvador e arredores e adotasse "um veículo cômodo, com ares modernos", tal qual aqueles utilizados nos "tempos de nossos avós".[154] O secretário do comitê baiano, Pritchard Dias (em pé a direita) enviou uma foto do modelo do novo transporte para Washington, DC em novembro de 1943 (fig.11).

---

153 Cf. Circular Memorandum n.78, December 16, 1943. 05.2 (g) Exhibition reports correspondence, Bahia 1943, 2. RG229, Box 1290. National Archives at College Park, College Park, MD.

154 Cf. A Coordenação Americana visita também o interior. Jornal *Estado da Bahia*, 23 de dezembro de 1943, p.3.

Uma vez aprovada a aquisição, e "sob encomenda" para o comitê baiano, o principal e "engenhoso meio de transporte"[155] passou a ser uma charrete pintada de branco e vermelho com os dizeres "Comitê de Coordenação Americana" em azul (fig.12 e 13).[156] A solução de baixo custo encontrada pelo comitê foi muito elogiada a ponto de, em adição ao seu desempenho no interior do estado, ser considerado o "melhor comitê regional do Brasil".[157]

---

155 Cf. *Memorandum Bai/219*, December 13, 1943. 05.2 (g) Exhibition reports correspondence, Bahia 1943, 2. RG229, Box 1290. National Archives at College Park, College Park, MD.

156 Cf. *Memorandum Rio/631*, December 24, 1943. 05.2 (g) Exhibition reports correspondence, Bahia 1943, 2. RG229, Box 1290. National Archives at College Park, College Park, MD.

157 Cf. *Memorandum BD/2066*, December 8, 1943. 05.2 (g) Exhibition reports correspondence, Bahia 1943, 2. RG229, Box 1290. National Archives at College Park, College Park, MD.

Acima e abaixo (fig.14 e 15), exibições em quartéis nos arredores de Salvador, em novembro de 1943. Em ambas as imagens pode-se observar os projecionistas e seus projetores.[158]

---

158 Cf. *Memorandum Rio/560*, November 10, 1943. 05.2 (g) Exhibition reports correspondence, Bahia 1943, 2. RG229, Box 1290. National Archives at College Park, College Park, MD.

Acima (fig.16), uma das exibições a céu aberto realizadas no Estado da Bahia em 1943. Muito antes de os dedos médio e indicador terem sido utilizados como símbolos de 'Paz e Amor' comumente associados aos movimentos pacifistas e de contracultura dos anos 1960 e 1970, foram, durante a II Guerra Mundial, utilizados para expressar o 'V de Vitória'. Abaixo (fig.17), uma exibição de desenhos animados realizada com exclusividade para filhos de bancários em Salvador-BA, com o projetor ao fundo.[159] Sessões específicas para o público infantil eram incomuns no período, a não ser quando voltadas para classes sociais mais altas em recintos fechados.

---

159 Cf. *Memorandum Rio/480*, October 7, 1943. 05.2 (g) Exhibition reports correspondence, Bahia 1943, 2. RG229, Box 1290. National Archives at College Park, College Park, MD.

Nas fotos acima (fig.18) e abaixo (fig.19), exibições em praças públicas realizadas pelo comitê da Bahia em dezembro de 1943 no interior da Bahia. Como apontado no capítulo 3, as sessões de filmes propagandísticos do *Office* eram a única oportunidade de entretenimento gratuito em muitas localidades no interior do país.[160]

---

[160] Cf. *Memorandum Rio/662*, January 7, 1944. 05.2 (g) Exhibition reports correspondence, Bahia 3, 1944. RG229, Box 1290. National Archives at College Park, College Park, MD.

Acima (fig.20) e abaixo (fig.21), sessões de cinema no interior da Bahia em dezembro 1943. As exibições eram importantes acontecimentos sociais e comumente atraiam moradores das cidades circunvizinhas.[161]

---

161 Cf. *Memorandum Rio/662*, January 7, 1944. 05.2 (g) Exhibition reports correspondence, Bahia 3, 1944. RG229, Box 1290. National Archives at College Park, College Park, MD.

Capítulo 4

Acenando as cabeças para filmes extraordinários: os maiores *hits* do cinema da boa vizinhança

Filmes como os de Walt Disney fazem os brasileiros esquecer o paternalismo estadunidense. Esse odiado paternalismo é substituido pelo que eles chamam de 'camaradagem'.[1]

Uma das atividades mais intensas da *Brazilian Division* foi a sua preocupação com a recepção de filmes no território brasileiro. A seção brasileira do *Office*, no entanto, procurava repassar aos Estados Unidos apenas opiniões que fossem bem fundamentadas, por vezes "um corte transversal na classe média, de jovens brasileiros ou com melhor educação do que a média".[2] Para um programa de massiva exibição de filmes no Brasil, o interesse apenas pelas opiniões das camadas mais educadas da sociedade brasileira não deixa de ser significativo. Pode se dizer, inclusive, que tal interesse estava em consonância com o Brasil representado nos filmes produzidos pelo *Office*. Não interessava ao governo brasileiro, tampouco ao estadunidense, um Brasil desigual, em sua grande maioria empobrecido, mestiço e carente.

Muito melhor quando as opiniões viessem de 'notáveis' da sociedade brasileira. A exibição de *We Refuse to Die* (1942) na Associação Brasileira de Imprensa, com o apoio da delegação tcheca e da *The Society of Friends of America*, era um forte indicativo do 'apoio público', haja vista seu presidente era o general Manoel Rebelo, ministro do Supremo Tribunal Militar; Primeiro Vice-Presidente era o Ministro das Relações Exteriores Oswaldo Aranha e o Segundo Vice-Presidente era o Dr. Marques dos Reis, Presidente do Banco do Brasil.[3] Mas a sessão do

---

1 Relato do *Bureau of Latin American Research* (uma das subsidiárias do *Office*) sobre a exibição de filmes estadunidenses no Brasil. Cf. Report #210, December 23, 1942. *Reports*, November 1, 1942; RG229, Box 227; NARA II.

2 Cf. *Report No.310*, October 16, 1945. Reaction; RG229, Box 226; NARA II.

3 Cf. *Memorandum BD.No.945*, June 28, 1943. Reaction; RG229, Box 226; NARA II.

Office no Brasil não se ocupou apenas de como a 'fina nata' da sociedade brasileira viu os seus filmes de propaganda. Muitos dos filmes enviados pela *Motion Picture Division*, em Nova York, eram avaliados pela *Brazilian Division* antes, durante e após as exibições.

A apreciação dos filmes pelo público e pelos funcionários da *BD* alimentavam longos relatórios que davam subsídios suficientes a *MPD* para que escolhesse e continuasse a enviar para o Brasil os tipos de filmes propagandísticos mais adequados para o país.

Se eles mentem, nós também podemos

Uma das questões com que historiadores a trabalhar com recepção cinematográfica frequentemente se deparam diz respeito aos juízos de valor atribuídos a filmes, irremediavelmente conectados a ideologia, pré-conceitos pessoais e cultura de quem os atribui. As considerações tecidas por estadunidenses sobre filmes que poderiam ou deveriam ser exibidos no Brasil são notáveis exemplos disso e revelam mais de suas próprias experiências do que do país onde tais filmes deveriam apresentados. Os relatórios elaborados pela *BD* estão repletos de perspectivas que estavam menos relacionados ao Brasil e a sua gente, do que a padrões estéticos, técnicos e artísticos estadunidenses.

Em boa parte dos relatórios enviados para os Estados Unidos, os filmes eram avaliados a partir de valores dificilmente perceptíveis para a maioria do público alvo do *Office* no Brasil. Se é certo que havia uma cultura cinematográfica nos grandes centros brasileiros e mesmo em cidades de menor porte, com um público capaz de apreciar o cinema estadunidense nos termos das avaliações da *BD*, é verdade também que a maioria dos filmes que exibia destinava-se a pessoas com pouca ou nenhuma familiaridade com o cinema.

Os pontos levantados nesses documentos geralmente estavam conectados a atuação melhor ou pior de determinado ator ou atriz, ou iluminação, direção, fotografia ou ainda cenário. Assim, *Gentleman Jim* (1942) "consegue atingir um dos principais objetivos do cinema, ele entretém o público. De fato, durante toda a exibição ele prende a atenção da audiência em virtude de suas ações rápidas, leveza e um bom enredo". Já *And Now Tomorrow* (1944), "é um filme que prende o interesse da audiência com uma excelente performance de Loretta Young no papel principal. Alan Ladd, longe das partes com gangsteres, nas cenas com a policia, não é um herói convincente". Em *Days of Glory* (1944), "a fotografia é muito bem feita e Gregory Peck parece ser um jovem ator muito promissor".[4]

Como nos casos acima, os relatórios da *BD* sobre a reação do público brasileiro aos filmes estadunidenses geralmente enfatizavam aspectos técnicos ou artísticos de tais produções. No entanto, por vezes fornecem preciosas informações sobre como a seção brasileira via a participação do Brasil no esforço de guerra.

Logo após a entrada do Brasil no conflito, a *BD* alertou a *MPD* de que o final de diversas produções deveria ser alterado rapidamente. Ao final destas produções estaria sendo mostrada uma bandeira dos Estados Unidos "dramaticamente descrita pelo narrador como a bandeira da liberdade". Nada mais trivial, não fosse ação de grupos simpáticos ao Eixo que, como parte de sua propaganda, estariam "insistentemente alegando que os Estados Unidos é uma nação imperialista e está usando a guerra como um meio de subjugar os países do hemisfério". Ademais, para a *BD*, "imagens mostrando as operações das tropas estadunidenses em várias partes do mundo são uma excelente e altamente desejável forma de propaganda", mas se tais imagens tiverem uma narração que acentue a participação dos Estados Unidos combatendo sozinhos e a "bandeira da liberdade de maneira unilateral nós estaremos fortalecendo, em nossa opinião, a causa inimiga". Determinados a mostrar que os interesses de ambos os países eram similares e que Brasil e Estados Unidos eram "aliados e parceiros iguais" a *BD* orientou a *MPD* a alterar o final das produções: ao invés de uma bandeira, seria melhor duas, a brasileira e a estadunidense flamejando juntas como "bandeiras da liberdade".[5]

As perspectivas críticas aos filmes estadunidenses que chegavam ao Brasil eram importantes para o extenso programa de aproximação binacional. Assim, a *BD* constantemente avaliava e considerava o impacto social que os filmes teriam no Brasil. Muitas vezes intervindo diretamente junto aos estúdios (por meio da *MPA*)

---

4   Cf. *Memorandum BD.No.7187*, September 25, 1945. Reaction; RG229, Box 226; NARA II.

5   Cf. *Memorandum CO-No.2085*, October 22, 1942. Propaganda; RG229, Box 226; NARA II.

ou redes de exibição, a *BD* tentava restringir ou mesmo evitar a exibição de filmes que pudessem atrapalhar suas atividades de propaganda pró-Estados Unidos.

O cinejornal *News of the Day n.22*, por exemplo, foi apontado como um tipo de produção que a *MPD* deveria olhar com mais cuidado. O problema estaria no subtítulo brasileiro da produção: "Aviões americanos patrulham as costas do Brasil". De acordo com o relatório, "embora seja uma afirmação verdadeira e bem difundida, existem muitos no Brasil que acreditam que os Estados Unidos tomaram conta do país", e que contrariamente a política de boa-vizinhança "os Estados Unidos são essencialmente imperialistas com relação a América Latina". Por essa razão, o relatório aconselhou o *MPD* a mudar o subtítulo para algo como "defendendo as costas brasileiras", muito embora "todos saibam que a proteção militar do Brasil" estava "sendo feita principalmente pelos americanos e não pelos brasileiros". Como em outros momentos, a *Brazilian Division* avaliou que não haveria grandes problemas em 'pequenas inverdades'.

Já *Women in Blue* (traduzido como *Mulheres na Marinha*), embora tenha "som e técnica fotográfica muito boas", não estava tendo muito interesse no Brasil, primeiro porque não estava havendo "muita atividade deste tipo por aqui", e segundo porque "mulheres em geral" não participavam "ativamente da vida pública, nem da militar". Outro curta, *Democracy in Action* não estaria tendo o resultado esperado já que para a audiência brasileira era "difícil entender o propósito do filme". A falta de compreensão residiria ainda no fato de que no Brasil não existia "uma classe agricultora, mas sim poucos proprietários e uma larga massa de trabalhadores do campo". "Tradicionalmente" esses trabalhadores não tinham "voz no governo ou na vida pública".[6]

Em *Design for Happiness* (traduzido como *Plano Federal para Construção de Casas*) a técnica fotográfica seria excelente e o colorido propiciado pela tecnologia *Technicolor* "muito apreciado pelo público". Porém, havia um sério problema, o filme mostraria as possibilidades de moradia nos Estados Unidos, e isso o deixaria sem sentido para um amplo número de pessoas que não teriam essas condições por muito tempo. Embora estivesse sendo exibido para grupos de trabalhado-

---

6   Cf. Comments of Movie Committee on recent films, June 13, 1944. Reaction; RG229, Box 226; NARA II.

res e em escolas, segundo a *BD* seria "muito difícil para essas audiências verem qualquer conexão com as suas próprias condições de vida, que em comparação são muito inferiores". De outro modo, o filme era "muito similar a muitos outros produzidos pelo Departamento de Imprensa e Propaganda ilustrando medidas tomadas pelo governo para promover melhores moradias para os trabalhadores".[7]

A sinceridade na exposição do obstáculo presente em *Design for Happiness* rapidamente se resolveria por meio da máxima 'se eles mentem, nós também podemos mentir'. Os ideais presentes em produções como *Design for Happiness* estavam intimamente conectados a um modo de vida claramente "voltado para a modernidade e prosperidade, enfatizando o crescimento de uma economia industrial e oferecendo visões utópicas para uma crescente classe média".[8]

Os temas que integravam a propaganda estadunidense no período, como indicado acima, nem sempre estavam estritamente conectados ao esforço de guerra. A percepção de que uma propaganda demasiadamente conectada ao conflito poderia prejudicar os esforços de aproximação entre os países estava constantemente presente nas preocupações com a efetividade da persuasão. Segundo a *Brazilian Division* os filmes a serem exibidos no Brasil a partir de 1943 deveriam por menos ênfase em temas como *Arsenal of Democracy* ou *Power to Win*. Mais efetivos para os propósitos do *Office* seriam as mensagens associadas ao modo de vida estadunidense, seus ideais e a sua cultura.[9]

Em algumas situações, no entanto, a *Brazilian Division* se deparou com críticas externas a uma excessiva ênfase em filmes com temática relativa à guerra. Em Porto Alegre, um artigo em jornal local que criticava filmes estadunidenses antinazistas mereceu a atenção daquele comitê regional diante de uma possível

---

7   Cf. *Comments of Movie Committee on recent films*, June 13, 1944. Reaction; RG229, Box 226; NARA II.

8   Cf. SADLIER, Darlene J. *Americans All: good neighbor cultural diplomacy* in World War II. Austin: University of Texas Press, 2012, p.4.

9   Cf. *Minutes of One Hundreth Meeting*, November 4, 1943. Brazilian Coordination Committee – Minutes; n.81 to n.114. RG229, Box 1351. NARA II.

saturação da temática. A reação ao artigo que criticava as exibições chegou de forma espontânea e surpreendeu o comitê.[10]

Segundo um colunista porto-alegrense os filmes antinazistas estariam recebendo pouco interesse, chegando alguns exibidores até mesmo a destacar em cartazes: "esse filme não tem ligação alguma com a guerra" como em *Always in my Heart* (1942). Para o colunista, a plateia estaria "cansada pela onda interminável de filmes desse gênero". A repercussão do artigo foi tamanha que gerou um debate no jornal porto-alegrense *Folha da Tarde* na última semana de novembro de 1943.

A resposta vinda de outro colunista cinematográfico, Plínio Morais, tentava situar melhor a crítica, separando os filmes artisticamente pobres dos filmes politicamente importantes. Para Morais era fundamental separar os filmes com direção ruim ou elenco mal escolhido dos que trabalhavam em prol das democracias, mesmo porque "a quinta-coluna é muito forte ainda. Não foram presos todos os nazistas do país e os integralistas andam soltos pelos cafés e jornais fazendo campanha de desmoralização e derrotismo". De acordo com ele o desinteresse do público não seria "nem mais nem menos do que o bem organizado trabalho de sapa do quinto-colunismo". Antes, disse Morais, durante a exibição de filmes antinazistas "a sala se enchia de aplausos, e quando aparecia qualquer personagem com a cruz gamada era aquela vaia formidável, vaia que era um protesto eloquente da plateia contra a barbárie nazista". Assim, o silêncio da audiência durante alguns filmes estaria revelando "uma bem organizada sabotagem ao nosso fervor democrático. Ninguém mais se atreve a enfrentar o silêncio da sala com receio de cair no ridículo, pois que qualquer manifestação de agrado é imediatamente abafada pelo inapelável psiu... psiu... que se ouve lançado de estratégicas direções do recinto. É a quinta coluna trabalhando". Dessa forma, Morais conclamou os leitores a lutarem contra o nazi-fascismo por meio de aplausos "contra o silêncio dos sabotadores nazistas", afinal, filmes como *Commandos Strike at Dawn* (1942), *Casablanca* (1942)

---

10 Cf. *Memorandum Rio/181*, December 2, 1943. 05.2 (h) Exhibition Reports Correspondence Porto Alegre 1943 1; RG229, Box 1291; NARA II.

ou *The Moon Is Down* (1943) estariam mostrando que "o cinema também é uma frente de combate".[11]

Como pode-se inferir pelos excertos do artigo, as experiências nas salas de cinema, e certamente não apenas em Porto Alegre, estavam sendo profundamente influenciadas pelo contexto histórico daquele momento, mormente pela consciência em prol do esforço de guerra no qual o *Office* se empenhou tanto em disseminar pelo território brasileiro. Assim, não é forçoso afirmar que as experiências individuais ou coletivas relacionadas ao cinema são sempre mediadas pelo contexto em que os filmes foram produzidos, distribuídos e assistidos. Durante a II Guerra Mundial, as salas de cinema eram também lugares de manifestação política e social. Solicitar ou permanecer em silêncio ante assovios e calorosos aplausos de apoio, poderia muitas vezes significar uma postura antipatriótica.

Como discutido no primeiro capítulo, os escritórios regionais procuravam enviar rotineiramente, atendendo a solicitações do *Office*, relatórios qualitativos (até dezembro de 1943) e quantitativos de suas atividades envolvendo o cinema. Os temas mais sublinhados por estes relatórios giravam em torno da representação mais favorável a outros países (como a França) em detrimento dos Estados Unidos; a avaliações sobre o cinema estadunidense se tratar apenas de "filmes de pancadaria que levam a uma lição sobre o que é o certo a ser feito"; a baixa popularidade de Carmen Miranda entre os brasileiros devido aos papéis representados por ela em filmes hollywoodianos demasiadamente distantes da realidade brasileira, tornando-os ridículos e, por fim, temas relacionados aos costumes e a moral, como na postura conservadora diante dos filmes feita pela Associação de Jornalistas Católicos. De todo modo, os relatórios indicam que "de maneira geral, a despeito das muitas críticas aos filmes dos Estados Unidos", era "geralmente reconhecido que as produções de Hollywood são na média melhores do que os filmes de qualquer procedência".[12]

Os filmes da 'pequena notável' eram um estrondoso sucesso dentro do contexto de aproximação entre Brasil e Estados Unidos durante a II Guerra Mundial,

---

11 Cf. A questão dos filmes antinazistas. In: Jornal *Folha da Tarde*, 29 de novembro de 1943, p. 6.

12 Cf. *Memorandum 347/SP*, November 30, 1943. Reaction; RG229, Box 226; NARA II.

mas, talvez, apenas dentro deste contexto. As críticas que a artista recebia em jornais e revistas brasileiros eram vistas com desconforto pela *Brazilian Divison* em razão de sua importância para a familiarização do público estadunidense para com a cultura e diversidade latino-americana. Não por acaso, estes esforços de familiarização com algo considerado exótico e, por vezes, espalhafatoso era o que desagradava a muitos brasileiros. A *Brazilian Division* monitorou as notícias e reações ao trabalho de Carmen Miranda, considerada naquele momento uma 'Musa da Boa Vizinhança.'[13]

O contraditório *status* de Miranda derivava do seu grande apelo nos filmes estadunidenses, levando multidões aos cinemas, e das reações adversas no Brasil às suas interpretações. Atentos a essa ambiguidade, a seção do *Office* no Brasil evitava repassar aos Estados Unidos as notícias que pudessem comprometer a sua alcunha de 'Embaixatriz do Brasil nos Estados Unidos'. Assim, embora estivessem atentos às matérias em jornais e revistas que criticassem a 'extravagância' da atriz em filmes como *Down Argentine Way* (1940), ou ainda a opiniões que colocassem em dúvida seu talento e capacidade em contribuir para a *Good Will*, não repassavam tais perspectivas aos seus superiores nos Estados Unidos.[14]

Como dito anteriormente, algumas críticas externas eram vistas como capazes de "atrapalhar a Política de Boa Vizinhança", como a do garoto de 12 anos que teria dito espontaneamente e de forma "muito sincera" ante a uma pesquisa encomendada pela *BD* que filmes como *Sargent York* (1941) eram muito exagerados: "o herói capturou sozinho mais de 500 soldados e matou mais de 25, o que é

---

13 A fulgurante carreira de Carmen Miranda e as seus conturbados anos em meio aos interesses interamericanos durante a II Guerra Mundial podem visto com detalhes em MENDONÇA, Ana Maria. *Carmen Miranda foi a Washington*. Rio de Janeiro: Editora Record, 1999.

14 Cf. *Memoranum 347/SP*, November 30, 1943. 05.2 (e) Exhibition reports correpondence (São Paulo) 4. RG229, Box 1289; NARA II. Uma boa discussão sobre o controverso *status* de Miranda no bojo do cinema da 'boa vizinhança' pode ser visto em: Vide: BENDER, Pennee L. *Film as an instrument of the Good NeighborPolicy, 1930's-1950's*. Dissertation in History (PhD). New York University, 2002, pp.122-140. Para um estudo específico sobre *Down Argentine Way* vide: SWANSON, Philip. Going down on good neighbours: imagining America in Hollywood Movies of the 1930s and 1940s (Flying Down to Rio and Down Argentine Way). *Bulletin of Latin American Research*, Vol. 29, No. 1, p. 71–84, 2010.

algo impossível de ser feito sozinho". Além disso, o anônimo garoto teria afirmado que nos filmes de mistério e de *cowboys* o mocinho sempre escapa ileso e derrota todos os seus inimigos: "os produtores não tem imaginação para fazer filmes porque é sempre a mesma coisa". Frank H. Oram, funcionário da *Brazilian Division* e autor do relatório ainda não ajudou muito ao escrever que "a opinião era sincera e muito verdadeira".[15] Ao que tudo indica, Oram continuou trabalhando para o *Office* mas não realizou mais nenhum relatório qualitativo.

É importante salientar que muitas produções estadunidenses em circulação pelo Brasil também eram distribuídas nos Estados Unidos. Os assuntos relacionados ao Brasil presentes dos cinejornais estadunidenses até o início de 1943 indicam como o convencimento em ambos os países era importante para que a moral de guerra se mantivesse elevada. Dos 23 temas relativos ao Brasil utilizados nos cinejornais, 16 eram voltados para o público civil. Não é tarefa fácil delimitar o tipo de audiência a partir dos assuntos presentes nas produções, uma vez que, especialmente no Brasil, os filmes também eram exibidos pela conveniência e disponibilidade. Sem embargo, cinejornais estadunidenses com temas como *Brazil Anti-Axis Demonstrations*, *War Enthusiasms High in Brazil* e *Brazil Goes out for Victory* podem indicar uma preocupação especial com o público civil.[16] Assim, podemos inferir que mostrar ao público estadunidense a população civil brasileira engajada no esforço de guerra, era tão importante quanto exibir as movimentações e esforços das Forças Armadas brasileiras.

Se acenar com a cabeça é porque é bom

As primeiras negociações entre o *Office* e os grandes estúdios estadunidenses para um amplo programa de distribuição de filmes na América Latina tiveram início logo após a criação da *Brazilian Division*, em novembro de 1941. De imediato o programa seria focado em cinejornais, aproximadamente 35 produções para o ano de 1942. Antes que *Office* firmasse as tratativas de cooperação com o governo

---

15 Cf. *Memorandum 347/SP*, November 30, 1943. 05.2 (e) Exhibition reports correpondence (São Paulo) 4. RG229, Box 1289; NARA II.

16 Cf. *Memorandum BF/2256*, January 19, 1943. 05.2 (1) Applications for censorship 1. RG229, Box 1295. NARA II.

brasileiro, um importante acordo foi realizado no tocante a distribuição de filmes de propaganda na América Latina entre o *Office* e os cinco maiores estúdios dos Estados Unidos, *Paramount Pictures, Warner Bros, Twenty Century-Fox, Columbia e Universal.* O acordo era importante devido ao controle que esses estúdios tinham da rede de exibição em países como o Brasil. No encontro, ocorrido em Nova York em julho de 1942, os estúdios concordaram em facilitar a exibição dos filmes em 16mm produzidos pelo *Office* em suas salas comercias com a contrapartida de o *Office* auxiliar no transporte de filmes, equipamentos e materiais para toda a América Latina.[17]

A 'convocação' dos estúdios pelo *Office*, entretanto, não era exclusiva para o Brasil. As produções deveriam ser distribuídas comercialmente pelas redes dos produtores tanto nos Estados Unidos quanto na América Latina. Se em 1941 ainda não haviam diretrizes especiais para as referidas produções, apenas sugeria-se uma vaga "descrição da América na guerra", no âmbito civil e militar, após a entrada dos Estados Unidos na Guerra, em dezembro de 1941, houve um massivo incremento da propaganda estadunidense para a América Latina, em termos qualitativos e quantitativos. De início, o contexto latino-americano foi claramente pensado como uma extensão do *home front* estadunidense, à medida que não haviam claras distinções entre as produções que deveriam circular nos EUA e em países específicos. Importante para o Diretor do *Motion Picture Division* do *Office*, John Hay Whitney, era que "o ponto de vista latino-americano seja considerado em todas as produções".[18]

Foi a consideração do 'ponto de vista' brasileiro, que levou a *Brazilian Division* a fazer uma série de recomendações para os estúdios que produziriam cinejornais a partir de material filmado no Brasil. No caso da *Warner Brothers*, o relatório enfatizou a importância em se evitar muitos negros brasileiros e imagens de pobreza. Segundo o documento "filmagens no Brasil não podem ter

---

17 Cf. *Weekly report*, Motion Picture Division, July 31, 1942. 05.2 (3) Productions of films in Brazil 1; RG229, Box 1295; NARA II.

18 Cf. *Memorandum from John Hay Whitney to Earl M. Givens*, December 10, 1941. Plans and Cooperation Agreements; RG229, Box 226; NARA II.

mais do que 20% de pessoas negras – se for no Sul do Brasil, a percentagem deve ser ainda menor".[19]

Mesmo procurando atuar nas repúblicas americanas em base não comercial, portanto não competitiva com os estúdios estadunidenses, o acompanhamento que o *Office* fez do cinema comercial no Brasil desvela uma relação mais próxima com Hollywood do que essa relação incialmente sugere.

Como apontado anteriormente, a *Brazilian Division* também elaborava pareceres regulares, pequenas resenhas dos filmes já aprovados pela censura brasileira e em exibição no Brasil e, a exemplo das avaliações feitas por brasileiros, seus relatórios e memorandos sobre os filmes valorizavam mais os aspectos técnicos ou artísticos do que o impacto social que poderiam causar. Ainda em 1942, segundo a *Brazilian Division*, a animação *Saludos Amigos* (1942), "atingiu novos índices de reconhecimento e popularidade". Com ênfase em seu caráter artístico, a seção brasileira do *Office* ressaltou que "a reação, a julgar pela onda de aplausos ao final do filme, em todos os cinco cinemas em diferentes partes da cidade tem sido um pouco menos do que sensacional", devido sobretudo, à "sequencia brasileira tão bem feita" e ao "final perfeito".[20] Em outro documento, a *MPD* afirmou que "quando um filme termina e as pessoas começam a acenar com a cabeça e a conversar com estranhos sentados ao lado delas, você pode ter certeza que o filme é extraordinário".[21]

Nas avaliações que a *BD* elaborava sobre o impacto dos filmes no Brasil, como se poderia esperar de uma agência estrangeira no Brasil que atuava no campo da propaganda, nem sempre a busca de convencimento para atingir objetivos ou metas específicas era direta ou incisiva. Atuava, por vezes, de maneira que o material produzido para o Brasil fosse também utilizado com os mesmos fins nos Estados Unidos, como no excerto em que: "todos acreditam que Walt Disney com este filme fez um magnifico trabalho para cimentar as relações cordiais entre os

---

19 Embora o relatório não esteja datado, há uma referência ao 'Memorando 167', onde o relato pela *Brazilian Division* foi elaborado, em 03 de novembro de 1941. Cf. Reaction to Films; RG229, Box 214; NARA II.

20 Cf. *Memorandum CO.No.1810*, September 4, 1942. Reaction; RG229, Box 226; NARA II.

21 Cf. *Memorandum CO.No.1754*, August 28, 1942. Reaction; RG229, Box 226; NARA II.

dois países. É de sentimento geral que mais filmes nesse sentido irão revelar aos Estados Unidos, a beleza, a fascinação e interesse que existem nos países abaixo do Rio Grande."[22]

Uma nova geografia hemisférica era delineada pelas produções Disney, cuja química de cores, tipos humanos, e música, transformava pobreza em prodigalidade, desfazendo todas as possibilidades de conflito social, num verdadeiro paraíso latino. Paralelamente, os documentários educativos reafirmavam a retórica rooseveltiana da natural superioridade dos Estados Unidos e de sua capacidade instrutiva.

Em muitas dessas produções, sobretudo as elaboradas pela Disney, as tensões de classe eram artificialmente naturalizadas. Nelas, as tensões entre trabalho e capital, eram mecanicamente substituídas por tensões entre egoísmo e trabalho em grupo. Assim, deslocava-se a discussão sobre as relações entre trabalhadores e patrões para outra supostamente muito mais enobrecedora, a das relações entre trabalhadores e nação. Tal deslocamento tinha uma razão muito especial para ser adotado. Em 1941, as insatisfações relacionadas aos salários e às condições de trabalho no EUA eram motivo de descontentamentos e protestos por todo o país, impactando drasticamente, inclusive, os estúdios Disney.

Durante os anos 1930 e 1940, Walt Disney era a quintessência do *self made man* no mundo do cinema; era amado pelo público, popular entre os jornalistas e mesmo por acadêmicos e artistas respeitados, como Sergei Eisenstein. Todavia, mesmo durante a II Guerra Mundial, haviam criticas aos produtos de Disney, como o do crítico de arte estadunidense John Mason Brown que considerava *The Three Caballeros* (1945) ruim, violentamente não artístico e característico da indústria hollywoodiana mais barata.[23]

A ênfase na edição da continuidade e o uso de convenções narrativas do cinema clássico hollywoodiano nos desenhos de Disney certamente tem muito a ver com a mudança simultânea do estúdio para desenhos de longa metragem e

---

22 Cf. *Memorandum CO.No.1810*, September 4, 1942. Reaction; RG229, Box 226; NARA II.

23 Cf. WHITE, Timothy R. From Disney to Warner Bros. In: SANDLER, Kevin S. *Reading the Rabbit: explorations in Warner Bros. Animation*. London: Rutgers University Press, 1998, p. p.42.

para representações mais realistas; daí o grande prestígio desfrutado pelos seus produtos dentro e fora dos Estados Unidos.

Entre os acordos voltados para a 'boa vizinhança' realizados em 1941, os firmados entre o *Office* e Walt Disney mostraram-se nos anos seguintes de fundamental importância para a disseminação da propaganda por meio do cinema no Brasil.[24] Segundo as negociações, Disney realizaria uma série de animações sobre as relações hemisféricas que resultaram em uma viagem do produtor ao Brasil e produções amplamente aclamadas pelo público brasileiro como *Saludos Amigos* (1942), *South of the Border With Disney* (1943) e *The Three Caballeros* (1945). No período as produções de Disney alcançaram um cobiçado *status* no mundo cinematográfico. Suas animações eram tidas como exemplos últimos de artisticidade, domínio da técnica e demonstrações de patriotismo, além de serem extremamente lucrativos. Julianne Burton Carvajal foi bastante feliz na assertiva de que para roteiristas e animadores de Disney a América Latina durante a II Guerra Mundial foi uma espécie de "*wartime toontown*". A referência a um local marginalizado e habitado por figuras fictícias foi emprestada do filme *Who Framed Rogger Rabbit* (1988), em que personagens de desenhos animados habitavam "uma zona sedutora e repulsiva, de excesso e espetáculo excessivo". Para Burton-Carvajal, produções como *The Three Caballeros* podem ser entendidas como alegorias de uma cultura permeada pelo senso de conquista e espetáculo.[25]

Na primeira metade da década de 1940, empresários do meio cinematográfico, como Walt Disney, eram vistos como uma espécie de árbitros culturais. No entanto, se muitas vezes eles contribuíam para moldar os debates sobre temas relacionados a comportamentos, identidades e sociabilidades, naquele momento, o governo exerceu forte influência sobre esses árbitros. Esse foi um dos principais fatores que tornaram muitos dos desenhos animados produzidos entre 1941 e

---

24 Cf. Contract NDCar-110, July 1, 1941. Walt Disney Field, Survey and Short Subjects, NDCar-110. RG-229, Box 216; NARA II.

25 Cf. BURTON-CARVAJAL, Juliane. 'Surprise package': looking southward with Disney, e CARTWRIGHT, Lisa; GOLDFARB, Brian. Cultural Contagion: On Disney's Health Education Films for Latin America. In: SMOODIN, Eric (ed.). *Disney Discourse. Producing the Magic Kingdom.* New York: Routledge, 1994, pp, 140-143; 169-170.

1944 essencialmente diferentes dos produzidos antes do conflito mundial e, também, dos que foram produzidos posteriormente.

No Brasil, entretanto, a *Brazilian Division* se viu em dificuldades com ao menos uma de suas produções. Diante de diversas críticas negativas em jornais a *Victory Through Air Power* (1942), a *BD* decidiu exibir um curta sobre Santos Dumont antes de todas as exibições da animação. Esperavam assim, abrandar as críticas com relação a animação e a atribuição da invenção do avião aos irmãos Wright.[26] Em tempos de boa vizinhança não haveria problema algum conceder a lisonja aos brasileiros.

As somas envolvendo as produções de Disney antes mesmo de o Brasil declarar guerra ao Eixo indicam a sua importância como veículos de propaganda junto ao *Office*. Em junho de 1942, Donald M. Niles, da *War Films Coordinator* da Walt Disney Productions enviou um telegrama para Francis Alstock, Diretor da *Motion Picture Division* do *Office*, indicando os valores que seriam debitados de um "fundo de pesquisa" para as seguintes produções: *Arsenal of Democracy* USD\$ 2,209.86, *Defense of the Hemispheres* USD\$ 2,175.60, *U.S. Airlines, Latin America* USD\$ 3,149.21, *Corn & Corn Products* USD\$ 7,222.93, *The Mosquito & Malaria* USD\$ 3,412.67, *The Soy Bean* USD\$ 5,692.99, *The Amazon Basin* USD\$ 5,399.96, *The Housefly* USD\$ 3,235.43, *Vitamins for Victory* USD\$ 292.40, *Tress and Tree Products* USD\$ 524.44, *Vaccination* USD\$ 2,651.83, *Water Supply* USD\$ 4,056.32, *The Hook Worm* USD\$ 385.34 e *The Ever Normal Granary* USD\$ 2,099.26. Além disso o documento indica o orçamento voltado para "Filmes de propaganda": *Donald Duck in Axis Land, Chicken Little* (1942), *Reason & Emotion, Hitler's children* e *The Nutzi*, em um total de USD\$ 8,087.80. O documento parece fazer uma distinção entre as primeiras produções e as de "propaganda" provavelmente por considerar as primeiras como material educacional. O documento ainda faz menção aos "resultados tangíveis alcançados pelos pesquisadores" da *Walt Disney Productions*. A pesquisa possivelmente estava relacionada aos serviços fornecidos pela empresa *Technicolor Motion Picture Corp.* Naquele momento, para que um filme ou desenho animado utilizasse a tecnologia

---

26 Cf. *Memorandum BSP-446*, May 6, 1944. 05.2 (e) Exhibition reports correpondence (São Paulo), 1944, 5. RG229, Box 1289. NARA II.

Technicolor, o estúdio deveria alugar equipamentos como câmeras, filtros, lentes e lâmpadas com certificação OEM, isto é, *Original Equipment Manucfacture*.[27] Os valores acima possivelmente referem-se a um contrato para despesas desta natureza.[28] Propaganda em cores certamente impactava muito mais.

Antes de prosseguirmos na discussão sobre o *William Murray Project*, faz-se necessário um breve exame de dois problemas que incindiram diretamente sobre o referido projeto: a tecnologia empregada nos filmes daquele período e seus condicionantes, e também a capacitação técnica de profissionais brasileiros.

Em 1942 haviam apenas três sistemas de filmagem em cores utilizados pela indústria do cinema estadunidense, e todos envolviam a empresa *Technicolor Motion Picture Corp*. O primeiro modo de captação era denominado *Technicolor*. Era considerado o mais caro, posto que utilizava três negativos e requeria uma câmera de filmagem de 35mm especial, alugada pela *Technicolor Motion Picture Corp* e pessoal especializado fornecido pela companhia. O segundo método era o 16mm *Kodachrome*, que utilizaria apenas um negativo, que posteriormente às filmagens era transformado em 35mm pela companhia. O terceiro método era considerado uma evolução do *Kodachrome* devido as mesmas técnicas empregadas na revelação, mas já em 35mm: o *Technicolor Monopack*. Todos os três precisavam ser enviados para a *Technicolor* para serem revelados.[29]

As películas em *Technicolor Monopack*, no entanto, podiam ser rodadas em outros tipos de câmeras de filmagem.[30] A adaptação era interessante em razão de ser a melhor película para captação em imagens em cores naquele momento, além de ser um material que poderia se popularizar muito após o término do conflito, como de fato ocorreu.

---

27 Vide: HOCH, Winton. Technicolor Cinematography. In: *Journal of the Society of Motion Picture Engineers*. August, 1942, pp. 96-108.

28 Cf. Re: Contrat #OEMcr 107, June 10, 1942; Disney Activities; Motion Pictures; Office of Inter-american Affairs; RG229, Box 216; NARA II.

29 Cf. *Memorandum from W.W. Murray to Richard Hippelheuser*, November 7, 1942. 05.2 (3) Productions of films in Brazil 1. RG229, Box 1295; NARA II.

30 Cf. *Memorandum BF-2955*, 19 May, 1943. 05.2 (3) Productions of films in Brazil 1. RG229, Box 1295; NARA II.

Criado em 1941, o *Technicolor Monopack* foi um dos avanços em termos de captação de imagens empregadas no *Brazilian Cooperative Program*, e envolvia uma série de cuidados no tocante ao envio e armazenamento de material.[31] O *Monopack* surgiu como uma alternativa as volumosas câmeras utilizadas em estúdio, mas a maior granulação da imagem tornou a tecnologia imprópria para filmagens nesses espaços. Portanto, a utilização do *Technicolor Monopack* a partir de janeiro de 1943, ainda que fosse uma tecnologia em estágio experimental, indica claramente que a principal intenção do *Office* não era realizar filmes em estúdio; uma vez que os equipamentos e técnicas envolvidas no uso do *Technicolor Monopack* estavam voltadas eminentemente para locações externas. Durante os primeiros meses de 1943, o *Office* empenhou-se em dinamizar as negociações contratuais com a *Technicolor Motion Picture Corp.*[32] A principal razão era viabilizar os projetos que deveriam iniciar no Brasil ainda no início de 1943.

As complicações que envolviam o envio de tal material para um país com clima tropical em sua maior parte, como o Brasil, não eram pequenas. A sensibilidade dos equipamentos e filmes utilizados, tornavam a tarefa de envio, filmagem e retorno, um tremendo desafio. Além de sensíveis ao dano físico, equipamentos e matérias primas a serem utilizadas nas filmagens no Brasil deveriam ser armazenadas em uma temperatura entre 10 e 15 graus Celsius e com umidade relativa entre 30 e 50%. Uma vez filmado, o *Monopack film* deveria ser enviado rapidamente de volta aos Estados Unidos para ser revelado pela *Technicolor*.

Nos Estados Unidos, por utilizar equipamentos e matérias primas próprias, a *Technicolor* também fornecia, sob contrato para o *Office*, pessoal especializado para a filmagem, como cinegrafista (geralmente dois), técnico de câmera e assistente de cinegrafista.[33] Todavia, no Brasil o *Office* não chegou a firmar este

---

31 Cf. *Letter to Mr. Francis Alstoock*, January 11, 1943; Technicolor training for Brazil B-MP 1620 jan; Motion Pictures; Brazil; RG229, Box 226; NARA II.

32 Cf. *Memorandum from John Hisle to Robert P. Hastings*, April 20, 1943. Technicolor training for Brazil B-MP-1620 May-Feb; Motion Pictures; Brazil; RG229, Box 226; NARA II.

33 Cf. *Letter to Mr. Francis Alstoock*, January 11, 1943; Technicolor training for Brazil B-MP 1620 Jan; Motion Pictures; Brazil; RG229, Box 226; NARA II.

tipo de contrato, posto que a *BD* preferia treinar seu próprio pessoal ao invés de contratar os serviços da companhia estadunidense.

No tocante as produções de Disney que mais tiveram êxito junto ao público brasileiro é preciso fazer uma distinção entre as animações que circularam em salas comerciais, isto é, nas salas convencionais de cinema, e as produções que circularam com base não comercial, por meio da rede de exibições da *Brazilian Division*. Entre as produções que circularam comercialmente figuram com destaque *Fantasia* (1940), *Saludos Amigos* (1943) e *Você já foi a Bahia?* (1945). O caso de *Fantasia* é particularmente instigante, posto que mesmo sem ter sido concebido como uma peça da engenharia da 'boa vizinhança' se tornou, por força da da aproximação entre Brasil e Estados Unidos, um importante vetor da 'boa vontade'.[34] Entre as produções mais populares de Disney que circularam sob a coordenação da *Brazilian Division* estavam *Der Fueher's Face* (1943), *Education for Death: the making of the Nazi* (1943) e *The Winged Scourge* (1943). Se as duas primeiras animações se dedicavam a zombar do nazismo por meio de *gags*, isto é, efeitos cômicos que, numa representação, resultam do que um personagem faz ou diz utilizando o elemento surpresa, em *The Winged Scourge* tais efeitos cômicos estavam conectados a um outro inimigo.

The Winged Scourge foi uma produção realizada sob encomenda pelos estúdios Disney para o *Office*. Foi a primeira de uma série de curtas educacionais relacionados a área da Saúde e voltados para o público latino-americano. A produção também foi a única da série a usar personagens da Disney: os Sete Anões. Em *The Winged Scourge* tenta-se ensinar o espectador sobre a disseminação de uma doença infecciosa potencialmente grave: a malária. No curta, um mosquito pica uma pessoa infectada e, logo após, transmite a doença para uma pessoa saudável. Ao assistir a transmissão da doença, os Sete Anões resolvem se voluntariar para se livrar do mosquito, destruindo seus locais de reprodução.

---

34 Nesse momento, há uma pesquisa sobre esse tema, em nível de Mestrado, sendo elaborada por Nayara Franz no Programa de Pós-Graduação em História da Universidade Federal de Santa Catarina – UFSC. A pesquisadora está interessada em como *Fantasia* (1940) foi transformada em uma produção da 'boa vizinhança' no Brasil.

Além das produções de Disney, outros filmes eram um absoluto sucesso de público no Brasil. Sobre *Sergeant York* (1941), a *Brazilian Division* afirmou que "o filme causou uma absoluta sensação aqui. Fãs, jornais e critica foram ao êxtase com a estória feita a partir do diário de Alvin York". Gary Cooper como Sargento York, teria atuado de "uma forma não afetada, além disso a audiência foi capaz de ver o outro lado dos Estados Unidos, para além de um país onde os gangsteres e chantagistas são abundantes".[35]

Outra produção a fazer sucesso no Brasil e que estava perfeitamente adequado aos interesses da *Brazilian Division* foi *Mrs. Miniver* (1942). O drama de uma família inglesa diante da invasão alemã durante a II Guerra Mundial foi tratado no período como uma excepcional propaganda pró-aliados e contou com um massivo apoio do *State Department* e do estúdio que o produziu, a Metro-Goldwyn-Mayer, a ponto de os interesses comerciais da produção ficarem em segundo plano.[36] Ademais, no Brasil o filme contou em diversas exibições com o patrocínio da Primeira Dama, Darcy Vargas e, nestas ocasiões a bilheteria arrecadada teria sido revertida para instituições de caridade.[37]

Um exemplo de comédia que deveria ser enviada para o Brasil segundo a seção brasileira era *Three Cockeyed Sailors* (1940), representando a marinha alemã de "forma absurda e muito engraçada". Essa seria "exatamente a linha que deveria ser seguida pelos estúdios estadunidenses – fazer filmes de comédia, que são uma necessidade, e rir às custas do inimigo".[38]

A atenção da *BD* também se voltava para notícias publicadas no Brasil vindas dos Estados Unidos e que pudesse, eventualmente, atrapalhar nos esforços de 'boa vizinhança'. Em janeiro de 1942, uma notícia publicada por jornais cario-

---

35 Cf. *Memorandum BD.No.257*, February 11, 1943. Reaction; RG229, Box 226; NARA II.

36 Cf. Letter BCG-1517, January 19, 1943. Reaction; RG229, Box 226; NARA II. *Mrs. Miniver* ou *Rosa da Esperança*, como foi chamado no Brasil, é um dos principais filmes analisados no trabalho de doutorado de Celso Fernando Claro de Oliveira intitulado *Vencendo a guerra em casa: a representação da sociedade estadunidense nos home front movies e sua recepção, 1942-1945*, no âmbito do Programa de Pró-Graduação em História da Universidade Federal de Santa Catarina – UFSC.

37 Cf. *Memorandum co.No.2279*, November 19, 1942. Reaction; RG229, Box 226; NARA II.

38 Cf. *Memorandum co.No.1110*, May 20, 1942. Reaction; RG229, Box 226; NARA II.

cas sobre um casamento ocorrido nos Estados Unidos deixou a sessão do *Office* no Brasil bastante insatisfeita. Segundo o documento enviado para o escritório do *Office* em Washington, DC pelo Diretor da *BD*, a notícia do casamento de dois criminosos em uma prisão era um bom exemplo do tipo de notícia que não deveria ser enviada para o Brasil. Muitos brasileiros que retornavam dos Estados Unidos, estariam dizendo aos jornais brasileiros que ficaram surpresos em encontrar um país diferente daquele representado nos filmes. Para a *BD*, "é deplorável quando tanto dinheiro e tempo está sendo gasto para criar um bom entendimento entre as Américas e notícias como essa anulam nossos esforços".[39] Cinema, costumes, política e propaganda estavam completamente imbricados.

Nesse aspecto, qualquer notícia que pudesse por em dúvida as promessas de felicidade e futuro promissor difundidas por seu cinema era rapidamente censurada pela *Brazilian Division*. Por essa razão, dentre os gêneros cinematográficos que mais causavam apreensão na *BD*, estava a comédia, principalmente quando zombava de algo relacionado aos interesses estadunidenses no esforço de guerra.

A preocupação com a seleção dos filmes que seriam enviados para o Brasil foi intensificada pela entrada dos Estados Unidos na II Guerra Mundial. Comumente a *Brazilian Division* tinha que lidar com filmes produzidos antes ou em produção durante episódios como ataque a *Pearl Harbor* (7 de dezembro de 1941), ou a batalha em *Coral Islands* (4 a 8 de maio de 1942), e que não estavam devidamente engajados no esforço de guerra. Um exemplo seria o já mencionado *In the Navy* (1941). O filme estrelado pelos comediantes Abbott e Costello teria agradado oficiais da marinha estadunidense, "mas isso foi antes da guerra e não levaram em consideração os sentimentos dos brasileiros e latino-americanos, que geralmente não entendem que os americanos podem tomar a guerra seriamente e ainda rir das palhaçadas e brincadeiras de seus soldados". A exibição do filme no Brasil poderia contrariar os interesses do *Office* após as batalhas citadas, uma vez "que o lançamento de filmes que fazem piada, e exageram cenas de nossa Esquadra que nos faz parecer tolos, fará que os brasileiros dificilmente nos levem a sério".[40]

---

39 Cf. *Memorandum co.No.455*, January 21, 1942. 05.5 Communications (reports) Dec 1942 March 1943; RG229, Box 226; NARA II.

40 Cf. *Memorandum co.No.1110*, May 20, 1942. Reaction; RG229, Box 226; NARA II.

Segundo o Embaixador do Estados Unidos no Brasil, Jefferson Caffery, pesquisas teriam evidenciado que para os brasileiros a Marinha e o Exército estadunidenses eram ridicularizados nesses filmes: "Isto é exatamente o oposto do que fazem os filmes de propaganda alemães, que exaltam as Forças Armadas da Alemanha, com ênfase no respeito e na disciplina".[41] No documento, o Embaixador recomendou fortemente que o *Hays Office* atuasse de forma mais intensiva junto ao *Motion Pictures Division*, de modo a evitar que filmes como *Caught on the Draft* (1941), *Buck Privates* (1941) e *In the Navy* (1941) continuassem sendo enviados ao Brasil.[42]

Em correspondência ao *Hays Office*, John H. Whitney tentou amenizar as recomendações que haviam sido feitas pelo Embaixador, explicando que a preocupação estava relacionada principalmente ao desconforto causado pelos filmes entre alguns notáveis e principalmente a oficiais do Exército Brasileiro. Para Whitney, no entanto, não haveria razão para grandes preocupações com relação aos filmes, pois estes costumavam ser apreciados pela população em geral e sob o ponto de vista do *Office* não eram ofensivos. A incisiva interferência do Embaixador era algo incomum nas relações entre as diferentes instâncias governamentais e não governamentais estadunidenses envolvendo o cinema de propaganda no Brasil. Todavia, diante do cuidado que os Estados Unidos estavam tendo com as boas relações entre os dois países seria melhor retirar as comédias de exibição e evitar que filmes semelhantes fossem enviados para o Brasil.[43] Por tais razões, em novembro de 1941 o *State Departament* solicitou formalmente a *Paramount Pictures*

---

41 Cf. *Memorandum from EH.Robins to J.H Whitney*, November 07, 1943. Reaction; RG229, Box 226; NARA II.

42 O *Hays Office*, também conhecido como *Motion Picture Producers and Distributors of America*, foi uma influente organização conhecida por exercer forte censura à industria do cinema nos Estados Unidos entre as décadas de 1920 e 1960. Durante o período de sua existência o *Hays Office* chegou a criar listas-negras, e clausulas morais nos contratos entre estúdios e atores. O *Production Code* criado pelo *Hays Office* em 1930, por sua vez, detalhava o que era ou não moralmente aceitável em filmes estadunidenses. Para um detalhamento de suas atividades vide: BLACK, Gregory. *Hollywood Censored: morality codes, Catholics, and the movies*. London: Cambridge University Press, 1994.

43 Cf. *Memorandum from John H. Whitney to Carl E. Miliken*, November 12, 1941. Reaction; RG229, Box 226; NARA II.

a interrupção da exibição nos cinemas brasileiros de ao menos uma das comédias: *Caught on the Draft*.[44]

Parks Paradise (1944), foi outro a obter uma avaliação desfavorável. De acordo com a *Brazilian Division* o filme era "uma apresentação extremamente ruim sobre o que poderia ser muito interessante e importante. A primeira parte é uma monótona apresentação de um cume de montanha após o outro" e "o trabalho de câmera é muito amador, cheio de movimentos e panoramas irregulares".[45] Outro filme exibido no Brasil e fortemente criticado pela *Brazilian Division* foi *You Can't Get Rich* (1941), em que Fred Astaire teria representado um papel ridicularizando a marinha dos Estados Unidos, onde "os soldados parecem estar em uma boate ao invés de um local onde treinam para defender e lutar pelo seu país"[46] e as "moças andam pra lá e pra cá como se estivessem em um piquenique". Por tais motivos, o filme "deveria ter tido sua licença de exportação negada antes que pudesse ser exibido no Brasil".[47]

A avaliação de *We Were Dancing* (1942), foi um pouco além dos meros comentários técnicos ou artísticos. O relatório preparado pela *Brazilian Divison* acerca do filme ressaltava que se tratava de "outro desapontamento da Metro que praticamente acabaria com a carreira de Norma Shearer". E haveriam outros exemplos para mais prováveis fracassos de bilheteria: "temos visto Greta Garbo em *Two Faced Woman* com Melvyn Douglas, temos visto Joan Crawford em *They all Kissed the Bride* com Melvyn Douglas e agora *We Were Dancing* novamente com Melvyn Douglas. Todos são comédias inteligentes que fracassaram no Brasil". A razão para os brasileiros não estarem interessados em tal tipo de comédia seria o fato de que: "nesse país uma jovem mulher comprometida para se casar é uma coisa muito séria, e a ideia de deixar o noivo com quem se estava comprometida para no dia seguinte se casar com um estranho está além da imaginação dos brasi-

---

44 Cf. *Memorandum from Jock Whitney to Berent Friele*, November 05, 1941. Reaction; RG229, Box 226; NARA II.

45 Cf. *Memorandum BD.No.7187*, September 25, 1945. Reaction; RG229, Box 226; NARA II.

46 Cf. *Memorandum co.No.1110*, May 20, 1942. Reaction; RG229, Box 226; NARA II.

47 Cf. *Memorandum co.No.1098*, May 19, 1942. Reaction; RG229, Box 226; NARA II.

leiros". Assim, "um filme baseado nesta premissa não vai muito longe aqui". Mas o que realmente poderia arruiná-lo no Brasil, seria a parte do filme mostrando uma cena em um tribunal, que "jamais poderia ter sido deixada nas cópias enviadas para a América Latina". Nos Estados Unidos haveriam, de acordo com o documento, diversas mulheres juízes presidindo cortes com dignidade e decoro, "mas a maneira que Marjorie Main ridicularizou o processo de divórcio, em um país onde não existem divórcios, enfraquece os esforços dos grupos que estão tentando criar um melhor entendimento entre os dois países."[48]

Ainda que as reações positivas aos filmes estadunidenses fossem bem exploradas pela *Brazilian Division*, as reações contrárias eram objeto de maior atenção pela seção. As reações aos filmes e *The Bad Man* (1941) e *Roxie Hart* (1942), por exemplo, foram tratadas com bastante seriedade pela *BD*. Em correspondência para a *Brazilian Division*, a *Motion Picture Division* concordava com as críticas feitas por jornais brasileiros a *The Bad Man*: "péssimas" e "bem merecidas". Além disso, a *MPD* indicou que quando o filme foi lançado, já esperavam por "perigosas implicações" que o filme poderia causar. Como tratava-se de um filme contextualizado no México, a *MPD* permitiu que ele fosse enviado para o Brasil, muito embora já tivessem retirado o filme de circulação no México após diversas manifestações.[49] *The Bad Man* foi considerado pela *Brazilian Division* uma "escorregada" do *Office* no Brasil, capaz de criar dificuldades para os seus esforços quando exibido.[50] As razões para tanto foram bem explanadas em uma matéria do Jornal *A Noite*, de 15 de dezembro de 1941. Segundo a matéria, o "filmezinho secundaríssimo" seria fruto de "uma cega e estúpida mentalidade dirigente de Hollywood" que insistiria em representar os latinos de um modo "vergonhoso e deprimente". Por fim, "a repetição dos incidentes e situações é tão insistente que, ao fim de algum tempo, o espectador está razoavelmente caceteado".[51]

---

48   Cf. Review of We Were Dancing, January 26, 1943. Reaction; RG229, Box 226; NARA II.

49   Cf. *Memorandum from John Hay Whitney to The Brazilian Division*. Reaction; RG229, Box 226; NARA II.

50   Cf. *Memorandum co.No.370*, December 24, 1942. Reaction; RG229, Box 226; NARA II.

51   Cf. O bandido romântico – classe D. Jornal *A Noite*. Rio de Janeiro, 15 de dezembro de 1941, p.5.

Entre relatos de recepções calorosas e potenciais desastres de bilheteria, a *Brazilian Division* ocasionalmente aconselhava os estúdios estadunidenses sobre a melhor forma de comercializar seus produtos em território brasileiro. O pouco interesse pelo filme *Tarzan's New York Adventure* (1942), fez a *Metro Goldwyn Mayer* reduzir a exibição para apenas duas semanas no Rio de Janeiro. A razão do insucesso segundo a *Brazilian Division* estaria em "mais outro caso em que o público acredita que um novo filme com um mesmo personagem, não passaria de uma refilmagem". Devido às séries produzidas por companhias como a *RKO, Columbia* ou *Metro* serem frequentes, a seção brasileira aconselhava os estúdios a omitirem o nome do personagem principal caso quisessem ter alguma bilheteria no Brasil. Ademais, informava o documento, "o verão extremamente quente, e a calmaria antes do carnaval é sempre uma época ruim para negócios com cinema no Rio".[52]

O suporte que a *Brazilian Division* dava a indústria cinematográfica estadunidense passava também por pesquisas feitas pela seção brasileira e distribuídas entre a sociedade cinematográfica estadunidense. Em junho de 1942, a seção brasileira enviou para *Office* uma pesquisa sobre os 'tipos de filmes mais populares' no Brasil. Eram eles: 1) filmes de época; 2) guerras; 3) sociedade; 4) *cowboys*; 5) musicais; 6) óperas; 7) pequenas cidades; 8) juvenis; 9) comédias e 10) gangsteres. Para a *BD*, o sucesso dos filmes de época derivava, sobretudo, da contínua exibição de *Gone With the Wind* (1940). Os filmes com fundo operístico seriam representados por atores como Jeanette McDonald e Nelson Eddy, e filmes como *New Wine* (1941), baseado na vida de Franz Schubert. Os filmes musicais seriam os com Bing Crosby "ou qualquer outro artista de rádio popular". Os filmes juvenis incluiriam "aqueles com Jimmy Lydon or Freddy Bartholemew". As comédias seriam as estreladas por Abbot e Costello ou Laurel e Hardy. A pesquisa também inquiriu se as pessoas iam mais ao cinema devido ao filme ou aos atores, e as respostas foram 29.5% pelos atores e 70.5% pelos filmes.[53] Embora não saibamos quantas pessoas foram entrevistadas, tampouco os locais, idade, raça, gênero e sua classe social, é significativo que o comércio de filmes para com

---

52 Cf. *Memorandum BD.No.258*, February 11, 1943. Reaction; RG229, Box 226; NARA II.

53 Cf. *Memorandum BD.No.1358*, June 23, 1942. Reaction; RG229, Box 226; NARA II.

o Brasil possa ter sido influenciado por pesquisas de órgãos governamentais estadunidenses tão pouco fundamentadas.

Os filmes acima são bons exemplos de que nem sempre um gênero fílmico proposto pelos produtores, coincide com àquele compreendido pelos espectadores, isto é, a compreensão de um dado filme, ou de seu gênero, depende do 'circuito comunicacional' no qual ele está inserido (a emissão, a mediação e a recepção do filme e outros textos a ele ligados que mencionamos na introdução deste trabalho). As relações existentes entre a produção, exibição e recepção dos filmes em discussão pelo *Office* demonstram o quanto tais produções foram impactadas por influências múltiplas e complexas. Mesmo havendo certa orientação, por vezes a percepção sobre o gênero pode escapar não apenas das intenções de seus produtores, mas também das expectativas de seus espectadores.

Um problema chamado 'Democracia'.

No início de 1941 a ida do Diretor da Divisão de Radiofusão do Departamento de Imprensa e Propaganda, Júlio Barata para os Estados Unidos fez com que os funcionários do *Office* se questionassem sobre quais seriam as melhores perguntas para fazer ao brasileiro. Após alguns memorandos sobre o tema, John Whitney, aconselhou cuidado e discrição ao Diretor do *Broadcast Division* do *Office*, Don Francisco, em relação a quão longe poderiam questionar o funcionário do DIP a respeito da lista e dos regulamentos apresentados às companhias de cinema no Rio sobre a censura de certas palavras como "democracia"; a respeito de qual a razão para os cinejornais estadunidenses serem editados tão drasticamente e as produções da alemã UFA [*Universum Film-Aktien Gesellschaft*] serem liberadas quase sem cortes, e ainda a respeito de porque o cinegrafista enviado para o Brasil é seguido por todos os lados e impedido de filmar temas que podem conter pouco material controverso. Whitney terminava o memorando enfaticamente: "em outras palavras, o quão longe nós podemos falar francamente sobre os problemas desse país?"[54] A ida do funcionário do DIP aos Estados Unidos, se não

---

54 Cf. *Memorandum from John Hay Whitney to Mr. Don Francisco*, May 23, 1941. Brazilian Censorship; Films; RG229, Box 226; NARA II.

respondeu às questões levantadas por Whitney, certamente teve bons resultados. Cerca de um ano após a viagem, em fevereiro de 1942, Julio Barata deixou o DIP para assumir a chefia de uma seção do *Office* para o Brasil, em Nova York.[55]

As questões supostamente feitas a Barata, foram respondidas de modo veemente por outro brasileiro. Dois meses após o retorno do funcionário do DIP ao Brasil, um despacho confidencial enviado pela Embaixada dos Estados Unidos no Brasil não apenas clarificava as questões anteriores como demonstrava pouca disposição para negociações. A lista de sugestões teria sido repassada verbalmente no dia 8 de abril de 1941 por Israel Souto a um oficial do *War Department*, e determinava de maneira direta, e um tanto ríspida, como o *Office* deveria proceder em pontos bastante sensíveis:

> 1) parem com a exibição de filmes relacionados a guerra atual, quando ela é apresentada de forma desanimadora, ou mesmo levemente, sobre qualquer nação em guerra, porque o Brasil deseja manter a sua neutralidade e evitar ressentimentos deste ou daquele país; 2) parem de mostrar filmes favoráveis a Democracia Liberal, porque o Brasil tendo um governo forte, não pode permitir propaganda contra o Regime. A palavra 'democracia' deve ser cortada dos filmes, mesmo quando usada sozinha; 3) coloquem obstáculos, usando as maiores restrições possíveis contra histórias de detetives ou policiais, porque elas são prejudiciais a formação da criança brasileira. Sugiram filmes relacionados a arte etc, para serem enviados para o Brasil no lugar daqueles com assassinos, ladrões, incêndios etc.; 4) diga para todos os produtores colaborarem com os censores da mesma maneira que os alemães, os únicos que estão colaborando, assim poderão criar uma atmosfera favorável para eles neste departamento.[56]

Após enviar as 'diretrizes para o cinema no Brasil' aos principais estúdios estadunidenses, John Hay Whitney enviou novas correspondências aos estúdios soli-

---

55 Cf. SOUZA, José Inácio de Melo. *O Estado contra os meios de comunicação, 1889-1945*. São Paulo: Annablume, p.121.

56 Cf. *Memorandum from John McClintock to John Hay Whitney*, June 3, 1941. Brazilian Censorship; Films; RG229, Box 226; NARA II.

citando a desconsideração das referidas diretrizes. A razão para a confusão teria sido uma troca de correspondências entre Whitney e Lourival Fontes, Diretor do DIP, onde o primeiro solicitava mais esclarecimentos sobre as diretrizes adotadas pelo DIP e explanadas por Souto. Fontes rapidamente tratou de desmentir as informações anteriores, informando que houvera um equívoco, e que com relação ao ponto 1 a censura apenas cortaria as referências ofensivas e cenas de horror. Com relação ao ponto 3, os censores apenas usariam a classificação "impróprio para menores", já os pontos 2 e 4 seriam "absolutamente inverídicos".[57] Se Lourival Fontes tomou conhecimento ou não de que as informações foram repassadas por Israel Souto, é algo não revelado pela documentação relativa ao episódio. Todavia, o comunicado conjunto para desmentir a fala do censor, indica no, mínimo, um constrangimento para o Departamento de Imprensa e Propaganda. Já para o *Office*,

> As condições para o uso da palavra 'democracia' não são novas – essa tem sido uma palavra impopular lá por algum tempo. O Departamento de Estado nunca a usa e aconselha todos que escrevem os discursos a evitá-la. O Brasil não é uma democracia, embora tenha orgulho em afirmar que tampouco é uma ditadura.[58]

Desmentidas ou não, por cautela o *Office* adotou as orientações fornecidas inicialmente por Souto. Em 20 de fevereiro de 1942 um memorando do Embaixador dos Estados Unidos no Brasil, Jefferson Caffery, recomendava ao *Office* que material agradável predominasse em todos os filmes a serem enviados para o Brasil. O material desagradável deveria ser mantido entre os filmes apenas para manter uma "franqueza aparente". Além disso, embora naquele momento não houvessem exemplos de filmes que estivessem causando reações desfavoráveis aos EUA, o Embaixador acreditava "firmemente" que o contexto requeria precauções adicionais.[59]

---

57 Cf. *Memorandum from John Hay Whitney to Walter Wanger*, June 28, 1941. Brazilian Censorship; Films; RG229, Box 226; NARA II.

58 Cf. *Memorandum from John Hay Whitney to Walter Wanger*, May 13, 1941. Brazilian Censorship; Films; RG229, Box 226; NARA II.

59 Cf. *Memorandum from Caffery to Whitney*, February 20, 1942. Brazilian Censorship; Films; RG229, Box 226; NARA II.

A censura, como pode-se depreender do episódio acima, foi um obstáculo constante para a *Brazilian Division*, exigindo de seus funcionários paciência e uma boa dose de cordialidade para com os funcionários do DIP. Logo no início de suas atividades, a sessão brasileira do *Office* notou que a relação não seria nada fácil.

Em 12 de janeiro de 1942 a *Brazilian Division* foi informada de que o DIP iria verificar todos os filmes em exibição no interior do país. Naquele momento, o DIP tinha informações de que filmes da Checoslováquia, Polônia, Itália e Alemanha estavam sendo exibidos sem que tivessem sido liberados pela censura. A medida também atingia os filmes de propaganda estadunidenses que teriam que obter novas certificações. A avaliação do *Office* era de que tal esforço iria trazer algum inconveniente para as companhias estadunidenses que operavam no Brasil, mas teriam um resultado final positivo para os Estados Unidos. Harry Lima, Diretor Geral da *Warner Brothers* no Brasil havia sido selecionado para representar os distribuidores junto ao DIP para a escolha da melhor forma de verificar os certificados dos filmes.[60]

A censura do DIP frequentemente ocasionava preocupações ao *Office*, como quando a *United Artists* não conseguiu lançar *The Great Dictactor* (1941), de Charles Chaplin devido aos excessivos cortes na fala final do protagonista principal.[61] Segundo o Major Antônio José Coelho dos Reis, Diretor do DIP, o filme seria "definitivamente comunista e desmoralizante para o Exército". O descontentamento do DIP seria tamanho, que a *United Artists*, responsável pelo lançamento do filme no Brasil, chegou a ser ameaçada de ter a sua licença para atuar no Brasil revogada e todas as salas em que filme estivesse sendo exibido, multadas e fechadas, caso as exigências da censura não fossem atendidas.[62]

Em outubro de 1942, o Embaixador do Estados Unidos no Brasil, Jefferson Caffery, enviou um telegrama ao Secretário de Estado estadunidense infor-

---

60 Cf. *Memorandum CO.n.1956*, October 12, 1942. Brazilian Censorship; Films; RG229, Box 226; NARA II.

61 Cf. *Memorandum CO.n.1956*, October 12, 1942. Brazilian Censorship; Films; RG229, Box 226; NARA II.

62 Cf. *Memorandum CO-N.1722*, August 21, 1942. Motion Pictures (General), January 1942, 2; RG229, Box 227; NARA II.

mando sobre as suas conversas com as autoridades de censura a respeito do filme de Chaplin, e sugerindo uma saída para o impasse com a censura brasileira.

No documento Caffery recomendava "fortemente" que a *United Artists* seguisse a orientação de seu gerente local e enviasse fotogramas sem legendas para serem inseridos no lugar das legendas censuradas. Aparentemente o censor não se contrapunha ao filme com trilha sonora em inglês se os subtítulos censurados fossem retirados. Este procedimento, segundo o Embaixador, não iria "depreciar o valor do filme e ele poderá ser exibido, caso contrário o filme como está é inaceitável para o DIP, e em nossa opinião, seu posicionamento é razoável".[63] Haviam, no entanto, filmes estadunidenses mais complicados para serem liberados pela censura do que os de Chaplin.

O *Office* se esforçava por disseminar propaganda aliada em regiões consideradas 'sensíveis', como o Sul do Brasil, mas tinha que lidar com produções estadunidenses que frequentemente 'exageravam' no bom tratamento dado a questões, situações ou protagonistas alemães. Os funcionários do *Office* no Brasil lembravam aos seus superiores sempre que podiam: "os filmes eram essenciais na Guerra da Propaganda".[64] Por essa razão, a exibição de filmes de propaganda estadunidense em locais sob forte influência alemã, como no recém nacionalizado Esporte Clube Pinheiros de São Paulo,[65] ou a dispensa de trabalhadores para ver os filmes em indústrias como as da família Mattarazzo,[66] eram motivo de grande regojizo para a agência governamental estadunidense.

Em julho de 1942, a *Brazilian Division* apontava sua preocupação com filmes hollywoodianos que estariam mostrando a superioridade da espionagem da *Gestapo* em filmes como *Paris Calling* (1941). Já em *Mystery Sea Raider* (1940),

---

63 Cf. Telegram n.4192, October 14, 1942. Brazilian Censorship; Films; RG229, Box 226; NARA II.

64 Cf. *Memorandum BD-397*, March 5, 1943. 05.2 (c1) Projection machines and acessories 1; RG 229, Box 1287; NARA II.

65 Cf. *Memorandum Rio 466*, August 16, 1943. 05.2 (e) Exhibition reports correpondence (São Paulo) 3. RG229; Box 1288. NARA II.

66 Cf. *Report*. Contacted I.R.F. Mattarazzo for possibility of movie showing in their factories, March 20, 1943. 05.2 (e) *Exhibition reports correpondence* (São Paulo) 1. RG229; Box 1288. NARA II.

muitos protestos estariam sendo feitos em relação as "honradas ações" do Almirante alemão, que ao final do filme fora representado como um "perfeito gentleman". Segundo o documento, as pessoas estariam sentindo que os dois filmes são pró-alemanha, e se não fossem pelos nomes dos atores, "nós não acreditaríamos que esses filmes foram feitos em Hollywood".[67] O mesmo problema, o de um filme parecer demasiadamente simpático aos alemães, foi constatado após a exibição de *Escape* (1940), baseado no livro homônimo de Ethel Vance de 1939. Por orientação da *Brazilian Division*, o *Office* decidiu retirar o filme de circulação argumentando que:

> Durante a ultima guerra um filme intitulado *The Kaiser, the Beast of Berlin* inflamou a opinião pública nos Estados Unidos a tal ponto que quando as pessoas iam ao cinema para ver esse filme jogavam frutas podres na tela. Nós temos novamente a oportunidade de por meio do cinema fazer os brasileiros terem ódio por Hitler, Goering, Goebbels e todos próximos a eles, a ponto de que as pessoas aqui nunca mais vão querer qualquer coisa com os alemães novamente.[68]

Para a *BD* o filme *Escape* perdeu a chance de fazer algo semelhante: "não apenas perdeu a oportunidade para mostrar o inimigo negativamente, mas em algumas cenas o glorifica". Além disso, "Conrad Veidt como o pomposo General Von Kolb nunca esteve próximo do personagem representado originalmente no livro. Uma figura mais odiável poderia ter sido Eric Von Stroheim". A crítica não poupou sequer o diretor Mervyn LeRoy "que nunca pareceu ter entendido o espírito do livro ou ter sido capaz de usar a imaginação para preencher o filme com partes que poderiam ter feito ele ter tido mais sucesso."[69]

Aos poucos os foram sendo notados sinais de que os esforços estavam sendo recompensados. Ao longo de 1942, os funcionários da seção brasileira passaram a notar uma mudança no comportamento do público brasileiro com relação a repre-

---

67   Cf. *Memorandum CO.n.1272*, July 10, 1942. B-MP4429 - Production of 16mm films in Brazil; Films; RG229, Box 226; NARA II.

68   Cf. *Memorandum BD.No.1140*, May 26, 1942. Reaction; RG229, Box 226; NARA II.

69   Cf. *Memorandum BD.No.1140*, May 26, 1942. Reaction; RG229, Box 226; NARA II.

sentação de alemães em diversos filmes, que em sua interpretação estaria ocorrendo em boa medida devido à influência do cinema estadunidense. Com relação ao filme *Escape*, segundo a *BD* a reação estaria ligada principalmente ao papel de um educado General Alemão, representado por Conrad Veidt. Para os funcionários do *Office* no Brasil, a opinião pública estava tão inflamada contra as potências do Eixo, que qualquer representação minimamente favorável despertava forte crítica. Tal sentimento teria se tornado ainda mais forte após as notícias da invasão da Checoslováquia, que estaria demonstrando como nunca antes "os monstros com quem eles estão lidando, diferentes dos tomadores de chá, apreciadores de ópera e charmosos, como o General alemão representado por Conrad Veidt."[70]

Entretanto, nem os filmes estrelados por Chaplin, Conrad Veidt ou qualquer ator que protagonizasse personagens alemães geravam tantas preocupações e problemas e quanto os filmes com temática soviética.

Durante a II Guerra Mundial, o governo estadunidense por diversas vezes tentou flexibilizar a exibição de filmes pró-soviéticos no Brasil. As sucessivas tentativas indicam de que maneira a Embaixada dos Estados Unidos no Rio Janeiro operava em conjunto com o *Office* para tanto. Em março de 1943 o conselheiro da Embaixada, John F. Simmons relatou ao *Office* que após uma longa conversa com o então Diretor do Departamento de Imprensa e Propaganda, Major Coelho dos Reis e o Diretor da Divisão de Teatro e Cinema do DIP, Israel Souto, ficou claro que o governo brasileiro não permitiria a exibição de filmes que mencionassem diretamente a União Soviética. Em geral, asseverou Simmons "afirmaram que filmes de origem russa ou que são simpáticos com a Rússia ainda são tabus aqui".[71]

Ao longo de 1943 a *Brazilian Division* continuamente relatou ao *Office* que o DIP mantinha uma forte censura a qualquer material pró-soviético, chegando a recomendar ao *Office* que cortasse todas as partes dos filmes e cinejornais estadunidenses que fizessem menção a União Soviética antes de serem enviados ao Brasil e aconselhava que o mesmo procedimento fosse repassado aos estúdios em

---

70   Cf. *Memorandum BD.No.1411*, June 2, 1942. Reaction; RG229, Box 226; NARA II.

71   Cf. *Memorandum 10301*, March 2, 1943. Brazilian Censorship; Films; RG229, Box 226; NARA II.

Hollywood. Porém, recomendava que o *Office* se empenhasse na aprovação de produções envolvendo a União Soviética que fossem favoráveis aos Estados Unidos.[72]

Em alguns casos, os cortes realizados pela censura nos cinejornais que apresentavam eventos ocorridos na União Soviética eram tão grandes que chegavam a inutilizar o filme, como o ocorrido no *Newsreel n.26*, onde todas as referências à Batalha de Stalingrado foram censuradas.[73]

Em um memorando de 18 de fevereiro de 1944, a *Brazilian Division* deixou claro o seu comprometimento em tentar por todos os meios possíveis a exibição do filme *The Song of Russia* (1944) no Brasil. No entanto, a divisão brasileira alertou sobre a possível demora, uma vez que o DIP teria um forte posicionamento quanto a censurar tudo o que estivesse relacionado a União Soviética no país. As dificuldades ante a sua aprovação junto a censura brasileira ajudam a explicar a intensa publicidade nos jornais cariocas antes de seu lançamento.

Os epítetos na publicidade do filme tentavam afastá-lo de qualquer aspecto político ou ideológico, reforçando o romantismo e a trilha sonora do filme:"um poema de amor, um grande amor", e "uma emoção de intensa beleza, envolta em música de Tchaikovsky".[74] De fato, em *Song of Rússia* é uma adocicada representação de um romance entre um motorista estadunidense e uma camponesa soviética que vivia em uma fazenda não coletiva, mas 'familiar'. Todos pareciam ter ótimos momentos durante as cenas, tão bons que levaram a *House Un-American Activities Committee* a questionar em 1951 porque Ann Harding estava "sorrindo tanto no filme".[75]

---

72 Cf. *Memorandum BD-2504*, February 4, 1944. Brazilian Censorship; Films; RG229, Box 226; NARA II.

73 Cf. *Memorandum Bai/114*, August 24, 1943. 05.2 (g) Exhibition reports correspondence, Bahia 1. RG229, Box 1290; NARA II.

74 Cf. Cinemas. Jornal *Diário Carioca*, 4 de abril de 1945, p.6.

75 Cf. SHINDLER, Colin. *Hollywood Goes To War*: films and american society, 1939-1952. London: Routledge, 1979, p.59. Para uma discussão introdutória sobre a *House Un-American Activities Committee* vide: VALIM, Alexandre Busko.; NOMA, Amélia Kimiko. Cinema Noir. In: Francisco Carlos Teixeira da Silva; Sabrina Medeiros; Alexander Martins Vianna. (Org.). *Enciclopédia de guerras e revoluções: a época da Guerra Fria (1945-1991) e da Nova Ordem Mundial (1945-2014)*. 2ed.Rio de Janeiro: Campus/Elsevier, 2015, v. 3, p. 112-113.

Uma possível solução apontada pela *BD* para que o filme fosse 'desimpedido' pelo DIP era nada mais do que uma uma barganha com os censores brasileiros. A saída seria discutir o assunto com o DIP quando o filme chegasse no Brasil e afirmar que se houvesse uma "atitude mais liberal de sua parte em nos ajudar", mais material sobre o Brasil seria utilizado nos Estados Unidos.[76]

Canção da Rússia, como foi chamado no Brasil, só foi lançado, no entanto, em 19 de abril de 1945, quando *The North Star* (1943), outro filme pró-Rússia recém havia sido lançado no Brasil.[77] Hollywood foi sem dúvida uma importante adesão à causa pró-soviética. *The Boy From Stalingrad* (1943) e *The North Star* (1943) dramatizaram os soviéticos lutando contra os nazistas, enquanto filmes considerados de segunda categoria (*B movies*) como *Three Russian Girls* (1943) usavam a guerra como pano de fundo para adocicados romances.

Entre os filmes pró-russia lançados durante a II Guerra Mundial, *Mission to Moscow* (1943) foi uma das produções estadunidenses mais ambiciosas e polêmicas. Os desafios enfrentados durante a sua produção e exibição contribuem para a compreensão das razões para tais filmes terem se tornado tão importantes durante o período.

As origens da produção remontam a janeiro de 1937, quando o advogado Joseph E. Davies se tornou o Embaixador estadunidense em Moscou, substituindo William Christian Bullit, que deixou o cargo acusando "os bolcheviques" de serem frios em suas relações, e alertando o governo sobre o "poder destruidor" das Forças Armadas Soviéticas.[78] Posteriormente, em 1941, o ex-embaixador Davies escreveu um livro baseado em sua experiência na União Soviética entre 1936 e 1938. O livro, *Missão em Moscou*, rapidamente ganhou a reputação de ser pura propaganda stalinista. Segundo Todd Bennett, Davies, no entanto, teria escrito o

---

76 Cf. *Memorandum BD-2600*, February 18, 1944. Brazilian Censorship; Films; RG229, Box 226; NARA II.

77 Cf. Jornal *A Manhã*, 14 de abril de 1945, pg. 10.

78 Cf. COSTIGLIOLA, Frank. "Unceasing pressure for penetration": Gender, pathology, and emotion in George Kennan's formation of the Cold War. *The Journal of American History*. Bloomington: Mar 1997. vol.83, Iss. 4, p.1311-1312.

O triunfo da persuasão

livro objetivando "ter uma melhor aceitação pública para ajudar a Rússia, que era vital para o front Cristão, e para o Chefe (Roosevelt) em sua magnífica cruzada".[79]

A despeito de sua inclinação pró-soviética, o livro, que apareceu somente duas semanas após o ataque de *Pearl Harbor*, foi um enorme sucesso. De modo surpreendente, foi um best-seller internacional, vendendo incríveis 700.000 cópias. Foi traduzido em 13 línguas e publicado em 9 países. Ademais, Sumner Welles, assistente do Secretário de Estado, permitiu que Davies usasse documentos do *State Department* classificados como confidenciais. Segundo Ronald e Allis Radosh, dentre esses documentos estariam despachos confidenciais que ele haveria escrito para o *State Department*, bem como suas anotações em seu diário pessoal, e a correspondência entre ele e vários outros oficiais.[80]

Em 1943, *Mission to Moscow* foi levado para as telas dos cinemas como "o esforço mais extremo de Hollywood para intensificar o apoio para um aliado impopular nos EUA".[81] O filme procurou ser fiel aos mesmos referenciais temáticos presentes no livro, destacando-se aí o Pacto Nazi-Soviético, os expurgos stalinistas, o modo de vida soviético e a invasão da Finlândia.

Embora fosse uma grande produção hollywoodiana, dirigido por Michael Curtiz - que também dirigiu *Casablanca* (1942) - com atores famosos como Walter Huston, ela também teve um apelo documental. Isto é, foi feito para convencer a audiência de que o filme não era uma simples ficção, mas contava uma história por detrás das manchetes baseada em documentos secretos dos Estados Unidos.[82] No filme, o epílogo de Davies reforça a ideia de verossimilhança:

---

79 Cf. BENNETT, Todd. Culture, power, and Mission to Moscow: Film and Soviet-American relations during World War II. *The Journal of American History*. Bloomington: Sep 2001. Vol. 88, Iss. 2, p.491.

80 Cf. RADOSH, Ronald; RADOSH, Allis. A great historic mistake: the making of mission to Moscow. *Film History*. Sydney: 2004. Vol. 16, Iss. 4, p. 364-366.

81 Cf. RADOSH, Ronald; RADOSH, Allis. A Great Historic Mistake: The Making of Mission to Moscow. Film History. Sydney: 2004. Vol. 16, Iss. 4, p. 375.

82 No Brasil, uma boa dicussão sobre a polêmica produção dirigida por Michael Curtiz pode ser vista em: SILVA, Michelly Cristina da. *Cinema, propaganda e política*: Hollywood e o Estado na construção de representações da União Soviética e do Comunismo em *Missão em Moscou* (1943) e *Fui um Comunista para o FBI* (1951). Dissertação de Mestrado. Programa de Pós Graduação em História Social. Universidade de São Paulo – USP, 2013.

> Quando eu era embaixador na Rússia, jamais pensei em escrever um livro em Moscou, ou vê-lo projetado numa tela. Mas quando a Alemanha atacou a Rússia, a URSS se tornou uma das nações combatendo Hitler, e foi um momento terrível. (...) A unidade das forças combatendo Hitler era vital. Nada, no meu modo de ver, era mais importante do que os Aliados em se entenderem e confiarem. Havia tanto preconceito e desconhecimento em relação à URSS, os quais eu também assumia. Então, decidi ser minha obrigação contar a verdade sobre a URSS, como a via, pois tal visão era o meu objetivo.

De acordo com Todd Bennett, o filme foi interpretado por muitos conservadores como um dos mais infames filmes da história estadunidense, chegando a ser acusado de ter membros do *Communist Party of United States of America (CPUSA)* infiltrados no projeto, com o intuito de produzir propaganda comunista. Com mais cuidado, Bennett detalhou a história da produção do filme, arguindo que ela era bem-intencionada, mesmo sendo uma exagerada e malsucedida tentativa de Davies, *Warner Bros. Studios*, e o *Office of War Information (OWI)*, de diminuir a desconfiança estadunidense sobre seus aliados socialistas, supostamente totalitários.[83]

Depois de ler o roteiro final, em novembro de 1942, o *Office of War Information (OWI)* teria expressado sua esperança de que *Mission to Moscow* pudesse se tornar "um dos mais extraordinários filmes dessa guerra" e "uma grande contribuição para o programa de informação de guerra". Poderia "ser o maior meio de mensagens convincentes para ajudar os americanos a entender seus aliados soviéticos. Por ser uma história verdadeira contada por um homem que não pode ser acusado de inclinações comunistas, poderá acalmar duplamente os americanos".[84]

Aliada a ideia de suporte para a segurança coletiva, o filme apresentou os soviéticos como um povo bastante simpático. Houve dessa forma, um grande es-

---

83 Cf. BENNETT, Todd. Culture, power, and mission to Moscow: Film and Soviet-American relations during World War II. *The Journal of American History*. Bloomington: Sep 2001. Vol. 88, Iss. 2, p.498.

84 Cf. BENNETT, Todd. Culture, power, and mission to Moscow: Film and Soviet-American relations during World War II. *The Journal of American History*. Bloomington: Sep 2001. Vol. 88, Iss. 2, p.501.

forço para mostrar que os soviéticos e os estadunidenses não eram tão diferentes. Ademais, o filme camuflou os expurgos ocorridos na União Soviética ao longo da década de 1930, racionalizou a participação de Moscou no Pacto Nazi-Soviético e a invasão da Finlândia, e mostrou o país como um Estado que estava se movendo na direção do modelo estadunidense. Finalmente, a produção justificou a diplomacia soviética e agressão pré-guerra, apresentando a União Soviética como uma benfeitora do internacionalismo.

Diante do exposto, não surpreende que o filme tenha sido desembarcado no Brasil em novembro de 1943 e ficado retido pela censura brasileira até abril de 1945, quando finalmente foi liberado para exibição nos cinemas. O livro no qual o filme fora baseado, no entanto, foi amplamente publicizado por jornais brasileiros já a partir de meados de 1943. A censura cinematográfica brasileira, mesmo com intensa pressão da *Brazilian Division*, havia prevalecido.

Quando finalmente foi liberado pela censura, o filme rapidamente se tornou um sucesso. Para 'Carlomagno', crítico de cinema do Jornal *A Manhã*, *Mission to Moscow* "é uma película que precisa ser vista por todos os apreciadores do bom cinema, principalmente pelos que desejam conhecer o que se passa na U.R.S.S e decifrar as aparentes contradições da política internacional".[85] O filme mereceu uma avaliação ainda melhor no periódico especializado em cinema *A Scena Muda*, que atribuiu à "redemocratização do Brasil" a possibilidade de "ver um celuloide tão valioso e necessário como este. Um celuloide histórico, talvez o maior de todos desta guerra".[86] Mesmo com "preços super-capitalistas" com relação aos ingressos, a avaliação da *Revista da Semana*, era a de que "Tio Sam surpreendeu-nos com a apresentação do maior documento cinematográfico da História, uma obra prima da sétima arte, uma demonstração viva e nítida da vida de uma nacionalidade, cujos episódios durante muitos anos dormiram nos 'bureaux' policiais, lacrados pela censura oficial".[87]

No âmbito da resistência da censura brasileira a qualquer material pró-soviético antes que a guerra findasse, até mesmo uma das séries de propaganda esta-

---

85   Cf. No Estúdio e na Tela. Jornal *A Manhã*, Rio de Janeiro, 13 de abril de 1945.

86   Cf. Missão em Moscou. Jornal *A scena muda*, Rio de Janeiro, 17 de abril de 1945, p.31.

87   Cf. "Thank you", Hollywood! *Revista da Semana*, São Paulo, 14 de abril de 1945, p.6.

dunidense mais difundidas e populares realizadas durante a II Guerra Mundial, *Why We Fight* (1942-1945), teve episódios proibidos no Brasil. Nas primeiras sondagens da *BD* acerca da liberação dos três primeiros episódios da série, havia o temor de que eles pudessem ser censurados pelo DIP em razão "de suas fortes referências a governos centralizadores".[88]

A expectativa em torno da série era imensa em vista dos excelentes resultados que estavam sendo obtidos com a exibição da produção na seção boliviana e costa-riquenha.[89] A *BD* esperava distribui-la em todo o território brasileiro com o apoio dos representantes dos principais estúdios estadunidenses no Brasil, em exibições gratuitas durante sessões especiais, se possível.[90]

O segundo episódio da série, *Nazi Strike* mereceu uma sessão especial reservada, com o Reitor da USP, Jorge Americano, o Diretor da Sessão de Cinema do DEIP, Plinio Mendes, e o Secretário da União Cultural Brasil-Estados Unidos, Trajano Pupo Netto. O objetivo da *Brazilian Division* nessa ocasião era colher opiniões 'bem fundamentadas' sobre o impacto que o episódio poderia ter entre a população brasileira. Dentre as sugestões colhidas entre os 'ilustres espectadores', estava a de que as cenas mostrando a Alemanha antes do início da guerra eram demasiadamente favoráveis e deveriam ser suprimidas para que o público brasileiro fosse convencido mais facilmente de sua vilania.[91] O exame minucioso da documentação sobre o impacto da série, demonstra que ela foi uma produção importante no arsenal propagandístico do *Office* no Brasil, e obteve sucesso de público para muito além dos quartéis.

Considerados pela *BD* como "filmes especiais de propaganda" e "a mais forte forma de propaganda pró-aliada disponível"[92], os quatro primeiros episódios da série *Why We Fight*, 1942-1945), *Prelude to War* (1942), *The Nazi Strike* (1943)

---

88 Cf. *Memorandum BD-1252*, August 12, 1943. Propaganda; RG229, Box 226; NARA II.

89 Cf. *Memorandum Rio-1059*, October 9, 1944. 05.2 (e) *Exhibition reports correpondence* (São Paulo), 1944, 5. RG229, Box 1289; NARA II.

90 Cf. *Memorandum ECG-1963*, August 10, 1943. Propaganda; RG229, Box 226; NARA II.

91 Cf. *Memorandum Rio/774*, October 30, 1943. 05.2 (e) Exhibition reports correpondence (São Paulo) 4. RG229, Box 1289; NARA II.

92 Cf. *Memorandum ECG-1963*, August 10, 1943. Propaganda; RG229, Box 226; NARA II.

e *Divide and Conquer* (1943), *The Battle of Britain* (1943) e ainda *The Battle of China* (1944)[93] foram autorizados ao final de 1944, ao passo que os dois episódios de *Battle of Russia* (1943), e os curtas *Attack!* (s.d.), *Eve of Battle* (s.d) e *Memphis Belle* (1944), não foram liberados pelo DIP. No entanto, a *BD* encontrou um meio de continuar exibindo as produções impedidas pela censura: seriam mostradas em sessões restritas na Embaixada dos Estados Unidos, no Rio de Janeiro.[94]

O primeiro episódio *Prelude to War*, não chegou ao DIP sem cortes, antes passou por uma censura prévia pela própria *Brazilian Division* que retirou da produção as sequencias relacionadas ao fechamento de órgãos legislativos e o controle da imprensa pelos países do Eixo.[95] A exibição pela *Brazilian Division* de *The Batlle of Russia* poucos meses depois em uma sessão na *Associação Cristã de Moços*, com anúncios em ao menos dois jornais cariocas,[96] poderia parecer um indício de que na prática o *Office* utilizava sua rede para driblar a censura do Departamento de Imprensa e Propaganda – DIP. Porém, ao menos neste caso, acreditamos que estava mais próxima do relaxamento das tensões ocorrida a partir de meados de 1944. A partir de março de 1945 os filmes da série *Why We Fight* estavam entre os filmes mais exibidos pela *Brazilian Division* em todo o Brasil.[97]

O restabelecimento de relações diplomáticas com a União Soviética ocorreu apenas após o término da II Guerra Mundial, em setembro de 1945. No entanto, já a partir de março do mesmo ano com a iminente capitulação alemã, percebia-se nos cinemas brasileiros alguma liberdade para a circulação de produções com temática soviética ou mesmo produzidos naquele país.

Dentre os filmes com temática soviética exibidas no Brasil a partir de março de 1945, o mais comemorado pela *Brazilian Division* talvez tenha sido uma

---

93 Cf. *Memorandum Rio/836*, August 28, 1944. 05.2 (e) *Exhibition reports correpondence* (São Paulo), 1944, 5. RG229, Box 1289; NARA II.

94 Cf. *Memorandum BF-6268*, November 10, 1944. Propaganda; RG229, Box 226; NARA II.

95 Cf. *Memorandum from Charles S. Penson to William W. Murray*. 05.2 (c1) Projection machines and acessories 1, Box 1287; NARA II.

96 Cf. Reuniões. Jornal *Correio da Manhã*, Rio de Janeiro, 22 de Abril de 1945, p.23 e A Batalha da Rússia. Jornal *Diário Carioca*, 26 de abril de 1943, p.6.

97 Cf. *Report of the Information Division*, June 15, 1945. Brazilian Coordination Committee – Minutes; n.115 to n.147. RG229, Box 1352. NARA II.

produção decorrente das atividades do DIP desde o início do conflito. Entre 1941 e 1945 o DIP tinha como prática cortar todas as cenas envolvendo a União Soviética de cinejornais estadunidenses. Na iminência do fim do conflito mundial, relaxamento das atividades de censura e reaproximação com os soviéticos, o DIP enviou todo o material previamente cortado para a *Brazilian Division*. A *BD* rapidamente editou todo o material e o lançou no Brasil com o título *Russian Battle Scenes* ou *Filmes Russos Verdadeiros* (1945); que não deixa de guardar certas semelhanças com uma das sequências finais do filme *Cinema Paradiso* (1988), de Giuseppe Tornatore.

O filme obteve pleno êxito entre um público que estava ávido por notícias e imagens das frentes de batalhas no Leste Europeu.[98] De acordo com um cartaz publicado no Jornal *Correio da Manhã* em abril de 1945 "uma multidão sequiosa de novidades sobre a URSS" estava afluindo incessantemente aos cinemas.[99]

Entre 1941 e 1945 os esforços do *Office* para inserir filmes pró-Rússia no Brasil passavam por um delicado equilíbrio: de um lado, como vimos, o Departamento de Imprensa e Propaganda – DIP, declaradamente contrário a qualquer filme que pudesse disseminar 'ideologias exóticas' pelo país. De outro, a Igreja Católica, receosa de que seus fiéis pudessem ser 'contaminados' pelo ateísmo comunista. Por esta razão, a *BD* se ocupou de monitorar as reações dos setores mais conservadores brasileiros com a maior proximidade possível. Em setembro de 1943, o *Office* solicitou um refinamento dos relatórios sistematicamente enviados das 'outras repúblicas americanas' de modo que o posicionamento dos religiosos nessas regiões aos filmes exibidos pela *BD* ficasse mais claro.[100]

Assim, a *BD* passou a dar uma maior atenção tanto a exibição quanto a recepção para essa classe social, especialmente quando se tratava de figuras de destaque na sociedade brasileira. Foi nesse contexto que a *BD* foi alertada pela Embaixada dos Estados Unidos no Uruguai da desastrosa recepção entre religio-

---

98 Cf. *Report of the Information Division*, May 15, 1945. Brazilian Coordination Committee – Minutes; n.115 to n.147. RG229, Box 1352. NARA II.

99 Cf. Filmes Russos Verdadeiros. *Jornal Correio da Manhã*, Rio de Janeiro, 05 de abril de 1943.

100 Cf. *Memorandum OEM-294*, September 04, 1943. Reaction; RG229, Box 226; NARA II.

sos da comédia musical *Seven Days' Leave* (1942), onde um soldado recebe uma herança, mas que está condicionada a uma conquista amorosa de alguém que ele não conhece, em sete dias. Classificado pela *Accion Catolica* uruguaia como "escabroso", o filme adicionava um problema a mais na já complicada relação com a censura brasileira.[101]

No que diz respeito a reações conservadores a filmes estadunidenses, a recepção de *Roxie Hart* (1942) não foi muito melhor. Com uma intensa publicidade nos jornais cariocas, *Pernas Provocantes*, como foi intitulado no Brasil, foi acompanhado de uma campanha publicitária que procurava ser chamativa e sensual, mas que desagradou profundamente alguns leitores mais conservadores.

Além de propagandear o filme como sendo de "uma assassina que não matou ninguém... mas as suas lindas pernas absolveram-na!!!"[102], o estúdio *20th Century Fox* foi mais longe, e promoveu um concurso para "as mais lindas pernas cariocas". Para se inscreverem, as candidatas deveriam enviar uma foto 13x18 de suas pernas, ou agendar gratuitamente uma sessão de fotos com o 'fotógrafo oficial' do concurso M. Rosenfeld. Após expostas nas vitrines do Cinema Odeon, as fotos seriam julgadas pelo público e as vencedoras seriam premiadas com meias de seda e ingressos para o filme *Pernas Provocantes*[103]

Todavia, "o título do filme – ele só – já constitui um insulto a moral de nosso povo", bradava um indignado editorial publicado no Jornal *Gazeta de Notícias* uma semana após o lançamento do concurso. Embora atualmente possa parecer um tanto quanto cômico, na década de 1940 tais questões eram levadas bastante a sério, inclusive pela *Brazilian Division*. Em tom de denúncia, o jornal apontava que a companhia exibidora:

> (...) não satisfeita com essa isca atirada aos recalcados de ambos os sexos, ainda promove, com o maior luxo de publicidade, um concurso de natureza quase devassa. Imaginemos as moças brasileiras, filhas de família, consentindo que fotografem as suas pernas, afim de as con-

---

101 Cf. *Memorandum n.3168*, September 1, 1943. Reaction; RG229, Box 226; NARA II.

102 Cf. Pernas Provocantes. Jornal *Diário de Notícias*. Rio de Janeiro, 27 de agosto de 1942, p. 8.

103 Cf. As mais lindas pernas cariocas. Jornal *O Jornal*, Rio de Janeiro, 19 de Agosto de 1942, p. 11.

frontarem com as gambias impudicas e mercenárias das dançarinas de Hollywood! (...) O desplante dos distribuidores de cantárida cinematográfica vai ao ponto de sugerir às futuras candidatas 'que não possuam fotografias de suas pernas', receberem nos próprios lares o retratista da empresa, que lhes registrará em muitas poses artísticas os provocantes membros inferiores.[104]

Para o indignado editorial, o concurso não passava de uma publicidade do filme tentando "explorar o exibicionismo sexual das vulgívagas". De todo modo, finalizava que não se poderia admitir o "recenseamento de pernas, realizado mesmo, conforme querem os citados exibidores, a domicílio".[105]

O episódio demonstra como a indústria do cinema utilizou a sexualidade como moeda de troca, em um momento em que a propaganda estava pautando o mercado com base em apelos sensuais. A campanha envolvendo filmes e meias de seda estava, por um lado, associada a venda de um estilo de vida que seria vivido pelas estrelas do cinema hollywoodiano. Por outro, comercializava a promessa de glamour e de um corpo mais bonito e sensual.

Os concursos no Brasil com temas relacionados ao cinema foram bastante populares nas décadas de 1940 e 1950. Durante a II Guerra Mundial eles voltaram-se especialmente para questões conectadas ao esforço de guerra. Além do supracitado *Pernas Provocantes*, outro filme distribuído pela *20th* Century *Fox* foi utilizado pela empresa em um concurso como forma de 'contribuir para a causa aliada'.

Produzido pela *Army Film and Photographic Unit* e *Royal Air Force Film Production Unit* o documentário britânico *Desert Victory* (1943) se tornou bem conhecido por, a exemplo da série *Why We Fight*, utilizar imagens capturadas de cinejornais alemães. O "concurso de vitrines", realizado em conjunto com a Empresa de Cinema Excelsior, deveria premiar as melhores vitrines alusivas ao filme de modo a comprovar "a habilidade e o bom gosto dos comerciantes da Bahia", resultando "não somente em uma distinta homenagem aos bravos heróis das nações aliadas do mundo, mais ainda numa magnifica oportunidade de apresentar

---

104 Cf. Pernas provocantes. Jornal *Gazeta de Notícias*, Rio de Janeiro, 13 de Agosto de 1942, p. 3.

105 Cf. Pernas provocantes. Jornal *Gazeta de Notícias*. Op. cit.

O triunfo da persuasão

aos seus fregueses, sob uma maneira eficiente, os produtos que, apesar da guerra, ainda lhes podem oferecer sob preços satisfatórios".[106] O certame contaria com o apoio do Consulado Britânico, do comitê regional do *Office* na Bahia e da Fox Film do Brasil, que forneceriam fotografias e cartazes "dos grandes feitos heroicos da presente guerra afim de que os mesmos sejam expostos nas vitrines."[107]

Para os órgãos de censura brasileiros, as questões morais eram menos relevantes do que as questões políticas. Os problemas morais eram alvo, sobretudo, de grupos de pressão que procuravam extirpar da sociedade brasileira influências consideradas libertinas. Entretanto, a exibição de *Hitler's Children* (1943), sobre mulheres forçadas a engravidar por homens arianos parece não ter sido alvo da mesma rigorosidade moral. No filme, Anna Miller, educada nos Estados Unidos se recusou a cooperar e passou a ser perseguida a ponto de ser açoitada em praça pública. No mesmo ano em que o filme foi lançado, a *BD* recebeu uma solicitação para que o filme fosse exibido privadamente e com total discrição, para o então Arcebispo de São Paulo, Dom José Gaspar de Fonseca e Silva.[108] A exibição pela regional da *BD* em São Paulo tinha dois objetivos, primeiro, atender a solicitação e segundo, conseguir a autorização do Arcebispo para que os filmes do *Office* fossem exibidos em todos os seminários do Estado. Segundo os relatórios da regional, Fonseca e Silva teria ficado "muito satisfeito" com o filme, ou seja, ambos os objetivos foram exitosos.[109]

A Associação dos Jornalistas Católicos, organização já mencionada anteriormente, parece ter aborrecido bastante a *Brazilian Division* a ponto de, em dezembro de 1943, os relatórios qualitativos deixarem de ser realizados em razão da insistente pressão exercida sobre os filmes estadunidenses.[110] Pouco antes de a *Brazilian Division* ter tomado a decisão, o presidente da associação religiosa,

---

106 Cf. Vitória no Deserto. Jornal *A Tarde* (Salvador-BA), 7 de dezembro de 1943, p.7.

107 Cf. Vitória no Deserto. Jornal *Diário de Notícias* (Salvador-BA), 2 de dezembro de 1943, p.1.

108 Cf. *Memorandum n.164/SP*, August 13, 1943. Reaction; RG229, Box 226; NARA II.

109 Cf. *Report*. Arcebishop of São Paulo, June 16, 1943. 05.2 (e) *Exhibition reports correpondence* (São Paulo) 3. RG229; Box 1288. NARA II.

110 Cf. *Memorandum São/649*, December 6, 1943. 05.2 (e) *Exhibition reports correpondence* (São Paulo) 4. RG229, Box 1289; NARA II.

Luiz Toloza Oliveira Costa Filho, enviou uma longa carta ao Comitê Regional de São Paulo a respeito da reação do público brasileiro aos filmes estadunidenses. Na carta, informou que a organização criada em 1937 teria elaborado um "Guia Moral para o Cinema" utilizado com "muito sucesso" por todo o Brasil. Para ele, com base no guia e na "opinião consensual dos católicos brasileiros" os filmes estadunidenses "não têm nada a contribuir para estreitar as relações entre o Brasil e os Estados Unidos".

Para um esforço de tamanho vulto envolvendo o cinema estadunidense como o empreendido pela divisão do *Office* no Brasil, tal afirmação, e de forma tão categórica, causou muito desconforto. Segundo a associação, haviam ao menos duas razões para o duro posicionamento: "primeiro, os filmes norte-americanos não refletem a vida real de seu país; segundo, eles transmitem ideias pouco saudáveis que ameaçam a fundação cristã de nossas famílias". Para comprovar os dois pontos, a carta enumerou uma série de matérias publicadas em jornais e diversos comentários sobre filmes que estariam indo de encontro a moral e bons costumes do povo brasileiro. Os filmes que estariam usando representações de estudantes, por exemplo, deveriam se basear na vida real de boas escolas brasileiras, como o "Colégio Mackenzie", ao invés de exibir estudantes mais interessados em namorar e dançar. Dessa forma, segundo a presidente da associação, as atividades com o cinema estadunidense estariam sendo apenas uma forma de importar degradação moral para o Brasil. Toloza estava atento ao contexto cinematográfico estadunidense, a ponto de citar diversas intervenções da *Catholic Legion of Decency* em filmes realizados nos Estados Unidos.[111]

Como indicamos anteriormente, em diversos momentos a seção brasileira ao invés de relatar problemas e obstáculos encontrados no Brasil, preferiu não os repassar aos seus superiores em Washington, DC, mesmo quando ambos os países padeciam de reacionarismos semelhantes.

---

111 Cf. Carta da Associação de Jornalistas Católicos de São Paulo, 20 de novembro de 1943. 05.2 (e) Exhibition reports correpondence (São Paulo) 4. RG229, Box 1289; NARA II. A *Catholic Legion of Decency* exerceu uma grande influência no cinema estadunidense em meados do século XX, chegando a se tornar um dos grupos de pressão sobre a indústria cinematográfica mais fortes dos Estados Unidos. Vide: BLACK, Greg. *Hollywood censored: morality codes, catholics and movies*. Cambridge: Cambridge University Press, 1994.

Capítulo 5

Caçando com os melhores cães:
os projetos de cinema do *Office* no Brasil

Nós nunca imaginamos que os Estados Unidos fossem assim.[1]

Durante a II Guerra Mundial a *Brazilian Division* desenvolveu dezenas de projetos em todos os estados brasileiros, por vezes estritamente relacionados ao cinema e outras em consonância com programas envolvendo o rádio e a imprensa. Todavia, de forma geral, a *BD* costumava evitar que atividades relativas ao cinema fossem realizadas em conjunto com o rádio ou a imprensa. Assim, os documentos produzidos pela *BD* no período indicam pouca inteiração entre a *Motion Picture Section*, a *Radio Division* e a *Press Division*. A separação ajuda explicar em alguma medida porque a literatura que tratou do tema geralmente compartimentalizou cada um dos programas em capítulos distintos com pouca conexão entre eles.

Aparentemente a *BD* preferia manter equipes especializadas em meios específicos. Desse modo, por exemplo, o pessoal especializado em rádio mantinha pouca interação com as equipes envolvidas com o cinema. Além de questões organizacionais, havia outras preocupações. Indagados pelo comitê de São Paulo quanto a uma possível reprodução dos roteiros fílmicos em estações de rádio, a *BD* desaconselhou enfaticamente, já que a atividade desagradaria os estúdios, pois poderiam interpretar isso como uma forma de concorrência.[2]

De todo modo, em março de 1943 haviam 69 pequenos projetos em execução pela *Brazilian Division* envolvendo direta ou indiretamente o cinema. Chamados de *Special Projects*, iam desde ações pontuais, como o concerto de um piano

---

1   Relato colhido pela regional de Florianópolis após uma de suas exibições no Vale do Itajaí. Cf. *Memorandum from Brazilian Division to Francis Alstock*, April 30, 1943. Reports, March 1, 1943. RG229, Box 227; NARA II.

2   Cf. *Memorandum São/44*, April 19, 1943. 05.2 (e) *Exhibition reports correspondence* (São Paulo) 1. Box 1288; NARA II.

da Associação Brasileira de Imprensa, até a impressão de pôsteres relacionados ao esforço de guerra e exibições de filmes antinazistas.[3] Como aponta Pennee L. Bender, o início das atividades do *Office* no Brasil não envolvia sua participação direta na produção ou controle da produção de propaganda.[4] Havia um interesse maior no subsídio para a produção audiovisual por meio do financiamento de equipes e uma imensa variedade de serviços relacionados ao cinema por meio de pequenos projetos.

Concomitante aos *Special Projects*, haviam outros com maior orçamento e duração. Diversos projetos relacionados ao cinema e com menor orçamento estavam sob a supervisão do *Motion Picture Division*, como o *BMP2-6147-NY*, e o *BMP2-5271* que visavam cortar, editar e narrar em português uma série de rolos com imagens da *Força Expedicionária Brasileira*, respectivamente, em Nova York, e batalhas no teatro de operações italiano.[5] Já o projeto *BMP8-4331 – Motion Picture Program – Field Activities*, solicitava fundos para o ano fiscal de 1944, no âmbito do *Coordination Committee for Brazil* para operações do *Motion Picture Program*. Na prática, era uma continuidade das operações iniciadas pelo projeto *B-MP-1013*. Segundo o projeto, a audiência mensal das exibições de filmes no Brasil era de aproximadamente 500.000 pessoas, razão pela qual visava expandir em cinco máquinas o conjunto em uso de trinta e nove projetores. De acordo com o documento haviam cinquenta e nove pessoas trabalhando no projeto a um custo total no primeiro semestre de USD$ 78.811.[6] Em agosto de 1944 houve uma renovação do projeto. Na renovação foi informado que quarenta e quatro projetores estavam em uso. Além disso solicitava USD$ 92.094 para o orçamento do ano

---

3 Cf. *Memorandum BD-447*, March 18, 1943. 05.2 (c1) Projection machines and acessories 1, Box 1287; NARA II.

4 Cf. BENDER, Pennee L. *Policies and Productions of the Motion Picture Division of the Office of The Coordinator of Inter-American Affairs*. Conference Paper #72. Presented at the symposium "Imagining Latin America: United States Film Policy and Its Impact During World War II", April 24, 1993. Pp.6-7.

5 Cf. Project authorization BMP2-5271, March 29, 1945, e BMP2-6147-NY, October 9, 1945. Film on Brazilian expeditionary forces; Films; RG229, Box 226; NARA II.

6 Cf. Project authorization BMP8-4331, December 30, 1943. Coordination Committee Motion Pictures Activities – Brazil B-MP 4331; Films; RG229, Box 226; NARA II.

fiscal de 1945. A renovação trazia outro dado significativo. Apenas em maio de 1944, a *Brazilian Division* contabilizou exibições para 968.611 pessoas.[7]

Os projetos com maior orçamento geralmente estavam relacionados a produção cinematográfica. A logística que o *Office* e a *Brazilian Division* utilizavam para a produção de filmes no Brasil envolvia a vinda de pessoal especializado, recebimento de películas e equipamentos, controle do orçamento e envio do material para ser revelado nos Estados Unidos. Comumente o *Office* e a *Brazilian Division* tinham que controlar e mesmo armazenar matéria prima, como o escasso e caro celuloide. Em maio de 1942, por exemplo, um memorando informou a *Motion Picture Section* em Washington, que apenas 160 quilos de um total de 600 quilos de filme *technicolor* restavam, todo o restante já havia sido enviado para os Estados Unidos.[8]

Entre os projetos com maior orçamento, haviam também os que procuravam regularizar questões contábeis envolvendo o cinema, como o *BMP4-5161 – Coordination Committee Motion Picture Activities – Brazil*. Nesse em especial - o ultimo que encontramos na documentação relativa a atuação do *Office* no Brasil -, o *Motion Picture Division* solicitou um aumento no orçamento de USD\$ 13.238 para as primeiras seis semanas do ano fiscal de 1946. Segundo o documento, entre julho de 1944 e junho de 1945, o projeto teve um orçamento aprovado de USD\$ 99.884.[9] Em agosto de 1945 a *Motion Picture Division* solicitou uma prorrogação do projeto para cobrir as despesas para o ano fiscal de 1946, no total de USD\$ 97.699.[10]

Mas haviam outros, com dimensões simbólicas e orçamentárias ainda maiores. Durante a II Guerra Mundial quatro grandes projetos envolvendo o ci-

---

7   Cf. Renewal of Project authorization BMP8-4331, August 17, 1944. Coordination Committee Motion Pictures Activities – Brazil B-MP 4331; Films; RG229, Box 226; NARA II.

8   Cf. *Memorandum CO.n.1024*, May 6, 1942. RKO Pictures INC. Motion Pictures production by O. Welles DEMcr-115 – May; Films; RG229, Box 226; NARA II.

9   Cf. *Memorandum from Motion Picture Division to Project Committee*, March 13, 1945. Coordination Committee Motion Pictures Activities – Brazil B-MP 4331; Films; RG229, Box 226; NARA II. No câmbio atual, o equivalente a USD \$1,317,638.30, considerando a inflação anual estadunidense de 3,75% e acumulado de 1219.17%. Vide: http://www.dollartimes.com/inflation/inflation.php?amount=1000&year=1942

10 *Renewal of Project authorization BMP8-5161*, August 17, 1946. Coordination Committee Motion Pictures Activities – Brazil B-MP 4331; Films; RG229, Box 226; NARA II.

nema foram realizados pelo *Office* no Brasil: *Orson Welles Moving Picture Project, William Murray Projetc - Newsreel and Short Subject Production in Brazil; John Ford Project* e *Production of 16mm in Brazil.*

Em termos simbólicos o projeto que envolveu Orson Welles possivelmente tenha sido um dos mais importantes realizados no Brasil naquele momento. Diversas pesquisas já abordaram a ida de Welles para a América Latina durante a II Guerra Mundial, bem como as negociações com a *R.K.O Radio Pictures, Inc* e os desdobramentos nas décadas seguintes dos conflitos envolvendo um filme não finalizado por ele.

Como apontou Peter Edson em fevereiro de 1943, "a história da produção deste filme é quase tão boa quanto o filme jamais poderá ser",[11] mas que pela sua extensão e complexidade não abordaremos nesse momento. Sob supervisão do *Office* o projeto de Welles era objeto de minuciosos relatórios diários, desde quando chegou ao Rio de Janeiro em fevereiro de 1942, até julho do mesmo ano. Ademais, uma análise adequada teria que abordar, de um lado, a intensa troca de correspondências entre a *R.K.O.* DIP e *Office* quanto aos trabalhos de Welles no Brasil. De outro, precisaria revisar a literatura especializada sobre a sua ida e estadia no país. Assim, a análise de farta documentação primária e a revisão historiográfica, demandaria mais espaço do que dispomos neste livro.

Autores de várias áreas e tendências abordaram direta ou indiretamente a passagem de Orson Welles pelo Brasil. Pesquisadores como Márcia Juliana Santos, Luiz Felipe Kojima Hirano, Catherine Benamou e Berenice Abreu já discutiram talentosamente as atividades do artista no país e a má aceitação pelo *Office*, DIP e *R.K.O.* da representação cinematográfica de um país demasiadamente pobre e negro.[12] Uma modesta contribuição a esse debate será apresentada em forma de artigo oportunamente.

---

11 Cf. EDSON, Peter. Welles Film Troubles OIAA. Jornal *The Washington Daily News*, February 12, 1943.

12 Com relação aos problemas relacionados a questões raciais, destaco a excelente pesquisa feita por HIRANO, Luis Felipe Kojima. *Uma interpretação do cinema brasileiro através de Grande Otelo: raça, corpo e gênero em sua performance cinematográfica (1917- 1993)*. Tese (Doutorado em Antropologia Social) – FFLCH -USP, São Paulo, 2013. Considerado um dos trabalhos mais completos sobre Welles no Brasil, o livro de Catherine Benamou

O Projeto William Murray

A *Motion Picture Division* do *Office* não tratava apenas da logística relacionada a distribuição de filmes. Ao longo de todo o período a referida seção se ocupou em tornar viáveis as condições não apenas para a exibição, mas também para a produção de filmes em solo brasileiro. A produção de filmes no Brasil requeria uma complexa estrutura, uma vez que o *Office* pretendia realizar tais filmes com a tecnologia *Technicolor*.

No final de 1942, diversos projetos para o Brasil estavam prestes a sair do papel, dentre eles o *William Murray Projetc* (*MP1309*) e o *Brazilian Military Effort* (*B-MP-1618*), também chamado de *Ford Project*. Ambos os projetos, como discutiremos a seguir, estavam relacionados a produção de filmes no Brasil e envolviam o *Technicolor Monopack*, discutido anteriormente. Já de início, o *Office* percebeu as dificuldades envolvidas naquele tipo de atividade em território brasileiro.

O projeto de William Murray estava diretamente relacionado a uma proposta elaborada por Philip Watts, e que pode ser considerada o primeiro embrião do *William Murray Project*.

Em um memorando de maio de 1942, Laurence Duggan, *Adviser on Political Relations* do *Department of State* respondeu a um pedido de autorização enviado por Philip Watts para um projeto intitulado *"Survey of Newsreel Problems in the other Americas"* com orçamento de U$D 38.800. Segundo o analista, o *State Department* recebeu o projeto com cautela, embora acreditasse que a intenção de incrementar cinejornais nas outras repúblicas americanas fosse louvável. Em razão do aumento das urgências relacionadas ao esforço de guerra, o analista político aconselhou o abandono de tais pesquisas em prol de iniciativas mais concretas.[13]

é particularmente bem fundamentado em documentação primária colhida no Brasil e nos Estados Unidos. Vide: BENAMOU, Catherine L. *It's All True*: Orson Welles's Pan--American Odyssey. Los Angeles: University of California Press, 2007. Vide também: ABREU, Berenice. *Jangadeiros: uma corajosa jornada em busca de direitos no Estado Novo.* Rio de Janeiro: Civilização Brasileira, 2012, e SANTOS, Marcia Juliana. *It's all true e o Brasil de Orson Welles (1942-1993)*. São Paulo: Alameda, 2015.

13 Cf. *Letter from Laurence Duggan to John MacClintock*, May 2, 1942. Brazilian military effort MP-1309. RG229, Box 226; NARA II.

O *Office* transformou o projeto de Watts, em algo mais específico e com menor orçamento. Assim, em junho de 1942 a *Motion Picture Division* aprovou o *William Murray Projetc*. O projeto com orçamento de USD$ 21.000 objetivava a produção de filmes sobre a vida, comércio e cultura no Brasil para distribuição nos Estados Unidos durante a II Guerra Mundial. Os responsáveis pela execução do projeto seriam o próprio *MPD* e a *BD*, que estariam atendendo a uma solicitação do Departamento de Imprensa e Propaganda - DIP para o treinamento de técnicos em cinema e produção de cinejornais e curtas feitos a partir de material brasileiro. Segundo o projeto, o governo brasileiro havia solicitado treinamento estadunidense para seus cinegrafistas e editores para a realização de filmes em território nacional. Para este propósito, a *MPD* indicou William W. Murray, funcionário do *Office* e experiente produtor de cinejornais, inclusive no Brasil. Seu longo currículo na produção de cinejornais incluía filmagens na Guerra do Chaco (1932-1935) e produção de filmes anti-nazistas na Holanda antes da invasão alemã em 16 de maio de 1940.[14]

Como apontado anteriormente, Murray já havia participado de outra importante atividade do *Office* antes de ser designado para o Brasil. No início de 1942, ele havia sido encarregado de elaborar uma extensa pesquisa no México, Chile, Argentina e Brasil sobre as melhores formas de realizar intercâmbios de material para cinejornais entre estes países e os Estados Unidos. As justificativas apresentadas no projeto intitulado *Survey of Newsreel Problems in the other Americas*, não deixava dúvidas, Murray era um dos melhores homens do *Office* para tratar do cinema na América Latina.[15] Foi possivelmente durante este projeto que Murray entrou em contato pela primeira vez com o pessoal do Departamento de Imprensa e Propaganda – DIP.

Cerca de quatro meses após a pesquisa nos quatro países supracitados, e já encarregado pelo *Office* de iniciar a cooperação com o DIP, Murray teve os seus serviços oficialmente requisitados por Francisco de Paula Assis Figueiredo, tem-

---

14 Cf. Histórico das Atividades do Sr. William W. Murray, s/d. 05.2 (3) Production of 16mm - Basic Economy Film. RG229, Box 1295; NARA II.

15 Cf. Survey of Newsreel Problems in the other Americas, April 9, 1942. 05.2 (3) Productions of films in Brazil 1. RG229, Box 1295; NARA II.

porariamente responsável pela Divisão de Cinema e Teatro do DIP (sua função original era a direção do Departamento de Turismo). Assim, uma vez aprovado o projeto de cooperação, Murray esperava formar uma equipe em conjunto com o DIP e que poderia posteriormente oferecer seus serviços às Forças Armadas. Em seu 'plano de operações' o DIP selecionaria o material, escreveria os roteiros, fotografaria e cortaria os negativos e os enviaria para edição e distribuição pela *Motion Pictures Division* em Nova York.

Ainda dentro do escopo do projeto, William W. Murray selecionaria e compraria produções brasileiras independentes, ou seja, realizadas fora dos auspícios do DIP, material este que seria utilizado para incrementar a filmoteca do *Motion Pictures Division* do *Office*.[16]

Ao chegar no Brasil, em meados de 1942, a primeira tarefa de Murray foi realizar um amplo levantamento das condições que o governo brasileiro tinha em produzir filmes. Se por um lado suas visitas podem ter gerado desconfiança e desconforto diante de intervenções feitas por uma agência estrangeira, por outro sinalizavam claramente que governo estadunidense estava levando a sério os acordos de cooperação recém firmados, podendo vir a incrementar significativamente a qualidade da realização cinematográfica do setor governamental. A pesquisa feita pelo funcionário do governo estadunidense consistia em visitas e elaboração de relatórios técnicos sobre os setores responsáveis pela produção de filmes no Ministério da Agricultura, no Ministério da Educação e Saúde, e no Departamento de Imprensa e Propaganda. Em todos os locais, Murray entrevistou técnicos, vistoriou equipamentos como câmeras e acessórios de reposição, laboratórios, e solicitou que os seus melhores filmes lhes fossem mostrados.[17]

O Ministério da Agricultura aparece nos relatórios de Murray como tendo um pequeno laboratório, mas razoavelmente bem equipado para a produção cinematográfica com temas relacionados ao trabalho no campo, e com cerca de 30 produções técnicas ao ano. O bom estado dos equipamentos seria fruto do tra-

---

16 Cf. *Project Authorization MP-1309*, July 28, 1942. Newsreel and short subject production in Brazil MP-1309. RG229, Box 226; NARA II.

17 Cf. Report on the actual conditions of motion pictures short subject production in Govt. *Depts in Brazil.* 05.2 (3) Productions of films in Brazil 1; RG229, Box 1295; NARA II.

balho de Lafayette Cunha "um técnico que conhece bem o seu trabalho". Cunha, que vinha montando desde 1932 um laboratório cinematográfico na pasta da agricultura,[18] impressionou Murray com o cuidado e domínio de todo o processo de produção: "ele já é um senhor idoso, e se quisesse poderia ajudar muito treinando jovens cinegrafistas".[19]

De acordo com Murray, o serviço de cinema do Ministério da Educação, sob a direção de Roquette Pinto, estaria produzindo filmes com excelente qualidade, compatíveis com as produções estadunidenses: "é de longe a divisão de cinema mais bem equipada e organizada no governo". Diferente do Ministério da Agricultura, onde apenas Lafayette Cunha parecia dominar completamente a produção cinematográfica, o Ministério da Educação contava com um corpo de funcionários bastante qualificado o que também tornava "as ideias por trás dos filmes excelentes".[20] A excelente impressão que a produção cinematográfica do Ministério da Educação causou em Murray advinha do investimento, desde 1936, no Instituto Nacional do Cinema Educativo – INCE, que ficava sob a jurisdição do referido Ministério.[21]

Embora produzisse um cinejornal semanal e vários curtas por mês, para Murray, dentre os órgãos governamentais o Departamento de Imprensa e Propaganda realizava os filmes com pior qualidade, a ponto de não terem "qualquer valor comercial nos Estados Unidos". Os problemas nas produções estavam ligados a "imagens planas demais, sonorização ruim, cópias sujas, ângulos mal elaborados, panoramas sem qualquer sentido, títulos mal feitos e arranhões nos negativos". Comparado aos padrões do cinema estadunidense, os filmes do DIP eram um completo desastre devido ao padrão inferior aceito por seu diretor, equipamentos

---

18 Cf. Jornal *O Imparcial*, Rio de Janeiro, 08 de setembro de 1940, p.14.

19 Cf. *Report on the actual conditions of motion pictures short subject production in Govt*. Depts in Brazil. 05.2 (3) Productions of films in Brazil 1; RG229, Box 1295; NARA II.

20 Cf. *Report on the actual conditions of motion pictures short subject production in Govt*. Depts in Brazil. 05.2 (3) Productions of films in Brazil 1; RG229, Box 1295; NARA II.

21 Vide: ROSA, Cristina Souza da. Cinema do Fascismo e Estado Novo em Comparação. In: Esboços, *Revista do Programa de Pós-Graduação em História da Universidade Federal de Santa Catarina*. Vol.19, N.27. pp.55-75.

O triunfo da persuasão

e laboratórios inadequados, falta de pessoal qualificado e falta de cuidado com os filmes, especialmente durante a edição.[22]

Pouco antes da formalização do projeto junto ao DIP, o primeiro relatório de Murray enviado para o *MPD*, em Nova York, expressou bem as dificuldades encontradas no Brasil: "Para qualquer um que trabalhe no negócio de cinejornais pode parecer incrível, mas essas pessoas não estão acostumadas a trabalhar rapidamente, nem tem pessoal ou equipamento disponível para entregar os filmes em questão de horas". A falta de profissionalismo apontada por Murray era constantemente apontada pelas equipes estadunidenses que atuaram no Brasil. Mas segundo o produtor,

> O maior problema no Brasil é a falta de equipamento. Não existem câmeras nem laboratórios. Como um companheiro colocou aqui 'você caça com os melhores cães enquanto nós caçamos com os piores gatos'. Existem muitos laboratórios com equipamento caseiro. Todos são pequenos e grosseiros e seu trabalho pode ser somente medíocre.[23]

Posteriormente William W. Murray voltou a criticar a falta de infraestrutura e profissionalismo no Brasil. Para ele os trabalhos de laboratório eram absolutamente amadores e "esse trabalho inferior é aceito pela indústria". Além disso, para alguém habituado à concorrência, mas também à cooperação interinstitucional comuns no sistema de governo estadunidense, não fazia sentido o Departamento de Imprensa e Propaganda, o Ministério da Educação e Ministério da Agricultura terem laboratórios de cinema que não se conversavam. Assim, por conta da falta de cooperação, tomados em conjunto, os trabalhos eram "excepcionalmente ruins. A primeira necessidade desse país é um bom e moderno laboratório para o uso industrial e governamental".[24]

---

22 Cf. Report on the actual conditions of motion pictures short subject production in Govt. Depts in Brazil. 05.2 (3) Productions of films in Brazil 1; RG229, Box 1295; NARA II.

23 Cf. *Memorandum CO. No. 1731*, August 21, 1942. Plans and Cooperation Agreements; RG229, Box 226; NARA II.

24 Cf. *Memorandum from William W. Murray to Francis Alstock*, January 19, 1943. 05.2 (3) Productions of films in Brazil 1; RG229, Box 1295; NARA II.

Como indicado anteriormente, Murray já havia trabalhado com cinema no Brasil antes do projeto ser concebido. Em abril de 1942 John S. Connolly escreveu a Philip Watts sobre a sua intenção de enviar Murray ao Rio de Janeiro para finalizar quatro dos cinco filmes que eles iniciaram, dentre eles *"Ten years under Vargas"* e *"Child Welfare Work in Brazil"*. Após a finalização dos mesmos, Murray deveria treinar cinegrafistas que trabalhavam para *Departamento de Imprensa e Propaganda - DIP*.[25] O acordo entre *Office* e DIP para a execução do projeto no Brasil foi selado no Rio de Janeiro em setembro de 1942, com a presença de Nelson Rockefeller, Berent Friele, Assis Figueiredo, Frank Jamieson e o recém empossado Diretor do DIP Major Coelho dos Reis.[26]

Como já salientado, o projeto previa dois objetivos principais: treinar técnicos em cinema brasileiros e produzir curtas em cooperação com o DIP para serem distribuídos pelo *Office* nas Repúblicas Americanas. Para tanto, a primeira solicitação de Murray ao governo brasileiro foi a cessão de um cinegrafista, um assistente de cinegrafista e um editor. Além disso, o governo brasileiro deveria fornecer duas câmeras cinematográficas. Em contrapartida, o *Office* forneceria os serviços de supervisão de William W. Murray, os filmes negativos, cobriria os custos de revelação dos negativos, os custos de realização de cópias e as taxas de envio para os Estados Unidos, já que a revelação seria feita pela *Technicolor*. Mesmo cabendo ao DIP formar uma comissão própria para selecionar o material para as produções, todo o restante do processo de produção ficava sob o controle do *Office*, desde a preparação dos roteiros até a edição final. Por fim, durante todo o processo, Murray ficaria à disposição do DIP como uma espécie de consultor para a resolução de todo tipo de problemas ou dúvidas que o governo brasileiro tivesse com relação a produções cinematográficas, mesmo fora do escopo da cooperação com o *Office*.[27]

---

25 Cf. *Memorandum from John S. Connolly to Phillip Watts*, April 29, 1942. Newsreel and short subject production in Brazil MP-1309. RG229, Box 226; NARA II.

26 Cf. *Memorandum CO. No. 2086*, October 3, 1942. Plans and Cooperation Agreements; RG229, Box 226; NARA II.

27 Cf. Report on the actual conditions of motion pictures short subject production in Govt. Depts in Brazil. 05.2 (3) Productions of films in Brazil 1; RG229, Box 1295; NARA II.

Em virtude do sucesso obtido pelo projeto, em março de 1943 Francis Alstock solicitou um aditamento de prazo e orçamento no projeto para além de sua expiração em junho de 1943.[28]

O momento para o início das atividades de Murray era propício para o *Office*, posto que a chegada do novo Diretor do DIP em agosto de 1942 significou uma paulatina aproximação do Departamento de Imprensa e Propaganda com o governo estadunidense, em contraposição aos anos de Lourival Fontes (1939-1942), notório simpatizante do Eixo.[29] Na ocasião Rockefeller teria se comprometido com o Major Coelho dos Reis a facilitar o envio de películas cruas para o uso em produções do Departamento, a disponibilizar uma cópia para o DIP de todos os filmes realizados pelo *Office* no Brasil antes que fossem lançados e um presente bastante significativo, o envio de uma filmadora *Technicolor*. O contexto era muito favorável aos esforços do governo estadunidense. Em apenas quarenta e cinco dias, de agosto a setembro, segundo o setor de imprensa da *Brazilian Division* foram publicados mais de 2,200 artigos e editoriais favoráveis aos Estados Unidos em jornais brasileiros.[30]

De início, a cooperação entre DIP e *Office* parecia muito promissora. A reunião ministerial no Palácio Guanabara, no qual foi reconhecido o estado de beligerância do Brasil, foi filmada pelo DIP e rapidamente enviado para a *Brazilian Division*. Esta, por sua vez, enviou para a *Motion Picture Division*, em Nova York que conseguiu retardar em 24 horas as edições de todos os cinejornais estadunidenses afim de incluir as imagens da Declaração de Guerra do novo e estratégico aliado. Após 72 horas da declaração, os cinejornais dos principais estúdios nos Estados Unidos já estavam exibindo as sequências filmadas pelo DIP.[31]

---

28 Cf. *Memorandum from Mr. Alstock to Committee*, March 18, 1943. Newsreel and short subject production in Brazil MP-1309. RG229, Box 226; NARA II.

29 Cf. CAPELATO, Maria Helena. *Multidões em Cena. Propaganda Política no Varguismo e no Peronismo*. São Paulo: Ed. Unesp, 2009, p.66.

30 Cf. Minutes of Forty-Fifth Meeting, September 17, 1942. Brazilian Coordination Committee – Minutes; n.1 to n.80. RG229, Box 1351. NARA II.

31 Cf. *Memorandum from Berent Friele to Israel Souto*, September 15, 1942. 05.2 (3) Productions of films in Brazil 1; RG229, Box 1295; NARA II.

Embora as exibições nos Estados Unidos das imagens cinematográficas da entrada do Brasil na guerra tenham sido vistas como uma verdadeira façanha em termos de agilidade e cooperação, os primeiros contatos entre o Departamento de Imprensa e Propaganda – DIP e a *Brazilian Division*, não ocorreram sem uma boa dose de desconfiança mútua. Como já salientado, para Murray, encarregado de iniciar as primeiras ações após as tratativas de Nelson Rockefeller com o DIP, o trabalho de cinema realizado por aquele Departamento era, no mínimo, sofrível.

Para piorar o quadro, as intenções do *Office* de realizar um amplo programa de exibições e, eventualmente, produções no Brasil, teria sido visto com bastante frieza pelo Diretor da Divisão de Cinema e Teatro do DIP, Israel Souto. Outro problema enfrentado pela *BD* era a baixa remuneração e qualificação do pessoal de cinema que trabalhava no Departamento de Imprensa e Propaganda. Procurando estabelecer parcerias com o DIP, de início Murray chegou a propor que o *Office* pagasse um adicional para os profissionais que atuariam na cooperação *Brazilian Division*/DIP. No entanto, o obstáculo mais urgente a ser superado, era, nas palavras de Murray "a desconfiança com relação ao meu trabalho. O sentimento generalizado que os Estados Unidos não estão interessados em desenvolver o cinema brasileiro. Existe provavelmente alguma verdade na crença de que os distribuidores americanos locais têm desencorajado a produção brasileira sempre que possível".[32]

As desconfianças do Departamento de Imprensa e Propaganda também derivavam das promessas feitas por Rockefeller em 1942 e, em meados de 1943, ainda não cumpridas. Em correspondência a Israel Souto, William W. Murray teve a delicada tarefa de explicar ao Diretor da Divisão de Teatro e Cinema do DIP as razões para o não envio do mimo mais significativo prometido por Nelson Rockefeller. O funcionário da *Brazilian Division* teve que explicar que as câmeras de filmagem do sistema *Technicolor* não eram vendidas, mas assim alugadas pela empresa, algo que possivelmente Nelson Rockefeller desconhecia. Para complicar ainda mais, apenas poderiam ser operadas por técnicos da *Technicolor Corporation*. Assim, Murray argumentou que mesmo enviando esse equipamento e

---

32 Cf. *Memorandum from William W. Murray to Francis Alstock*, January 19, 1943. 05.2 (3) Productions of films in Brazil 1; RG229, Box 1295; NARA II.

O triunfo da persuasão

a equipe especializada a um custo altíssimo, após os trabalhos tudo teria que ser enviado de volta ao Estados Unidos. Por essa razão argumentou que ao invés de investir no aluguel dos equipamentos, seria muito mais interessante para o *Office* enviar gratuitamente funcionários do DIP para treinamento na *Technicolor*, já que assim teriam pessoal treinado para lidar com a sensível tecnologia em cores. O problema do equipamento seria resolvido com a utilização do 'novíssimo' *Technicolor Monopack*, que dispensaria o uso de câmeras de filmagem próprias, podendo ser usado em qualquer aparelho 'standard'. Ademais, o *Office* poderia intermediar a compra de um aparelho de 35mm compatível com o *Monopack*.[33]

A ida de Israel Souto para os Estados Unidos, de modo que pudesse aperfeiçoar seus técnicos de filmagem, passou então a ser considerada pelo *Department of State* no âmbito do *Technicolor Training Project*; e acabou se realizando em maio de 1943.[34] No entanto, quando o *Ford Project* entrou em operação, Souto também foi convidado a aprender *in loco*, durante as filmagens da equipe de John Ford, discutida em detalhes adiante. O treinamento de brasileiros durante o *Ford Project*, era tratado pelo *Office* como uma forma de reforçar a indicação de técnicos para treinamento diretamente nos laboratórios da *Technicolor* em Hollywood.[35] O desenvolvimento dos projetos do *Office* no Brasil comumente envolvia a direta participação de brasileiros, uma maneira encontrada para tornar os projetos mais atraentes para a população e, em especial, para o Departamento de Imprensa e Propaganda. A viagem de Souto aos Estados Unidos também era uma maneira de buscar o estreitamento de relações com autoridades brasileiras, neste caso, uma diretamente envolvida com a produção de cinema no Brasil.

Souto faria ainda uma outra viagem financiada pelo *Office*, desta vez para Buenos Aires, de modo a conhecer os esforços empreendidos no âmbito do cinema pelo governo estadunidense no país vizinho. A viagem para Argentina, entre-

---

33 Cf. *Memorandum from William W. Murray to Israel Souto*, November 23, 1942. 05.2 (3) Productions of films in Brazil 1; RG229, Box 1295; NARA II.

34 Cf. *Memorandum from Wiliiam W. Murray to Edmund Reek*, May 21, 1943. 05.5 Communications (reports) Dec 1942 March 1943; RG229, Box 1303. NARA II.

35 Cf. *Letter to John Akin from Richard R. Rogan*, March 24, 1943. Brazilian military effort MP-1309. RG229, Box 226; NARA II.

tanto, teria tido um efeito indesejado. Logo após seu retorno para o Brasil, Souto se reuniu com proprietários de cinemas de Porto Alegre e teria encorajado eles a reagir "as exageradas demandas de produtores estrangeiros que deixam margens insignificantes para os exibidores" brasileiros. Como solução Souto teria aconselhado os exibidores a negociar filmes com produtores argentinos. A fala de Souto foi vista como um problema sério que precisava ser discutido com a máxima atenção, especialmente devido ao "típico comportamento que o Sr. Souto tem mantido" com relação aos Estados Unidos.[36]

Embora o incidente com Souto em Porto Alegre tenha ocorrido em 1944, haviam entraves significativos as relações entre o *Office* e o DIP presentes desde 1942. Outros dois pontos que segundo Murray não ajudavam nas relações iniciais entre a *Brazilian Division* e o DIP era a demora na entrega do material filmado no Brasil para o DIP e o mais urgente, a intermediação da compra de celuloide pelo DIP nos Estados Unidos.

Entre 1942 e 1943, devido a escassez de películas e equipamentos de filmagem no Brasil o DIP passou a pressionar cada vez mais a *Brazilian Division* para que conseguisse facilitar a encomenda e o envio desse material. Segundo Murray, a situação era "tão crítica, que se os filmes não chegarem em um futuro próximo o DIP não conseguirá mais realizar o seu programa de educação e propaganda. O seu cinejornal local terá que ser interrompido".[37] A escassez de películas e equipamentos cinematográficos no Brasil ocorria em um momento onde a escassez nos Estados Unidos era igualmente crítica. Muito da matéria prima e equipamentos disponíveis estavam quase que exclusivamente sendo consumidos pelas Forças Armadas dos Estados Unidos. Francis Alstock, Diretor da *MPD* em Nova York, chegou a dizer naquele momento que "será preciso muita super-diplomacia para conseguir algumas boas maquinas".[38]

---

36 Cf. Report of the Information Division, May 20, 1944. Brazilian Coordination Committee – Minutes; n.115 to n.147. RG229, Box 1352. NARA II.

37 Cf. *Memorandum CO.N.2255*, November 17, 1942. 05.2 (3) Productions of films in Brazil 1. RG229, Box 1295; NARA II.

38 Cf. *Memorandum BF-2427*, February 13, 1943. 05.2 (3) Productions of films in Brazil 1. RG229, Box 1295; NARA II.

Apesar de todos os problemas, entretanto, Murray reconheceu que após um início problemático, o DIP estava se esforçando para que a cooperação com a *Brazilian Division* no início de 1943 começassem a gerar bons frutos.[39]

O começo das atividades do *Office* envolvendo o cinema no Brasil não poderia ser mais complicado. Haveria muito trabalho a ser feito até que suas atividades fossem reconhecidas e seus trabalhos fossem vistos como provas genuínas de laços de amizade e boa vontade. Embora fatigante, esse momento não tardou a chegar.

O *John Ford Project*

Em 1942, *o Motion Picture Division* iniciou um ambicioso projeto no Brasil: registrar o esforço de guerra brasileiro por meio de imagens e realizar um conjunto de filmes dirigidos por John Ford. As tratativas entre *Office, Office of Strategic Services* (OSS) *e State Departament* para que o projeto fosse realizado ocorreram por meio do *Brazilian Military Effort (B-MP-1618)*. Para Nelson Rockefeller, o projeto era de suma importância já que para ele o Brasil "é provavelmente nosso mais importante aliado no hemisfério ocidental e tem contribuído sobremaneira para o esforço de guerra".[40]

Concebida como uma agência de espionagem e operações clandestinas em junho de 1942, as atividades de propaganda da *OSS* eram caracterizadas como 'propaganda suja', em contraposição a 'propaganda limpa' praticada pela agência antecessora, o *Coordinator of Information* (COI). As atividades da *OSS* no Brasil envolveram uma meticulosa negociação, já que as atividades de disseminação da propaganda para a região estavam sob a jurisdição do *Office*. Enquanto o *Office* era muitas vezes visto essencialmente com uma agência de propaganda, a *OSS*

---

39 Cf. *Memorandum from William W. Murray to Francis Alstock,* January 19, 1943. 05.2 (3) Productions of films in Brazil 1; RG229, Box 1295; NARA II.

40 Cf. *Letter to Brig. Gen. John R. Deane from Nelson Rockefeller,* March 30, 1943. Brazilian military effort MP-1309. RG229, Box 226; NARA II.

funcionava como uma agência paramilitar e tinha um escopo mais ampliado, que abrangia, principalmente, a contra-espionagem.[41]

Naquele momento, o *OSS* contava com 215 especialistas em cinema servindo no Exército, Aeronáutica e Marinha estadunidenses. Portanto, não seria difícil encontrar bons profissionais para projetos envolvendo o cinema. A equipe seria formada por pelo menos dois oficiais, seis integrantes do *OSS*, quatro técnicos (todos alistados) de Hollywood e um ou dois membros do *Motion Pictures Division* do *Office*. Conforme indicou Alexandre Fortes, as atividades da *OSS* no Brasil visavam "'avaliar a situação militar global e os riscos à segurança norte-americana', produzindo subsídios que orientaram efetivamente a atuação diplomática e o planejamento militar dos EUA em relação ao Brasil".[42] As atividades envolvendo a *OSS* no Brasil em parceria com o *Office* tinha, portanto, um duplo propósito, aproximar os países por meio da propaganda cinematográfica e colher um amplo volume de material nos termos apontados por Fortes.

O diretor e Comandante John Ford foi escolhido como o líder desta unidade, que no final de 1942 passou a planejar uma 'expedição' ao Brasil para a realização de tais produções. O famoso diretor teve uma ativa participação na II Guerra Mundial como Comandante (a partir de 07 de outubro de 1941), e como Capitão (a partir de 17 de agosto de 1945). Foi condecorado diversas vezes por suas atividades na Marinha dos Estados Unidos, algumas relacionadas ao cinema.[43] Entre a equipe haviam outros importantes profissionais da indústria do cinema estadunidense: o cinegrafista e, durante a II Guerra Mundial, *Lieutenant* Gregg Toland e o roteirista e produtor *Lieutenant* Samuel G. Engel.

A vinda da *John Ford Unit* para o Brasil não significava pouca coisa. Ford já era um diretor consagrado por filmes como *Stagecoach* (1939) e *How Green Was My Valley* (1941) enquanto Toland estava entre os melhores cinegrafistas dos Es-

---

41 Cf. CENTRAL Inteligency Agency. *The Office of Strategic Services: America's First Intelligence Agency*. Washington, DC: Public Affairs/CIA, 2008.

42 Cf. FORTES, Alexandre. A espionagem aliada no Brasil durante a Segunda Guerra Mundial: cotidiano e política em Belém na visão da inteligência militar norte-americana. In: *Revista Esboços*, Florianópolis, v. 22, n. 34, ago. 2016, pp.83-84.

43 Vide: http://www.history.navy.mil/research/histories/bios/ford-john.html capturado em 29 de Outubro de 2015.

tados Unidos, tornando-se especialmente famoso e requisitado após seus trabalhos como cinegrafista em filmes como *Wuthering Heights* (1939), *The Grapes of Wrath* (1940) e *Citizen Kane* (1941). Engel, por sua vez havia produzido *Lancer Spy* (1937), *She Had to Eat* (1937) e *We're Going to Be Rich* (1938).[44]

O grupo ficaria aproximadamente 15 semanas no Brasil filmando o esforço de guerra brasileiro, incluindo suas operações contra submarinos inimigos, munições, instalações militares e especialmente suas manobras militares. Os filmes seriam feitos também com foco em materiais essenciais fornecidos pelo Brasil aos Estados Unidos, como borracha, mica, quartzo, diamantes industriais e ferro, e as mudanças que essas industrias sofreram com a chegada da guerra. A edição final do material filmado teria, ainda, versões em inglês, português e espanhol, com versões em 16mm e 35mm. A proposta inicial era de que o *Office* participasse do projeto e dividisse os custos com o *State Department*.[45] O apoio brasileiro vinha diretamente do Gabinete da Presidência, do Ministro das Relações Exteriores Oswaldo Aranha e do Ministério da Guerra.[46]

O principal objetivo do projeto seria mostrar ao público estadunidense e a outras repúblicas americanas a extensão do engajamento brasileiro na guerra. Mas não apenas isso. Na esteira das atividades de espionagem que caracterizavam a agência, o trabalho também deveria fornecer aos Chefes do Estado Maior estadunidense, informações relacionadas a preparação brasileira para a guerra, instalações navais e militares, treinamento de militares, proteção da área costeira, operações anti-submarinos, defesa civil e outros dados importantes para a inteligência militar estadunidense. O *Office* participaria dividindo os custos, estimados em aproximadamente USD$ 50.000, e também ficaria responsável pela distribui-

---

44 Cf. *Telegram to Woodul from Rockefeller*, May 1, 1943. Brazilian military effort MP-1309. RG229, Box 226; NARA II.

45 Cf. *Letter to Miss Roach from Mr. Douglas*, February 11, 1943. Brazilian military effort MP-1309. RG229, Box 226; NARA II.

46 Cf. *Letter to Brig. Gen. John R. Deane from Nelson Rockefeller*, March 30, 1943. Brazilian military effort MP-1309. RG229, Box 226; NARA II.

ção das versões em português e em espanhol, enquanto o *Office of Strategic Services* distribuiria os filmes em outras línguas.[47]

Quando o projeto foi aprovado, em fevereiro de 1943 – para funcionar entre maio e junho de 1943 -, O *Motion Pictures Division* já contava com uma experiência semelhante bem-sucedida no México. Tratava-se de um projeto integrado ao *Mexican Military Effort (B-MP-1398)*, que contou com a parceria OSS/ *Office*. No momento em que o projeto brasileiro foi lançando, o projeto mexicano já contava com uma produção em exibição: *Homenaje a Mexico*.[48]

Em um memorando de julho de 1943, a *Brazilian Division* informou ao *Office* que quatro curtas já estavam em produção (de um total de dez previstos), todos devidamente 'pré-aprovados' pelo Departamento de Imprensa e Propaganda – DIP. O primeiro seria relacionado a contribuição do Brasil para o esforço de guerra e a cooperação do Brasil com os Estados Unidos neste esforço. O segundo estaria voltado para a instrução de leigos sobre a geografia brasileira, suas grandes cidades, industrias e cultura. Além disso, mostraria como era a vida do brasileiro naquele momento para o público estadunidense. O terceiro seria um musical, que incorporaria "bonitas cenas" do interior, com uma miscelânea de música popular. O quarto filme seria um curta que serviria para "divertir e instruir ao mesmo tempo". Este curta seria baseado no ensino do samba, introduzindo dessa maneira danças e músicas brasileiras ao público estadunidense.

Os objetivos da equipe de Ford no Brasil foram sendo alterados à medida que os trabalhos foram sendo realizados. Inicialmente o projeto previa apenas uma subunidade de filmagem no interior do projeto. Todavia, a chegada ao Brasil teria demonstrado que seria impossível realizar qualquer trabalho bem feito em um país com tamanha extensão territorial. Assim, após algumas semanas no Brasil, a equipe passou a ter um contínuo e significativo incremento de pessoal e equipamentos chegando a ter, ao final das filmagens no Brasil, quatro subunidades.

---

47 Cf. *Letter to Miss Roach from Mr. Douglas*, February 11, 1943. Brazilian military effort MP-1309. RG229, Box 226; NARA II.

48 Cf. *Memorandum to Percy L. Douglas from Francis Alstoock*, February 10, 1943. Brazilian military effort MP-1309. RG229, Box 226; NARA II.

A primeira subunidade foi responsável em grande medida por filmagens de manobras e instalações militares e era composta pelo *Liutenant* R.O Hoge (*United States Navy Reserve* – USNR), James Saper (*USNR*), Harold Slott (*USNR*) e Capitão Araldo Fontenelle (cedido pelo Exército brasileiro). A segunda subunidade foi responsável pelas filmagens no Norte do Brasil, especialmente entre Fortaleza, Belém e Santarém e era composta pelo *Captain* David Griffin (*United States Marine Corps* – USMC), *Lieutenant Commander* Allen Seigler (*USNR*) e Robert Krasnow (*USNR*). A terceira subunidade foi responsável pelas filmagens em São Paulo e no sul do Brasil, nas cidades e arredores de Campinas, Curitiba, Paranaguá, Florianópolis e Porto Alegre. No retorno da excursão pelo país, a terceira subunidade ainda realizou tomadas em Poços de Caldas e Volta Redonda. Era composta por Edwyn Pile (*USNR*), Richard Hertel (*USNR*) e Norman Boggis (funcionário do *Office*). A quarta subunidade foi responsável por realizar filmagens no Estado do Rio de Janeiro, especialmente sobre a Marinha brasileira e também no Estado de Minas Gerais. Era composta por Edward Garvin (*USNR*), Jorge de Castro (funcionário contratado no Brasil), Walter Nemetz (*USNR*) e Newton Jones (*USRN*).[49] No período, outros profissionais como o *Lieutenant* Ralph Roge (*USNR*) foram agregados temporariamente as subunidades, que estavam sob o comando direto do *Lieutenant* Gregg Toland (USRN) e do *Lieutenant* Samuel G. Engel (USRN) que, por sua vez, estavam subordinados ao *Commander* John Ford (*USRN*).

O claro redirecionamento, ou melhor, reestruturação dos objetivos iniciais do *John Ford Motion Picture Unit* (*JFMPU*) – de cobrir eminentemente atividades militares e o esforço de guerra brasileiro – se deu após a chegada de Toland e Engel ao Brasil. Seus primeiros contatos e suas viagens ao interior do Brasil foram impactantes a ponto de transformar o modo como viam os objetivos de seu trabalho no país.

Logo na chegada da equipe de John Ford ao Rio de Janeiro, a *Brazilian Division* solicitou que Toland e Engel explicitassem os planos de atividades da *JFMPU*. Samuel Engel informou então, que não podia falar em nome de Toland, já

---

49 Cf. *Memorandum from Gregg Toland to Office of Strategic Services*, December 6, 1943. 05.2 (4) John Ford Project. RG229, Box 1295; NARA II.

que este estava ausente naquele momento, mas que acreditava que tão importante quanto mostrar as atividades militares brasileiras seria possibilitar que as pessoas nos Estados Unidos e Brasil tomassem conhecimento dos imensos esforços de cooperação entre instituições ligadas aos dois países.

Engel estava extasiado com o Brasil. Para ele, "a maioria dos americanos são abissalmente ignorantes sobre a geografia brasileira, suas grandes cidades, sua indústria e sua cultura". O produtor estava impressionado a ponto de querer realizar um curta sobre a "maravilhosa palavra 'Saudades'. É nossa intensão escrever (ou encontrar) uma música na qual iremos colocar cenas apropriadas que nos darão a oportunidade de interpretar de uma forma emocional o verdadeiro significado da 'Saudade'".[50] Após o curta sobre a palavra "Saudade", Engel planejava realizar dois outros filmes relacionados à cultura brasileira. O primeiro seria sobre "o que nós podemos chamar de 'um Mapa Musical do Brasil' (...), com várias sessões desse grande país e com uma miscelânea de músicas populares e folclóricas". E o segundo, sobre como aprender a dançar Samba. E para o filme sobre o Samba, já teria um nome: "Daqui". Devendo ser uma produção com uma boa dose de bom humor, o filme ensinaria o modo adequado de dançar, enquanto "introduzia na América uma das danças mais grandiosas que nós tivemos a oportunidade de testemunhar em nossas vidas".[51]

As filmagens que Samuel Engel desejava fazer no Brasil estavam distantes das imagens essencialmente militares, inicialmente planejadas. Chamadas por ele de "unrelated material", as filmagens sobre o cotidiano brasileiro, deveriam compor uma maciça gama de imagens para a criação de uma biblioteca de assuntos brasileiros que pudesse ser utilizada posteriormente para filmes instrutivos e para futuras produções hollywoodianas relacionadas ao Brasil.[52] Segundo ele, "se, e quando, esse plano for aprovado pelas autoridades envolvidas, e se esse plano for

---

50 Cf. *Memorandum from Samuel G. Engel to Berent Friele*, July 12, 1943. 05.2 (4) John Ford Project. RG229, Box 1295; NARA II.

51 Cf. *Memorandum from Samuel G. Engel to Berent Friele*, July 12, 1943. 05.2 (4) John Ford Project. RG229, Box 1295; NARA II.

52 Cf. *Memorandum BD-1067*, July 21, 1943. Brazilian military effort MP-1309. RG229, Box 226; NARA II e Cf. Memorandum from Samuel G. Engel to Berent Friele, July 12, 1943. 05.2 (4) John Ford Project. RG229, Box 1295; NARA II.

O triunfo da persuasão

adequadamente executado, então nós teremos a certeza de termos ido longe na cimentação da boa vontade entre as pessoas dos Estados Unidos e do Brasil".[53]

Quando Gregg Toland retornou ao Rio de Janeiro, uma reunião foi realizada no escritório da *Brazilian Division*, onde foram consultados o Embaixador Jefferson Caffery e Francisco de Paula Assis Figueiredo, Diretor da Divisão de Turismo do DIP, sobre as proposições encaminhadas por Engel à *BD*. O grupo concordou unanimemente em adotar as premissas delineadas por ele e "finalizou a reunião com uma nota de confiança e alto otimismo no sucesso da '*Commander Ford's Unit*'".[54]

Um dos pontos do '*unrelated material*' em que Samuel Engel mais se envolveu estava conectado à *Health and Sanitation Division*, mais especificamente no treinamento de enfermeiras no Brasil. O diretor da Divisão, 'Dr. Saunders' procurou Engels para a realização de um filme de recrutamento de estudantes brasileiras, "para a honrada profissão e carreira que não era considerada na mesma categoria das domésticas".[55] Na ocasião, Engel explicou a Saunders que a não ser que o filme fosse realizado em uma escola de treinamento para enfermeiras como as existentes nos Estados Unidos, dificilmente o trabalho seria bem feito. Como a produção de um filme daquela natureza no Brasil envolvia muitas complicações, Engels sugeriu a Saunders que um filme produzido pela companhia que o havia cedido para a *Office of Strategic Services* (*Twenty-Century Fox*), fosse utilizado como base para o treinamento. Tratava-se de *White Parade* (1934), dirigido por Irving Cummings e estrelado por Loretta Young e John Boles. O filme atenderia aos propósitos de Saunders devido "a cuidadosa supervisão pelo Superintendente da *Good Samaritan Nurses Training School*, de Los Angeles, dando ao filme um

---

53 Cf. *Memorandum from Samuel G. Engel to Berent Friele*, July 12, 1943. 05.2 (4) John Ford Project. RG229, Box 1295; NARA II.

54 Cf. *Memorandum from Samuel G. Engel to Berent Friele*, July 15, 1943. 05.2 (4) John Ford Project. RG229, Box 1295; NARA II.

55 Cf. *Memorandum from Samuel G. Engel to Berent Friele*, July 28, 1943. 05.2 (4) John Ford Project. RG229, Box 1295; NARA II.

caráter "factual e autêntico". Nos Estados Unidos a estreia do filme teria sido responsável por um aumento de 30% na procura pela carreira de enfermeira.[56]

A produção já havia sido exibida no Brasil sob o título de *Legião das Abnegadas* em 1935, com bastante sucesso. No "lindo e delicado filme como um coração de mulher"[57] Loretta Young "era a mulher que, entre o amor sincero de um homem e um ideal cheio de sublimidade, desespera na luta que se trava dentro do coração".[58] Além disso, seria "um filme feito para as mulheres; todas as sensações delicadas, todas as emoções suaves são sentidas no ambiente sincero da vida que se cumpre dentro de um templo branco, onde a humanidade, desamparada, só encontra amparo na infinita abnegação das mulheres".[59] Engel estava confiante, a outrora "parada branca das sacerdotisas do dever"[60] seria um imenso sucesso entre as aspirantes a enfermeiras.

Apesar da confiança de Engel de que o filme poderia render excelentes frutos, não encontramos referências de que ele tenha sido reexibido comercialmente na década de 1940, tampouco com a finalidade de auxiliar no preparo técnico de enfermeiras. Sua proposta com relação ao filme produzido em 1934 levou a *Brazilian Division* a solicitar a *Motion Picture Division*, em Nova York, uma apreciação sobre o tema. A resposta veio com a informação de que dois filmes sobre o assunto já estavam em produção e poderiam ser utilizados no Brasil em breve, *Nursing the Americas* (1943) e outro cujo título provisório seria *The Letters of Clara Maass* (s/d).[61]

Já de volta aos Estados Unidos, após alguns meses filmando para a *John Ford Motion Picture Unit*, Samuel Engel escreveu a Gregg Toland, que ainda estava no Brasil, no final de setembro de 1943 sobre as atividades e problemas que havia encontrado no tocante às filmagens no país. Na longa carta ao amigo To-

---

56 Cf. *Memorandum from John Ford to Berent Friele*, July 26, 1943. 05.2 (4) John Ford Project. RG229, Box 1295; NARA II.

57 Cf. Jornal *Correio da Manhã*, 19 de Março de 1935, p. 9.

58 Cf. Jornal *Correio Paulistano*, 23 de Março de 1935, p. 6.

59 Cf. Jornal *Correio Paulistano*, 26 de Março de 1935, p. 6.

60 Cf. Jornal *Correio Paulistano*, 28 de Março de 1935, p. 6.

61 Cf. *Memorandum BF–3636*, September 10, 1943. 05.2 (4) John Ford Project. RG229, Box 1295; NARA II.

land, Samuel Engel havia mudado o tom geralmente otimista das correspondências anteriores.

Segundo ele, assim que chegou aos Estados Unidos, uma sucessão interminável de reuniões o haviam desgastado muito, a ponto de "sair delas como uma vítima desnecessária". O teor das reuniões, que possivelmente estavam relacionadas ao modo como Engel esperava representar o Brasil em suas filmagens, infelizmente não foi reproduzido no documento: "já que essa é uma carta de negócios e está relacionada a um projeto oficial, eu não devo te apresentar o lado pessoal do trabalho em que nós estamos envolvidos, vou deixar para fazer isso em outro dia, num momento mais propício".[62]

Algumas questões que desapontaram Engel, todavia, são sugeridas na carta a Toland. As razões para tal parecem repousar nas escolhas pelo *Office* das imagens que comporiam os filmes rodados no Brasil. Em reunião com Francis Alstock, da *Motion Picture Divison*, Engel se certificou de que ele e Toland fossem consultados sobre as edições finais do material filmado. Ainda assim, Engel não conseguiu esconder a sua desilusão: "pode ser um pouco tarde, mas agora eu sinto que entendi pela primeira vez os procedimentos, política e necessidades do programa de cinema da OCIAA". Engel afirmou que de acordo com a vontade do *Office* as filmagens realizadas no Brasil só seriam exibidas em curtas nos Estados Unidos se fossem excepcionalmente boas. Ademais, não havia tempo para trabalhar no material, o *Office* desejava que as filmagens fossem transformadas em documentários o quanto antes. A queixa de Engel quanto as dificuldades de exibirem curtas nos Estados Unidos, aliada a pressão que o *Office* passou a exercer sobre os resultados da equipe, colidiam com o desejo do produtor de realizar uma série de curtas sobre a sociedade brasileira. Assim, os curtas que havia planejado, como *How to Dance a Samba* e *Saudade*, teriam que ser abandonados. Não havia espaço nos planos do *Office* para esse tipo de produção.

Contraditoriamente, de acordo com Engel, o *Office* tinha muito material recente filmado "sobre outros países latino-americanos e bem pouco sobre o Brasil. A procura por filmes sobre o Brasil é tremenda, já que as pessoas aqui estão

---

62 Cf. *Letter from Samuel Engel to Gregg Toland*, September 29, 1943. 05.2 (4) John Ford Project. RG229, Box 1295; NARA II.

muito interessadas em aprender mais sobre aquele maravilhoso país". Com exceção de algumas produções feitas por Disney, Orson Welles e cinegrafistas como John Dored da *Paramount* haveria, segundo ele, uma preocupante escassez de filmes sobre o Brasil nos Estados Unidos.[63]

O tipo de filme a que Engel se referiu não estava ligado ao material que fora produzido a partir das imagens que sua equipe filmou (como *São Paulo*, de 1943 e *Southern Brazil, de* 1945), mas sim ao cotidiano de brasileiros comuns, fora do conjunto de interesses que estavam em jogo na 'aproximação entre as Américas', ou seja, o que o governo brasileiro desejava mostrar, e o que o governo estadunidense desejava ver.

As imagens relevantes para o produtor estariam nos "hospitais flutuantes que iam de Belém para Manaus", nas pessoas comuns "nas ruas de Salvador e no modo como elas transportavam de tudo, as vezes carregando pesos tremendos sob as suas cabeças". A narrativa do produtor é construída como se fosse uma lista de conselhos para que Toland continuasse filmando o que realmente interessava: "o lado envolvente do Brasil e para que seja minimizado o seu antigo e pobre passado".

A carta de Samuel Engel a Gregg Toland parece contraditória, e de fato o é. Endereçada não apenas a Toland, mas também a William W. Murray, Berent Friele, Francis Alstock, *Liutenant* Ray Kellogg e ao *Major* Bert Cunninghan, a longa missiva está repleta de comentários sutis e insinuações sobre como acreditava que o Brasil deveria ser representado nos filmes. Engel desejava que sua conversa com Toland fosse lida por funcionários do *Office* e OSS no Brasil e Estados Unidos. Assim, ao mesmo tempo em que aponta o que foi produzido, mesmo com todos os obstáculos colocados pelo *Office*, indica que o Brasil a ser mostrado deveria ser o das pessoas simples nas ruas e nos seus afazeres diários.[64] Trabalhando para o OSS como um oficial da reserva da Marinha, Engel estava submetido a hierarquia militar. Sua carta era, aparentemente, o mais longe que alguém poderia ir no que diz respeito a discordância com os seus superiores. Utilizando do mesmo expediente de Engel, ou seja,

---

63 Cf. *Letter from Samuel Engel to Gregg Toland*, September 29, 1943. 05.2 (4) John Ford Project. RG229, Box 1295; NARA II.

64 Cf. *Memorandum from John Ford to Berent Friele*, July 26, 1943. 05.2 (4) John Ford Project. RG229, Box 1295; NARA II.

enviar uma correspondência ao amigo com cópias para importantes funcionários do *Office* e *OSS*, do Brasil Toland respondeu a Engel: "Apenas lembre-se, o objetivo final desta missão é criar uma completa biblioteca de filmes sobre o Brasil e uma série de bons filmes. Nós não estamos tentando provar nossa habilidade em fazer filmes para ninguém. É o resultado final que importa".[65]

As experiências que Engel e Toland tiveram no Brasil parecem ter influenciado fortemente o modo como ambos viam o país. Se as correspondências de Engel estão repletas de indícios sobre como o produtor havia criado laços de afetividade com o Brasil, as cartas de Toland não são diferentes. Darlene Sadlier também se deparou com documentos que indicavam a intensidade da relação do cinegrafista com o Brasil. Segundo a autora, em uma correspondência enviada para Engel, Toland deixou clara a sua paixão pelo país: "eu não gosto da ideia de retornar [para os Estados Unidos] e eu acredito que talvez eu possa voltar aqui, eu espero que sim.[66] Eu sou tão completamente brasileiro nesse ponto que nosso modo de vida parece bastante enfadonho".[67]

Quando Samuel Engel retornou aos Estados Unidos, fez um longo relato para Gregg Toland das condições de trabalho que passou a ter no âmbito da *Motion Picture Division* do *Office*, em Nova York. Engel voltou a criticar a pressão que o *Office* estava fazendo sobre a equipe de Ford e também a um certo desinteresse pelo Brasil. Ciente das pressões que Berent Friele vinha recebendo do governo brasileiro para que as filmagens feitas pela *Ford Unit* ficassem prontas, Toland enviou excertos da carta de Engel para Friele, tentando tranquilizar seu colega ao mostrar que estavam trabalhando com a máxima rapidez possível. Todavia, na carta Engel afirmou que 'Washington e Nova York', isto é, *OSS* e *Office*, jamais tiveram o entusiasmo que a *JFMPU* tinha pelas produções relacionadas ao Brasil: "algum dia, quando você voltar, eu vou explicar em detalhes a configuração admi-

---

65   Cf. *Letter from Gregg Toland to Samuel G. Engel*, October 29, 1943. 05.2 (4) John Ford Project. RG229, Box 1295; NARA II.

66   Lamentavelmente, Gregg Toland não teve a oportunidade de retornar ao Brasil. Em setembro de 1948 o cinegrafista veio a falecer aos 44 anos, vítima de uma trombose coronariana. Cf. Gregg Toland, 44, Camera Man, Dies. *New York Times*, Sep 29, 1948, p.30

67   Cf. SADLIER, Darlene. *Americans All*: good neighbor cultural diplomacy in World War II. Austin: University of Texas Press, 2012, p.76.

nistrativa e então você vai perceber que existe aqui sobre o projeto é uma atitude de 'negócios, como sempre'".[68]

O problema sugerido por Engel revela uma relação com o Brasil muito mais fria e distante por parte da alta cúpula da OSS e *Office* quando comparada a de seus funcionários que trabalharam no país latino-americano. Para Engel, a insistência de Francis Alstock para que a equipe de Ford explicasse o que estava fazendo, tornava tudo ainda pior, pois já havia dado a sua aprovação ao projeto quando esteve na Califórnia: "Esse é um triste comentário sobre a coisa toda, que seis meses após esse projeto ter iniciado, a autoridade responsável por ele [Francis Alstock] finalmente se pronunciou perguntando sobre o que era o projeto (...). Eu não estou feliz com isso". Mais uma vez, Engel se posicionou sobre as filmagens no Brasil: "os trabalhos que você [Gregg Toland] e os rapazes estão fazendo, isto é, a biblioteca que vai resultar das filmagens, independente de como serão os curtas, vai eventualmente justificar nossa missão. Um serviço para o Brasil e para os Estados Unidos foi prestado. Ninguém vai se arrepender de ter feito esse trabalho".[69]

O envio de excertos da carta de Samuel Engel por Gregg Toland ao Diretor da *Brazilian Division* revelava o apoio a Engel e um profundo descontentamento com o modo que a *Motion Pictures Division* administrava os esforços do *Office* quanto ao cinema no Brasil.

A relação de Engel e Toland com a cultura e sociedade brasileiras é um bom exemplo do que Pennee L. Bender apontou acerca do que inteirações culturais locais podem revelar: relações de poder que nem sempre podem ser caracterizadas por apenas, de um lado, um Estados Unidos dominante e, de outro, meros espectadores passivos.[70]

As missivas trocadas entre eles e o *Office* revelam uma continua negociação que se não podem ser interpretadas como inteiramente a favor de uma 'saída

---

68 Cf. *Memorandum from Gregg Toland to Berent Friele*, December 20, 1943. 05.2 (4) John Ford Project. RG229, Box 1295; NARA II.

69 Cf. *Memorandum from Gregg Toland to Berent Friele*, December 20, 1943. 05.2 (4) John Ford Project. RG229, Box 1295; NARA II.

70 Cf. BENDER, Pennee L. *Film as an instrument of the Good NeighborPolicy, 1930's-1950's*. Dissertation in History (PhD). New York University, 2002, p. 1-19.

brasileira, tampouco podem ser descritas como características do *Office*, isto é, de um amplo programa governamental tradicionalmente pouco inclinado a fazer concessões em seus programas de propaganda. Ainda que não tenhamos dados precisos acerca da recepção destes filmes nos Estados Unidos, é possível que neste país tenha havido algo semelhante às experiências em solo brasileiro, quais sejam, a existência de contínuas negociações, revelando avanços e recuos nas dinâmicas percorridas pelo imperialismo estadunidense.

O comandante da Unidade, John Ford, é pouco mencionado nas cartas entre Toland e Engel. A razão para tal talvez seja o modo como o diretor conduzia o trabalho da equipe. Embora tenha ido ao Brasil no período para dar início aos trabalhos de filmagem, boa parte do projeto foi acompanhado a distância. Ford que dirigia sua equipe dos Estados Unidos por meio de constantes trocas de correspondência, tinha plena confiança no líder de sua equipe no Brasil, Gregg Toland, que trabalhava com boa margem de autonomia com relação ao famoso Diretor. Além de Toland e Engel outro importante interlocutor de John Ford no Brasil era Berent Friele, Diretor da *Brazilian Division* e em grande medida responsável por arranjar os meios para que os trabalhos liderados por Toland fossem realizados da melhor forma possível. No final de julho de 1943, Ford escreveu a Berent: "Please, play ball with my little boys down there". No mesmo memorando, Ford mandou lembranças para "Frieley, Bill Murray, Hippelheuser e, por todos os meios, para '*Pretty Child*'".[71]

A proposta de renovação do projeto traz outros elementos importantes para a avaliação do impacto destas atividades para o governo estadunidense. Segundo a proposta de renovação (*BMP4-4362*), a equipe viajou para o Brasil em maio de 1943 para uma estadia de aproximadamente três meses.[72] Logo após a chegada da equipe ao Rio de Janeiro, o Embaixador dos Estados Unidos no Brasil, Jefferson Caffery informou a Nelson Rockefeller que a equipe "teve uma recepção maravilhosa e uma importante reunião com representantes do DIP". Além disso,

---

71 Cf. *Memorandum from John Ford to Berent Friele*, July 26, 1943. 05.2 (4) John Ford Project. RG229, Box 1295; NARA II.

72 Cf. *Proposed Renewal of Project Authorization*, June, 1943. Brazilian military effort MP-1309. RG229, Box 226; NARA II.

os brasileiros estariam sendo "extremamente entusiastas e acreditam que este será o mais importante projeto de cinema já realizado neste país".[73]

Após o início das operações no Brasil, membros do *John Ford Group* acreditavam que o projeto original "era de longe a mais importante e impressionante atividade cinematográfica já realizada no Brasil".[74] Ainda que tamanho otimismo por vezes pareça algo exagerado e exija cautela do pesquisador no trato deste tipo de documentação, é preciso sublinhar que a equipe contava com profissionais reconhecidos no mundo do cinema e sua chegada ocorria em um momento de tensão e expectativa. Ademais, indica o esforço por parte dos agentes envolvidos em demonstrar o sucesso de tais iniciativas para o governo estadunidense, em um momento de intensa disputa por recursos entre vários órgãos e departamentos governamentais. A documentação relativa às primeiras semanas do "John Ford Group" no Brasil procura não deixar dúvidas quanto ao entusiasmo de estadunidenses e brasileiros. O êxito das sucessivas reuniões com membros do governo brasileiro e representantes do Departamento de Imprensa e Propaganda são especialmente creditados a qualidade e ao prestigio da equipe estadunidense no campo do cinema.[75]

Ainda assim, a filmagem de instalações militares e infraestrutura industrial brasileiras dependiam de uma delicada negociação entre autoridades estadunidenses e brasileiras. À medida que as filmagens foram sendo realizadas, sucessivas solicitações das autoridades brasileiras iam sendo feitas para que o *Office* enviasse cópias das produções prometidas e dos negativos. As solicitações eram realizadas especialmente por oficiais militares e pelo Departamento de Imprensa e Propaganda – DIP. Após dezesseis meses de filmagem a *BD* havia recebido apenas um filme pronto, *São Paulo*.

---

73 Cf. *Telegram to Washington from Caffery*, May 5, 1943. Brazilian military effort MP-1309. RG229, Box 226; NARA II.

74 Cf. Proposed Renewal of Project Authorization, June, 1943. Brazilian military effort MP-1309. RG229, Box 226; NARA II.

75 Cf. *Telegram to Washington from Caffery*, May 21, 1943. Brazilian military effort MP-1309. RG229, Box 226; NARA II.

Segundo Darlene Sadlier, até fevereiro de 1944, o *John Ford Project* havia produzido impressionantes 55,626 metros de filme preto e branco e 8,686 metros de *Kodachrome*, mas apenas seis curtas completos, dentre eles, *São Paulo* (1943), *Wings over Brazil* (1944) e *Southern Brazil* (1945).[76] Toland acreditava estar realizando no Brasil algo sem precedentes: "nenhum país jamais foi alvo de um estudo cinematográfico tão concentrado".[77]

Como apontado anteriormente, para Toland e Engel, a volumosa quantidade de filmagens visava a composição de uma biblioteca de filmes e era tão importante quanto a produção de curtas ou documentários. Tanto que, alguns filmes baseados nas filmagens realizadas pela *JFMPU* só foram lançados após a II Guerra Mundial, como no caso de *Belo Horizonte* (1949).

Em novembro de 1943 Gregg Toland e Samuel Engel informaram ao *OSS* e ao *Office* que vinte e sete produções estavam concluídas ou em fase de conclusão até abril de 1944.[78] As filmagens realizadas pelo *JFMPU* revelam quais os temas e características da sociedade brasileira deveriam compor o amplo acervo cinematográfico planejado por Toland e Engel. Mas afinal, do que esses filmes tratariam? Mesmo correndo o risco de cansar o leitor com uma sequência exaustiva, acreditamos que os vinte e sete tópicos merecem ser discutidos rapidamente devido ao imenso esforço empreendido pela equipe em criar um 'estudo cinematográfico do Brasil'.[79]

Como se verá, uma pequena parte do material filmado no Brasil foi aproveitado em diversas produções do período, especialmente as mais afinadas com os interesses compartilhados pelo governo brasileiro e pelo governo estadunidense. Segundo a listagem elaborada por Samuel Engel, os curtas para cada tópico deveriam ter entre dez e trinta minutos de duração: 1) *The Brazilian Aviation School* (35mm, preto e branco). O filme deveria descrever as várias etapas que um bra-

---

76 Cf. SADLIER, Darlene. *Americans all: good neighbor cultural diplomacy in World War II.* Austin: University of Texas Press, 2012, p.72, 76.

77 Cf. *Memorandum from Gregg Toland to Office of Strategic Services*, December 6, 1943. 05.2 (4) John Ford Project. RG229, Box 1295; NARA II.

78 Cf. *Report on subjects approved by Mrs. Alstock*, November 4, 1943. 05.2 (4) John Ford Project. RG229, Box 1295; NARA II.

79 Cf. *Letter from Samuel Engel to Francis Alstock*, February 25, 1944. 05.2 (4) John Ford Project. RG229, Box 1295; NARA II.

sileiro deveria percorrer até se transformar em piloto, pronto para a patrulha ou combate. Segundo Engel, após assistir o material filmado pelo *Captain* Griffin e *Chief* Garvin, considerou-o inadequado a ponto de não recomendar a finalização do filme. Todavia, Engel informou que tentaria encontrar mais cenas de modo que pudesse concluí-lo. 2) *The Brazilian Army School* (35mm, preto e branco/colorido). Seguiria o mesmo padrão da proposta anterior, acompanhando um jovem até se tornar um oficial das Forças Armadas. Assim como o primeiro filme, sua conclusão era incerta. 3) *The Brazilian Navy* (35mm, preto e branco/colorido). Segundo membros da *JFMPU*, da série relacionada às Forças Armadas seria o mais bem filmado. Sua conclusão, todavia, também era incerta devido a questões pendentes sobre a produção. 4) *Strategic Minerals and Materials* (35mm, preto e branco). Deveria ser um filme sobre as principais matérias primas brasileiras utilizadas no esforço de guerra, e consideradas absolutamente essenciais, como mica, quartzo, tantalita, tungstênio, berílio, babaçu, óleo de mamona, fibras, produtos farmacêuticos etc.

O planejamento inicial para esse filme era de que ele mostrasse desde os locais onde as matérias primas eram extraídas, examinadas e embarcadas até a sua chegada na indústria estadunidense, onde técnicos e engenheiros estadunidenses, em cooperação com brasileiros, utilizavam as matérias primas. Tendo as filmagens bem avançadas a única razão para ainda não o ter finalizado até fevereiro de 1944 teria sido uma solicitação da série *March of Time* (1935-1951) para a utilização de diversas sequencias. Devido ao uso pela série, Engel recomendou que as imagens sobre esse tema não deveriam compor um filme em específico, mas compor outros que poderiam ser realizados. 5) *Factories of Brazil* (35mm, preto e branco). Esse curta deveria se ater as grandes fábricas brasileiras, especialmente aquelas empenhadas no esforço de guerra. As imagens seriam compostas por imagens da *General Motors, Goodyear Rubber Company, Anderson Clayton Company, Pirelly & Company, Nitro Quimica do Brasil, Johnson & Johnson, Monlevade Company, Fabrica do Andaraí, Fabrica do Realengo, Arsenal de Guerra, Fabrica Juiz de Fora, Confab, Sofunge, Instituto de Medicamento e Arsenal da Marinha.* Algumas das melhores imagens colhidas para essa produção, como as da *Pirelli & Company* e *Nitro Quimica do Brasil,* já haviam sido utilizadas previamente para a feitura de

São Paulo (1943). Por essa razão Engel decidiu utilizar o restante das sequencias deste item em outras produções ao invés de realizar um curta apenas sobre o parque industrial brasileiro. 6) *Natal.* (35mm, preto e branco). Algumas de suas sequências já haviam sido utilizadas pela série *March of Time*, o que segundo Engel inviabilizaria a finalização de um documentário inteiro dedicado a capital do Rio Grande do Norte. 7) *Public and Health Sanitation* (35mm, preto e branco). O material filmado para esse curta teria tido o auxilio do SESP. Teria sido justamente as imagens por eles filmadas que inviabilizariam a produção desse curta, devido a irregularidade das filmagens e enquadramentos ruins. Engel aconselhou que esse item fosse mantido na programação, mas novas filmagens deveriam ser realizadas antes que ele fosse finalizado. 8) *USO in Brazil* (35mm, preto e branco). O filme sobre a *United Service Organizations* deveria mostrar como funcionavam o referido centro de recreação no Rio de Janeiro e em Belém. Segundo Engel, os dois centros eram muito bem equipados para entreter soldados estadunidenses, marinheiros e marines.

Estando sob a supervisão de estadunidenses vivendo no Brasil, os *USO* recebiam durante as noites moças "de ótimas famílias que são levadas a esses centros para dançar com os nossos rapazes, jogar ping-pong ou cartas com eles. Além de manter a moral elevada dos nossos garotos, faz avançar a boa vontade entre Brasil e Estados Unidos". 9) *Silk Factory in Campinas* (35mm, preto e branco). O filme seria sobre o rápido crescimento da produção da seda no Brasil, do casulo até o produto final, além de enfatizar a fabricação de paraquedas e bolsas de pólvora para o esforço de guerra. 10) *Rio de Janeiro* (16mm Kodachrome, colorido). Seria mostrado nesse filme o cotidiano da cidade, escolas, igrejas, ruas e prédios. No entanto, a cidade seria tão bonita, que Engel aconselhava que mais filmes chegasse do Brasil para que a cidade não fosse injustamente representada com material insuficiente. 11) *São Paulo*. Já estaria completo e com cópias sendo realizadas. 12) *Belo Horizonte* (35mm, preto e branco). Todo o material necessário para a produção do filme sobre a capital mineira já estaria em Nova York, pronto para edição. 13) *Ouro Preto* (16mm Kodachrome, colorido). As filmagens ainda não haviam sido enviadas pela equipe. 14) *Baia* (16mm, Kodrachrome). A mesma situação de *Ouro Preto*, em colorido, mas ainda sem material para ser editado. 15)

Recife 16mm, Kodachrome). Situação idêntica aos dois anteriores. 16) *Resorts and Spas* (16mm, Kodachrome). O filme trataria de montanhas, praias e ressortes em Petrópolis, Poços de Caldas, Guarujá e Teresópolis. Segundo o produtor, alguns ressortes existentes nessas localidades poderiam ser comparados aos da Suíça, Itália e região do mar mediterrâneo. 17) *School of Brazil* (35mm, preto e branco). Devendo conter material filmado nas principais capitais brasileiras, mostraria o cotidiano de estudantes, professores e escolas brasileiras. 18) *Churches of Brazil* (35mm, preto e branco).

Tal qual o curta sobre as escolas brasileiras, deveria ser um amplo panorama das igrejas no Brasil em diversos Estados. 19) *Products of Brazil* (35mm, preto e branco). Deveria ser realizado com inteiração com desenhos animados, por meio de mapas e outras sequencias que mostrassem aspectos do mundo rural no Brasil. 20) *Brazil Builds!* (35mm, preto e branco). Filme basicamente sobre a infraestrutura de transportes brasileira, como ferrovias, estradas de rodagem, prédios públicos e viadutos. 21) *Hydro Eletric System in São Paulo* (35mm, preto e branco). Seria praticamente todo incorporado pelo tópico/curta *São Paulo*. 22) *Scenery of Brazil* (35mm, preto e branco). Deveria ser composto por uma miscelânea de imagens filmadas em diversos tópicos, como os das cidades e também dos spas e ressortes. 23) *Cities of Brazil* (35mm, preto e branco). Por meio de mapas animados deveria mostrar aspectos de Curitiba, Florianópolis, Santos, Campinas, Porto Alegre, Niterói, Itajaí, Paranaguá, Fortaleza e Belem. 24) *Modern Penology practised in Brazilians Prisons* (35mm, preto e branco). Consideradas de excelente qualidade, as filmagens teriam sido realizadas em um presídio de São Paulo e outro de Belo Horizonte. Além disso, imagens de outros dois presídios, em Florianópolis e Rio de Janeiro poderiam posteriormente ser adicionadas. 25) *Brazilian Army Maneuvers* (35mm, preto e branco). Segundo Engel, "as operações, equipamentos, a coisa toda parece antiquada, como se fosse da I Guerra Mundial. A solução para que alguma produção satisfatória fosse realizada com essas filmagens seria "trapacear", mostrando a escola de cadetes e passeatas nas ruas, tudo menos instalações militares. Por tais razões, Engel não recomendava que versões dessa produção fossem feitas em espanhol ou inglês. 26) *Brazilian Expeditionary Force* (35mm, preto e branco). Como as tomadas estavam sendo feitas na Europa, Engel apenas indicou: "sem filmagens por razões óbvias. 27) *Gasogenio* (35mm, preto e branco). Sobre a alternativa encontrada para a escassez de gasolina no Brasil.[80]

Poucas produções relacionadas aos 27 assuntos programados pela *JFMPU* foram finalizadas quando a listagem foi enviada ao *Motion Pictures Division* no início de 1944. Naquele momento ainda haviam técnicos da unidade da Unidade de Ford trabalhando no Brasil. Além disso, uma vez realizadas, todas as filmagens seguiam para a *Photographic Branch*, da OSS, em Washington, DC, mesmo após o projeto ter passado para a *Motion Picture Division* do *Office*, em Nova York.[81]

Na solicitação de renovação do projeto, a equipe decidiu aumentar para 40 produções, ao invés das dez previstas inicialmente, mas devido ao orçamento restrito no primeiro projeto para o ano fiscal de 1943, decidiu solicitar uma extensão das atividades e do orçamento. Ao solicitar a renovação até maio de 1944, a equipe de Ford informava um aumento na equipe, de doze para dezoito profissionais, solicitava um incremento no orçamento de USD$ 21.923 e anunciava um novo parceiro: o *Museum of Modern Art – MoMA*. A partir de então, o Museu ficaria responsável por uma importante parte do projeto: a pós-produção. O oneroso trabalho de pós-produção (cortes, edição, narração, efeitos, música, pesquisa e escrita de roteiro e custos de laboratório), entrariam no orçamento do Museu para o ano de 1945.[82] Como os trabalhos de pré-produção já haviam sido realizados, pode-se dizer que a partir de então o *Office* passou a ser o único responsável pela continuidade do projeto.[83]

Em termos financeiros, o *Office* passou a ser responsável pela continuidade da tarefa em janeiro de 1944.[84] No entanto, a transferência na condução das

---

80 Cf. *Letter from Samuel Engel to Francis Alstock*, February 25, 1944. 05.2 (4) John Ford Project. RG229, Box 1295; NARA II.

81 Cf. *Letter from Samuel Engel to Francis Alstock*, December 8, 1943. 05.2 (4) John Ford Project. RG229, Box 1295; NARA II.

82 Cf. *Proposed Renewal of Project Authorization*, June, 1943. Brazilian military effort MP-1309. RG229, Box 226; NARA II.

83 Cf. *Memorandum BF-4841*, February 25, 1944. Brazilian military effort MP-1309. RG229, Box 1287; NARA II.

84 Cf. *Memorandum BF-4916*, March 8, 1944. 05.2 (4) John Ford Project. RG229, Box 1295; NARA II.

atividades do *JFPMU/OSS* para o *Office* foi bastante tumultuada. Ao assumir a pós-produção das filmagens realizadas no Brasil o *Office* passou a priorizar algo que não estava na primeira ordem do dia por Toland e Engel. O cinegrafista e o produtor, como já mencionado, tinham como objetivo menos a produção final de filmes do que a composição de um vasto acervo cinematográfico sobre o Brasil. Em decorrência disto, as demoras na entrega de produções finalizadas estavam muito mais relacionadas com as prioridades de Toland e Engel do que com quaisquer outros fatores ligados a logística, infraestrutura ou pessoal especializado.

A pressão decorrente do atraso na produção dos filmes não eram os únicos contratempos que Gregg Toland e Samuel Engel tinham que enfrentar. O investimento na composição de uma biblioteca cinematográfica em detrimento da realização de filmes também pode estar relacionado a um sério atrito entre a *Republic Productions, Inc*, a *John Ford Motion Pictures Unit* e o *Office*. No início de fevereiro de 1944, Gerald G. Smith, membro da Divisão Fiscal do *Office* enviou um telegrama a Berent Friele sobre o profundo descontentamento de Howard Lydecker, enviado para o Brasil pela *Republic* para trabalhar em conjunto com Toland e Engel, responsáveis pela *JFMPU*.

A parceria prometida à *Republic* teria contado com o envolvimento direto de Francis Alstock, Diretor do *Movie Picture Division*, no sentido de que o estúdio pudesse obter material filmado pela equipe de Toland. Smith alertou Berent Friele para a péssima repercussão em Hollywood se a recusa da *JFMPU* em cooperar com a *Republic* perdurasse.[85] A situação de Alstock havia se complicado, pois como Diretor da *MPD* era o principal responsável pelas relações de cooperação entre o governo estadunidense e a indústria do cinema naquele momento. Assim, Alstock tentou mobilizar a *Brazilian Division* para resolvesse o impasse, realizando uma ligação internacional para Friele e solicitando que este supervisionasse pessoalmente as atividades da *Republic Productions, Inc* no Rio de Janeiro. Friele, por sua vez, enviou uma correspondência para John Ford, informando que recusou a tarefa solicitada por seu superior alegando que não tinha pessoal para

---

85 Cf. *Memorandum from Gerald G. Smith to Berent Friele*, February 11, 1944. 05.2 (4) John Ford Project. RG229, Box 1295; NARA II.

que isso fosse feito.[86] A situação era delicada pois a Unidade de Ford estava ligada a Marinha dos Estados Unidos, sobre a qual o *Office* pouco poderia influir. Nesse sentido foi a mensagem de Jefferson Caffery que informou a Alstock o auxilio que estava sendo dado pela *Brazilian Division* e também pela Embaixada dos Estados Unidos no Rio de Janeiro a Lydecker, sendo, portanto, a Unidade de Ford a única a não cooperar.[87]

Com a recusa de Friele, Francis Alstock fez outra ligação internacional, desta vez para William W. Murray, solicitando que este "investigasse e enviasse um relatório a ele sobre o que a Unidade de Ford já havia feito, o que estariam fazendo e as despesas envolvendo a aquisição deste material". O telefonema a Murray relevava que embora a *MPD* tivesse corresponsabilidade sobre as filmagens da *OSS* no Brasil e, a partir de janeiro de 1944, total responsabilidade pela pós-produção, tinha poucas informações sobre como a unidade operava no território brasileiro.[88]

O descontentamento de Alstock com a falta de cooperação com Lydecker somava-se ao atraso na finalização dos filmes previamente planejados pela *JFM-PU*. A medida que o tempo passava as pressões sobre a equipe de Toland se tornavam cada vez mais fortes. Em março de 1944 outro pedido formal para que as cópias dos negativos dos filmes fossem disponibilizadas sem demora chegou à *Brazilian Division*. Vinham de Amilcar Dutra de Menezes, então Diretor do Departamento de Imprensa e Propaganda.[89]

Mais uma vez a regional brasileira se via em dificuldades, pois teve que explicar ao solicitante que os filmes realizados pela *JFMPU* não estavam sob a alçada do *Office*, mas sim da *United States Navy*.[90] Com as cobranças do Diretor

---

86 Cf. *Memorandum from Berent Friele to Command John Ford*, February 14, 1944. 05.2 (4) John Ford Project. RG229, Box 1295; NARA II.

87 Cf. *Memorandum n.551*, February 14, 1944. 05.2 (4) John Ford Project. RG229, Box 1295; NARA II.

88 Cf. *Memorandum from William W. Murray to Berent Friele*, February 23, 1943. 05.2 (4) John Ford Project. RG229, Box 1295; NARA II.

89 Cf. *Memorando DG-174*, 1 de março de 1944. 05.2 (4) John Ford Project. RG229, Box 1295; NARA II.

90 Cf. *Memorando de Berent Friele para Amilcar Dutra de Menezes*, 3 de março de 1944. 05.2 (4) John Ford Project. RG229, Box 1295; NARA II.

Financeiro do *Office*, do Departamento de Imprensa e Propaganda, da *Republic Productions*, e a resistência de Toland e Engel em cooperar, a *Brazilian Division* passou a receber uma forte pressão de Francis Alstock para que tentasse agilizar os filmes que deveriam ser produzidos pela *JFMPU*, ou, no melhor dos casos, intermediar as negociações para que Toland e Engels repassassem os filmes sem mais delongas.

Os impasses gerados na negociação expõem as contradições internas de agências governamentais que eram zelosas e conhecidas por transmitir uma imagem de eficiência e de inserção em um amplo esforço de cooperação internacional. Mesmo que os oficiais do *JFMPU* e funcionários do *Office* seguissem em linhas gerais seus parâmetros de condução das políticas adotadas no Brasil, havia um enorme campo onde prevaleciam experiências e perspectivas individuais. Forçoso notar que, no debate, os funcionários do governo estadunidense estavam aflitos por realizar os filmes que os homens do cinema, sob a alçada militar, se recusavam a finalizar.

De todo modo, o fato de terem concluído apenas seis produções, conforme apontou Sadlier, reforça o intento de membros da *JFMPU* quanto a importância da biblioteca cinematográfica em detrimento da realização de filmes para o governo estadunidense. Além de *São Paulo* (1943), em dezembro de 1943 estariam prontos para serem editados e narrados: *Belo Horizonte, Factories of Brazil, Prisions of Brazil e Gasogenio*.[91] Com exceção de *São Paulo*, apenas o filme sobre a capital mineira parece ter sido concluído, e lançado quatro anos após o término da II Guerra Mundial. Quanto aos outros, não existem registros de que tenham sido finalizados. Prevaleciam, assim, os objetivos a longo prazo da equipe. As pressões para a realização de filmes pela *John Ford Motion Picture Unit*, eram significativas, pois vinham tanto do governo brasileiro, quanto governo estadunidense. Considerando os intentos de Engel e Toland, não é exagero considerar que *São Paulo* (1943) tenha sido finalizado, em alguma medida, para atender a demanda e a enorme expectativa por filmes prontos pelo OSS, *Office* e DIP.

Antes de o filme ser finalizado, Gregg Toland exibiu sequências sobre a cidade para autoridades, banqueiros e industriais paulistas, afim de colher algu-

---

91   Cf. *Memorandum from Gregg Toland to Director of Motion Picture Branch CIAA*, December 8, 1943. 05.2 (4) John Ford Project. RG229, Box 1295; NARA II.

mas impressões sobre o provável impacto do curta quando estivesse pronto. No relato enviado para o *OSS*, Toland descreveu a experiência nos seguintes termos: "Eu gostaria que vocês estivessem aqui para ver os olhos saltando das cabeças de alguns dos mais poderosos banqueiros e industriais quando viram as maravilhosas sequências de São Paulo realizadas por Ralph". As imagens que o cinegrafista do *OSS* realizou para Toland haviam realmente impressionado os notáveis da alta sociedade paulista: "E você deveria ter ouvido os 'ohs' e 'ahs' da audiência". O evento havia comprovado que quando lançado, *São Paulo* seria um estrondoso sucesso. A prova final de que estavam no caminho certo, teria sido fornecida por meio de um telefonema de um grande banqueiro presente na exibição e "ligado ao nosso segundo maior banco". O ilustre *gentleman* teria relatado a Toland uma peculiar situação ocorrida no dia seguinte à exibição. Antes de ver o filme, o banqueiro havia recusado uma proposta de investimentos em São Paulo feita por uma subsidiária de Nova York, que se realizaria por meio de sua agência. Na manhã seguinte à exibição feita por Toland, profundamente impactado com as sequências, o banqueiro teria aceitado a oferta de investimentos na capital paulista.[92]

As filmagens feitas pela *John Ford Picture Motion Unit* haviam sido cuidadosamente selecionadas: "Em todas as instâncias, foram escolhidas as melhores casas, igrejas, fábricas, prédios públicos etc. Um cuidado similar foi dado ao filmar os brasileiros, fossem trabalhadores nas fábricas ou executivos. Todos tem aparência agradável, bem vestidos, pessoas limpas e bem arrumadas".[93] Ao invés de exibir "índios primitivos e casas com telhados de palha"[94], o filme sobre a cidade de São Paulo foi concebido para representar um Brasil moderno e pujante, indo ao encontro tanto dos interesses do governo varguista, quanto do governo estadunidense. Os profissionais do cinema estadunidense haviam conseguido uma verdadeira proeza, a capital paulista nunca havia parecido tão exuberante.

---

92 Cf. *Memorandum from Gregg Toland to Office of Strategic Services*, November 24, 1943. 05.2 (4) John Ford Project. RG229, Box 1295; NARA II.

93 Cf. *Memorandum from Samuel Engel to Director of Motion Picture Branch of CIAA*, December 8, 1943. 05.2 (4) John Ford Project. RG229, Box 1295; NARA II.

94 Cf. *Memorandum to Don Francisco from Russel Pierce*, January 12, 1944. RG229, Box 1287; NARA II.

O impacto do curta *São Paulo* não poderia ter sido melhor. Com ampla cobertura pelos jornais brasileiros, a exibição da produção se iniciou em fins de maio de 1944 em sessões especiais para autoridades da capital paulista no Palácio dos Campos Elísios e na Biblioteca Pública Municipal. Após uma sequência de exibições para notáveis da capital paulista, o filme finalmente foi disponibilizado ao público, e com entrada gratuita na Galeria Prestes Maia no início de agosto de 1944, atraindo verdadeiras multidões. Antes que passasse a ser exibido nas fábricas mostradas no filme, e após, em todo o país, apenas na Galeria Prestes Maia, em vinte e três dias, *São Paulo* foi visto por 103.930 espectadores em 409 sessões.[95]

A multidão que foi assistir à popular exibição, já na entrada encontrava um poster de agradecimento do Prefeito Francisco Prestes Maia onde podia-se ler: "Artista da película e enamorado da cidade, a Capital paulista não podia ter encontrado melhor retratista que o Comandante Toland, revelador de aspectos que ela própria desconhecia" (fig. 3).[96]

De fato, Toland e a sua equipe haviam recriado a cidade. O filme pode ser pensado como um componente na idealização de São Paulo analisada por Barbara Weinstein, isto é, perspectivas amplamente difundidas que procuravam conceber a história da capital paulistana como sendo essencialmente nacional, ao invés de algo regionalizado.[97] As imagens de *São Paulo* expressavam aquilo que o Brasil desejava ou precisava ser, e as ausências, o que não deveria ser lembrado.

As exibições realizadas na Galeria Prestes Maia ocorreram no local considerado ideal para a difusão de *São Paulo*. Exibir o filme no "Palácio subterrâneo" da capital paulistana significava reforçar os laços artísticos, culturais, de progresso e modernidade que estariam presentes nas relações entre o Brasil e Estados Unidos.[98]

---

95 Cf. *Memorandum 635/SP*, September 5, 1944. Propaganda; RG229, Box 226; NARA II.

96 Cf. *Memorandum 560/SP*, August 16, 1944. 05.2 (4) John Ford Project. RG229, Box 1295; NARA II.

97 Cf. WEINSTEIN, Barbara. *The Color of Modernity*: São Paulo and the Making of Race and Nation in Brazil. Durham: Duke University Press, 2015, p.44.

98 Cf. VIEIRA, Lellis. Galeria 'Prestes Maia'. In: Jornal *O Correio Paulistano*, 19 de dezembro de 1940, p.3.

Sendo muito bem recebida em todas as ocasiões, a produção foi ao encontro das expectativas quanto a representação de uma cidade e, na perspectiva de Weinstein, de um país progressista, moderno, pujante e em consonância com as principais capitais estadunidenses. Não interessava ao *Office*, tampouco ao governo brasileiro, uma representação que sugerisse as mazelas sociais, os bolsões de pobreza e a desigualdade que já vinham assolando a capital paulista desde fins do século XIX. Assim, concordamos com a assertiva da autora quanto a existência de um ideário onde o sucesso econômico de São Paulo cimentou uma ampla associação entre brancura racial e produtividade, civilização e modernização, os sustentáculos de como o governo brasileiro desejava que o país fosse visto e tratado. A cidade de São Paulo oferecia um modelo para o país que poderia ser "generalizado – o resto do Brasil era o exótico, o arcaico e o particular."[99]

As exibições de *São Paulo* tornaram as relações entre a *Brazilian Division* e as autoridades brasileiras ainda melhores. A contínua troca de gentilezas por ocasião do trabalho realizado por Toland levou Arnold Tschudy, responsável pela regional da *BD* em São Paulo a sugerir que o *Office* fizesse um 'afago' no prefeito Prestes Maia. Tschudy escreveu aos seus superiores que em virtude de o prefeito,

> ter concebido o plano de urbanização em que São Paulo rapidamente foi modernizada, e em consideração à cooperação e ao suporte recebido do prefeito para a produção e exibição desse filme, recomendo que nós presenteemos ao Dr. Maia uma cópia deste filme em 16mm para seu uso em ocasiões como a recepção de visitantes distintos de outros países.[100]

Em adição, o diretor da regional paulista sugeriu algo ainda mais generoso, que o *Office* incluísse na cópia a ser presenteada, um pequeno prefácio – que se viesse com uma assinatura de Nelson Rockefeller aumentaria consideravelmente o valor do regalo – com os seguintes dizeres: "Este filme é dedicado a sua Excelência Dr. Francisco Prestes Maia, urbanista e prefeito de São Paulo, em reconhe-

---

99 Cf. WEINSTEIN, Barbara. *The Color of Modernity: São Paulo and the making of race and nation in Brazil*. Durham: Duke University Press, 2015, p.14; 48.

100 Cf. *Memorandum 573/SP*, August 17, 1944. Propaganda; RG229, Box 226; NARA II.

cimento a sua grande obra municipal e valiosa contribuição na filmagem deste documentário".[101] A despeito de o prefácio não ter sido elaborado, uma cópia em 16mm para o prefeito foi autorizada em novembro de 1944.[102]

Ainda no contexto de uma sucessiva troca de gentilezas, o bom trabalho de higienização da cidade por meio do cinema elaborado por Gregg Toland foi apreciado a ponto de o governo brasileiro conferir-lhe a mais alta condecoração brasileira atribuída a cidadãos estrangeiros, a prestigiosa *Ordem Nacional do Cruzeiro do Sul*, grau *oficial* (o segundo grau mais importante em uma escala de 1 a 6), em julho de 1944.[103] Era a segunda vez que um artista estadunidense envolvido na *good will* recebia a honrosa condecoração. Walt Disney já havia recebido a mesma honraria do governo brasileiro em 1941.[104] As honrarias continuaram a ocorrer até setembro de 1945, quando "em uma inusitada ação", a Universidade de São Paulo concedeu o título de "Doutor Honoris Causa" ao Consul Geral Cecil M. Cross, e ao Diretor do Comitê de São Paulo, Arnold Tschudy "em reconhecimento às realizações do Consulado e do Comitê na promoção das relações Inter-Americanas".[105]

Já em *Southern Brazil* (1945), as representações sobre o Brasil não estavam distantes daquelas mostradas em *São Paulo* (1943): a ausência de negros, mestiços ou imigrantes. Deduzimos que se devêssemos parecer tanto com os Estados Unidos imaginados pelo *Office*, deveríamos ser uma nação livre da perigosa miscigenação em tempos de guerra. As representações aludidas foram ao encontro de um conjunto de associações sobre o Brasil elaboradas e reelaboradas ao longo de todo o século XX.

Assim, essas produções sugerem não apenas como eles nos viam, mas também como se viam. No curta *Southern Brazil*, como o título sugere, o foco recai nos estados do Paraná, Santa Catarina e Rio Grande do Sul, mas de maneira desigual. Enquanto o Paraná é apresentado em pouco mais de três minutos e Santa Catari-

---

101 Cf. *Memorandum 573/SP*, August 17, 1944. Propaganda; RG229, Box 226; NARA II.

102 Cf. *Memorandum from Francis Alstock to Arnold Tschudy*, Dezember 16, 1944. 05.2 (4) John Ford Project. RG229, Box 1295; NARA II.

103 Cf. *Diário Oficial da União* (DOU) de 31 de Julho de 1944, Seção 1, p.12.

104 Cf. *Diário Oficial da União* (DOU) de 28 de Agosto de 1941, Seção 1, p.9.

105 Cf. *Memorandum 785/SP*, October 4, 1945. Brazil Reports; RG229, Box 227; NARA II.

na em menos de dois, o Rio Grande do Sul é representado em quase doze minutos. A razão seria a sua notável presença na "vanguarda da marcha pelo progresso brasileiro". Nas ricas terras do extremo sul, o gaucho seria "rei": "em suas veias corre o sangue de exploradores e conquistadores de destemidos índios... de tenazes e talentosos empreendedores europeus, temperado por séculos de vida selvagem em uma terra e céu sem limites". A tentativa em se construir uma visão épica, bastante semelhante àquelas adotadas em filmes do gênero *western* fica evidente nessa produção. Mas não apenas. As cidades, casas, cultura, esportes, educação, saúde, arquitetura, religião e as noções de progresso, liberdade e democracia compõem um fascinante *puzzle*, e caracterizam o espírito predominante na marcha do progresso brasileiro. Como não poderia ser diferente, são idênticas às representações da marcha pelo progresso estadunidense.

Até setembro de 1942 não haviam muitas produções relacionadas ao Brasil sendo distribuídas pelo *Office*. Apenas duas figuravam como importantes representações do país para a *Brazilian Division: Brazil* (1942) e *Brazil Gets the News* (1942).[106] O primeiro era uma miscelânea sobre Rio de Janeiro, Santos e São Paulo. O segundo estava entre as várias produções adquiridas por William Murray no período, e em plena consonância com o Brasil representado pela *JFMPU*.

Também conhecido como *Um Vespertino Moderno, Brazil Gets the News* era uma verdadeira ode à capital paulista. Neste documentário, o primeiro intertítulo nos diz muito sobre a perspectiva adotada na produção: "São Paulo é a Detroit do Brasil, ou Detroit é a São Paulo dos Estados Unidos?" Realizado pela 'Rossi-Rex Film', o filme de dez minutos ganhou o primeiro prêmio em um concurso para produções brasileiras no final da década de 1930, provavelmente promovido pelo Departamento de Imprensa e Propaganda – DIP. Importante notar que diferente de outros filmes feitos pelo *Office, Brazil Gets the News* não foi realizado pelo *Office* nos Estados Unidos, mas sim por uma produtora brasileira, cujos proprietários eram Gilberto Rossi, Adalberto Kemeny e Rodolfo Rex. Antes de se tornarem

---

106 Cf. Motion Picture Division, September, 1942. Brazilian Coordination Committee General Sept 1941 – 1943. RG 229, Box 1353; NARA II.

254 Alexandre Busko Valim

sócios, os três já eram reconhecidos como experientes realizadores por meio de suas produtoras, a 'Rossi Film' e a 'Rex Film'.[107]

Inicialmente, o documentário feito pela 'Rossi-Rex Film' estava menos no cerne de uma aproximação entre Brasil e Estados Unidos, do que entre Getúlio Vargas e Cásper Líbero, diretor-proprietário do jornal *A Gazeta* de São Paulo. Atraído pelo discurso nacionalista, aos poucos Líbero teria cedido "aos encantos do Governo Vargas, passando de forte opositor a um dos principais colaboradores na luta pela União Nacional e pelo engrandecimento da Nação".[108] A produção do documentário ocorreu sob a forma de um filme educativo em 1939 custeado pelo jornal *A Gazeta*, com o título "Um vespertino moderno".[109]

Após uma exibição no Palácio Guanabara a convite do secretário da Presidência da República, Luiz Vergara, Cásper Líbero teria viajado para os Estados Unidos a pedido de Getúlio Vargas e financiado pelo seu governo em junho de 1941.[110] O objetivo seria exibir o documentário no *The Museum of Modern Art* (*MoMA*), em Nova York, a um seleto grupo de proprietários e diretores de empresas de publicidade, jornais, cinema e de emissoras de rádio dos Estados Unidos. A intenção seria mostrar como "A Gazeta era capaz de produzir uma edição de última hora, completa, dentro de 12 minutos, a contar da chegada da última notícia telegrafada de Washington ou Berlim".[111] Ao se tornar uma das engrenagens da *good will* Inter-Americana, o documentário foi dublado em língua inglesa e passou a circular com apoio do *Office* no Brasil (na versão em português) e nos Estados Unidos (na versão dublada).

---

107 Vide: RAMOS, Fernão; MIRANDA, Luiz Felipe (orgs). *Enciclopédia do Cinema Brasileiro*. São Paulo: Ed. Senac, 1997, pp. 473-474.

108 HIME, Gisely V.V.C. *Um Projeto nacionalista em busca da Modernidade: A Gazeta de Cásper Líbero na Era Vargas*. http://www.almanaquedacomunicacao.com.br/, acesso em 07 de novembro de 2010.

109 Cf. Aprovação da censura de "Um Vespertino Moderno". Departamento de Imprensa e Propaganda – Divisão de Cinema e Teatro. *Diário Oficial da União* de 23 de fevereiro de 1940, pg.47 seção 1.

110 Cf. HIME, Gisely V.V.C. *Um projeto nacionalista...*,p.15.

111 Cf. HIME, Gisely V.V.C. Construindo a profissão de jornalista: Cásper Líbero e a criação da primeira escola de jornalismo do Brasil. In: *Anais do XXVIII Congresso Brasileiro de Ciências da Comunicação*, 2005. Rio de Janeiro/São Paulo: Intercom, 2005. Cd-rom.

Em *Brazil Gets the News*, São Paulo figura como uma cidade organizada, limpa, moderna, pujante e que deve ter, evidentemente, uma imprensa à altura. O jornal A Gazeta é apresentado como exemplo de modernidade, vigor e livre-iniciativa, a ponto de o narrador sugerir que a seção infantil do periódico fosse adotada pela imprensa estadunidense. Dinamismo, competência, notícias bem fundamentadas e imagens adequadas, tecnologia de ponta e os mais modernos métodos de impressão são elementos apontados por *Brazil Gets the News*. A quintessência da imprensa localizava-se na Rua Augusta, no coração de São Paulo.

O espetáculo da tecnologia jornalística confunde ainda mais, ou resolve de vez o *puzzle* americano: "é São Paulo, mas bem poderia ser Boston, Indianápolis ou Dallas (...) Parece como as coisas são feitas em Chicago, Detroit, porque São Paulo é uma enérgica e poderosa cidade progressista sul-americana". A esta altura, o espectador estadunidense já estaria impressionado com o dinamismo de nossa imprensa. E possivelmente ficou ainda mais, ao ouvir o narrador perguntar: "Onde fica a cidade que cresce mais rapidamente no hemisfério? Nos EUA? Não, senhor, é São Paulo". Assim, o documentário sugere que sendo uma cidade limpa, moderna, organizada, uma das maiores da América Latina e também a que mais cresce, por que então não seríamos bons vizinhos? São Paulo era uma cidade que precisava de jornalismo de qualidade e atualizado, e ela o tinha por meio de seus *self-made men*.

Apesar da grandiloquente e, mais uma vez, conveniente propaganda pró-boa vizinhança, os registros sobre *Um Vespertino Moderno* e a sua versão em inglês *Brazil Gets de News* são notavelmente escassos. Não encontramos dados significativos sobre a exibição de *Southern Brazil, Um Vespertino Moderno* ou *Brazil Get the News* durante o período no Brasil ou Estados Unidos.

No que diz respeito a *São Paulo*, o maior êxito da *John Ford Motion Picture Unit*, apesar do estrondoso sucesso causado entre autoridades brasileiras, em meados de 1944 a *BD* relatou ao *Office* um constrangimento em torno de contínuas solicitações feitas por autoridades brasileiras não estarem sendo atendidas. Após tamanha publicidade e impacto social os pedidos para que a *Brazilian Division* disponibilizasse cópias da produção chegavam a todo momento. Quando finalmente o *Office* autorizou o envio de cópias, a *Brazilian Division* recomendou que o *Office* que não enviasse material em *fine-grain lavender*. A denominação referia-se ao celuloide positivo tingido com tinta azul para diminuir o contraste e com qualidade superior, em 35mm.[112] Para a *BD* o envio de material dessa natureza tornaria mais fácil a realização de cópias com boa qualidade pelo DIP, que poderia 'piratear' os filmes realizados pelo *Office/OSS* e distribuir localmente como se tivessem produzidos por eles;[113] que embora não fosse algo esperado de um 'bom vizinho', foi exatamente o procedimento adotado pelo *Office* com *Brazil Get the News*. Após tamanho sucesso de *São Paulo*, e talvez por isso mesmo, as relações entre a *Brazilian Divison* e o DIP ainda guardavam alguma dose de desconfiança.

Não existem indícios suficientes de que as filmagens feitas pela *John Ford Motion Pictures Unit* tenham sido enviadas para o Departamento de Imprensa e Propaganda. Ao longo de todo o período em que a Unidade Ford trabalhou no material filmado no Brasil, como apontamos, o DIP realizou sucessivos pedidos para que cópias dos negativos desse material lhes fossem entregues. Uma efetiva autorização para que todo o material filmado fosse enviado ao Brasil só saiu em novembro de 1944 por meio da aprovação de um projeto específico para esse fim, o *BMP3-5233*. Nele, o *Office* designava fundos para que a *Motion Picture Division* iniciasse o processo de reprodução dos negativos filmados no Brasil.[114] A partir de então o imenso conjunto de imagens realizadas pela equipe de Ford seria copiada

---

112 Vide: ENTICKNAP, Leo. *Moving Image Technology: From zoetrope to digital.* London: Wallflower Press, 2005, pp.15-16.

113 Cf. *Memorandum BD-4596*, September 30, 1944. Propaganda; RG229, Box 226; NARA II.

114 Cf. *Project Authorization BMP3-5233*, November 20, 1944. 05.2 (4) John Ford Project. RG229, Box 1295; NARA II.

em *fine-grain lavender*, porém, possivelmente tarde demais para que chegassem antes que o Departamento de Imprensa e Propaganda fosse extinto, em maio de 1945.[115] Um imenso volume de filmagens realizadas por Toland no Brasil, aproximadamente três mil metros de película foi, contudo, enviado para os Estados Unidos apenas em abril de 1945.[116] Se cópias da extensa biblioteca visual idealizada por Gregg Toland e Samuel Engel chegaram a ser enviadas para o Brasil, sob quais condições, para onde e o seu atual paradeiro é algo a ser investigado.

A produção de filmes em 16mm no Brasil

Os três projetos anteriores de maior extensão simbólica ou orçamentária (*Orson Welles Moving Picture Project; William Murray Projetc - Newsreel and Short Subject Production in Brazil e John Ford Project*), criaram os meios possíveis para que um quarto projeto fosse discutido pelo *Office: Production of 16mm in Brazil*.

Em 9 de fevereiro de 1944, um memorando do *Movie Picture Division* sobre a produção de documentários no Brasil com temática relacionada a saúde, nutrição e saneamento, indicou de forma bastante clara a perspectiva que o *Office* estava tendo da recepção de alguns filmes no Brasil. De acordo com o memorando, os filmes utilizados até então nestas áreas, com exceção de *The Winged Scourge* (1943), eram pouco satisfatórios. Entretanto, os padrões de vida no Brasil seriam tão inferiores aos dos Estados Unidos que tornavam os filmes realizados em território estadunidense, como já discutido, pouco efetivos. Para superar este problema, a saída encontrada foi a elaboração de um projeto para a realização destas produções no Brasil.[117]

Além da doença infecciosa discutida na animação de Disney, outros temas deveriam aparecer nos curtas a serem produzidos, dentre eles: "limpeza em casa; disposição do lixo; cuidado com as crianças; uma dieta balanceada apropriada ao brasileiro; como cuidar dos dentes; o que podemos fazer para combater a sífilis e

---

115 Cf. *Diário Oficial da União* – Seção 1 - 28/5/1945, Página 9433.

116 Cf. *Report of the Information Division*, May 15, 1945. Brazilian Coordination Committee – Minutes; n.115 to n.147. RG229, Box 1352. NARA II.

117 Cf. *Memorandum from William W. Murray to Frank G. Irwin*, August 3, 1944. 05.2 (3) Production of 16mm - Basic Economy Film. RG229, Box 1295; NARA II.

porque as crianças devem usar sapatos". Feitas para que leigos pudessem entendê-las rapidamente, tais produções seriam exibidas tanto pelo *Serviço Especial de Saúde Pública - SESP*, quanto pelo *Motion Picture Division* do *Office*.

Criado em 1942, sob os auspícios do Ministério da Educação e Saúde, o SESP respaldava-se num acordo entre os governos estadunidense e brasileiro, e realizava suas políticas em parceria com uma subsidiária do *Office*, o *Institute of Inter-American Affairs (IIA)*. Além disso, o SESP era financiado por recursos internacionais e também nacionais, possuindo completa autonomia jurídica, administrativa e financeira no âmbito daquele Ministério. Segundo André Luis Vieira Campos, o acordo que o originou tinha, para os estadunidenses, um objetivo muito específico e imediato: criar condições sanitárias adequadas nos vales do Amazonas e do Rio Doce que garantissem o provimento de matérias-primas cruciais aos esforços militares dos Estados Unidos na II Guerra Mundial.[118] O *IIA*, por sua vez, foi criado em 1942 para tratar exclusivamente de programas relacionados a saúde e saneamento de interesse da agência governamental coordenada por Rockefeller.[119]

A distribuição destas produções em todos os Estados brasileiros deveria ser garantida pelo *Motion Picture Section* e especialmente pelo "tremendo aparato" das regionais operando no Brasil. Com quarenta e dois projetores em operação no Brasil no início de 1944 e uma expectativa de um incremento de mais vinte projetores nos meses seguintes, esperava-se que os equipamentos pudessem "cobrir o Brasil de modo bastante eficiente". Almejava-se que o público de aproximadamente um milhão de brasileiros/mês poderia aumentar ainda mais, considerando que com geradores de energia a gasolina utilizados pelos comitês e escritórios regionais, tais filmes poderiam ser exibidos em qualquer parte do Brasil.

Os curtas sobre saúde, nutrição e saneamento deveriam ser realizados em cooperação com o Instituto Nacional de Cinema - INCE, então vinculado

---

118 Vide: CAMPOS, André L.V. *Políticas Internacionais de Saúde na Era Vargas: o Serviço Especial de Saúde Pública, 1942–1960*. Rio de Janeiro: Editora Fiocruz, 2006.

119 Cf. ROWLAND, Donald (dir). *History of the Office of the Coordinator of Inter-American Affairs: historical report on war administration*. Washington, DC: Government Printing Office, 1947, pp.9-10.

ao Ministério da Educação. Naquele momento a cooperação já contaria com a aprovação do Diretor do INCE. No acordo, o *Motion Picture Division* deveria fornecer a matéria prima e empregar profissionais para trabalharem nos estúdios e laboratórios do INCE. Ainda que a proposta considerasse o uso dos estúdios e laboratórios do INCE, ressaltava que "modernos equipamentos já estavam no Brasil", em outro projeto de cooperação entre o *Office os Strategic Services – OSS* e o *Office*. Tratava-se do *Ford Project*, que previa o fim de seus trabalhos para maio de 1944. Assim, a *MPD* esperava tirar proveito da presença da equipe e dos bons equipamentos de Ford, uma vez que naquele momento nos Estados Unidos era "quase impossível encontrar esse tipo de equipamento". Dentre os profissionais que seriam indispensáveis ao projeto, estaria "um bom técnico americano de som, já que no Brasil não existe ninguém capaz de efetuar esse tipo de trabalho de forma adequada". A produção em 16mm, ao invés da 35mm mais difundida em cinemas, por exemplo, tinha ao menos duas razões: eram bem mais baratas do que as produções em 35mm e haviam mais projetores disponíveis.[120]

Sob o título *Production of 16mm in Brazil*, ou *BMP5-4429*, o *Motion Picture Division* deu início em junho de 1944 à proposta elaborada em fevereiro do mesmo ano. O projeto, como delineado anteriormente, estava voltado para a produção de documentários na área da Saúde, Nutrição e Saneamento, a partir de uma parceria entre o *Motion Picture Department* no Brasil e o INCE, por intermédio do Ministério da Educação brasileiro.

Como pode-se notar, assim como nos projetos anteriores, o *Office* tinha um padrão pela busca de parcerias para a produção e exibição de filmes no Brasil. Ao mesmo tempo em que dividia os custos, tais projetos se tornaram mais interessantes para o *Office* à medida que também diminuíam os riscos no investimento. Segundo a proposta, devido a "importância do local em um contexto autêntico" era imperativo que alguns filmes fossem realizados no Brasil. Ainda que a sua exibição estivesse sendo considerada para o território brasileiro, o projeto considerava que algumas filmagens seriam utilizadas para produções em espanhol e eventualmente utilizadas em outros filmes para o público latino-americano. Seriam

---

120 Cf. *Memorandum from William W. Murray to Berent Friele*, February 09, 1944. B-MP4429 - Production of 16mm films in Brazil; Films; RG229, Box 226; NARA II.

260 Alexandre Busko Valim

realizados no prazo de um ano vinte e quatro documentários com um orçamento inicial de USD$ 49.497.[121]

Todavia, o que parecia ser em fevereiro de 1942 um elaborado e potencialmente exitoso plano, inclusive tendo orçamento aprovado por meio de autorização oficial em junho, em meados de agosto do mesmo ano apresentava obstáculos difíceis de serem superados. Em agosto o projeto não apenas não havia sido iniciado, como apresentava forte resistência da *Brazilian Division* por uma série de razões. Um memorando para o diretor da *Motion Picture Division* aconselhava enfaticamente uma revisão do projeto já aprovado em virtude de uma longa lista de inconvenientes não previstos anteriormente. A utilização do estúdio e laboratórios do INCE havia se complicado pela falta de material, pela ausência de um *expert american sound man* e pela falta de clareza sobre o tipo de produção que deveria ser realizada.[122]

O orçamento aprovado, de quase USD$ 50.000 não era o suficiente, segundo o documento, para cobrir os custos de produções mais elaboradas, que pudessem contemplar outros países latino-americanos; como desejava a *Motion Picture Division*. A *Brazilian Division* deixava claro que esperava que o projeto realizasse curtas de baixo orçamento com técnicos brasileiros e direcionados apenas para o público brasileiro. Ademais, a utilização do equipamento proveniente do *Ford Project* apresentava problemas de compatibilidade com o equipamento disponível no INCE e tampouco havia celulóide suficiente para a realização de material para ser distribuído na América Latina. Assim, a *Brazilian Division* anunciava cuidadosamente, mas de forma enfática, ao *Motion Picture Division* que só iniciaria os trabalhos previstos no projeto aprovado em junho se houvesse material e pessoal à disposição no Brasil.

No entanto, a principal complicação estaria na imensa burocracia para a produção de filmes no Brasil. A quantidade de aprovações necessárias em uma co-produção Brasil/Estados Unidos, até que entrasse em exibição, tornaria o pro-

---

121 Cf. *Project Authorization*, June 19, 1944. B-MP4429 - Production of 16mm films in Brazil; Films; RG229, Box 226; NARA II.

122 Cf. *Memorandum BD-4233*, August 19, 1944. B-MP4429 - Production of 16mm films in Brazil; Films; RG229, Box 226; NARA II.

jeto "virtualmente impossível de ser realizado". Um memorando assim descrevia os passos necessários para a produção de filmes pelo *Office* no Brasil: 1) Após o roteiro ser escrito, precisa ser aprovado pelo Diretor do *Health & Sanitation* ou do *Food & Nutrition Division* do *Office*; 2) Esse diretor precisa "limpar o roteiro" junto ao Ministro da Saúde e Educação ou ao Ministro da Agricultura; 3) O roteiro precisa ser enviado para Washington para liberação pelo *Motion Picture Division* do *Office*; 4) O roteiro precisa ser aprovado pelo *Motion Picture Committee* do *State Department*; 5) A produção então começa; 6) A primeira impressão – que precisa necessariamente ser em língua portuguesa – precisa ser aprovado pelos chefes do área financeira; 7) A impressão precisa ser aprovada por um delegado do *State Department* na Embaixada; 8) Inicia o processo de aprovação final em Washington pelo *Motion Picture Division* do *Office*; 9) A impressão precisa ser aprovada pelo *State Department*; 10) o *Coordination Committee* do Brasil, que tem a responsabilidade financeira sobre a impressão, precisa dar sua aprovação final; 11) os chefes da área no Brasil solicitam a aprovação do Ministro da Agricultura ou do Ministro da Educação; 12) Finalmente, o DIP emite o certificado de censura para exibição no território brasileiro.[123]

O extenuante caminho que uma produção do *Office* no Brasil precisaria percorrer até ser exibida, fez a *Brazilian Division* afirmar que,

> Tal procedimento poderia condenar qualquer produção ao fracasso. Imagine, por exemplo, o tempo perdido para cumprir essas etapas. Imagine, ainda, as complicações que poderiam surgir devido as traduções; e o que poderia acontecer com a produção original com tantas pessoas no controle disso.

Não bastassem os argumentos acima, a *Brazilian Division* ainda sublinhava que os ministérios brasileiros envolvidos nas produções iriam necessariamente querer o controle sobre os filmes, particularmente se eles fossem lançados sob os seus auspícios. Além disso, argumentava que "não seria uma política inteligente pedir a aprovação das autoridades envolvidas para filmes que estariam sendo fei-

---

123 Cf. *Memorandum BD-4233*, August 19, 1944. B-MP4429 - Production of 16mm films in Brazil; Films; RG229, Box 226; NARA II.

tos em cooperação, e que eventualmente os colocaria em posição de questionar o *State Department*, a *Brazilian Division* ou o setor financeiro, caso o roteiro ou o mesmo filme fosse reprovado". O documento encerra com um ácido comentário, que denota de muitas formas a percepção que os funcionários da *Brazilian Division* parecem ter tido sobre os *policy makers* do *Office* nos Estados Unidos: "tampouco estamos convencidos de que o *Motion Picture Division* em Washington ou o *Motion Picture Committee* do *Department of State* estão o suficiente familiarizados com as condições locais para julgar a produção local."[124]

Na documentação analisada não encontramos evidências de que as críticas elaboradas pela *Brazilian Division* foram acatadas em Washington, DC. Encontramos apenas uma autorização do Secretário de Estado, Cordell Hull, de 26 de agosto de 1944, em que autorizava a contratação de um diretor e de um técnico de som para a produção de filmes no Brasil e diversas correspondências sobre filmagens nos arredores de Recife para o projeto. Todavia, o que parece ser uma decisão contrariando a solicitação da *Brazilian Division* para que apenas técnicos brasileiros estivessem envolvidos no projeto, pode ter sido apenas algo resultante da demora de até três dias que os memorandos levavam para transitar entre Washington e Rio de Janeiro.[125]

Uma vaga resposta do *Motion Pictures Division* veio apenas em dezembro de 1944, lamentando o atraso na apreciação do longo memorando da *Brazilian Division* e apontando que as considerações seriam posteriormente discutidas.[126] Em dezembro de 1945, o *Motion Pictures Division* informou ao *Project Committee*, que passaria a usar parte dos fundos do projeto *BMP5-4429*, aprovado em junho de 1944 para a realização de filmes em 16mm no Brasil, para outros propósitos. Do orçamento de aproximadamente USD$ 50.000, apenas USD$ 10.000 haviam sido gastos em 18 meses. Os USD$ 40.000 restantes seriam utilizados,

---

124 Cf. *Memorandum BD-4233*, August 19, 1944. B-MP4429 - Production of 16mm films in Brazil; Films; RG229, Box 226; NARA II.

125 Cf. *Telegram from Cordell Hull to Rio de Janeiro American Embassy*, August 26, 1944. B-MP4429 - Production of 16mm films in Brazil; Films; RG229, Box 226; NARA II.

126 Cf. *Memorandum BF6413, December 7*, 1944. B-MP4429 - Production of 16mm films in Brazil; Films; RG229, Box 226; NARA II.

O triunfo da persuasão

263

a partir de dezembro de 1945, para atividades regulares de cinema no Brasil;[127] quais sejam, de distribuição e exibição.

Os problemas sanitários e de saúde pública especialmente no Centro Oeste e Nordeste do Brasil, principal alvo do projeto *BMP5-4429*, não eram novidade. No início da década de 1910 o estudo elaborado por Belisário Penna e Arthur Neiva já havia identificado essas mazelas por meio de uma leitura social da região associando a doença à pobreza. Conhecido por ter problematizado os bolsões de miséria no sertão e sugerido que as oligarquias locais seriam os seus maiores responsáveis, o relatório produzido por Penna e Neiva também teceu críticas ao governo federal e situação de quase abandono daquelas populações.[128] Como aponta Nísia Trindade Lima, na perspectiva de Penna e Neiva a ausência de autoridade pública no tocante à garantia de direitos civis e sociais elementares redundava em um atraso que só poderia ser explicado pelo abandono a que eram relegadas as populações do interior do Brasil.[129] Desumanidade e hipocrisia caminhavam lado a lado pelo interior do país.

No alvorecer da II Guerra Mundial, os problemas apontados pelo relatório Penna-Neiva ainda persistiam.[130] Em tempos de profunda crise internacional precisavam rapidamente de soluções que ao menos minimizassem suas consequências no interior do país, conectado como nunca antes a urgências internacionais trazidas pela guerra.

As preocupações presentes em iniciativas como a do projeto *BMP5-4429*, quais sejam, a de utilização do cinema como um modo de incrementar as condições de saúde sanitárias das cidades e de saúde no Brasil, advinham em boa

---

127 Cf. *Memorandum from Motion Picture Division to Project Committee*, December 20, 1945. B-MP4429 - Production of 16mm films in Brazil; Films; RG229, Box 226; NARA II.

128 Vide: NEIVA, Arthur; PENA, Belisário. *Viagem científica: pelo norte da Bahia, sudoeste de Pernambuco, sul do Piauí e de norte a sul de Goiás.* Ed. fac-sim. Brasília: Senado Federal, 1999.

129 Cf. LIMA, Nísia Trindade. Uma brasiliana médica: o Brasil Central na expedição científica de Arthur Neiva e Belisário Penna e na viagem ao Tocantins de Julio Paternostro. *História, Ciências, Saúde – Manguinhos*, Rio de Janeiro, v.16, supl.1, jul. 2009, p.233-234.

130 Vide: CAMPOS, A. L. V. de:'Combatendo nazistas e mosquitos: militares norte-americanos no Nordeste brasileiro (1941-45)'. *História, Ciências, Saúde — Manguinhos*, V (3): 603-20, nov. 1998-fev. 1999.

medida do *XI Pan American Health Organization Conference*, realizado no Rio de Janeiro em 1942. No contexto das referidas preocupações, as produções realizadas pelos estúdios Disney que compunham a série *Health for Americas*, foram as que mais enfatizaram os problemas de saúde e saneamento na América Latina. Na ausência de produções brasileiras que pudessem lidar adequadamente com tais problemas, coube a Disney apresentar um tratamento cabível.

A série abrangia, desde problemas relacionados a transmissão da malária como em *The Winged Scourge* (1943), como evitar doenças como em *Defense against Invasion* (1943), *What is disease?/The unseen enemy* (1945), *Tuberculosis* (1945), *Insects as carriers of disease* (1945), *How disease travels* (1945) e *Hookworm* (1945), até a relação entre higiene e saúde como em *Water, friend or enemy?* (1943), *Cleanliness brings health* (1945), *Infant care* (1945), *The human body* (1945), *Environmental sanitation* (1946) e *Planning for good eating* (1946).

Lisa Cartwright e Brian Goldfarb fizeram uma associação bastante provocativa, ao entenderem que a ênfase que tais produções tinham com relação a hábitos corporais representava uma "ampla obsessão" septcicêmica. A ameaça da contaminação pelo contato com as culturas latino-americanas mediante "agendas governamentais e programas corporativos colonialistas" teria resultado em produções obcecadas com uma 'região adoecida'.[131] Embora sejamos simpáticos à preocupação dos autores em problematizar a relação desse conjunto de filmes com a alteridade latino-americana, a biologização do debate político limita a compreensão dos 'efeitos colaterais' da propaganda com o cinema na área de saúde.

O conjunto de animações voltadas para a saúde e saneamento apresentam, como em outras produções de Disney, conceitos e narrativas simples, bem como o uso de representações reconhecíveis e consideradas verdadeiras. Por meio da utilização intensiva da repetição, o que pode ser observado em tais produções é uma mescla de temas e problemas invocados pelo *home front* estadunidense e exportado para os 'bons vizinhos', além da hábil plasticidade e apraz profusão de imagens e cores. Nessas animações, as tensões de classe são neutralizadas e os

---

131 Vide: CARTWRIGHT, Lisa; GOLDFARB, Brian. Cultural Contagion: On Disney's Health Education Films for Latin America. In: SMOODIN, Eric (ed.). *Disney Discourse. Producing the Magic Kingdom*. New York: Routledge, 1994.

conflitos entre trabalho e capital dão lugar a uma retórica pautada nas tensões entre egoísmo de um lado, e trabalho em grupo de outro. Percebemos ainda em tais produções um investimento em soluções técnicas ao invés de intervenção social, característica de certo 'liberalismo desenvolvimentista' estadunidense.

Além de difundir tais mensagens, é importante salientar que as animações de Disney, algumas delas protagonizadas pelo 'simpático e descuidado' *Charlie*, focavam em enfermidades diretamente relacionadas a deficiências no fornecimento de água, esgoto e processamento de alimentos.

Conforme aponta André Luiz Vieira de Campos, os interesses militares estadunidenses no Brasil também envolviam o saneamento de áreas produtoras de matérias-primas para a indústria bélica, como a Amazônia e o Vale do Rio Doce. Segundo o autor, no início da década de 1940 duas equipes de médicos militares percorreram o Nordeste e o Norte do país, analisando as condições sanitárias daquelas regiões e sugerindo políticas de saúde que preservassem os soldados das endemias locais. Entretanto, tais estudos não haveriam sido realizados para orientar políticas de saúde para a população civil, mas para detectar quais doenças poderiam infligir as tropas estadunidenses no Brasil. Campos indica um relatório elaborado pelo sanitarista estadunidense George C. Dunham, de 1941, onde afirmou que, "de todas as doenças existentes no Brasil, a malária, disenterias, febre tifóide e doenças venéreas, eram as únicas que efetivamente constituíam ameaças para os militares que viriam dos Estados Unidos, sendo que a malária foi apontada como a doença mais perigosa para as tropas".[132] De acordo com Donald Rowland, alguns programas desenvolvidos pelo *Office* na busca por matérias primas eram importantes demais para condições ruins de saúde saneamento pudessem comprometê-los.[133]

---

132 Cf. CAMPOS, A. L. V. de: 'Combatendo nazistas e mosquitos: militares norte-americanos no Nordeste brasileiro (1941-45)'. *História, Ciências, Saúde — Manguinhos*, V (3): 603-20, nov. 1998-fev. 1999.

133 Vide: ROWLAND, Donald (dir). *History of the Office of the Coordinator of Inter-American Affairs*: historical report on war administration. Washington, DC: Government Printing Office, 1947, p.115.

Não por acaso, as animações da série *Health for Americas* estavam associadas às doenças que mais aflingiam as bases estadunidenses na região Norte e Nordeste do Brasil: malária, doenças venéreas, desinteria e febre tifóide.

Outras enfermidades que assolavam o interior do país como esquistossomose, ancilostomose, peste bubônica, lepra, varíola, tracoma, doenças do aparelho respiratório e nutricionais não foram tratadas pelas produções propagandísticas. Interessavam às produções do período, como já mencionado, áreas e enfermidades intimamente relacionadas com a presença de soldados estadunidenses ou com o grande afluxo de trabalhadores engajados na produção de matérias primas. As saídas eram pontuais e técnicas, ao invés das que necessitariam de uma incisiva e ampla intervenção social.

Seria um equívoco, no entanto, epitomar tais produções a meras representações farsescas. As animações e filmes propagandísticos pela sua natureza e amplitude de público que deveriam atingir, comportavam mensagens, estratégias e fins distintos que se tornaram convenientes a uma ampla variedade de situações. Segundo Rowland, ao menos quatro objetivos estariam presentes nos esforços relacionados a saúde e saneamento, podendo ser perfeitamente estendidos a série *Health for the Americas*. O primeiro seria 'militar', de modo a incrementar as condições de saúde em áreas estratégicas, particularmente onde haviam soldados estadunidenses ou aliados. O segundo seria 'político' e estaria especialmente conectado aos acordos firmados na *XI Pan American Health Organization Conference*. O terceiro estaria relacionado a 'produção', de modo a garantir que que não fosse afetada em regiões com condições ruins de saneamento. A quarta e última razão estaria relicionada à 'moral', de modo a demonstrar "por ações bem como por palavras os benefícios tangíveis da democracia em ação e obter um ativo apoio da população".[134]

Entretanto, é preciso salientar que nas treze animações da série *Health for the Americas*, pobreza, desnutrição e doença eram representadas como a razão da ignorância, da estupidez, a da adesão cega a tradição, ou na preguiça e falta

---

134 Vide: ROWLAND, Donald (dir). *History of the Office of the Coordinator of Inter-American Affairs*: historical report on war administration. Washington, DC: Government Printing Office, 1947, p.115.

de vontade exemplificada por *Charlie*. Nas representações indicadas, tais mazelas não advêm de forças políticas, econômicas ou sociais sobre as quais o indivíduo pobre tem limitado controle; quanto tem algum. A série exportada para a América Latina reproduziu, não obstante, uma perspectiva comum em relação às classes carentes durante todo o século XX: os pobres, doentes e desnutridos poderiam ser prósperos, robustos e saudáveis, mas apenas se seguissem o receituário liberal ditado pelas elites.

Se as produções ensejadas pela *Brazilian Division* em parceria com autoridades brasileiras na área da saúde e saneamento destoariam em maior ou menor medida das representações comumente encontradas nos produtos Disney é algo que jamais saberemos.

A intenção de produzir filmes no Brasil em cooperação com o governo brasileiro foi fruto de certo entusiasmo com a avaliação de que os filmes eram a melhor forma de aproximar os dois países. Outrossim, o aprendizado técnico e artístico de muitos brasileiros por meio dos diversos projetos desenvolvidos em todo o Brasil e a reutilização de equipamento de filmagem animava muitos funcionários do *Office*. Uma ultima tentativa de produção de filmes no Brasil, e ainda mais ampla, foi feita pelo *Office* antes do fim da II Guerra Mundial. Mas a tentativa estava menos relacionada aos projetos previamente executados no país do que com as vantagens de uma indústria do cinema de qualidade no Brasil e uma avaliação sobre o potencial de lucratividade após o término da guerra. Esses esforços serão discutidos no próximo capítulo.

Capítulo 6

Mais dramático do que qualquer ficção: as múltiplas fronteiras exploradas pelo cinema da boa vizinhança

Um filme como esse é tão empolgante que me faz ter vontade de sair
para fora e lutar.[1]

As atividades da *Brazilian Division* sempre estiveram em harmonia com a matéria publicada no Jornal *A Noite* em junho de 1943: intensificar "até o máximo a produção para o consumo gigantesco da guerra e correspondendo com ardente entusiasmo ao apelo do Chefe de Estado para fornecermos aos nossos irmãos de além-mar o alimento indispensável às armas vitoriosas da liberdade".[2]

Conforme destaca Raymond Williams, os meios de comunicação podem e devem ser considerados meios de produção, isto é, elementos indispensáveis tanto para as forças produtivas quanto para as relações sociais de produção.[3] O cinema e a propaganda estavam se desenvolvendo, não podemos esquecer, dentro de relações sociais firmemente capitalistas, onde o convencimento estava atrelado ao incremento da produção de determinadas matérias primas e, a longo prazo, em um potencial mercado para a economia estadunidense.

Dentro desse espírito, a *Brazilian Division* aproveitava todo tipo de comemorações cívicas para realizar suas exibições. Em muitas dessas atividades contava com o apoio ou parceria de outras instituições, como já discutimos anteriormente. Um dos mais destacados eventos cívicos do período em que a *BD* se envolveu foi o "Mês da Borracha". Considerada uma matéria prima essencial para o esforço de

---

1 Relato colhido entre um grupo de crianças de 6 a 10 anos após a exibição do filme *The Battle of Egypt* (1942). Cf. *Memorandum BF-2585*, March 9, 1943. Reports, March 1, 1943; RG229, Box 227; NARA II.

2 Cf. Para as Armas Vitoriosas da Liberdade. In: Jornal *A Noite*, 1 de junho de 1943, p.1.

3 Vide: WILLIAMS, Raymond. *Cultura e materialismo*. São Paulo: Editora UNESP, 2011, p.69-86.

guerra, durante a II Guerra Mundial a borracha havia se convertido em um dos principais alvos da também chamada "Batalha da Produção". Como aponta Seth Garfield, a borracha era absolutamente essencial para o esforço de guerra. Em 1942, setores do governo estadunidense estimavam um déficit de 211.000 toneladas para o ano de 1944.[4]

O mês voltado para a borracha deveria significar um período de intensa atividade extrativista e também de conscientização nacional para o apoio a causa aliada, afinal a "borracha é sangue tão útil e tão fecundo como o sangue humano que se derrama para restituir a civilização universal os dias de paz e tranquilidade que lhe roubaram os vândalos e carniceiros da negregada trinca totalitária".[5] Em abril de 1943 o chamado 'segundo ciclo da borracha' estava em pleno funcionamento.

O mês dedicado à intensificação da produção da borracha teve inicio no dia 4 de junho e terminou no dia 4 de julho de 1943, dia da independência dos Estados Unidos. A conquista da Insulíndia e Malásia pelos japoneses interrompeu o fornecimento de borracha daquela área para os Estados Unidos, tornando a região amazônica um local de vital importância. No final de 1941, 98% das importações de borracha crua dos Estados Unidos vinham da região dominada pelos japoneses.[6] Embora ao tratar do 'Mês da Borracha' os jornais do período tenham insistido no apoio às 'nações unidas' a simbologia envolvida no esforço não deixava dúvidas: a produção estava voltada para a indústria estadunidense, que necessitava desesperadamente da borracha brasileira.

O Mês da Borracha advinha de um acordo celebrado entre o Brasil e Estados Unidos em outubro de 1942, no qual o Brasil, dentre outros acertos, concordava em estimular o uso da borracha regenerada na indústria nacional com o objetivo de manter uma maior disponibilidade de borracha crua para o consumo

---

4   Cf. GARFIELD, Seth. *In Search of Amazon. Brazil, the United States, and the nature of a region. Durham: Duke University Press*, 2013, p.50.

5   Cf. Para as Armas Vitoriosas da Liberdade. In: Jornal *A Noite*, 1 de junho de 1943, p.1.

6   Cf. GARFIELD, Seth. *In Search of Amazon. Brazil, the United States, and the Nature of a Region*. Durham: Duke University Press, 2013, p.57.

estadunidense.[7] O esforço em escala nacional era importante devido a produção amazônica estar quase toda comprometida com a indústria bélica estadunidense.

Assim, além da região amazônica, áreas como o Vale do Rio São Francisco, Sudeste da Bahia e o Estado do Mato Grosso, onde também havia seringais, foram 'convocadas' a aumentar a sua produção.[8] O aumento da produção era essencial devido o incremento da demanda interna, especialmente no tocante à indústria pesada e ao número de veículos motorizados circulando no país, que era de aproximadamente 202.800 em 1939.[9] Mesmo havendo um pesado investimento em termos de publicidade na extração de borracha nos estados mato-grossense e baiano, a *Brazilian Division* não mobilizou o seu pessoal para cobrir as atividades de extração nessas regiões.

Todavia, o interesse da *Brazilian Division* pela Bacia Amazônica em termos de produção cinematográfica e projeção filmes antecede o mês dedicado a produção da borracha. Desde, pelo menos, o início de 1942 a região já vinha sendo visitada por projecionistas munidos dos costumeiros filmes propagandísticos pró-Estados Unidos. No tocante a produção, em meados de 1942 já havia discussões sobre as eventuais vantagens que a *BD* teria se treinasse um trabalhador da região para operar adequadamente uma câmera cinematográfica. Esse cinegrafista ficaria encarregado de enviar periodicamente material sobre o controle de mosquitos, nutrição, o trabalho de coleta de borracha e o seu envio para as cidades de Manaus e Belém. As dificuldades dessa proposta se davam não apenas pela escassez de equipamento e matéria prima, mas também pela impossibilidade de o material ficar armazenado em um clima tão úmido e quente, tendo que ser enviado imediatamente após a filmagem para o Rio de Janeiro. Além disso, a remuneração mensal pelo trabalho de aproximadamente seis meses seria de apenas 1/3 dos salários pagos pela *BD* a projecionistas em outras regiões do Brasil. Se

---

7   Cf. MM/4.686-9-10-42. *Acordo sobre borracha celebrado, por troca de notas, entre o Brasil e os Estados Unidos da América*, 3 de outubro de 1942. http://dai-mre.serpro.gov.br/atos--internacionais/bilaterais/1942/b_24/ Acesso em 1 de fevereiro de 2016.

8   Cf. O Mês da Borracha. In: Jornal *A Noite*, 1 de junho de 1943, p.2.

9   Cf. GARFIELD, Seth. *In Search of Amazon. Brazil, the United States, and the nature of a region*. Durham: Duke University Press, 2013, p.23.

pela escassez de material, logística ou baixo salário, as discussões não evoluíram a ponto de terem efetuado esse investimento.[10] Dada a importância da região e da borracha para o esforço de guerra, naquele momento o *Office* preferiu investir em equipes com mais experiência.

Além do investimento em publicidade em jornais e revistas, o *Office* esperava realizar três produções cinematográficas sobre o assunto. O projeto *B-MP-1631*, intitulado *Film on the Migration of Brazilian Workmen to the Amazon Basin* foi desenvolvido no final de 1942 e início do ano seguinte. Após um longo telegrama enviado pelo Embaixador dos Estados Unidos no Brasil, Jefferson Caffery ao *Department of State*, o projeto foi aprovado, mas com forte recomendação para que não fosse exibido nos Estados Unidos. O telegrama que revelou a cautela do Embaixador alertava para os riscos dos "*Grapes of Wrath factors*".[11] Os fatores de risco indicados por Caffery com referência à novela *Grapes of Wrath*, de John Steinbeck eram uma forte indicação do que deveria ser evitado.

A aclamada novela escrita por Steinbeck, publicada em 1939 e com uma versão para o cinema em 1940, tratou de uma família de lavradores empobrecidos que foi obrigada a se mudar de Oklahoma para a Califórnia em busca de melhores condições de vida. A experiência de milhares de *Okies*, isto é, de pessoas provenientes de Oklahoma, durante o período da Grande Depressão, popularizada pela literatura e cinema, ajudava a descortinar a face mais trágica da 'batalha da borracha'.

Tal qual na novela de Steinbeck, os retirantes nordestinos estavam em uma busca desesperada por alimento, trabalho, terra e dignidade. Por essas razões o diplomata estadunidense temia que a exibição de filmagens da 'marcha para o Oeste' brasileiro - as doenças e fome que assolavam os migrantes em suas regiões de origem e as condições de trabalho nos seringais da região amazônica - pudessem desagradar profundamente o público estadunidense. Ademais, a feitura de um material com tais imagens poderia igualmente desagradar o governo brasileiro, o

---

10 Cf. *Memorandum Co.N.1709*, August 18, 1942. Plans and Cooperaton Agreements; RG 229, Box 226; NARA II.

11 Cf. *Telegram to Washington 436*, January 27, 1943. 05.2 (3) Productions of films in Brazil 1. RG229, Box 1295; NARA II.

que exigiria a máxima cautela.[12] A *Brazilian Division* considerava que diante das péssimas condições de migração o resultado das filmagens poderiam sequer servir para propósitos propagandísticos.[13]

De acordo com Seth Garfield, entre 1941 e 1945 aproximadamente 80.000 pessoas, especialmente do Norte, Nordeste e Centro Oeste brasileiro, foram transportadas para a Amazônia com subsídio estatal. Os números elaborados pelo governo brasileiro não consideravam, contudo, a "espontânea ou não subsidiada" migração. As multidões que afluíram para a região em busca de melhores condições de vida e impulsionadas pela propaganda, protagonizaram um evento sem precedentes no período republicano do país.[14]

O projeto para acompanhar a massiva movimentação de trabalhadores foi posto em operação em março de 1943, com o envio do cinegrafista do Departamento de Imprensa e Propaganda Jean Manzon, e de seu assistente Norman Boggis, para o norte do país, onde permaneceram até o fim de abril do mesmo ano. As filmagens deveriam seguir não apenas o fluxo de trabalhadores rumo à região, mas também o cotidiano da extração da borracha entre Fortaleza e "a melhor área de produção de borracha": o Território do Acre.[15] A escolha por Jean Manzon para acompanhar a "migração de 50.000 trabalhadores das áridas terras do Ceará para a bacia amazônica" advinha de sua experiência com máquinas filmadoras e também fotográficas e de ele ter trabalhado como cinegrafista para a Marinha Francesa antes da ocupação nazista.[16] Segundo Ana Cecília Martins, "a experiência é

---

12 Cf. *Memorandum n.1001*, Mach 19, 1943. 05.2 (3) Productions of films in Brazil 1. RG229, Box 1295; NARA II.

13 Cf. *Minutes of Sixty-fourth Meeting*, February 4, 1943. Brazilian Coordination Committee – Minutes; n.1 to n.80. RG229, Box 1351. NARA II.

14 Cf. GARFIELD, Seth. *In Search of Amazon. Brazil, the United States, and the Nature of a Region*. Durham: Duke University Press, 2013, p.127.

15 Cf. Memorandum BD-589, April 12, 1943. 05.2 (3) Productions of films in Brazil 1. RG229, Box 1295; NARA II; Memorandum from William W. Murray to Carl A. Sylvester, March 24, 1943. 05.2 (3) *Productions of films in Brazil 1*. RG229, Box 1295; NARA II e Telegrama from Manzon to Murray, 30 de abril de 1943. 05.2 (3) *Productions of films in Brazil 1*. RG229, Box 1295; NARA II.

16 Cf. *Memorandum BF-2526*, March 10, 1943. 05.2 (3) Productions of films in Brazil 1. RG229, Box 1295; NARA II.

descrita pelo fotógrafo como uma sucessão de longos caminhos, com muito calor e doenças. 'Isso é pior que a própria guerra', declarou ele. A aventura lhe rendeu três meses de uma grave disenteria amebiana e 10 quilos a menos".[17]

A viagem teria sido custeada pela empresa Sonofilms S.A., do Rio de Janeiro, que utilizaria as imagens captadas por Manzon em três filmes sobre a borracha em parceria com a *Brazilian Division*.[18] No acordo, a *BD* apenas intermediou as negociações para a feitura dos filmes, já que a produtora era a Sonofilms, o cinegrafista e assistente do Departamento de Imprensa e Propaganda e a financiadora era a *Rubber Development Corporation*. A vinda de Manzon para o projeto, que deveria ficar pronto a tempo para ser exibido no 'Mês da Borracha', se deu porque a *BD* avaliou que o seu pessoal estava demasiadamente ocupado para se envolver diretamente em mais uma atividade.[19]

Ao menos três produções resultaram das filmagens realizadas por Manzon e outros cinegrafistas que trabalharam em 1943 na Amazônia: *Rubber for Victory* (1943), *The March of Seringueiros* (1943), e *A produção da Borracha no Amazonas* (1943). Todos teriam obtido os melhores resultados em termos de qualidade. O primeiro advinha de uma parceria com o DIP e o Ministério da Educação, e os dois últimos de filmagens essencialmente realizadas por Jean Manzon e sua equipe. O terceiro, *A produção da Borracha no Amazonas* (1943), iniciava com uma introdução enaltecendo o esforço dos 'soldados da borracha': "Esta é a história de um exército. Um exército brasileiro. O exército que está lutando a batalha vital da borracha. Os homens desse exército são tão bravos quanto aqueles

---

17 Cf. MARTINS, Ana Cecilia Impellizieri de S. *Bem na foto: A invenção do Brasil na fotografia de Jean Manzon*. Dissertação. Mestrado em História. Pontifícia Universidade Católica do Rio de Janeiro, 2007, p.36. A contração da doença foi relatada em correspondência oficial no início de julho de 1943. Cf. *Memorandum BD-1010*, July 8, 1943. 05.2 (3) Production of 16mm - Basic Economy Film. RG229, Box 1295; NARA II.

18 Cf. *Memorandum from Sonofilms S.A. to William Murray*, April 6, 1943. 05.2 (3) Productions of films in Brazil 1. RG229, Box 1295; NARA II.

19 Cf. *Memorandum from C.A. Sylvester to Frank Nattier Jr*, April 5, 1943. 05.2 (3) Productions of films in Brazil 1. RG229, Box 1295; NARA II.

que expulsaram os açougueiros de Hitler do Norte da África, e a sua tarefa é tão importante quanto para a causa da liberdade".[20]

Com apoio do governo brasileiro, a campanha da borracha envolvia diversas instituições estadunidenses como o *Board of Economic Warfare*, a *Rubber Development Corporation*, o *Department of State* e o *Office of Inter-american Affairs*. Ademais, a campanha significou também um pesado investimento em propaganda por meio da agência de publicidade A. J. Walter Thompson,[21] no momento em que a indústria estadunidense poderia ter que diminuir a produção armamentícia por falta dessa matéria prima. Os sérios problemas envolvidos na massiva migração ocorrida no nordeste/norte do país em nome da 'boa vizinhança' poderiam apresentar um 'embaraço' para a propaganda estadunidense. Se a realização de filmagens exigia cautela, a imersão daqueles trabalhadores em propaganda não despertava maiores precauções.

O amplo contingente populacional 'em marcha' para a Bacia Amazônica em busca da borracha esteve a mercê da insalubridade e improviso que norteavam deslocamentos que por vezes duravam semanas e envolviam diversos meios de transporte. As condições alimentícias e sanitárias eram, no mínimo, muito ruins. A situação foi tratada em diversas correspondências entre autoridades estadunidenses, especialmente entre meados de 1942 e fins de 1943.

Para minimizar as mazelas sociais que seriam agravadas pela mobilização de tantas pessoas, o *Office* estabeleceu um projeto de cooperação "informacional" com a *Rubber Reserve Corporation* em abril de 1943. A proposta da cooperação não foi outra, senão minorar os problemas envolvendo a migração com volumosas doses de propaganda. A proposta avaliava que os trabalhadores vinham em grande proporção de áreas rurais, "deixando suas casas pela primeira vez e provavelmente desesperados". Equipes de projeção deveriam acompanhar os trabalhadores por barcos ou qualquer outro meio que pudesse facilitar o transporte de projetores em 16mm. Na

---

20   Cf. *Memorandum BD-1386*, August 27, 1943. 05.2 (3) *Production of 16mm - Basic Economy Film*. RG229, Box 1295; NARA II e Cf. *Memorandum BD-1783*, October 19, 1943. 05.2 (3) Production of 16mm - Basic Economy Film. RG229, Box 1295; NARA II.

21   Cf. *Memorandum 1819*, April 14, 1943. 05.2 (3) *Productions of films in Brazil 1*. RG229, Box 1295; NARA II.

perspectiva do *Office* e da *Rubber Company*, para a maior parte daqueles trabalhadores, o contato com a propaganda significaria "entrar em um novo mundo" com um pouco mais de esperança e entretenimento. A situação era agravada pela alta taxa de analfabetismo entre aqueles trabalhadores, algo, segundo a proposta, em torno de 70%, o que apresentaria "certos obstáculos para a máxima produção".[22]

A exemplo da cooperação entre o *Office* e a *Rubber Development Company*, o consulado estadunidense de Fortaleza também tentou amenizar esses problemas com investimento em propaganda entre aqueles trabalhadores. Em maio de 1943 o consulado solicitou ao *State Department* literatura e filmes sobre cuidados higiênicos, sanitários e determinadas doenças. A soliticitação foi atendida por meio de duas agências estadunidenses, o *Federal Security Agency* e o *Pan American Sanitarian Bureau*. Já os filmes, foram disponibilizados por meio da embaixada estadunidense no Rio de Janeiro: *Body Defense Against Disease, With These Weapons, Know For Sure, Syphilis, Diagnostic Procedures in Pulmonary Tuberculosis*. Um filme adicional sobre sífilis poderia ser solicitado ao consulado estadunidense de São Paulo, *Three Countries Against Syphillis*. Além dos temas contemplados nessas produções, como higiene pessoal e maneiras para evitar doenças sexualmente contagiosas, o *Department of State* se comprometeu a enviar material sobre malária, lepra e tifo.[23]

Paralelamente ao esforço pela intensificação da extração do látex da *Hervea brasiliensis*, campanhas coordenadas pela Legião Brasileira de Assistência para arrecadação de borracha usada foram deflagradas em todo o país, a exemplo de outras que já vinham ocorrendo nos Estados Unidos para arrecadação de borracha, metais e até mesmo gordura animal. No Brasil, "montanhas de borracha" em praças públicas foram realizadas em 1405 municípios, cujas coletas ficavam a cargo, principalmente, de estudantes de escolas primárias e enviados para centros

---

22 Cf. CIAA and Rubber Reserve Meeting, April 1, 1943. Rubber Development, Jan 1, 1943-Sept 30, 1943; RG229, Box 491; NARA II.

23 Cf. *Memorandum from Department of State to American Consular Office in charge*, July 29, 1943. 05.2 (p) – Exhibition Report – Fortaleza, 1. RG229, Box 1293; NARA II.

de reciclagem no Rio de Janeiro, São Paulo e Rio Grande do Sul.[24] Organizados em "pelotões", os estudantes arrecadavam pneus usados e qualquer tipo de borracha que pudesse ser reutilizada. Ao final do período, aproximadamente 1.225 toneladas de borracha usada teriam sido arrecadadas por estudantes e doadores.[25]

Outra medida utilizada para dinamizar as arrecadações do precioso material no Rio de Janeiro, e obter alguma vantagem propagandística, foi o uso de "borracha velha como entrada de cinema". O Diretor da empresa dos cinemas Metro, Mitchell Smith, deu sua contribuição a causa anunciando que os Cines Metro Passeio, Tijucas ou Copacabana aceitariam como entrada em sessões infantis um pedaço de borracha velha.[26]

Em meados de 1943 a campanha da borracha havia se transformado em um enorme sucesso. Importante mencionar que em tais ocasiões a *Brazilian Division* se beneficiava de uma vasta rede de apoiadores que contribuíam para disseminar não apenas propaganda pró-aliada, mas também material anti-Eixo. No Jornal *Diário de Notícias*, na mesma página em que é apresentado um longo artigo sobre o "Programa de Borracha Brasileiro", um solitário cartaz de cinema anunciava o filme *Behind the Rising Sun* (1943), um forte libelo anti-Japão. Mas não apenas, o cartaz também apresentava um desenho animado que faria parte daquela programação: *Donald's Tire Trouble* (1943).[27] Intitulado no Brasil como *Mau Pneumático*, a animação de Disney estrelada por Pato Donald foi uma das dezenas de produções realizadas durante a II Guerra Mundial voltadas para a conscientização quanto a importância de matérias primas essenciais no esforço de guerra.

A *Brazilian Division* se preparou com antecedência para o Mês da Borracha organizando material relacionado ao produto para ser exibido por seus comitês regionais quando a campanha fosse anunciada pelo Presidente Getúlio Vargas.[28]

---

24 Cf. O Programa de Produção da Borracha Brasileira. In: Jornal *A Noite*, 24 de abril de 1944, p.12.

25 Cf. Borracha Velha como Entrada de Cinema. In: Jornal *A Noite*, 13 de julho de 1943, p.2.

26 Cf. Borracha Velha como Entrada de Cinema. In: Jornal *A Noite*, 13 de julho de 1943, p.2.

27 Cf. Jornal *Diário de Notícias*, 23 de abril de 1944, p.4.

28 Cf. Memorandum from William W. Murray to Ralph B. Ross, May 30, 1943. 05.2 (3) Productions of films in Brazil 1. 05.2 (1) *Applications for censorship 1*. RG229, Box 1295. NARA II.

Embora a propaganda estadunidense tenha dedicado uma atenção especial a produção da borracha em meados de 1943, diversas iniciativas envolvendo o cinema e a borracha foram realizadas no período, cujo mote era para a aproximação dos dois países. Mostrar à população brasileira que haveria um longo histórico de cooperação e amizade entre ambos os países foi o objetivo principal da "Exposição Cooperação Brasil-Estados Unidos da América". O evento que deveria ser uma parceria entre o Departamento de Imprensa e Propaganda e a *Brazilian Division* começou a ser planejado no segundo semestre de 1943 e deveria conter não apenas filmes, mas também cartazes, fotografias, trabalhos artísticos, quadros, gráficos e encenações teatrais. A ideia era que a exposição tivesse início em São Paulo e, a partir de então, se tornasse itinerante, sendo "amplamente exibida por todo o Brasil".[29] A inauguração da Exposição, como previsto, se deu na Galeria Prestes Maia em janeiro de 1944 com a presença de importantes autoridades paulistas.[30] A exposição foi apenas uma das várias iniciativas em um amplo esforço propagandístico que somado ao estadunidense, procurou manter a extração da preciosa matéria prima tão elevada quanto fosse possível. No intenso e amplo esforço, haviam, contudo, diferentes perspectivas sobre o Brasil e como ele poderia e deveria ser representado pelo cinema.

O cinema no Brasil, uma nova e fascinante fronteira

O cinema estadunidense comportou diversas perspectivas sobre o Brasil, dentre elas a de uma excêntrica fronteira. Como sugerem Priscila Faulhaber Barbosa e Fernanda Borges Tibau, os filmes que circularam no período sob a coordenação do *Office* podem também ser pensados como "objetos fronteiriços",[31]

---

29 Cf. Project Authorization BF-3577, August 17, 1943. 05.5 Communications (reports) Dec 1942-March 1943. RG229, Box 1303. NARA II.

30 Cf. Exposição Cooperação Brasil-Estados Unidos da América do Norte. Biblioteca. Serviços de Recortes do DEIP. 30 de janeiro de 1944. 05.5 Communications (reports) Dec 1942-March 1943. RG229, Box 1303. NARA II.

31 Cf. FAULHABER, Priscila; TIBAU, Fernanda. Cinema documentário, política de boa vizinhança e a construção de uma imagem do Brasil na década de 1940. *Boletim do Museu Paraense Emílio Goeldi*. Ciências Humanas, v. 9, n. 1, jan.-abr. 2014, p.199.

representando distintas perspectivas nutridas pela sociedade estadunidense em uma nova 'zona de contato'.

Havia, entre os indivíduos que experienciaram aquele momento, diferentes perspectivas, anseios e projetos. A produção de filmes no Brasil durante a II Guerra Mundial atraiu técnicos, cinegrafistas, diretores, fotógrafos e não apenas ligados ao *Office*. Nomes conhecidos e respeitados na área como Samuel Engel, Del Frazier, William Burton Larsen, James B. Schackelford, Julian Bryan, Gregg Toland, Emerson Smith, John Ford, Howard Lydecker, Fred Porrett e Louis Edelman estiveram no Brasil trabalhando com filmes durante o conflito. Para muitos, a guerra também era uma oportunidade de trabalho, e no campo do cinema o Brasil era uma nova, rentável e fascinante fronteira a ser explorada.

Alguns chegaram por meio do governo estadunidense como Gregg Toland e John Ford, outros por meio de estúdios sediados em Hollywood e ainda alguns independentes como James Blaine Schackelford. Alguns desses profissionais vieram ao Brasil apenas para filmar sequências que seriam utilizadas em cinejornais ou curtas em produção nos Estados Unidos. Esse foi o caso de John Dored, encarregado de registrar importantes momentos da vida militar e pública brasileira para os cinejornais da *Paramount Pictures, Inc.* Dored filmava e enviava regularmente para os Estados Unidos cenas de comemorações cívicas, exercícios militares ou encontros de autoridades, apenas "*good stuff*", nas palavras de Berent Friele.[32] O apoio da *Brazilian Division* aos trabalhos de John Dored estavam relacionados a um acordo firmado entre o *Office* e a *Paramount Pictures, Inc* em agosto de 1942, no qual os cinejornais produzidos por esse estúdio seriam distribuídos entre as "cinco companhias norte-americanas de jornais cinematográficos, para que as atualidades brasileiras tivessem um maior escopo nos Estados Unidos".[33]

Tal como Dored, Julian Bryan chegou ao Brasil no segundo semestre de 1942, mas ao contrário de seu conterrâneo, não estava trabalhando para nenhum

---

32 Cf. *Telegram from Berent Friele to New York*, November 30, 1943. 05.2 (3) Productions of films in Brazil 1. RG229, Box 1295; NARA II e *Memorandum from William W. Murray to Berent Friele*, September 28, 1942. 05.2 (3) *Productions of films in Brazil 1*. RG229, Box 1295; NARA II.

33 Cf. *Carta de apresentação redigida por Berent Friele para John Dored*, 22 de setembro, 1942. 05.2 (3) *Productions of films in Brazil 1*. RG229, Box 1295; NARA II.

grande estúdio, e sim para a *Rubber Development Corporation*. A vinda de Bryan para o Brasil foi informada à *Brazilian Division* como a chegada de um "notório documentarista que já fez filmes na Venezuela, Colômbia e Argentina para o nosso escritório". O grupo de cinegrafistas que acompanhava Bryan estava retornando de filmagens realizadas no Paraguai e Bolívia e ficaria aproximadamente quatro meses filmando no Brasil. Dentre eles estavam Jules Bucher, Miriam Bucher, Francis Thompson e William James. O objetivo seria "fazer um estudo fotográfico da vida, hábitos, fronteiras, comércio e outros temas interessantes do Brasil. Os filmes serão feitos para distribuição em escolas, colégios e outras organizações visando uma ampla distribuição".[34]

A vinda de tantos profissionais do cinema para o Brasil ocasionalmente gerava preocupação na Embaixada dos Estados Unidos no Rio de Janeiro, haja vista que muitas vezes, como no caso do grupo de Bryan e do *John Ford Mobile Pictures Unit*, estavam a trabalhar sobre os mesmos temas, nas mesmas regiões e no mesmo período. Tempo, pessoal especializado e equipamentos de cinema eram valiosos demais para coincidirem em uma mesma atividade.[35] Além disso, a Embaixada e a *BD* costumavam mobilizar governos estaduais, DIP e DEIPs para auxiliar no suporte logístico de filmagens realizadas por meio de seus projetos.

Havia, portanto, um receio de que se muitos projetos fossem coincidentes isso poderia levar a confusões por parte de sua rede de apoio. Foi por tais razões que a embaixada solicitou que a equipe de Julian Bryan não realizasse filmagens na região amazônica, onde a *John Ford Mobile Picture Unit* planejava trabalhar.[36] Duas conhecidas produções de Bryan realizadas no período, de fato, não apresentam muito material sobre o Brasil, sendo mais miscelâneas relacionadas a vários países latino-americanos: *Americans All* (1941) e *Roads South* (1943).

---

34 Cf. *Memorandum BF-1624*, October 14, 1942. 05.2 (3) *Productions of films in Brazil 1.* RG229, Box 1295; NARA II.

35 Cf. *Memorandum 2186*, May 6, 1943. 05.2 (4) John Ford Project. RG229, Box 1295; NARA II.

36 Cf. *Airgram from Jefferson Caffery to Secretary of State*, May 15, 1943. 05.2 (4) John Ford Project. RG229, Box 1295; NARA II.

Em fins de 1942, a *Brazilian Division* tomou conhecimento da chegada de outro estadunidense, James B. Schackelford, cinegrafista veterano que já havia realizado alguns filmes para a *Paramount Pictures, Inc.* na América do Sul. Schackelford havia se tornado conhecido por ser o cinegrafista de Roy Chapman Andrews, famoso explorador, naturalista e diretor do *American Museum of Natural History*. Antes de vir para o Brasil, Schackelford já havia participado de expedições lideradas por Andrews na Ásia, notadamente no Deserto de Gobi e Mongólia.

Os primeiros contatos de Schackelford no Brasil foram realizados diretamente com Lourival Fontes, então Diretor do Departamento de Imprensa e Propaganda – DIP. Após ter passado algumas semanas filmando na região amazônica, o cinegrafista chegou ao Rio de Janeiro em julho de 1942.[37] A principal razão de sua vinda para o Brasil seria a realização de tomadas para a série *Unusual Occupations* (1937-1949). Produzidos por *Jerry Fairbanks Studios* e distribuídos pela *Paramount*, a série de 72 curtas realizados entre 1937 e 1949, procurava registrar o cotidiano de pessoas comuns ao redor do mundo, na busca por 'situações extraordinárias'. Schackelford viajou por diversos países nesse período afim de colher imagens para Fairbanks, mas uma vez no Brasil, o cinegrafista passou a estabelecer contatos com Departamento de Imprensa e Propaganda. O período que o cinegrafista passou no Brasil resultou em algumas sequências sobre o Brasil em quatro episódios da série entre 1942 e 1944.[38]

Um dos aspectos que chama a atenção durante a estadia do cinegrafista no Brasil, foi a sua complicada relação com o Diretor da *Motion Picture Session*, William W. Murray. As diferenças entre ambos ocorridas ao longo do segundo semestre de 1942, representam em alguma medida a corrida pelo mercado cinematográfico que a II Guerra Mundial deflagrou no Brasil. Para além dos desentendimentos profissionais, também pode ter havido um desentendimento pessoal entre os estadunidenses.

---

37 Cf. Jornal *Correio da Manhã*, Rio de Janeiro, 17 de julho de 1942, p.4.

38 Vide: *Episode Guide of Unusual Occupations*. Unusual Occupations Film Library. Shields Pictures, Inc. http://www.shieldspictures.com/Resources/Unusual%20Occupations%20 Episode%20Guide.pdf. Acesso em 03 de fevereiro de 2016.

Em um longo memorando enviado para Washington, DC, Murray afirmou que quando iniciou suas atividades com o DIP, em agosto de 1942, Schackelford já era um cinegrafista muito próximo do Diretor do DIP "por meios que eu não gostaria de expressar por aqui".[39] Embora o documento em que Murray lança suspeitas sobre a relação de Schackelford com o Diretor do DIP seja de 24 de agosto de 1942, é possível que ele estivesse se referindo a Lourival Fontes, já que este permaneceu no cargo até o dia 21 de agosto.[40] Murray afirmou ainda que, antes de sua chegada, o DIP estava praticamente trabalhando em conjunto com a *Paramount*, empresa que distribuía os filmes produzidos por Fairbanks, do qual Schackelford era empregado. Na prática, quando Murray estabeleceu seus primeiros contatos com o governo brasileiro, a *Paramount* estava recebendo o material produzido pelo DIP para distribuição nos Estados Unidos antes da *Brazilian Division*.[41]

Na avaliação da William W. Murray o contato entre o cinegrafista estadunidense e o Diretor do DIP requeria uma especial atenção por parte da *BD*. O primeiro semestre de cooperação com o DIP parecia para Murray demasiadamente complicado. Mesmo após a entrada do Major Coelho Reis na Direção do DIP, Murray continuava vendo com desconfiança a tentativa de Schackelford em "vender-se a si próprio" mostrando ao novo Diretor do DIP filmes produzidos pela *Paramount*. Em sua avaliação, o Major Reis estava ansioso para produzir filmes coloridos, o que para Murray seria um erro, pois acreditava que o DIP deveria primeiramente produzir filmes em preto e branco com qualidade antes de realizar filmes em cores.

A situação delicada derivava de Schackelford possuir ótimos equipamentos de filmagem, enquanto a *Brazilian Division* ainda estava tendo que lidar com as sucessivas cobranças do Major com respeito a filmadora *Technicolor* prometida por Nelson Rockefeller. Murray receava que se Schackelford realizasse os curtas em cores que estavam em negociação com o DIP - *Amazon Empire, Ports of Brazil,*

---

39   Cf. *Memorandum Co.No.1734*, August 24, 1942. 05.2 (3) Productions of films in Brazil 1. RG229, Box 1295; NARA II.

40   Cf. *Diário Oficial da União* (DOU) de 21 de agosto de 1942. Seção 1, p. 14.

41   Cf. *Telegram from Berent Friele to Nelson Rockefeller*, August 21, 1942. 05.2 (3) Productions of films in Brazil 1. RG229, Box 1295; NARA II.

Southlands of Brazil e *Inside Brazil* [42]-, o *Office* não teria qualquer influência sobre o resultado da produção que, conforme o estilo do cinegrafista estadunidense, seria algo feito *inloco* e sem roteirização. A utilização de trabalhos previamente realizados pela *Paramount* para fechar um acordo com o DIP, foi um expediente criticado por Murray em diversas situações, uma vez que Schackelford não trabalhava diretamente para a *Paramount* e sim para Fairbanks. De todo modo, interferir frontalmente nas negociações entre Schackelford e o DIP poderia levar a uma situação embaraçosa, em virtude das desconfianças que o DIP tinha de início com a *Brazilian Division*.

A saída sugerida por Murray, e que pode vir a desvelar outras relações com produtores independentes, inclusive brasileiros, reside na importância que a *Brazilian Division* adquiriu naquele momento com respeito ao acesso de matérias primas para a produção cinematográfica. Schackelford procurou o DIP para a realização dos dois filmes em cores, mas teve que recorrer em seguida à *Brazilian Division* para ter acesso às películas nos Estados Unidos.[43] A *BD* ajudou no fornecimento do material, mas o condicionou a uma parceria na produção, ou seja, a forma encontrada pela *BD* para influir nos filmes de Schackelford, foi co-produzir o material no Brasil, uma maneira mais eficiente de ter algum controle e supervisão sobre os filmes realizados pelo cinegrafista estadunidense.[44]

No período em que esteve no Brasil, Schackelford, no entanto, não realizou filmagens apenas para Fairbanks. O cinegrafista também participou da produção de um documentário realizado em 1942 na Bacia Amazônica. Apesar de a equipe de Schackelford não estar nominada na documentação analisada, existem informações publicadas em um jornal do período de que ele integrou no Brasil uma equipe composta por Clyde E. Elliott, Charles E. Ford e James M. Dannaldson. Segundo Thomas Brady, em uma matéria publicada no *New York Times* em

---

42 Cf. *Memorandum Co.2363*, December 5, 1942. 05.2 (3) Productions of films in Brazil 1. RG229, Box 1295; NARA II.

43 Cf. *Memorandum from William W. Murray to Francis Alstock*, January 19, 1943. 05.2 (3) Productions of films in Brazil 1. RG229, Box 1295; NARA II.

44 Cf. *Memorandum Co.No.2363*, December 5, 1942. 05.2 (3) Productions of films in Brazil 1. RG229, Box 1295; NARA II.

1942, a equipe em que Schackelford era o cinegrafista filmou quase 80 mil metros de filme na Bacia Amazônica naquele ano.[45]

A única produção concluída creditada a ele naquele momento, contudo, foi o documentário *Jacaré, Killer of the Amazon* (1942), resultado de uma 'intrépida jornada' no norte do Brasil. Tal qual suas explorações no continente Asiático, a equipe da qual fazia parte se aventurou em uma viagem pela inóspita região amazônica, chegando a "subsistir por cinco dias com rosquinhas mofadas com pequenos vermes e galinhas, que segundo Dannaldson pareciam 90% urubus".[46] Realizado pela *Mayfair Productions, Inc,* e distribuído pela *United Artists Corp,* *Jacaré* foi dirigido por Charles E. Ford e contou com Shackelford como Diretor de Fotografia. O documentário narrou uma expedição à Bacia Amazônica inicialmente composta pelo famoso caçador Frank "Bring 'Em Back Alive" Buck, Miguel Rojinsky e o zoólogo James M. Dannaldson. O apelido de Buck se devia a narração de suas aventuras como caçador de animais considerados perigosos e exóticos em um livro publicado em 1930 em co-autoria com o jornalista Edward Anthony e denominado *Bring 'Em Back Alive.*[47] O livro tornou-se um sucesso de vendas e tornou Buck bastante famoso no período.

Todavia, apesar do imenso apelo que esta temática tinha nas décadas de 1930 e 1940, a narrativa de *Jacaré* foi considerada "ridícula" pela *MPA* e com referências demasiadamente forçadas a "*Good Neighbor Policy*".[48] Logo no início da produção, um prólogo informava ao espectador que o documentário fora realizado em cooperação com o governo brasileiro. Ainda no prólogo, afirmavam que *Jacaré* era "uma história autêntica do homem contra a natureza – a primeira produção

---

45 Cf. BRADY, Thomas F. Hollywood's story marts dry up. *New York Times.* May 24, 1942. ProQuest Historical Newspapers: The New York Times with Index, p. X3.

46 Cf. BRADY, Thomas F. Hollywood's story marts dry up. New York Times. May 24, 1942. ProQuest Historical Newspapers: *The New York Times* with Index, p. X3.

47 Vide: LEHRER, Steven (ed.). *Bring 'Em Back Alive: The best of Frank Buck.* Lubbok, TX: Texas Tech University Press, 2000.

48 Cf. *Weekly Report,* September 23, 1942. Weekly Repots - Motion Pictures Society for The Americas January 1942; RG229, Box 218, NARA II.

cinematográfica realizada na Amazônia, a grande e sombria floresta brasileira".[49]
Outras duas produções negociadas entre Schackelford e o DIP, *Amazon Empire* e
Inside Brazil, aparentemente, jamais foram concluídas.

As negociações entre o cinegrafista, o DIP e a *BD* ilustram como o jogo
de interesses movimentava o campo da produção cinematográfica no contexto da
II Guerra Mundial. Se de um lado a *BD* podia controlar o fornecimento da matéria prima e eventualmente equipamentos para o Brasil, por outro dependia das
aprovações da censura do DIP. A melindrosa relação indica um equilíbrio, onde o
Office não era a agência de propaganda avassaladora atuando no Brasil, tampouco
era o DIP a infalível instituição de censura varguista.

Em 1943, o *Office* considerou articular uma produção hollywoodiana no
Brasil com todos os típicos temas presentes em filmes de aventura como *Gunga
Din* (1939) ou a série *Hawk of the Wildernerss* (1938), ou seja, o homem moderno
confrontando as terras inóspitas do mundo não civilizado; a exemplo de Frank
"Bring 'Em Back Alive" Buck. O filme seria baseado no livro *Tiger Man*, escrito
por Julian Duguid, em 1932. O trabalho é uma biografia de Sacha Siemel, aven-
tureiro letão que se mudou para o Mato Grosso na década de 1920 e se tornou
um notório caçador de onças. Disposta a adquirir os direitos do livro de Duguid,
a *Motion Picture Division* chegou até mesmo a encomendar um esboço do roteiro
para o filme.[50]

Após ler o livro e discuti-lo com a *MPD*, Luana Black, responsável por
elaborar o esboço de roteiro, afirmou "que o assunto era perfeito para ser transformado em um filme a ser produzido no Brasil em língua portuguesa". E mais,
para ela seria ótimo "se o herói de *Tiger Man*, Sacha Siemel" ainda estivesse no
Brasil e pudesse "desempenhar o papel dele próprio no filme e a fornecer fotos
e filmes que ele realizou sobre *tigers* e *tigers hunts*". Segundo ela, a força do filme
residiria no fato de "o Brasil ter um maravilhoso cenário natural esperando para
ser filmado – cenário que custaria milhares de dólares para ser reproduzido em

---

49 Cf. HANSON, Patricia King; DUNKLEBERGER, Amy (eds.). *Afi: American Film Institute Catalog of Motion*. Vol. 4. Los Angeles: University of California Press, 1999, p.1199.

50 Cf. *Memorandum BF-1548*, September 17, 1942. 05.2 (3) Productions of films in Brazil
1; RG229, Box 1295; NARA II.

Hollywood. Uma ou mais caçadas de *tigers* teriam que ser encenadas, e as outras cenas poderiam ser tomadas em pequenos vilarejos, como aqueles em que estão descritos no livro".[51]

O apelo dramático da narrativa, "mais dramático que qualquer ficção", estaria na "luta de Sacha para se libertar da civilização em busca de aventura". Para Luana Black "o grande charme dessa estória ao ser levada para o cinema poderá ser as caracterizações fascinantes dos brasileiros. Ideologicamente, *Tiger Man* é a estória do gradual desenvolvimento da filosofia de Sacha rumo a liberdade com dignidade e força".[52]

Durante a década de 1930 Sacha Siemel encantava leitores e ouvintes nos Estados Unidos, em companhia de Julian Duguid, com palestras e artigos sobre suas experiências envolvendo o abate de mais de 300 onças, onde exibiam fotos e filmes em que Siemel matava os felinos.[53] A fama de Siemel derivava em parte de sua habilidade em matar animais dessa espécie usando apenas uma lança pontiaguda, técnica que teria aprendido observando indígenas caçarem, haja vista, para Siemel, não haver "muita aventura em matar uma onça com uma arma de fogo".[54] No momento em que a *Motion Pictures Division* esperava realizar um filme com o caçador de onças, a *"Jungle Princess"*, isto é, o par romântico ideal para Siemel seria a atriz estadunidense Dorothy Lamour.[55]

Para a direção do filme foi indicado James B. Shackelford, que além do já mencionado *Jacaré, Killer of the Amazon*, estaria trabalhando em outros oito filmes 'científicos': *Making of Hammocks, Coffee, The Butantan Institute, The Laying*

---

51 Cf. *Memorandum from Luana Black to Joseph Thoman*, September 15, 1942. 05.2 (3) Productions of films in Brazil 1; RG229, Box 1295; NARA II.

52 Cf. *Memorandum from Luana Black to Joseph Thoman*, September 15, 1942. 05.2 (3) Productions of films in Brazil 1; RG229, Box 1295; NARA II.

53 Cf. Jornal *The Sunday Spartanburg Herald*, January 14, 1934, p.1 e Cf. Revista *Life*, October 23, 1953, p. 173.

54 Cf. Jornal *The Sunday Spartanburg Herald*, January 14, 1934, p.1 e Cf. Revista *Life*, October 23, 1953, p. 173.

55 Cf. *Memorandum from Luana Black to Joseph Thoman*, September 15, 1942. 05.2 (3) Productions of films in Brazil 1; RG229, Box 1295; NARA II.

of Mosaic Streets, Cable Car on Sugar Loaf Mountain, Mosquito Fighiting and Lab Work, Iguassu Falls e Story on Campos dos Affonsos.[56]

Na década de 1950 a *Twenty Century-Fox Film Corporation* chegou a comprar os direitos do filme e planejar um elenco com Tyrone Power como o irmão de Siemel, Ava Gardner como a *'Jungle Princess'* e John Wayne como Sacha Siemel, sob a direção do diretor Samuel Fuller. O renomado diretor ficou particularmente interessado no projeto a ponto de, em 1954, viajar e permanecer um período na região amazônica em uma tribo Carajá.[57] A tentativa da *MPD* em realizar o filme sobre Siemel ainda durante a II Guerra Mundial não frutificou, tampouco a de Fuller em 1954. A experiência do diretor na Amazônia e sua frustrada tentativa de dirigir um filme sobre Sacha Siemel foram discutidas no documentário *Tigrero: A Film that Was Never Made* (1994), dirigido por Mika Kaurismäki.

As matas selvagens e misteriosas pululavam no imaginário advindo da aproximação entre o Brasil e os Estados Unidos. Não foram apenas Schackelford e Luana Black que se interessaram pela brasilidade indômita e exótica. Dentre os curtas em 16mm produzidos por Walt Disney e relacionados 'aos mistérios da natureza' existentes no Brasil *The Amazon Awakens* (1944), ficou conhecido pela forma estereotipada com que tratou "o paraíso botânico" e os "futuros conquistadores da Amazônia". *The Amazon Awakens* fazia parte de um 'pacote' de cinco filmes de propaganda negociados entre os estúdios Disney e o *Office* (*Amazon Awakens, Water, Friend or Enemy, Winged Scourge, Grain that Built a Hemisphere* e *Defense Against Invasion*).[58] No único filme diretamente relacionado a Amazônia negociado pelo contrado *OEMcr-107*, havia uma deliberada associação entre a natureza indomada e a modernidade que abundava na região; notada por autoras como Pennee L. Bender, Barbara Weinstein e Darlene Sadlier.[59]

---

56 Cf. *Weekly Report*, May 14, 1942. *Weekly Repots* – Motion Pictures Society for The Americas January 1942; RG229, Box 218, NARA II.

57 Cf. JAMES, Caryn. What might have been of a movie that wasn't. In: Jornal *New York Times*. December 21, 1994.

58 Cf. Project File 1017-C, Contract OEMcr-107, May 12, 1944. Walt Disney Productions, Walt Disney Productions Film Unity OEMcr-117; RG 229, Box 216; NARA II.

59 Vide: SADLIER, Darlene J. *Americans all*: good neighbor cultural diplomacy in World War II. Austin: University of Texas Press, 2012, p.68, BENDER, Pennee L. *Film as an*

Amazon Awakens começou a ser planejado pelos estúdios Disney no início de 1942[60], e possivelmente tenha sido acelerado no início do ano seguinte, quando o *Office* e a *Rubber Reserve Company* discutiram estratégias para a propaganda na região da Bacia Amazônica. As duas organizações reuniram-se para formular uma consulta a Washington, DC acerca de uma possível produção de Walt Disney que pudesse ensinar os 'trabalhadores da borracha' a extrair e preparar a borracha. Disney já teria sido contatado no ano anterior sobre o assunto, e com a intensa migração do Ceará rumo a Bacia Amazônica, a produção era mais importante do que nunca[61]: "As pessoas saidas do Ceará rumo a bacia amazônica tem pouca ou nenhuma experiência na coleta da borracha, por isso é essencial que tenhamos filmes ensinando eles como proceder a extração do latex. Parece que Disney está trabalhando nisso".[62] O resultado, porém, parece ter destoado do esperado pela *Rubber Reserve Company*.

Como aponta Weinstein, *The Amazon Awakens* difere das produções do período por suas representações estarem fortemente associadas a uma Amazônia que merecia e estava prestes a se modernizar. A 'fronteira amazônica' foi apresentada como uma utopia desenvolvimentista, onde o controle da natureza finalmente resultaria em um sofisticado e moderno centro urbano. Como aponta a autora, a perspectiva advinha de uma "proto-teoria da modernização", isto é, da perspectiva de que a modernidade estaria ao alcance de todos, bastando para tal, o acesso a capital e tecnologia adequados. Weinstein salienta que a expectativa adotada no curta é a de um "*El Dorado*, um reino ainda escondido de riquezas inimagináveis", mas não para todos, uma vez que "neste projeto não existe lugar para o espetáculo

---

instrument of the Good Neighbor Policy, 1930's-1950's. Dissertation in History (PhD). New York University, 2002 e WEINSTEIN, Barbara. Modernidade Tropical: visões norte-americanasda Amazônia nas vésperas da Guerra Fria. In: *Revista do IEB*, n.45. set 2007, pp.153-176.

60 Cf. *Weekly Report*, February 28, 1942. *Weekly Repots* – Motion Pictures Society for The Americas January 1942; RG229, Box 218, NARA II.

61 Cf. Letter N.R-55, January 14, 1943. 05.2 (3) Productions of films in Brazil 1; RG229, Box 1295; NARA II.

62 Cf. *Memorandum from William W. Murray to Francis Alstock*, January 19, 1943. 05.2 (3) Productions of films in Brazil 1; RG229, Box 1295; NARA II.

do homem indígena e 'primitivo', aquela figura seminua, com seus lábios e orelhas estendidas e cabeça enfeitada de penas".[63]

De forma geral, as narrativas dessas produções estavam em harmonia com a imagem que o governo brasileiro desejava exportar naquele momento: um território virgem e belo, forte, mas também vulnerável, pronto para servir como a fortaleza inexpugnável dos aliados na América do Sul, ou, simplesmente, ser desbravado e desfrutado por amáveis e endinheirados turistas. O potencial de modernização presente não apenas em *Amazon Awakens*, mas também em diversos filmes de propaganda realizados para outras regiões na América do Sul, só fazia sentido dentro de uma lógica pautada no modelo econômico estadunidense.[64] Conquanto o curta de Disney destoe das produções do período ao apresentar uma vitória das classes médias e urbanas no enfrentamento com a natureza, os contatos da 'civilização' com um mundo geralmente descrito como misterioso, exótico e excitante foram um tema frequente nos esforços de aproximação entre Brasil e Estados Unidos durante a II Guerra Mundial.

Os espetaculares números da propaganda

Entre 1941 e 1945 o *Motion Picture Division* participou da produção de 134 filmes, contribuiu para a produção e distribuição de aproximadamente 1700 cinejornais, exibiu 101 curtas e financiou a distribuição de 406 documentários. De acordo com a agência governamental estadunidense, a audiência mensal de seus filmes havia alcançado, em 1945, uma média de 5 milhões de assistentes mensais, três milhões apenas na América Latina.[65]

---

63 Cf. WEINSTEIN, Barbara. Modernidade tropical: visões norte-americanas da Amazônia nas vésperas da Guerra Fria. In: *Revista do IEB*, n.45. set 2007, p.161.

64 Cf. BENDER, Pennee L. *Policies and productions of the motion picture division of the Office of The Coordinator of Inter-American Affairs*. Conference Paper #72. Presented at the symposium "Imagining Latin America: United States Film Policy and Its Impact During World War II", April 24, 1993, New York University, p.18-21.

65 Cf. ROWLAND, Donald (dir). *History of the Office of the Coordinator of Inter-American Affairs*: historical report on war administration. Washington, DC: Government Printing Office, 1947, p.68-78.

A massiva exibição de filmes no Brasil era acompanhada cuidadosamente pelo *Office*. Em meados de 1942, a *Brazilian Division* passou a enviar para os Estados Unidos relatórios semanais detalhados dos filmes, locais e público. O expediente, chamado de *Report System* iniciou em 15 de junho de 1942 e terminou em 23 de dezembro de 1944.[66] Os números presentes nestes relatórios são surpreeendentes: Desde 1942, a *BD* realizou em todo o Brasil 87.788 exibições para um público de mais de 52 milhões de espectadores.[67] Importante ressaltar que a audiência era sempre aproximada, uma estimativa calculada pelos projecionistas e auxiliares. Frequentemente, quando dados sobre a audiência eram também fornecidos pelas autoridades locais, os números eram confrontados com as informações e anotações dos projecionistas e auxiliares pela *BD* de modo que fossem precisos. Fotos, matérias em jornais e cartas de agradecimento de autoridades locais estavam entre os documentos frequentemente enviados pelos projecionistas para referendar os números de cada exibição. Ainda que possam haver equívocos em tais números, o constante e atento acompanhamento de todas as suas atividades pela Embaixada dos Estados Unidos do Brasil e pelo *Office* deixa pouca margem para que que duvidemos destes dados. Os relatórios enviados para os Estados Unidos eram minuciosamente confrontados com os relatórios realizados nos locais das exibições. Assim, com alguma frequência haviam reprimendas e solicitações entre os vários setores da *Brazilian Division* para que discrepâncias fossem devidamente explicadas e os dados alterados.[68]

Se considerarmos que a população brasileira em 1944 era de pouco mais de 45 milhões de indivíduos,[69] chegaremos a conclusão de que as sessões da *Brazilian Division* tinham espectadores assíduos. Não é exagero conceber que muitas pessoas, especialmente em pequenas localidades, assistiam todos os filmes exi-

---

66 Cf. *Memorandum BD-1150*, April 9, 1943. 05.2 (d) Exhibtion reports of non-theatrical films - Rio 1, Box 1287; NARA II.

67 Cf. *Memorandum BD-5080*, November 30, 1944. 05.2 (d) Exhibtion reports of non-theatrical films - Rio 4, Box 1288; NARA II.

68 Cf. *Memorandum São/418*, August 28, 1943. 05.2 (e) Exhibition reports correpondence (São Paulo) 3. Box 1288; NARA II.

69 Cf. Anuário Estatístico do Brasil. Ano IV -1941-1945. Rio de Janeiro: Serviço Gráfico do Instituto Brasileiro de Geografia e Estatística, 1946, p.23.

bidos pela *BD* todos os dias, durante todo o período em que os projecionistas permaneciam nesses locais. Podemos ir ainda um pouco mais adiante e considerar que os filmes exibidos em muitas localidades se tornaram um evento social importante e assiduamente frequentado. Em muitas cidades ou vilarejos onde não havia sequer energia elétrica, ou quando ela era muito instável, geradores movidos a gasolina propiciaram em praças, barracões ou qualquer outro local improvisado, o primeiro contato com o cinema para milhares de brasileiros. A gratidão das pessoas diante dessa experiência, fartamente relatada na documentação analisada, revela o encantamento proporcionado pela exibição dos filmes e, por sua vez, o abundoso otimismo da *Brazilian Division* com o impacto social de seus projetos.

O volume de projeções no Brasil era impressionante. Em março de 1943 a *Brazilian Division* já contabilizava 449 cópias de filmes no Brasil abrangendo 54 assuntos que, ainda assim, eram insuficientes para atender toda a rede de exibição montada no país.[70] Como esperado, um esforço tão amplo implicava também problemas com material para ser exibido. A solicitação por mais cópias de filmes foi um dos assuntos mais frequentes na comunicação entre os escritórios estaduais, a sede da *BD* no Rio de Janeiro e a *Motion Picture Division* em Nova York nos anos de 1943 e 1944. E com frequência resultava em diversas reclamações. Em correspondência para a *MPD* em abril de 1943 a *Brazilian Division* explicitou o que pensavam sobre a escassez de cópias para exibição. Para a *BD* diversos relatórios estariam evidenciando que o Brasil, comparado a outros países latino americanos, tinha a menor quantidade de cópias, mesmo com exibições para audiências bastante numerosas. Ademais, o problema pareceria estar, segundo a *BD*, no fato de no Brasil se falar português ao invés do espanhol, pois muitas produções primeiro tinham a trilha sonora feita para o espanhol e só depois para o português:

> E deveria ser ao contrário. Nós somos o maior país da América do Sul e o mais importante para o esforço de guerra. Brasil é o único país na América Latina que está participando ativamente da guerra. Nós acabamos de criar escritórios regionais por todo o país e os comitês

---

70 Cf. *Memorandum BF -2701*, March 26, 1943 e Cf. *Memorandum from William Murray to Arthur Way*, March 26, 1943. 05.2 (c1) Projection machines and acessories 1, Box 1287; NARA II.

regionais são praticamente unânimes em sua crença de que esse é o fator de maior desapontamento dos Comitês [...] nós precisamos enviar mais filmes para eles rapidamente.[71]

A fala em terceira pessoa de Berent Friele defendendo uma posição de destaque do Brasil diante de outros países sul americanos pode ensejar uma identificação bem próxima com o país em que dirigia uma das subsidiárias do *Office*. Não seria algo despropositado, visto que a documentação relativa a presença do *Office* no Brasil é repleta de indícios de um imenso esforço por conhecer a cultura e a sociedade brasileira e um sincero desejo em aproximar o Brasil e os Estados Unidos. Entretanto, há que se considerar que a defesa das atividades da *Brazilian Division*, bem como da posição de destaque do Brasil no esforço de guerra latino americano, tem relação estreita com a imagem de eficiência e imprescindibilidade que a seção brasileira desejava demonstrar para os seus superiores em Washington.

Se os exemplos em que os funcionários do *Office* parecem ter uma sincera simpatia ou mesmo conexões de admiração e afeto com a cultura e sociedade brasileiras são constantes, é verdade também que são muitos os documentos em que a seção procura transmitir eficácia e uma importância indiscutível de suas atividades frente a outros países. A correspondência enviada aos Estados Unidos é repleta de exemplos em que a *Brazilian Division* reporta seus sucessos e se posiciona criticamente ao desempenho do *Office* em outras nações, como no memorando em que teriam realizado 145 exibições em apenas um mês e alcançado quase 59.800 espectadores, enquanto Cuba havia conseguido uma audiência de 13.540 espectadores e Chile 25.700 com um número semelhante de projetores.[72] De fato, as audiências obtidas pela seção brasileira eram superiores a de qualquer país latino-americano. Em apenas uma semana janeiro de 1943 a *Brazilian Division* contabilizou 3.000 exibições para um público de 1.635.325 espectadores, en-

---

71 Cf. *Memorandum BD-637*, April 22, 1943. 05.2 (c1) Projection machines and acessories 1, Box 1287; NARA II.

72 Cf. *Memorandum BD-397*, March 5, 1943. 05.2 (c1) Projection machines and acessories 1, Box 1287; NARA II.

quanto no mesmo período os escritórios do *Office* no restante da América Latina haviam conseguido uma audiência de 1.880.704 espectadores.[73]

Como visto ao longo deste trabalho, o caráter notavelmente multifacetado da atuação do *Office* no Brasil, contou com uma ampla rede de contatos e de negócios, fazendo-se sentir fortemente nos campos da propaganda, cultura cinematográfica e na economia da produção cinematográfica brasileira. O investimento e a censura estatais no campo audiovisual foram, aos poucos, estrangulando a produção no setor privado, como indica o telegrama enviado por Eurico de Oliveira, de Florianópolis, e endereçado ao Presidente Getúlio Vargas. No telegrama, Oliveira protestou de forma veemente contra o DIP, que segundo ele estaria fazendo concorrência com os produtores nacionais, levando o interventor Nereu Ramos a desistir de uma produção a ele encomendada.[74]

O *Office* se beneficiou imensamente do controle que o governo federal passou a ter da produção cinematográfica, pois sob a capa da boa vizinhança, produzia e exibia gratuitamente filmes propagandísticos por todo o Brasil, com o beneplácito do governo brasileiro e sem concorrentes no campo do convencimento da opinião pública, em termos quantitativos e qualitativos. Não era fortuita a enorme quantidade de solicitações de pequenos produtores, editores e organizações privadas ou mesmo estatais para cooperar com as atividades da *Brazilian Division*. Possivelmente o *Office* era mais palatável do que o DIP e DEIPs, e além disso inspirava possibilidade de maiores lucros longe das esferas do autoritário governo varguista que, como apontado no protesto elaborado por Eurico de Oliveira, procuravam absorver toda a produção propagandística institucional dos Estados e do Governo Federal.

De certa forma, as recusas da *BD* em cooperar com a iniciativa privada estavam alicerçadas, ao menos em parte, na interpretação de que o campo da produção cinematográfica no Brasil era demasiadamente amadorístico se compara-

---

73 Cf. *Memorandum from Richard R. Rogan to M.C. Maroney*, February 1, 1943. Reports, November 1, 1942; RG229, Box 227, NARA II.

74 Cf. Arquivo Nacional: Fundo Gabinete Civil da Presidência da República (BR AN RIO 35) - Pasta: Correspondência Geral, Lata 170, 1939. Agradeço ao Professor Clayton Hackenhaar, que gentilmente me cedeu este documento quando eu ainda estava elaborando o projeto para esta pesquisa.

do aos padrões da indústria estadunidense. Também pesava sobre as decisões da agência governamental estadunidense o livre acesso a setores chave da sociedade brasileira e, por diversas vezes, liderança na definição dos padrões da propaganda cinematográfica no Brasil. As propostas de cooperação rejeitadas pelo *Office* iam desde a criação de uma revista de cinema denominada *Imagem*, "dedicada a indústria do cinema no Brasil", até uma cooperação cinematográfica por meio de um 'Fundo de Pesquisa Universitario para a Defesa Nacional da USP'.[75]

As características de tamanha propagação propiciaram a dinamização de uma cultura cinematográfica no Brasil intimamente alinhada com o cinema e o modo de vida estadunidense.[76] Mas, afinal, qual a extensão desta dinamização? Teria o *Office* influenciado tanto a sociedade brasileira nos campos da propaganda, cultura cinematográfica e política como desejavam ou, ao menos, como a documentação relativa ao período sugere? Embora seja muito difícil precisar esse tipo de impacto social, podemos inferir pela abrangência de sua atuação e com base nos minuciosos dados levantados pela *Brazilian Division* que o impacto foi, no mínimo, muito significativo. Algumas considerações sobre os números das audiências obtidas pela *Brazilian Division* podem nos ajudar nesse momento.

Em um documento de maio de 1944 endereçado a John W. Cutting, Diretor do *Foreign Departament* da *Walt Disney Productions, Inc.* o diretor assistente da *Motion Picture Division do Office*, Russell Pierce, informou sobre a distribuição de animações relacionadas a saúde e a agricultura produzidos pelos estúdios Disney para o *Office* e distribuídas nos Estados Unidos. Segundo Pierce, os relatórios do *Office* indicavam que *The Winged Sourge* era uma das animações mais populares, sendo vista 2,531 vezes com uma audiência total de 440.177 espectadores. Outra produção, *The Grain that built a hemisphere*, havia sido exibida 1.702 vezes para um público de 232.997 espectadores. *Defense Against Invasion*, o último a ser lançado até aquele momento, já havia sido exibido 1.369 vezes para uma audiência de 190.036 pessoas. Já *Water – Friend or Enemy*, que segundo o documento não teria

---

75 Cf. *Memorandum Rio/401*, July 30, 1943. 05.2 (e) Exhibition reports correpondence (São Paulo) 3. RG229; Box 1288. NARA II.

76 Cf. Report. *Army Headquarters*, June 19, 1943. 05.2 (e) Exhibition reports correpondence (São Paulo) 3. RG229; Box 1288. NARA II.

tanto apelo quanto as produções anteriores, havia sido exibida 1.110 vezes para um público de 150.967 espectadores. Chama a atenção no documento o volume e controle que o *Office* tinha sobre a distribuição destes produtos. Com relação a *The Winged Scourge*, por exemplo, o *Office* informou que detinha o controle direto sobre 300 cópias e haviam outras 500 compradas pelo Exército, 75 pela Marinha e 50 pelo *United States Public Health Services*. O interesse, segundo Pierce seria uma evidência do quanto as técnicas empregadas nesses produtos são efetivas, atraindo a atenção tanto de crianças como de adultos. [77]

Bastante sugestivo é o relato de Pierce quanto à audiência destes produtos nas "outras repúblicas americanas". As 90 cópias em espanhol e 30 em português de *The Winged Scourge* e *The Grain That Built a Hemisphere*, embora em número menor do que as distribuídas em solo estadunidense, haviam alcançado um público bastante superior comparado a conseguido nos Estados Unidos. *The Winged Scourge* havia sido exibido 2.390 vezes para uma audiência de 1.109.186 espectadores e *The Grain That Built a Hemisphere* havia sido exibido 1.992 vezes para 894.665 espectadores. Para Pierce, as razões para uma audiência tão significativa residiriam em dois aspectos: O primeiro, no fato de que as "outras republicas americanas" eram muito mais entusiastas sobre as animações do que o público estadunidense. A segunda, no fato de que as exibições eram comumente feitas ao ar livre, com até 4.000 pessoas presentes, enquanto nos Estados Unidos as audiências por sessão raramente tinham mais do que 150 pessoas.[78] Como pode-se notar, trata-se de uma assistência duas vezes mais numerosa do que as obtidas nos Estados Unidos, o que contribui para explicar o alto nível de otimismo para com tais exibições ao sul do Rio Grande.

Como argumentamos há pouco, embora o número de exibições apresentado pelo *Office* possa parecer exagerado em um primeiro momento, estavam ligados a minuciosos relatórios enviados semanalmente pelos comitês e escritórios regionais espalhados por todo o Brasil. As bilheterias auferidas pelo circuito co-

---

77 Cf. *Letter to Mr. John W. Cutting*, May 15, 1944; Disney Activities; Motion Pictures; Office of Inter-american Affairs; RG229, Box 216; NARA II.

78 Idem, Ibidem.

mercial da cidade de São Paulo auxilia na compreensão dos números obtidos pela *Brazilian Division.*

Segundo o Diretor do Departamento Municipal de Cultura de São Paulo, os 84 cinemas daquela cidade tiveram, no primeiro semestre de 1944 uma audiência de mais de 14 milhões de pessoas. Na capital paulista, aproximadamente meio milhão de pessoas iam aos cinemas todos os dias.[79] Ainda que a audiência em grandes centros como a cidade de São Paulo apresente números substanciais em bilheteria, as condições de exibição tornam injustas quaisquer comparações entre as bilheterias do circuito comercial e as conseguidas pela *Brazilian Division.*

A impressionante audiência de aproximadamente 52 milhões de espectadores conseguida pelo *Office* até o final de 1944, não pode ser comparada com a audiência do circuito comercial. O grande êxito da *Brazilian Division* se dá, principalmente, porque embora tenha exibido regularmente seus filmes nos grandes centros, a partir de 1943 privilegiou o interior do país onde as condições de exibição eram péssimas. Os dados de março de 1944 com relação ao comitê de São Paulo são um bom exemplo de como a *Brazilian Division* conduzia seus projetos pelo interior do país. Neste mês a regional de São Paulo obteve uma audiência de 74.027 espectadores na capital por meio de 320 exibições. Já no interior do Estado obteve um público de 100.380 espectadores por meio de 122 exibições. O público maior e com um menor número de exibições se explica pela frequente exibição a céu aberto, como praças e outros logradouros, embora naquele mesmo mês, esse tipo de exibição tenha sido menor (39%) do que em relação as exibições nos cinemas convencionais (45%) e outras localidades (16%).[80]

A capilaridade e disseminação proporcionada pelo cinema, o tornava o meio ideal para a veiculação de ideias e a conquista de corações e mentes. As exi-

---

79 Cf. *Memorandum 718/SP*, September 26, 1944. 05.2 (e) Exhibition reports correpondence (São Paulo), 1944, 5. RG229, Box 1289; NARA II.

80 Cf. *Memorandum Rio/345*, April 24, 1944. 05.2 (e) Exhibition reports correpondence (São Paulo), 1944, 5. RG229, Box 1289. NARA II.

bições de filmes de propaganda eram vistas como um "meio de estimular os brasileiros a produzir materiais que eram vitais para o esforço de guerra".[81]

Embora o ultimo relatório constante na documentação seja de dezembro de 1944, as exibições continuaram a ocorrer até o final de 1945. A intensidade das exibições possivelmente diminuiu com a proximidade do fim da Guerra, dispensando a feitura dos relatórios. Entretanto, com base na estrutura já instalada para a disseminação da propaganda, como equipamentos e pessoal por todo o território brasileiro, é seguro afirmar que a audiência pode ter chegado a casa dos 60 milhões de espectadores.

Os relatórios permitem também uma estimativa do quão importantes ou estratégicas eram algumas regiões para a *Brazilian Division*. O gráfico abaixo diz respeito as exibições de uma semana no final de 1944.[82] As 269 exibições deste período alcançaram 143.423 espectadores, distribuídos da seguinte forma:

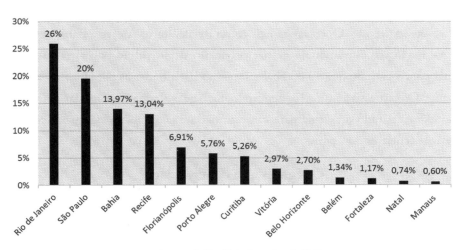

Um levantamento definitivo sobre a importância estratégica dos escritórios regionais teria que levar em consideração uma documentação bem mais ampla do

---

81 Cf. *Memorandum BAH/442*, June 2, 1944. 05.2 (g) Exhibition reports correspondence, Bahia 3, 1944. RG229, Box 1290. NARA II.
82 Cf. *Memorandum BD-No.5289*, December 28, 1944. 05.2 (d) Exhibition reports of non--theatrical films - 1944, Rio 4. Box 1288; NARA II.

que a analisada nesta pesquisa, envolvendo outras atividades desenvolvidas pela *Brazilian Division* como a Imprensa, Rádio e Propaganda. Todavia, podemos inferir sobre algumas interpretações que a distribuição no gráfico acima enseja. Nele não aparecem os escritórios de Corumbá e Santos. As exibições promovidas pela regional de Corumbá não eram significativas a ponto de serem consideradas nos cálculos semanais e já estavam computadas, como no caso de Santos, na regional de São Paulo. Rio de Janeiro surge como o principal foco das exibições em razão de, em 1944, ser a Capital Federal e a cidade mais populosa do país, com quase 2 milhões de habitantes. Também é preciso considerar que a *Brazilian Division* estava sediada nesta cidade, assim como a Embaixada dos Estados Unidos no Brasil, conferindo uma maior e melhor estrutura para as atividades envolvendo o cinema. Embora a cidade de São Paulo fosse ligeiramente menor em termos populacionais, com cerca de 1 milhão e meio de habitantes, o Estado de São Paulo era o mais populoso do país, com quase 8 milhões de habitantes e em franco processo de industrialização. Outras regionais como Recife, Porto Alegre e Bahia seguem a mesma lógica. Florianópolis destoa fortemente desse padrão, haja vista que possuía pouco mais do que 50.000 habitantes, no Estado menos populoso do sul do país.[83] Os expressivos números aguçaram iniciativas ainda mais ousadas por parte do *Office*, levando o cinema para um patamar até então não experimentado nas relações entre os dois países.

O legado não concretizado

A atuação do *Office* no Brasil a despeito de por vezes se assemelhar apenas a um amplo esforço de disseminação de propaganda, foi muito mais profunda e complexa. Os laços criados pelo pessoal da agência governamental que atuava no Brasil levaram a experiências que não são fáceis de serem reconstituídas. Dentre as várias atividades que foram além do convencimento em torno da causa aliada, umas das mais significativas foram os passos iniciais para a construção de uma competitiva indústria cinematográfica brasileira com capital estadunidense.

---

83 Cf. *Anuário Estatístico do Brasil. Ano IV -1941-1945*. Rio de Janeiro: Serviço Gráfico do Instituto Brasileiro de Geografia e Estatística, 1946, p.23.

A preocupação do incremento da produção brasileira, em termos de qualidade e quantidade, já estava presente desde o início da atuação da agência no Brasil em 1942, afinal, já de início o *Office* percebeu que ter um parceiro brasileiro capaz de produzir filmes com qualidade pouparia esforços e recursos de sua parte. No entanto, ao longo do período, outras iniciativas se somaram ao intento de fortalecer a indústria do cinema no Brasil.

Em maio de 1943, Francis Alstock solicitou um estudo sobre o cenário da produção cinematográfica no Brasil de modo a "auxiliar a indústria como tem sido feito no México". A solicitação de Alstock derivava de um pedido do Departamento de Imprensa e Propaganda – DIP, para que houvesse um investimento de longo prazo na indústria do cinema nacional, ao invés de investimentos pontuais durante a II Guerra Mundial.[84] Inicialmente, o pedido do DIP foi muito bem recebido pelo Diretor da *Brazilian Divison*, Berent Friele, e também pelo *Motion Picture Division*, que tratou de encomendar pesquisas sobre a situação do cinema brasileira custeadas pela *Prencinradio*, a mesma corporação subsidiária utilizada pelo *Office* para financiar secretamente a indústria cinematográfica mexicana e, caso fosse aprovada, para financiar a indústria cinematográfica brasileira.

Dois longos relatórios foram elaborados para o diretor da *Motion Picture Division* pelo advogado e funcionário do *Office* em Washington, DC, Alexander C. Neave. Neave viajou ao Rio de Janeiro para a realização deste estudo e, após finalizar o relatório, explicou que o contexto cinematográfico brasileiro era demasiadamente diferente do México, impossibilitando assim qualquer adoção de polícias semelhantes. O relatório produzido por Neave deveria ainda subsidiar um amplo projeto já aprovado pelo *Office* de treinamento técnico em cinema no Brasil.[85]

Para o *Office* havia um solo fértil no Brasil para a produção cinematográfica, mesmo a indústria brasileira não tendo alcançado o nível de desenvolvimento da indústria cinematográfica mexicana. O México era uma referência recorrente, devido a projetos de incremento de sua indústria terem sido realizados com su-

---

84 Cf. *Memorandum from Francis Alstock to Nelson Rockefeller*, June 10, 1943. 05.2 (3) Production of 16mm - Basic Economy Film. RG229, Box 1295; NARA II.

85 Cf. *Memorandum from Alexander C. Neave to Wallace K. Harrison*, August 26, 1943. 05.2 (3) Production of 16mm - Basic Economy Film. RG229, Box 1295; NARA II.

cesso. Após alguns meses de discussão, entretanto, o *Office* decidiu iniciar algo "completamente novo, sem relação com qualquer noção pré-concebida com o que foi desenvolvido no México".[86] As iniciativas partiam sobretudo da *Motion Picture Division*, em Nova York e da *Brazilian Division*, no Rio de Janeiro. A *MPD* e a *BD* estavam cientes de que um esforço dessa amplitude deveria passar pela aprovação tanto da indústria do cinema estadunidense, quanto da direção do *Office* em Washington, DC.

O plano era criar canais para um forte intercâmbio de profissionais na área do cinema entre o Brasil e Estados Unidos e facilitar o envio de equipamentos de cinema para o Brasil. Uma vez iniciado o processo, com pessoal qualificado e bons equipamentos disponíveis, acreditavam que o capital privado brasileiro rapidamente se interessaria por investir nessa indústria. A proposta não se reduzia a uma simples expansão de mercados, haja vista a convicção, especialmente por parte da *Brazilian Division*, de que "melhores filmes serão um fator fundamental no aumento dos padrões nutricionais e educacionais no Brasil". Para a agência estadunidense não bastava incrementar o cinema produzido no âmbito governamental brasileiro, já que "se a indústria como um todo não for desenvolvida, a qualidade ruim dos filmes em comercialização nesse momento não será melhorada".

Outro elemento significativo presente no debate acerca de um apoio maciço dos Estados Unidos para o fortalecimento da indústria do cinema no Brasil, estava na crença de que esse salto na quantidade/qualidade teria pouca relação com o esforço de guerra. Assim, a melhoria era tratada como desejava o DIP, ou seja, um investimento de longo prazo com vistas a garantir que no futuro os Estados Unidos não precisassem empreender um esforço tão amplo e extenuante como naquele momento no uso do cinema como um veículo de educação, informação e propaganda.[87]

Os relatórios que Neave redigiu para o *Office* procuravam detalhar o cenário comercial do cinema no Brasil, discutindo os principais produtores e labo-

---

86 Cf. *Memorandum from Berent Friele to Jefferson Caffery*, August 13, 1943. RG229, Box 1295; NARA II.

87 Cf. Memorandum from Berent Friele to Jefferson Caffery, August 13, 1943. RG229, Box 1295; NARA II.

O triunfo da persuasão

ratórios existentes no país. De acordo com o levantamento elaborado em agosto de 1943, haviam apenas três estúdios em operação no Brasil, *Cinédia S.A., Brasil Vita Filme S.A.* e *Atlântida S.A.* Um quarto estúdio, *Cia Americana* ainda não estaria em operação mas já teria instalações com algum equipamento.[88] Além destes estúdios haveriam ainda alguns indivíduos realizando cinejornais ou curtas "com nenhum outro equipamento senão apenas uma câmera". Neave mostrou ser um forte crítico da qualidade do cinema brasileiro, tendo apontado a qualidade ruim das produções nacionais em diferentes momentos de seu relatório. Para ele, a baixa qualidade técnica dos filmes brasileiros, derivava de uma indústria que, comparada a dos Estados Unidos, ainda era incipiente.

Na companhia de William W. Murray, do *Liutenant* Samuel G. Engel e de um funcionário do Departamento de Imprensa e Propaganda, Neave visitou os estúdios acima mencionados e diversos laboratórios. Assim o amplo levantamento das instalações e equipamentos dos estúdios *Cinédia S.A., Brasil Vita Filme S.A.* e *Atlântida S.A* e dos laboratórios *Alexandre Wulfe, Sonofilmes S.A., Pan-Filme S.A., A. Botelho Filme, Cinelab Ltda, Laboratório Odeon, Yara Filmes Ltda, Stille Filmes* e *Medeiros Filmes*, não deixava dúvidas, a indústria do cinema no Brasil não estava preparada para atuar em conjunto com os Estados Unidos no esforço de guerra.[89] Durante a investigação, diversos cenários foram considerados no tocante a um eventual apoio para desenvolvimento da indústria brasileira pelos estadunidenses. As possibilidades desenhadas por diferentes integrantes do governo e de companhias privadas estadunidenses dizem muito sobre as expectativas e soluções que poderiam ter sido adotadas naquele momento.

A discussão sobre como incrementar a indústria do cinema no Brasil era tratada como algo desejável pelo *Office*, mas que poderia encontrar resistência de grupos no Brasil e também nos Estados Unidos, tanto no âmbito da iniciativa privada como no governamental. A preocupação estava fundamentada na típica concorrência intergovernamental da gestão Roosevelt. As ações, projetos ou pro-

---

88 Cf. *Notes on The Motion Pictures Industry in Brazil*, August, 1943. 05.2 (3) Production of 16mm - Basic Economy Film. RG229, Box 1295; NARA II.

89 Cf. *Notes on The Motion Pictures Industry in Brazil*, August, 1943. 05.2 (3) Production of 16mm - Basic Economy Film. RG229, Box 1295; NARA II.

gramas formulados no por agências governamentais como o *Office*, e mesmo em seu interior, comumente conviveram com perspectivas convergentes e divergentes, sendo objeto de concorrências e disputas com outros posicionamentos até que um entendimento se tornasse hegemônico.

Assim, haviam diferentes posicionamentos acerca da importância no investimento na indústria cinematográfica brasileira e sua contribuição para o esforço de guerra. Se haviam perspectivas consoantes às defendidas pelo DIP, como a de Francis Alstock, de um investimento a longo prazo no incremento da indústria cinematográfica do Brasil, haviam também outras mais imediatas, como a do *Liutenant* Samuel G. Engel, que embora fosse um profissional da área do cinema parecia estar mais afinado com as urgências decorrentes do conflito. Engel, que estava ligado ao *Office of Strategic Services* (OSS), acreditava que o empenho na melhoria do cinema brasileiro deveria se ater especificamente a cinco itens: 1) educar os brasileiros quanto a escassez de alimentos, de modo a reforçar programas de racionamento; 2) educar as forças armadas brasileiras quanto a problemas de nutrição e dieta; 3) ajudar nos empréstimos para a guerra e 4) educar as pessoas para fortalecer o esforço de guerra e 5) produzir materiais estratégicos. Para Engel, o cinema brasileiro não seria capaz de produzir bons filmes para nenhum dos cinco objetivos, deixando tal tarefa para equipes estadunidenses no Brasil, como a *John Ford Motion Pictures Mobile Unit*, da qual fazia parte. No entanto, indicou que os Estados Unidos poderiam fazer algo a longo prazo criando uma boa Escola de cinema no Brasil.[90]

A maior resistência ao desenvolvimento da indústria cinematográfica no Brasil vinha, contudo, do setor privado estadunidense. Embora não houvesse uma unanimidade quanto as vantagens e desvantagens de investimento no setor em território brasileiro, posições contrárias eram sempre cuidadosamente consideradas. Consultado sobre os resultados diretos e indiretos do investimento naquele momento, o representante da *Metro-Goldwyn-Mayer* no Brasil, Sam Lewis assinalou que "se uma indústria local competente for fundada isso poderia trazer desvantagens para as companhias estadunidenses". Duas razões preocupavam Lewis,

---

90 Cf. *Notes on The Motion Pictures Industry in Brazil*, August, 1943. 05.2 (3) Production of 16mm - Basic Economy Film. RG229, Box 1295; NARA II.

o encarecimento das exportações de filmes para o Brasil e o pequeno mercado para filmes falados em língua portuguesa.

Já Samuel E. Pierpoint, representante da *Paramount* no Rio de Janeiro, acreditava que o público brasileiro poderia crescer muito no Brasil se mais filmes e boas salas de cinema estivessem disponíveis. Para ele, se os filmes brasileiros fossem bons o bastante, a barreira do idioma seria superada, inclusive tendo algum apelo nos Estados Unidos. Mais próximo da perspectiva do representante da *Paramount* do que da *MGM*, Alexander Neave acreditava que tendo um potencial para um mercado limitado, o que implicaria restrições e, investimentos de capital, uma indústria do cinema brasileira não traria riscos a indústria do cinema estadunidense, já que as respectivas indústrias estariam qualitativamente em "classes distintas". Em adição, Neave avaliava que quando estivesse plenamente desenvolvida, a indústria brasileira poderia iniciar a produção de filmes em língua espanhola, visando o domínio do mercado latino americano.

O cenário mais complicado, para Neave, seria o mau uso político do cinema por uma indústria bem desenvolvida em um país com nenhuma tradição democrática. Se a indústria estivesse plenamente desenvolvida a ponto de o Brasil produzir filmes em língua em portuguesa e espanhola com qualidade, o país teria uma arma de propaganda extremamente poderosa sem nenhuma garantia de que não a usaria para fins beligerantes ou antidemocráticos.[91] E mais, no momento em que ainda haviam muitas dúvidas sobre o desfecho da II Guerra Mundial, Neave temia que se os Estados Unidos não investissem no setor brasileiro, poderiam deixar um flanco aberto para que companhias alemãs investissem e conquistassem o mercado brasileiro no pós-guerra. Assim, Neave conclui em seu exaustivo relatório, que devido ao volume de dúvidas que pairavam sobre o investimento estadunidense no mercado cinematográfico brasileiro, a decisão deveria ser tomada majoritariamente pelo setor privado estadunidense.[92]

---

91 Cf. *Notes on The Motion Pictures Industry in Brazil*, August, 1943. 05.2 (3) Production of 16mm - Basic Economy Film. RG229, Box 1295; NARA II.

92 Cf. *Notes on The Motion Pictures Industry in Brazil*, August, 1943. 05.2 (3) Production of 16mm - Basic Economy Film. RG229, Box 1295; NARA II.

Em boa medida, o posicionamento do *State Department* com relação ao investimento na indústria do cinema no Brasil seguiu as linhas apontadas por Neave. Em correspondência para Nelson Rockefeller, o Diretor para a América do Sul do *State Department*, Laurence Duggan, sinalizou que o governo estadunidense não investiria recursos públicos em um sistema de propaganda de outro país como, aliás, já haviam feito no México via *Prencinradio*. No Brasil, se a iniciativa fosse vantajosa do ponto de vista comercial, deveria ser realizada pela iniciativa privada.[93]

A recusa por parte do *State Department* em aprovar para o Brasil um programa tal qual o realizado no México não foi bem recebida por Berent Friele, Diretor da *BD*, que atribuiu a Neave parte do insucesso nas negociações. Em documento enviado para John E. Lockwood, conselheiro do *Office* em Washington, DC, Friele deixou claro o seu descontentamento afirmando que "embora nós concordemos com o sr. Neave em muitas de suas recomendações preliminares eu penso que aqui a indústria pode ser desenvolvida em uma extensão muito maior do que o sr. Neave está disposto a acreditar".[94]

O debate sobre as possibilidades no incremento da indústria cinematográfica brasileira chegou a ter um posicionamento formal de Nelson Rockefeller, em uma perspectiva muito próxima a de Berent Friele, contrariando seu outro funcionário, Alexander Neave. Em um memorando para Lawrence Duggan, secretário do *State Department*, o Coordenador do *Office* disse estar em plena concordância com ele, de que o governo estadunidense "não deveria ser responsável pela indústria brasileira por meio de investimentos financeiros ou representantes oficiais". Todavia, acreditava que "a não ser que a indústria americana ajude no desenvolvimento da indústria brasileira do cinema, a influência de outras nações, alemã, francesa ou inglesa será inevitavelmente sentida no Brasil, que certamente aumentará as suas salas de cinema após a guerra, no preciso momento em que técnicos de cinema de outros países estarão disponíveis".

---

93 Cf. *Memorandum from Laurence Duggan to Nelson Rockefeller*, June 26, 1943. 05.2 (3) Production of 16mm - Basic Economy Film. RG229, Box 1295; NARA II.

94 Cf. *Memorandum BD-1331*, August 20, 1943. 05.2 (3) Production of 16mm - Basic Economy Film. RG229, Box 1295; NARA II.

Rockefeller, como se estivesse indicando a insuficiência do relatório que serviu para a negativa de Duggan, e elaborado por Neave a seu pedido, disse ao secretário que antes que qualquer recomendação fosse feita à indústria do cinema estadunidense, "será necessária uma pesquisa para determinar não apenas se o mercado vai suportar bons filmes feitos localmente, mas também que tipo de filmes deveriam ser feitos, que investimentos, que tipo de equipamento e pessoal serão necessários, quais os custos operacionais, que capital local estará disponível e quais são as restrições e controles governamentais". Mesmo apontando a concordância com Duggan, o Coordenador do *Office* sugeriu que uma sondagem mais profunda deveria ser realizada antes que o *State Department* se posicionasse definitivamente. Para tanto, Rockefeller solicitou que um comitê fosse formado por representantes dos principais segmentos da indústria cinematográfica nos Estados Unidos e enviado ao Brasil para um amplo e profundo estudo sobre as condições de investimento no país.[95] Era apenas um ardil, a sugestão de Rockefeller visava ganhar mais tempo e tentar influenciar na decisão final.

De acordo com Donald Rowland, Rockefeller esperava que o investimento no México via *Prencinradio* fosse "apenas o primeiro de um amplo plano para desenvolver a indústria do cinema em diversas outras repúblicas americanas".[96] Contudo, estando financeiramente subordinado ao *State Departament*, o *Office* tinha pouca margem de autonomia diante do impasse. O investimento no México foi a primeira e única participação da *Prencinradio* no âmbito do *Motion Pictures Division* na América Latina.

De um lado, o *State Department* relutava em realizar qualquer investimento significativo na indústria cinematográfica brasileira antes do fim da guerra. Por outro, estaria levando em consideração os alertas feitos por Nelson Rockefeller de que o investimento no Brasil não deveria ser pensado a curto prazo, sob o risco de

---

95 Cf. *Memorandum from Nelson Rockefeller to Lawrence Duggan*, October 18, 1943. 05.2 (3) Production of 16mm - Basic Economy Film. RG229, Box 1295; NARA II.

96 Cf. ROWLAND, Donald (dir). *History of the Office of the Coordinator of Inter-American Affairs*: historical report on war administration. Washington, DC: Government Printing Office, 1947, p.81.

os Estados Unidos perderem o mercado brasileiro para os ingleses, franceses ou, no pior dos casos, alemães.

O argumento de que o mercado brasileiro poderia ser invadido por concorrentes indesejáveis também foi levantado William W. Murray. O responsável pelo *Motion Pictures Session* da *Brazilian Divison*, foi o principal formulador dos argumentos sobre a importância e a necessidade de investimento estadunidense na produção de cinema no Brasil. Murray lembrou que antes de o Brasil entrar na II Guerra Mundial, o desinteresse dos Estados Unidos em investir no país levou a uma "invasão" de técnicos, equipamentos e filmes alemães por todo o território brasileiro.

Ainda sobre os negócios futuros no campo do cinema em território brasileiro, para Murray os Estados Unidos deveriam se empenhar mais pela consolidação desse mercado no longo prazo. Se durante a guerra o mercado de exibição cinematográfica brasileiro era dominado por oito companhias estadunidenses (estúdios Disney e as sete integrantes da Associação Brasileira Cinematográfica), para Murray não haviam garantias de que esse domínio se manteria quando o Brasil saísse da guerra mais industrializado e, possivelmente, mais aberto a influências culturais e comerciais de outros países. O crescimento econômico do país, de acordo com ele, também levaria a um vertiginoso aumento das salas de cinema, especialmente no interior onde não haveriam salas suficientes para atender a já crescente demanda por exibições.[97]

Mas não seria apenas com relação ao circuito de exibição que haveriam oportunidades a serem exploradas. De acordo com Murray, os lucros com a produção cinematográfica no Brasil poderiam ser fabulosos. Conforme assinalou, um filme estadunidense padrão "A", obtinha um lucro de USD$ 50.000 a USD$ 70.000 no país. Se fossem realizados no Brasil com a qualidade hollywoodiana, o produtor estimava que esse lucro ficaria entre USD$ 200.000 e USD$ 250.000. Assim, o "cristalino exemplo dos filmes franceses antes da guerra" evidenciava que filmes de boa qualidade inteiramente produzidos no Brasil poderiam também ser exportados para outros países, pois "bons filmes são bons em qualquer país, não

---

97 Cf. *Memorandum from William W. Murray to Berent Friele*, November 22, 1943. 05.2 (3) Production of 16mm - Basic Economy Film. RG229, Box 1295; NARA II.

importa em que língua são feitos".[98] Murray também invocou os princípios da 'boa vizinhança' e da solidariedade hemisférica que, segundo ele, teriam que estar presentes em qualquer decisão tomada com respeito a relação entre Brasil e Estados Unidos. Com o nível de produção cinematográfica tão baixo tradicionalmente realizado no Brasil, os produtores brasileiros jamais conseguiriam colocar seus produtos no mercado estadunidenses violando, assim, a reciprocidade tão cara às relações entre ambos os países.[99] Para Murray, a 'boa vizinhança' deveria contemplar 'bons negócios' para ambas as partes.

Explorar a nova fronteira do mercado aberta no Brasil requeria ousadia e planejamento a longo prazo. Se o momento não fosse aproveitado, defendia Murray, os Estados Unidos poderiam perder a excelente posição que tinham no Brasil e não apenas com respeito a exibição de seus filmes, mas também com a exportação de todo tipo de equipamento e materiais utilizados na produção de curtas e cinejornais, que poderia passar a ser suprida por outros países.

Enquanto a questão era tratada em caráter de urgência pela *Brazilian Division*, Murray chegou a enviar um documento a Embaixada dos Estados Unidos no Rio de Janeiro informando que industriais argentinos estavam levantando informações sobre a produção de cinema no Brasil com a intenção de produzir filmes brasileiros com capital argentino. O funcionário da *BD* estava tentando alertar seus superiores em Washington, DC sobre sua "teoria de que se os produtores americanos são indiferentes ao desenvolvimento da indústria local, os interesses e capital externo vão financiar o seu desenvolvimento causando um prejuízo aos Estados Unidos".[100]

Os argumentos do experiente Murray eram contundentes, mas, talvez, demasiadamente pró-brasileiros para os setores ligados ao cinema estadunidense. Além disso, cada vez mais, ao longo do segundo semestre de 1943 a decisão final

---

98 Cf. *Memorandum from William W. Murray to Berent Friele*, November 22, 1943. 05.2 (3) Production of 16mm - Basic Economy Film. RG229, Box 1295; NARA II.

99 Cf. *Memorandum from William W. Murray to Berent Friele*, November 22, 1943. 05.2 (3) Production of 16mm - Basic Economy Film. RG229, Box 1295; NARA II.

100 Cf. *Memorandum from William W. Murray to The Counselor of Embassy*, November 30, 1943. 05.2 (3) Production of 16mm - Basic Economy Film. RG229, Box 1295; NARA II.

sobre o investimento massivo na indústria cinematográfica brasileira parecia inevitavelmente recair sobre a iniciativa privada.

A ultima resposta do *State Department* foi de que o *Office* poderia apenas fornecer condições para o incremento de equipamentos e qualificação técnica para o setor no Brasil, ficando demais investimentos como em infraestrutura, matérias primas e produção de filmes, a cargo da iniciativa privada estadunidense e brasileira. As atividades da *Brazilian Division* com respeito ao incremento da indústria cinematográfica brasileira ficaram, assim, restritas a projetos como o *BMP4-4023*, em que um total de vinte e cinco técnicos brasileiros seriam treinados nos Estados Unidos.[101] Posteriormente, entretanto, a ida de brasileiros para os Estados Unidos no âmbito do *BMP4-4023* foi adiada por tempo indeterminado "até que a expansão da indústria local seja avaliada"[102] e, por fim, cancelada no início de 1944.[103]

A resistência do *State Department* em realizar qualquer investimento relativo a produção de filmes no Brasil era tamanha a ponto de recusarem até mesmo a custear a proposta de Rockfeller, qual seja, a de enviar um comitê para o Brasil encarregado de um amplo estudo sobre as condições para investimento. Ademais, o *State Department* era "cético sobre lançar um programa dessa amplitude sem que houvesse um ativo interesse brasileiro em obter a ajuda dos Estados Unidos".[104] Ainda que todo o debate sobre o investimento no setor tenha sido principiado pelo Departamento de Imprensa e Propaganda, o governo estadunidense aparentemente esperava que houvesse um maior interesse do governo brasileiro para que qualquer ajuda mais significativa fosse desatada.

Discutidas por meio de documentos confidenciais entre diferentes agências governamentais estadunidenses, as estratégias consideradas para que o cinema brasileiro se tornasse, ao menos, uma força regional em termos quantitativos e

---

101 Cf. *Memorandum BD-2000*, November 29, 1943. 05.2 (3) Production of 16mm - Basic Economy Film. RG229, Box 1295; NARA II.

102 Cf. *Memorandum BF-4392*, December 20, 1943. 05.2 (3) Production of 16mm - Basic Economy Film. RG229, Box 1295; NARA II.

103 Cf. *Memorandum BF-4857*, February 24, 1944. 05.2 (3) Production of 16mm - Basic Economy Film. RG229, Box 1295; NARA II.

104 Cf. *Airgram A-2561*, November 16, 1943. 05.2 (3) Production of 16mm - Basic Economy Film. RG229, Box 1295; NARA II.

qualitativos com o apoio estadunidense, possivelmente não se tornaram conhecidas para muito além da esfera do DIP, ou seja, não chegaram aos setores brasileiros que poderiam desencadear estas estratégias.

Apontado como um programa bem-sucedido, o investimento no cinema mexicano não foi repetido no Brasil. Embora não estejam muito claras, as razões para que o modelo não tenha sido adotado no país aparentemente residiram, de um lado, em uma recusa do governo estadunidense baseada na resistência em desenvolver uma indústria mais atrasada que a mexicana sendo, portanto, uma iniciativa muito mais custosa. De outro, na resistência do setor privado estadunidense em conduzir um programa de investimentos de longo prazo sem garantias suficientes de que seria lucrativo o bastante. Durante todas as negociações, o governo e as elites brasileiras parecem não ter sido convidados a participar do processo.

As primeiras discussões sobre o fim das atividades da *Brazilian Division* foram realizadas em janeiro de 1944. Em uma reunião no Rio de Janeiro com funcionários da *BD*, John C. McClintock, assistente de Nelson Rockefeller, informou que as tratativas para a liquidação do orçamento da seção brasileira para o período junho/1944-junho/1945 já estavam sendo feitas em Washington, DC. A orientação de McClintock foi de que a *BD* iniciasse uma paulatina redução de suas atividades, ainda que o dissolvimento do *Office* não passasse de rumores infundados. Segundo McClintock, as atividades a serem desenvolvidas pelo *Office* ao término do conflito, estariam voltadas para o tratamento de problemas de natureza econômica, "provavelmente mais sérios do que os surgidos durante a guerra". O pós-guerra seria, em suas palavras, marcado pelo "estímulo de empreendimentos privados" provenientes das experiências obtidas durante a guerra, tornando possível iniciativas mutuamente lucrativas entre os Estados Unidos e a as outras Repúblicas Americanas. [105] O que se observa no desfecho das negociações é o que Mary Louise Pratt chamou de "condição neocolonial", um paradoxo onde normas geradas em outros lugares não podem ser implementadas onde se está,

---

105 Cf. *Minutes of Hundreth and Sixth Meeting*, January 27, 1944. Brazilian Coordination Committee – Minutes; n.81 to n.114. RG229, Box 1351. NARA II.

mas tampouco podem ser recusadas. Um é forçado a ser um membro de segunda classe de um clube em que a adesão não é opcional.[106]

Outrora agraciadas com desvelo pelo *Office*, no crepúsculo do conflito mundial prevaleceram as interpretações de que a 'boa vontade' já havia cumprido o seu papel. Havia chegado o momento em que as ásperas leis de mercado nas relações inter-americanas deixariam de ser ornadas pelos excelsos princípios da 'boa vizinhança'.

---

106 Cf. PRATT, Mary Louise. *Imperial eyes: travel writing and transculturation*. New York: Routledge, 2008, p.225-226.

Considerações finais

Este trabalho foi pautado por fontes pouco ou ainda não exploradas pela literatura especializada sobre as relações entre o Brasil e os Estados Unidos. A abordagem do tema por meio da comunicação interna, isto é, relativa às correspondências entre a *Brazilian Division* e outras agências e instâncias governamentais brasileiras e estadunidenses ofereceu uma formidável oportunidade para a compreensão de como, na prática, o *Office* atuou no campo do cinema em território brasileiro. As múltiplas lentes pelas quais o Brasil foi visto e representado pelo governo estadunidense demonstram a variedade de perspectivas que coexistiram, muitas vezes conflitivamente, entre os anos de 1941 e 1945.

A *Good Neighbor Policy* com relação ao Brasil foi um esforço permeado por um alto grau de improviso e o *Office*, a agência criada para capitanear essas políticas, fortemente marcado por competições e contradições internas. Ainda que não tenhamos encontrado subsídios suficientes para elaborar uma discussão sobre as diferenças de gênero, raça e classe social no interior da *Brazilian Division* é forçoso notar que a seção brasileira foi composta por homens brancos de classe média alta com excelentes relações com as elites brasileiras. A exceção talvez esteja entre os projecionistas e técnicos, especialmente os que atuaram no interior do país, já que eram recrutados entre trabalhadores nos grandes centros. Também é possível presumir uma ascensão social destes trabalhadores ao exercerem suas atividades para uma agência governamental estadunidense e com autorização de autoridades brasileiras. Os diversos relatos acerca dos afagos recebidos por esses trabalhadores em capitais e cidades interioranas não pode ser separado, porquanto, de um significativo aumento das habilidades técnicas que esses profissionais adquiriram graças aos programas, projetos e ações de grande amplitude levados a cabo pelo

Office no Brasil, um dos muitos resultados provenientes da 'zona de contato' entre os dois países.

Outro elemento presente ao longo do trabalho diz respeito aos efeitos da propaganda por meio do cinema. Se em última medida as atividades da *Brazilian Division* reforçavam os ideais de consumo desejados pela indústria estadunidense, suas operações ocorreram sem que a conquista por mercados sempre fosse um alvo imprescindível. Havia por vezes um descompasso entre os dirigentes de tal política e os seus operadores no Brasil. Como pudemos observar, a aproximação entre os dois países esteve alicerçada em contatos que foram além da disseminação da propaganda. Estiveram baseados também em experiências individuais que criaram formas de pertencimento, chegando até mesmo à defesa de interesses brasileiros por estadunidenses que desenvolveram relações de afeto e simpatia pelo Brasil.

O intenso contato com a realidade brasileira por estadunidenses que estiveram no país fez com que, frequentemente, estes flexibilizassem diretrizes elaboradas em Washington em prol de perspectivas mais humanistas e solidárias. Era uma espécie de reinvenção da 'boa vizinhança' no Brasil, por meio de um intenso esforço de interiorização da exibição cinematográfica, permeado por experiências locais. Além disso, considerando a extensão da interiorização das exibições, é compreensível que a oportunização do entretenimento gratuito para milhões de brasileiros fossem deixar profundas marcas nas pessoas envolvidas em tais atividades.

O cinema foi a peça mais importante no quebra-cabeças propagandístico de aproximação entre o Brasil e os Estados Unidos durante a II Guerra Mundial, pelo seu impacto social, por sua capacidade de aproximar as pessoas e também, por vezes, de suscitar a reinterpretação das premissas da 'boa vizinhança', elaboradas e coordenadas a partir de escritórios e gabinetes governamentais, no Brasil e nos Estados Unidos.

O que aconteceu com as pessoas que viram filmes pela primeira vez? Como isso impactou o seu cotidiano e o seu modo de ver o mundo e o envolvimento de seu país em um conflito mundial? Como os vizinhos do Norte, responsáveis pela benfazeja atividade passaram a ser interpretados? Embora uma avaliação segura sobre a recepção do cinema de propaganda no Brasil seja altamente desejável, é uma tarefa com poucas chances de ser realizada. O imenso volume de documen-

O triunfo da persuasão

tos produzidos por agências governamentais estadunidenses atuando no Brasil sugerem fortemente, contudo, que esse impacto foi profundo e duradouro.

A relação de hierarquia entre aqueles que projetaram as incontáveis imagens sobre a superioridade estadunidense e os que as assistiram, muitas vezes em condições de total improviso, foi essencial para que aquele cinema fosse tão impactante. O *Office* e seus aliados eram vistos como autoridades que levavam entretenimento, informação e conhecimento para os que não as possuíam e, e em muitos casos, que jamais as possuiriam de outra forma.

Após o início das atividades dos comitês e escritórios regionais da *Brazilian Division* no início de 1943 o número de pedidos e solicitações sobre a cultura, as condições de vida, bolsas de estudo e possibilidade de negócios e trabalho nos Estados Unidos aumentou exponencialmente. A disseminação massiva do cinema estadunidense havia cravado as bases de sua cultura e sociedade na cultura e memória visual de milhões de brasileiros. Os Estados Unidos haviam conquistado, com suas exibições gratuitas e extremamente populares, redes de contatos com as elites nacionais e uma hegemonia política, econômica e cultural sem precedentes. Sem a concorrência dos cinemas europeus em virtude do conflito mundial, coube também a cinematografia estadunidense a apresentação de um Brasil conveniente às classes médias e as elites. De um lado, branco, industrializado, organizado e pujante. De outro, misterioso, inexplorado, quase selvagem e pronto para a 'modernidade civilizatória e libertadora' estadunidense.

As intensas discussões travadas nos Estados Unidos sobre se o investimento no setor cinematográfico brasileiro deveria ou não ser levado adiante, sugerem que o governo brasileiro perdeu a oportunidade de dinamizar a indústria do cinema no Brasil, ao lado de outras áreas consideradas mais estratégicas, como a da siderurgia e mineração. As tratativas sobre uma sistemática aplicação de capitais no cinema brasileiro, esbarraram nos interesses comerciais de companhias estadunidenses e nas dúvidas que pairavam sobre o uso indevido de filmes como instrumento de propaganda em um país com pouco apreço pela democracia.

Em boa medida, a documentação analisada aqui sugere que o Brasil pagou um preço muito alto por sua tradição autoritária e pela falta de interesse governamental no setor da cultura. Seria razoável, no entanto, creditar o fracasso das negociações somente ao governo Vargas? Isto é, teriam sido as instâncias governamentais brasileiras as principais responsáveis pela oportunidade perdida de um salto na indústria do cinema no Brasil? E o que dizer sobre o papel das elites e do setor privado brasileiro neste processo? Os mesmos setores cativados com esmero pelo *Office* durante o período? Como lidar com a constrangedora 'inclusão visual' de milhões de brasileiros por um sistema propagantístico estrangeiro, ocorrida no ápice das atividades de propaganda de um governante (Getúlio Vargas) que chegou a ser descrito como "o pai do cinema brasileiro"?[1]

Essas e outras questões presentes neste livro vem grassando a História do Brasil desde o início da II Guerra Mundial, e mesmo antes, se olharmos cuidadosamente. Recentemente, com os sucessivos e incessantes ataques à frágil democracia brasileira e um 'golpe parlamentar' perpetrado por forças tradicionalmente hostís às camadas populares, à cultura e à educação, as questões colocadas anteriormente ganham uma nova e dramática atualidade.

Por fim, após quatro anos de 'cinema da boa vizinhança', os investimentos em pessoal, equipamentos e infraestrutura para que a propaganda estadunidense chegasse massivamente ao território brasileiro, deram lugar a outros esforços, menos comprometidos com a aproximação entre os dois países e visando a outros fins. Se durante a II Guerra Mundial as ações que o *Office* empreendeu no Brasil podem muitas vezes ser interpretadas como uma política de entendimento mútuo, a Guerra Fria alterou drástica e definitivamente os laços que os haviam aproximado. No campo das relações internacionais a Guerra Fria tornou o Brasil um terreno de disputa secundário frente, especialmente, ao cenário europeu.

A relação entre os Estados Unidos e o Brasil, assim como entre o cinema e a Guerra Fria, nas décadas de 1940 e 1950, já tratadas em outra oportunidade[2], revelam o abandono de políticas de Estado marcadas por tentativas de entendimento mútuo e desejos de aproximação. Os padrões de cooperação alcançados durante a

---

1   Cf. CAPELATO, Maria Helena. *Multidões em Cena*. Propaganda política no varguismo e no peronismo. São Paulo: Ed. Unesp, 2009, p.104-105.

2   Vide: VALIM, Alexandre Busko. *Imagens vigiadas: cinema e guerra fria no Brasil, 1945-1954*. Maringá, - PR: Editora da Universidade Estadual de Maringá - EDUEM/Fundação Araucária, 2010.

II Guerra Mundial, apesar de todos os percalços e, por que não dizer, desconfianças mútuas, jamais tiveram a mesma tônica nas relações entre os dois países. Assim como nos Estados Unidos, ao final da II Guerra Mundial as promessas de justiça social e entendimento mútuo entre as nações foram derrotadas no Brasil por uma cultura do medo de subversão interna, difundidas por meios propagandísticos tradicionalmente comprometidos com a manutenção do *status quo*.

O cinema estadunidense teve um protagonismo importante na busca por meios mais incisivos e sofisticados de persuasão. Sua contínua utilização para veicular altas doses de propaganda nas décadas posteriores deveu-se, em boa medida, às experiências realizadas durante a II Guerra Mundial, onde o Brasil figurou como um de seus muitos laboratórios.

Filmografia citada

E o vento levou (Gone With The Wind, 1939). Dir. Victor Fleming.

A Face do Führer (Der Füehrer's Face, 1942). Dir. Jack Kinney

A Necessidade Obriga (She Had to Eat, 1937). Dir. Malcolm St. Clair.

A Vitória pela Força Aérea (Victory Through Air Power, 1942). Dir. James Algar; Clyde Geronimi; Jack Kinney e H.C. Potter.

Alô Amigos (Saludos Amigos, 1942). Dir. Wilfred Jackson, Jack Kinney, Hamilton Luske e Bill Roberts.

Ao Compasso do Amor (You'll Never Get Rich, 1941). Dir. Sidney Lanfield.

Atrás do Sol Nascente (Behind the Rising Sun, 1943). Dir. Edward Dmytryk.

Bandido Romântico (The Bad Man, 1941). Dir. Richard Thorpe.

Batalha da Rússia (Battle of Russia, 1943). Dir. Frank Capra e Anatole Litvak.

Brazilian Quartz Goes to War (1943). Dir. Office of Inter-American Affairs.

Canção da Rússia (The Song of Russia, 1944). Dir. Gregory Ratoff e Lasio Benedek.

Casablanca (1942). Dir. Michael Curtiz.

Cidadão Kane (Citizen Kane, 1941). Dir. Orson Welles.

Cinema Paradiso (Nuovo Cinema Paradiso, 1988). Dir. de Giuseppe Tornatore.

Cleanliness brings health, 1945). Dir. James Algar.

Comandos Atacam de Madrugada (Commandos Strike at Dawn, 1942). Dir. John Farrow.

Confissões de um espião Nazista (Confessions of a Nazi Spy, 1939). Dir. Anatole Litvack

Corsário Fantasma (Mystery Sea Raider, 1940). Dir. Edward Dmytryk.

Defense against Invasion (1943). Dir. Jack King.

Divide and Conquer (1943). Dir. Frank Capra e Anatole Litvak.

Educação para a Morte (Education for Death: The Making of the Nazi, 1943). Dir. Clyde Geronimi.

Estrela do Norte (The North Star, 1943). Dir. Lewis Milestone.

Fantasia (1940). Dir. James Algar; Samuel Armstrong; Ford Beebe Jr; Norman Ferguson; Jim Handley; T. Hee; Wilfred Jackson; Hamilton Luske; Bill Roberts; Paul Satterfield e Ben Sharpsteen.

Fuga (Escape, 1940). Dir. Mervyn LeRoy.

Gunga Din (1939). Dir. George Stevens.

Insights into the former Belgium (1937). Dir. René-Ghislain Le Vaux.

Jacaré, Killer of the Amazon (1942). Dir. Charles E. Ford.

Legião das Abnegadas (White Parade, 1934). Dir. Irving Cummigs.

Marinheiros de Água Doce (In the Navy, 1941). Dir. Arghur Lubin.

Mau Pneumático (Donald's Tire Trouble, 1943). Dir. Dick Lundy.

Memphis Belle: A Story of a Flying Fortress (1944). Dir. William Wyler.

Missão em Moscou (Mission to Moscow, 1943). Dir. Michael Curtiz.

No Tempo das Diligências (Stagecoach, 1939). Dir. John Ford.

Noite sem Lua (The Moon Is Down, 1943). Dir. Irving Pichel.

Nunca é Tarde (And Now Tomorrow, 1944). Dir. Inving Pichel.

O Galinho Ingênuo (Chicken Little, 1942). Dir. Clyde Geronimi.

O Grande Ditador (The Great Dictactor, 1940). Dir. Charles Chaplin.

O Ídolo do Público (Gentleman Jim, 1942), Dir. Raoul Walsh.

O Lanceiro Espião (Lancer Spy, 1937). Dir. Gregory Ratoff.

O Menino de Stalingrado (The Boy From Stalingrad, 1943). Dir. Sidney Salkow e Tay Garnett.

O Morro dos Ventos Uivantes (Wuthering Heights, 1939). Dir. William Wyler.

Ordinário, Marche! (Buck Privates, 1941). Dir. Arthur Lubin.

Os filhos de Hitler (Hitler's Children, 1943). Dir. Edward Dmytryk e Irving Reis.

Os Marinheiros na Chuva (Three Cockeyed Sailors, 1940). Dir. Walter Forde.

Paris Está Chamando (Paris Calling, 1941). Dir. Edwin L. Marin.

Pernas Provocantes (Roxie Hart, 1942). Dir. William A. Wellman.

Porque Lutamos (Why We Fight, 1942-1945). Dir. Frank Capra, Anthony Veiller e Anatole Litvak.

Prelúdio de uma Guerra (Prelude to War, 1942). Dir. Frank Capra e Anatole Litvak.

Quando a Neve Tornar a Cair (Days of Glory, 1944). Dir. Jacques Tourneur.

Razão e Emoção (Reason & Emotion, 1943). Dir. Bill Roberts.

Rosa de Esperança (Mrs. Miniver, 1942). Dir. William Wyler.

Sargento York (Sergeant York, 1941). Dir. Howard Howks.

Sempre em Meu Coração (Always in my Heart, 1942). Dir. Joa Graham.

Seremos Milionários (We're Going to Be Rich, 1938). Dir. Monty Banks.

Serenata do Amor (New Wine, 1941). Dir. Reinhold Schünzel.

Serenata Tropical (Down Argentine Way, 1940). Dir. Irving Cummings.

Sete Dias de Licença (Seven Days' Leave, 1942). Dir. Tim Whelan.

Sorte de Cabo de Esquadra (Caught on the Draft, 1941). Dir. David Butler.

South of the Border With Disney (1943). Dir. Jack Cutting, Norman Ferguson.

Tarzan Contra o Mundo (Tarzan's New York Adventure, 1942). Dir. Richard Thorpe.

The Battle of Britain (1943). Dir. Frank Capra e Anthony Veiller.

The Battle of China (1944). Dir. Frank Capra e Anatole Litvak.

The Kaiser, the Beast of Berlin (1918). Dir. Rupert Julian.

The Nazi Strike (1943). Dir. Frank Capra e Anatole Litvak.

The Winged Scourge (1943). Dir. Bill Justice e Bill Roberts.

Tigrero: A Film that Was Never Made (1994). Dir. Mika Kaurismäki.

Três Heroínas Russas (Three Russian Girls, 1943). Dir. Henry S. Kesler e Fyodor Otsep.

Tu És a Única (We Were Dancing, 1942). Dir. Robert Z. Leonard.

Tuberculosis (1945). Dir. James Algar.

Uma Cilada para Roger Rabbit (Who Framed Rogger Rabbit, 1988). Dir. Robert Zemeckis.

Vinhas da Ira (The Grapes of Wrath, 1940). Dir. John Ford.

Vitória no Deserto (Desert Victory, 1943). Dir. Roy Boulting e David MacDonald.

Você já foi à Bahia? (The Three Caballeros, 1945). Dir. Norman Ferguson, Clyde Geronimi, Jack Kinney, Bill Roberts e Harold Young.

We Refuse to Die (Paramount Victory Short No. T2-2, 1942). Dir. William H. Pine.

Lista de filmes exibidos pela
Brazilian Division:[1]

1. A Child Went Forth
2. A Produção de Borracha no Amazonas
3. About Faces
4. Air Raid Warden
5. Airacobra
6. Airborne Infantry
7. Alaska-American Frontier
8. Alaska's Silver Millions
9. Alfred Feuermman
10. Aluminum and the two Americas
11. Andy Hardy's Dilemma
12. Another to Conquer
13. Army Food
14. Army Champions
15. Army Tank Destroyers
16. Arsenal of Might
17. Art Discovers America
18. Basketball Technique
19. Battle of Egypt
20. Battlefield Sounds
21. Beyond the line of Duty
22. Bilateral Outstanding Ears
23. Blabbermouth
24. Body Defense Against Disease
25. Bone Plating of Radius

---

1   Cf. Record Group 229; NARA II. Não fazem parte dessa lista os filmes exibidos em salas de cinema comerciais que estavam sob controle da Associação Brasileira Cinematográfica – ABC.

26. Boulder Dam (35mm)
27. Bridging San Francisco Bay (35mm)
28. Brazil at War
29. Building a Bomber
30. Busy Little Bears
31. California Fashions
32. California Symphonic Orchestra
33. Choose to live
34. Cicada (35mm)
35. Clouds (35mm)
36. Colleges at War
37. Colleges;
38. Combat Report
39. Convoys Snapshots
40. Coolidge Quartet
41. Der Fuehrer's Face
42. Diagnostic Procedures
43. Do Unto Animals (35mm)
44. Don't Talk
45. Duck Farming (35mm)
46. Education for Death
47. Excursions in Science n.6
48. Excursions in Science n.7
49. Eyes of the Navy
50. Evander Child's High School
51. Far Speaking (35mm)
52. FBI Front
53. Fire Power
54. First Aid
55. Fractures of the Neck of the Femur
56. From Hollywood to Yosemite (35mm)
57. From San Francisco to Yellowstone (35mm)
58. Further Prophecies of Nostradamus
59. Grasshoppers
60. Harvest for Tomorrow

61. Heart & Circ. Of Blood
62. Henry Brown Farm
63. High Over the Border
64. Home Places
65. How to Fish
66. How to Grow Hogs (35mm)
67. How to Ski
68. How to Swim
69. It's Everybody's War
70. In the Beginning (35mm)
71. Jeeps in War and Peace
72. José Iturbi (2 vol.)
73. Know for sure
74. Lake Carrier
75. Latin American Cadets
76. Livestock & Mankind (35mm)
77. Making & Shaping of Steel
78. March of Time – Revolt in Norway
79. Men of the Sea
80. Miracle of Hydro
81. Molecular Theory of Matter
82. Music Masters 1
83. Music Masters 2
84. Music Masters 3
85. Music Masters 4
86. Music Masters 5
87. Music Masters 6
88. National Poultry Movement (35mm)
89. News of the Day 46
90. News of the Day 47
91. News of the Day 48
92. News of the Day 49
93. News of the Day 50
94. News of the Day 51
95. News of the Day 52

96. News of the Day 53
97. News of the Day 54
98. Newsreel n. 3
99. Newsreel n. 4
100. Newsreel n. 5
101. Newsreel n. 6
102. Newsreel n. 7
103. Newsreel n. 8
104. Newsreel n. 9
105. Newsreel n.10
106. Newsreel n.11
107. Newsreel n.12
108. Newsreel n.13
109. Newsreel n.14
110. Newsreel n.15
111. Newsreel n.16
112. Newsreel n.17
113. Newsreel n.18
114. Newsreel n.19
115. Newsreel n.20
116. Newsreel n.21
117. Newsreel n.22
118. Newsreel n.23
119. North African Front
120. North American Cadets
121. Operative Technique of Living Sutures in Bones & Joint Surgery
122. Os Calcis Fractures
123. Out of Darkness
124. Olympic Champions
125. Planes of the U.S Navy
126. Parachute Athletes
127. Patrol Bomber
128. Power for the Americas
129. Power for the Land
130. Prelude to War

131. Prepare to Irrigate (35mm)

132. Proof of the Pudding

133. Quicker'n a Wink

134. Rack'Em Up

135. Retrude Chin Cartilage Graft

136. Rubber for Victory

137. Sailors with Wings

138. Screw Worms

139. Seeing Eye

140. Ships of the Navy

141. Ski Time (35mm)

142. Sky Jumper

143. Soldiers of the Sky;

144. Sound Waves and their Sources;

145. Steel Industry (35mm)

146. Steel Man's Servants;

147. Story of Gasoline

148. South at the Border with Disney

149. Sugar (35mm)

150. Surgical Treatment of Arthritis (4 vol.)

151. Sweeney Steps Out

152. Syphilis

153. Tanks

154. Technique of Full Thickness Skin Graft

155. Terracing in the Northeast (35mm)

156. The Battle;

157. The Fighting Spirit

158. The Grain that Built a Hemisphere

159. The March of Seringueiros

160. The Winged Scourge

161. This Amazing America

162. Training Police Horses

163. Traumatic Injuries to the Face

164. Traumatic Surgery of Extremities (4.vol)

165. Treatise on Oral Hygiene (35mm)

166. Trees to Tame the Wind
167. U.S. Army Band
168. U.S. Blasts Marshall Islands
169. U.S. Coast Guard
170. Unfinished Rainbows
171. Vendetta against a Dictator
172. Victory in the Air
173. Voice of the City (35mm)
174. Vronsky & Babini (2 vol.)
175. Washington to Toronto (35mm)
176. We Refuse to Die
177. Willie & the Mouse
178. Winning your Wings
179. Woman in Defense
180. World of Sound
181. Yellowstone National Park (35mm)
182. We Fly for China
183. Soldiers Stevedores
184. Home on the Range
185. Farmers at War
186. Best Treatment of Burns
187. Two Methods of Glaucoma Surgery
188. Traumatic Diaphragmatic Hernia
189. Brazil at War
190. There Shall Be Freedom
191. Right of Way
192. Mission Accomplished
193. Spirit of Nobel
194. Brazil
195. Contact America
196. Carry the Flight
197. Flying Nurses
198. Handing it Back
199. Victory Garden
200. A Ship is Born

201. Sciatic Pain Caused by Ruptured Invertebral Disk
202. General Dutra
203. Operation Treatment of Lung Abscesses
204. The Magic Alphabet
205. Woman in Blue
206. Democracy in Action
207. Carcinoma in the Right Breast
208. Varicose Veins
209. Design for Happiness
210. On the Farm
211. Campus Frontier
212. Thyroidectomy for Diffuse Goiter with Hyperthyroidism
213. Silicolis
214. Cowboy
215. Help Wanted
216. A.T.C.A
217. New Orleans
218. Sweeping Cars
219. Southwest Pacific Front
220. The Steel Rule
221. The Micrometer
222. The Fixed Gages
223. Height Gages and Standard Indicators
224. Rough Turning Between Centers
225. Turning Work of Two Diameters
226. Cutting a Taper with the Compound Rest and with the Taper Attachment
227. Drilling, Boring and Reaming Work Held in Crock
228. Cutting an External National Fine Thread
229. The Milling Machine
230. Cutting Keyways
231. Plain Indexing and Cutting a Spur Gear
232. Cutting a Keyway on a Finished Shaft
233. Drilling and Tapping a Cast Steel Valve Body
234. Drilling to a Layout and Spotfacing a Cast Iron Body
235. The Conduct of Physical Training

236. First Aid
237. Where Mileage Begins
238. Road to Jupiter
239. Futurama
240. Bridging San Francisco Bay

Bibliografia

ABREU, Berenice. *Jangadeiros: uma jornada em busca de direitos no Estado Novo*. Rio de Janeiro: Civilização Brasileira, 2012.

ADCOCK, Edward P. *Diretrizes da IFLA para a conservação e o manuseamento de documentos de biblioteca*. Lisboa: Biblioteca Nacional, 2004.

ALONGE, Giaime. *Il disegno armato. Cinema di animazione e propaganda belica in Nord Amercia e Gran Bretagna, 1914-1945*. Bologna: CLUEB, 2000.

BELÉM, Euler F. O Centenário de Ataulfo Alves. In: *Revista Bula*. http://acervo.revistabula.com/posts/livros/o-centenario-de-ataulfo-alves Acesso em 25 de janeiro de 2015.

BENAMOU, Catherine L. *It's All True Orson Welles's Pan American Odissey*. Los Angeles: University of California Press, 2007.

BENDER, Pennee L. *Film as an instrument of the Good NeighborPolicy, 1930's-1950's*. Dissertation in History (PhD). New York University – NYU, New York, 2002.

BENDER, Pennee L. Policies and Productions of the Motion Picture Division of the Office of the Coordinator of Inter-American Affairs. Conference Paper #72. Presented at the symposium "Imagining Latin America: United States Film Policy and Its Impact During World War II", April 24, 1993.

BENNETT, Todd. Culture, power, and Mission to Moscow: Film and Soviet-American relations during World War II. *The Journal of American History*. Bloomington: Sep 2001. Vol. 88, Iss. 2.

BERNAYS, Edward. *Propaganda*. New York: Ig Publishing, 2005.

BLACK, Greg. *Hollywood Censored*: morality codes, catholics and movies. Cambridge: Cambridge University Press, 1994.

BURTON-CARVAJAL, Juliane. 'Surprise Package': Looking Southward with Disney. In: SMOODIN, Eric (ed.). *Disney Discourse*. Producing the magic kingdom. New York: Routledge, 1994.

CAMPOS, A. L. V. de. Combatendo nazistas e mosquitos: militares norte-americanos no Nordeste brasileiro (1941-45). *História, Ciências, Saúde — Manguinhos*, V (3): 603-20, nov. 1998-fev. 1999.

CAMPOS, André L.V. *Políticas Internacionais de Saúde na Era Vargas: o Serviço Especial de Saúde Pública, 1942-1960*. Rio de Janeiro: Editora Fiocruz, 2006.

CAPELATO, Maria Helena. *Multidões em Cena. Propaganda Política no Varguismo e no Peronismo*. São Paulo: Ed. Unesp, 2009.

CARTWRIGHT, Lisa; GOLDFARB, Brian. Cultural Contagion: On Disney's Health Education Films for Latin America. In: SMOODIN, Eric (ed.). *Disney Discourse. Producing the magic kingdom*. New York: Routledge, 1994.

CENTRAL Inteligency Agency. *The Office of Strategic Services*: America's first intelligence agency. Washington, DC: Public Affairs/CIA, 2008.

COSTIGLIOLA, Frank. "Unceasing pressure for penetration": gender, pathology, and emotion in George Kennan's formation of the Cold War. *The Journal of American History*. Bloomington: Mar 1997. Vol.83, Iss. 4.

CRAMER, Gisela; PRUTSCH, Ursula. Nelson A. Rockefeller's Office of Inter-American Affairs (1940–1946) and Record Group 229. In: *Hispanic American Historical Review* 86:4. November 1, 2006.

DOSAL, Paul J. *Doing business with the dictators*. A political history of United Fruit in Guatemala, 1899-1944. Wilmington: SR Books, 1993.

DREIFUSS, René Armand. *1964, A Conquista do Estado: ação política, poder e golpe de classe*. Rio de Janeiro: Editora Vozes, 2006.

DUARTE, Adriano Luiz; VALIM, Alexandre Busko. Brazil at War: Modernidade, liberdade e democracia nos filmes produzidos pelo Office of Interamerican Affairs. In: SILVA, Francisco C. T; et alli. (Orgs.). *O Brasil e a Segunda Guerra Mundial*. Rio de Janeiro: Multifoco/TEMPO UFRJ/FINEP/CNPq, 2010.

ENTICKNAP, Leo. *Moving image technology: from zoetrope to digital*. London: Wallflower Press, 2005.

FAULHABER, Priscila; TIBAU, Fernanda. Cinema documentário, política de boa vizinhança e a construção de uma imagem do Brasil na década de 1940. *Boletim do Museu Paraense Emílio Goeldi. Ciências Humanas*, v. 9, n. 1, p. 199-216, jan.-abr. 2014.

FEIN, Seth. Transnationalization and cultural collaboration: Mexican film propaganda during World War II. In: *Studies in Latin American Popular Culture*, 1998, Vol. 17.

FEJES, Fred. *Imperialism, media and The Good Neighbor. New Deal Foreign Policy and United States shortwave broadcasting to Latin America*. Norwood, NJ: Ablex Publishing Corporation, 1986.

FORTES, Alexandre. A espionagem aliada no Brasil durante a Segunda Guerra Mundial: Cotidiano e política em Belém na visão da inteligência militar norte-americana. In: *Revista Esboços*, Florianópolis, v. 22, n. 34, ago. 2016, pp.83-84.

FREIRE-MEDEIROS, Bianca. Diplomacia em celulóide: Walt Disney e a política de boa vizinhança. *Transit Circle*, Niterói, v. 3, p. 60-79, 2004.

GARFIELD, Seth. *In Search of Amazon. Brazil, the United States, and the nature of a region*. Durham: Duke University Press, 2013.

GARY, Brett. *The Nervous Liberals: propaganda anxieties from World War I to The Cold War*. New York: Columbia University Press, 1999.

HANSON, Patricia King; DUNKLEBERGER, Amy (eds.). *Afi: American Film Institute Catalog of Motion*. Vol. 4. Los Angeles: University of California Press, 1999.

HIME, Gisely V.V.C. Construindo a profissão de jornalista: Cásper Líbero e a criação da primeira escola de Jornalismo do Brasil. In: *Anais do XXVIII Congresso Brasileiro de Ciências da Comunicação*, 2005. Rio de Janeiro/São Paulo: Intercom, 2005. Cd-rom.

HIME, Gisely V.V.C. Um *Projeto nacionalista em busca da modernidade*: A Gazeta de Cásper Líbero na Era Vargas. http://www.almanaquedacomunicacao.com.br/, acesso em 07 de novembro de 2010.

HIRANO, Luis Felipe Kojima. *Uma interpretação do cinema brasileiro através de Grande Otelo: raça, corpo e gênero em sua performance cinematográfica (1917- 1993)*. Tese (Doutorado em Antropologia Social) – FFLCH -USP, São Paulo, 2013.

HOCH, Winton. Technicolor Cinematography. In: *Journal of the Society of Motion Picture Engineers*. August, 1942, falta algo

JAMES, Caryn. What Might Have Been of a Movie That Wasn't. In: Jornal New York Times. December 21, 1994.

JOELSONS, Paula. *AMFORP em Porto Alegre (1928-1959): multinacional norte-americana de eletricidade e o papel do gerente geral J.E.L. Millender*. Dissertação de Mestrado em História. Universidade Federal do Rio Grande do Sul – UFRGS, Porto Alegre, 2014.

KRACAUER, Siegfried. *De Caligari a Hitler: uma história psicológica do cinema alemão*. Rio de Janeiro: Jorge Zahar, 1988.

LASSWELL, Harold. *Propaganda Technique in World War I*. Cambridge: The MIT Press, 1971.

LASSWELL, Harold. The triple-appeal principle: a contribution of Psychoanalysis to Political and Social Science. In: *The American Journal of Sociology*. Vol. XXXVII. n.4. January, 1932.

LAURIE, Clayton D. *The propaganda warriors: America's crusade against Nazi Germany.* Lawrence: University of Kansas Press, 1997.

LIMA, Nísia Trindade. Uma brasiliana médica: o Brasil Central na expedição científica de Arthur Neiva e Belisário Penna e na viagem ao Tocantins de Julio Paternostro. *História, Ciências, Saúde – Manguinhos*, Rio de Janeiro, v.16, supl.1, jul. 2009, pp.229-248.

LEHRER, Steven (ed.). *Bring 'Em Back Alive: the best of Frank Buck*. Lubbok, TX: Texas Tech University Press, 2000.

LOCHERY, Neill. *Brazil, the fortunes of war. World War II and the making of modern Brazil.* New York, Basic Books, 2014.

LUCA, Tania Regina de. A produção de Imprensa e Propaganda (DIP) em acervos norte-americanos: estudo de caso. In: *Revista Brasileira de História*. São Paulo, V.31, N.61, 2011.

MARTINS, Ana Cecilia Impellizieri de S. *Bem na foto: A invenção do Brasil na fotografia de Jean Manzon*. Dissertação de Mestrado em História. Programa de Pós Graduação em História. Pontifícia Universidade Católica do Rio de Janeiro – PUC, Rio de Janeiro, 2007.

MAUAD, Ana Maria. As três Américas de Carmen Miranda: cultura política e cinema no contexto da política da Boa Vizinhança. In: *Transit Circle: Revista de Estudos Americanos*, v. 1, Nova Série, 2002.

MAUAD, Ana Maria. Genevieve Naylor, fotógrafa: impressões de viagem (Brasil, 1941-1942). In: *Revista Brasileira de História*, vol.25, n.49. São Paulo Jan/Jun, 2005.

MENDONÇA, Ana Maria. *Carmen Miranda foi a Washington*. Rio de Janeiro: Editora Record, 1999.

MILLER, Mark Crispin. Introduction. In: BERNAYS, Edward. *Propaganda*. New York: Ig Publishing, 2005.

MONTEIRO, Érica G. Daniel. *Quando a guerra é um negócio: F.D. Roosevelt, iniciativa privada e relações interamericanas durante a II Guerra Mundial.* Curitiba: Editora Prismas, 2014.

MONTEIRO, Erica G.D. *Diplomacia Hollywoodiana: Estado, indústria cinematográfica e as relações interamericanas durante a II Guerra Mundial. In: História Social. N.20. 2011/1.*

MOSLEY, Philip. *Split Screen. Belgian cinema and cultural identity.* New York: State University of New York Press, 2001.

NEIVA, Arthur; PENA, Belisário. *Viagem científica: pelo norte da Bahia, sudoeste de Pernambuco, sul do Piauí e de norte a sul de Goiás.* Ed. fac-sim. Brasília: Senado Federal, 1999.

NYE, Joseph S. *Soft Power: The means to success in world politics.* New York: Publicaffairs, 2005.

O'NEIL, Brian. The Demands of Authenticity: Addison Durland and Hollywood's Latin Image during World War II. In: BERNARDI, Daniel J. (ed.). *Classic Hollywood, Classic Whiteness.* Minneapolis: University of Minnesota Press, 2000.

ORTIZ, Renato. *A moderna tradição brasileira.* São Paulo: Brasiliense. 1989.

PEREIRA, Wagner P. *O poder das imagens. Cinema e política nos governos de Adolf Hitler e de Franklin D. Roosevelt (1933-1945).* São Paulo: Alameda/FAPESP, 2012.

PIKE, Fredrick B. *FDR's Good Neighbor Policy. Sixty years of generally gentle chaos.* Austin: University of Texas Press, 1995.

PRATT, Mary Louise. Arts of the contact zone. In: BARTHOLOMAE, David; PETROKSKY, David (eds.). *From ways of Reading,* 5th ed. New York: Bedford/St. Martin's, 1999.

PRATT, Mary Louise. *Imperial eyes: travel writing and transculturation.* New York: Routledge, 2008.

PRUTSCH, Ursula. Americanization of Brazil or a pragmatic wartime alliance? the politics of Nelson Rockfeller´s Office of Inter-American Affairs in Brazil During World War II. *Passagens. Revista Internacional de História Política e Cultura Jurídica,* Rio de Janeiro: vol. 2 no.4, maio-agosto 2010, p.181-216.

QUINTANEIRO, Tania. Cinema e guerra: estratégias e objetivos da política estadunidense no Brasil. In: *Comunicação & Política,* Rio de Janeiro, v. 23, n.2, p. 41-69, 2005.

RADOSH, Ronald; RADOSH, Allis. A great historic mistake: the making of mission to Moscow. *Film History.* Sydney: 2004. Vol. 16, Iss. 4

RAMOS, Fernão; MIRANDA, Luiz Felipe (orgs). *Enciclopédia do cinema brasileiro.* São Paulo: Ed. Senac, 1997.

RANKIN, Monica. *Mexico, la Patria!* Propaganda and production during World War II. Lincoln, NE: University of Nebraska Press, 2009.

RAYMONT, Henry. *Troubled Neighbors. The story of US-Latin America relations from FDR to present.* Cambridge: Westview Press, 2005.

ROSA, Cristina Souza da. Cinema do Fascismo e Estado Novo em Comparação. In: *Esboços, Revista do Programa de Pós-Graduação em História da Universidade Federal de Santa Catarina*. Vol.19, N.27

ROWLAND, Donald (dir). *History of the Office of the Coordinator of Inter-American Affairs: historical report on war administration*. Washington, DC: Government Printing Office, 1947.

SADLIER, Darlene J. *Americans all: good neighbor cultural diplomacy in World War II*. Austin: University of Texas Press, 2012.

SAETTLER, Paul. *The Evolution of American Educational Technology*. Sacramento, CA: Information Age Publishing Inc, 2004, pp. 232-236.

SANTOS, Marcia Juliana. *It's all true e o Brasil de Orson Welles (1942-1993)*. São Paulo: Alameda, 2015.

SCHOULTZ, Lars. *Estados Unidos: poder e submissão. Uma história da política norte-americana em relação à América Latina*. Bauru: EDUSC, 2000.

SHINDLER, Colin. *Hollywood Goes To War*: Films and American Society, 1939-1952. London: Routledge, 1979.

SILVA, Maria Helena Chaves. *Vivendo com o outro: os Alemães na Bahia no periodo da II Guerra Mundial*. Tese de Doutorado. Programa de Pós Graduação em História da Universidade Federal da Bahia – UFBA, Salvador, 2007.

SILVA, Michelly Cristina da. *Cinema, propaganda e política: Hollywood e o Estado na construção de representações da União Soviética e do Comunismo em Missão em Moscou (1943) e Fui um Comunista para o FBI (1951)*. Dissertação de Mestrado. Programa de Pós Graduação em História Social. Universidade de São Paulo – USP, São Paulo, 2013.

SMITH, Peter H. *Talons of the eagle: dynamics of U.S-Latin American relations*. New York: Oxford University Press, 1996.

SOUSA, Marquilandes Borges de. *Rádio e propaganda política: Brasil e México sob a mira norte-americana durante a Segunda Guerra*. São Paulo: Annablume/Fapesp: 2004.

SOUZA, José Inácio de Melo. *O Estado contra os meios de comunicação, 1889-1945*. São Paulo: Annablume.

SWANSON, Philip. going down on good neighbours: imagining america in Hollywood movies of the 1930s and 1940s (Flying Down to Rio and Down Argentine Way). *Bulletin of Latin American Research*, Vol. 29, No. 1, pp. 71–84, 2010.

TOTA, Antonio Pedro. *O Imperialismo Sedutor: a americanização do Brasil na época da Segunda Guerra*. São Paulo: Companhia das Letras, 2000.

TOTA, Antonio Pedro. *O Amigo Americano. Nelson Rockfeller e o Brasil.* São Paulo: Companhia das Letras, 2014.

UNITED States Senate. *Elimination of German Resources for War.* Vol.1-9. Washington, DC: Government Printing Office, 1945.

VALIM, Alexandre Busko; NOMA, Amélia Kimiko. Cinema Noir. In: Francisco Carlos Teixeira da Silva; Sabrina Medeiros; Alexander Martins Vianna. (Org.). *Enciclopédia de guerras e revoluções: a época da Guerra Fria (1945-1991) e da Nova Ordem Mundial (1945-2014).* 2ed.Rio de Janeiro: Campus/Elsevier, 2015, v. 3, p. 112-113.

VALIM, Alexandre Busko. Da boa vizinhança à cortina de ferro: política e cinema nas relações Brasil-EUA em meados do século XX. In: Sidnei J Munhoz; Francisco Carlos Teixeira da Silva. (Org.). *As relações Brasil-Estados Unidos: séculos XX e XXI.* Maringá: Eduem, 2011.

VALIM, Alexandre Busko. *Imagens vigiadas: cinema e guerra fria no Brasil, 1945-1954.* Maringá, - PR: Editora da Universidade Estadual de Maringá - EDUEM/Fundação Araucária, 2010.

VIRILIO, Paul. *Cinema e Guerra.* São Paulo: Editora Página Aberta, 1993.

WEINSTEIN, Barbara. Modernidade Tropical: visões norte-americanas da Amazônia nas vésperas da Guerra Fria. In: *Revista do IEB*, n.45. set 2007.

WEINSTEIN, Barbara. *The Color of Modernity: São Paulo and the making of Race and Nation in Brazil.* Durham: Duke University Press, 2015.

WHITE, Timothy R. From Disney to Warner Bros. In: SANDLER, Kevin S. *Reading the Rabbit: explorations in Warner Bros. Animation.* London: Rutgers University Press, 1998.

WILLIAMS, Raymond. *Cultura e materialismo.* São Paulo: Editora UNESP, 2011.

WOODS, Randall Bennett. *The Roosevelt foreign-policy establishment and the Good Neighbor.* The United States and Argentina, 1941-1945. Kansas: The Regent Press of Kansas, 1979.

Alameda nas redes sociais:
Site: www.alamedaeditorial.com.br
Facebook.com/alamedaeditorial/
Twitter.com/editoraalameda
Instagram.com/editora_alameda/

Esta obra foi impressa em Tubarão no
outono de 2017. No texto foi utilizada
a fonte Adobe Jenson Pro em corpo 11
e entrelinha de 16,5 pontos.